前田繁樹著

初期道教經典の形成

汲古書院

初期道教經典の形成　目次

附編　六朝道教經典をめぐる諸問題……371

初期道教經典の形成

緒　言

本書は「初期道教經典の形成」と題する、主として後漢中期から東晉末頃までに出現したと考えられる道教經典群の成立に關する一連の考察である。

ここでいう初期道教經典とはおおむね、後漢の太平道・天師道（五斗米道）の發生から、劉宋期に端を發する道教經典の三洞四輔分類による道藏結集の開始までに形成されたそれを指して呼稱することとする。儒教や佛教と竝んで一派を唱えるに至るその以前の、やがては古層の道教經典として道藏の一角を占める經典各々の形成を主眼とする。

それでは、それは研究史の當初から觀念されてきた「道家は哲學、道教は宗教」との枠組みの踏襲かと問われれば、本研究開始當初の筆者にそうした暗默の前提がなかったとは言えないが、纏める今の段階に當っては、それとは異なる認識を得ている。これについては後に述べる。

儒家・儒教の用語に内容上の差異が考えられないのと同樣、道家・道教を用語的に分離することには本來無理があり、一時の研究史に貢獻し得たかとは考えられるが、同時に極めて不幸な用語設定ではなかったかとの憾みもなくはない。もちろん、現在の用語でいう先秦以來の道家と、後漢以後の道教とでは、思想だけを比較しても明らかに異質な要素があり、その多くは、おおむね擔い手となった社會的階層の差に起因するものと考えている。儀禮の有無なども辯別の資となろう。それは道家・道教に限った特異な歴史的變容であったかもしれない。今後、研究者はこれを超える專門用語を模索していかなくてはならないであろう。しかしながら、ここで宗教的道家などという表現で後漢以降のそれを呼稱し始めるとすれば、現狀ではまだ無用の混亂を招きかねないであろう(1)。

それでも、いわゆる先秦道家の、たとえば「道家」の語の初出は『史記』卷一三〇太史公自序所引の司馬談「六家之要指」であり(2)、「老莊」の初出は、『淮南子』卷二一要略篇の「道應者、……考驗乎老莊之術」であるように、後世の者がそれらをやっと結びつける。先秦道家の段階でも、彼ら自身が一箇の思想集團に屬すると認識することはなかったようで、斷絶は當初から存在していたのである。どうやら、後世に至って彼らを概括するとき、或いは何者かが自らの先例として、かつて道の名の下に說かれた教說を想起するとき、そこに系譜的意識が觀念され、構想された枠組みが表出され、場合によってはそれが存續することもあるが、多くは構想のかけらを殘して、道家・道教という最大級の枠組みの中へとまた埋沒してゆく、時には架空の系譜すら含まれる非連續の連續の總體を、かろうじて道家・道教の動態とするのではなかろうか(3)。

もちろん、天師道（五斗米道）・太平道發生以降のそれは、それこそ宗教的道家として、擔い手を完全に民間化しての再登場なのであるから、決定的な轉換點であるし、やがて劉宋の陸修靜あたりの提唱に始まる三洞四輔といった道典結集運動が、新たな側面を加味したことは無視できない。前者を初期道教、後者をたとえば成立道教などと呼んで區別することも可能であろう。

道家・道教を差別化に用いたのは、多分に日本語の問題であるが、區別自體が誤りというわけではない。區別には理由がある。それでも、誰が最初に用いたのかは定かではないが、たとえば、新天師道などというのもいかがなものであろうか。寇謙之に主導され、その沒後に繼承された樣子のない教法に新天師道の名を冠することは、天師道自體の歷史に無用の混亂を與えているのではなかろうか。

こうした用語例にいったん、疑問符を付け、研究の進展に卽して再構築しなくてはならないであろう。およそ規定された概念は、創造的破壞を前提に据え置かれた暫定に過ぎないという但し書きを伴うものと認識しなければならない。

ただ、本書の括りは、第五編の「天師道の展開」、第三章「大道家令戒の形成」に根據を求めることもできる。「大道家令戒」は、東晉の末、孫恩・盧循の亂の直前に、その母體ともなった杜子恭の治に屬する信者たちに對して、おそらくは杜子恭により、張魯の名のもとになされた啓示であると筆者はみなし、そこで構想された教法前史の中で認定されたのが、『太平經』であり、『妙眞經』であり、『黃庭經』などであった。『妙眞經』は『西昇經』と、『黃庭經』は『老子中經』と密接な關係を持つ。さらに、老子化胡說も教法前史に觸れられていて、「大道家令戒」の教說は、本書を規定するのである。

このように、本書で言う道教とは、杜子恭なる東晉末の一道士によって構想された教理史の中で、一連のものと認識された諸教法を指している(4)。この道士は、いわゆる道家の內、老子は選んだが、莊子や列子、また抱朴子などは除外した。抱朴子・葛洪はいわば擬似科學的立場ともいうべき神仙術の徒であって、もとより宗教的人士ではないため、選ばれなくとも無理はないであろうが、莊子などの代表的な道家が選ばれていないことには注目すべきであろう。東晉末の一道士からみて、莊子らは彼らの先蹤ではなかったのである。

それでもそれは、道家・道教を辯別する根據としない。それは限られた特殊な立場からする構想であって、これは道家・道教の全史に遡及させるなにかではない(5)。

筆者は、ここでは一道士の幻視に出發する一連の教法史に關して、舊來の用語例に從って初期道教と假稱する。おそらくは、この教法結集の構想に端を發して、やがては三洞四輔といった道典結集の方向へと展開し、ひとつの有力な立場を堅持するに至るが、それはあくまでも時代に限定された教法であって、繰り返すが、前後の歷史を規制するものではない。それでも、往時に、たった一人の道士の構想にその端緒が見受けられるとするならば、それは、こうしたことの繰り返される道教史の中でも、とりわけ注目に値する事件であったといえるのではなかろうか。

第一編　太平經の研究

第一章「六朝時代に於ける干吉傳の變遷」は、『太平經』の前身である後漢の「太平清領書」の「感得」者という干吉なる實在した人物の傳記をまず位置付け、次いで後に様々に擴大された傳説化の系譜を整理することによって、六朝の道教諸派における干吉の位置をたどった。そのことは同時に、從來、その引用例が見當らないために、斷絶したかにも思われた六朝時代に於ける『太平經』の隱された傳承をたどる試みである。

第二章「再出本『太平經』について」は、前章で渉獵した資料を『太平經』への言及に絞り、その再檢討を踏まえて、僞作説さえ説かれた現行の『太平經』を、六朝末の再編集によるものとする見解を明らかにしたものである。隋代編纂の逸書、『玄門大儀』の三洞四輔解題は、その一部が唐初の『道教義樞』巻二、北宋の『雲笈七籤』巻六に見え、主にこの遺文をどう讀み解くかで、大淵忍爾博士、福井康順博士、吉岡義豊博士の見解が相違していたが、これらに批判を加えて自説を新たに展開した。(6)

第三章「「老君説一百八十戒序」の成立について」は、『太平經』の來歴資料として重要な言及例とされてきた『老君説一百八十戒序』について、まず諸本をもとに校訂を行い、その原型の成立を劉宋期とした上で、内容の混亂などから後世の加筆を指摘し、むしろ六朝末の『太平經』再編の後で、現在のような改變の施されたものと推測した。(7)

第二編　老子化胡經の研究

第一章「老子の行方」は、本編の序説に當るもので、『史記』巻六三老子傳によって周を去ったとされる老子の行き先について、當初、神話・傳説に導かれた様々な候補地のあったこと、またその一方で、交易によって開かれた西方への關心により、老子の旅先が左右されたことなど、化胡説の前史を探った。化胡説に主導されたというよりも、老子の西方への旅は、中國文化自體の憧憬の中から、その一端として生起したと位置付ける。(8)

第二章「『老子化胡經』と『清淨法行經』」は、老子がインドに赴いて、自身が、もしくは弟子が釋迦となったとする「老子化胡説」に對抗するものとして、佛教側から提示されたのであろう「三聖派遣説」があるが、近年、これを收載する『清淨法行經』零本が發見され、その內容全體を検討することによって、兩説の説かれたと考えられる社會的階層を探り、延いては『老子化胡經』の形成の場を想定した。

第三章「『老子化胡經』の説かれた場所」は、それが中央で説かれたとの從來説に對し、地方的・文化的意味としての中央と地方など、多元的に捉えることが可能であるとし、前章の管見から、化胡説を文化的地方で説かれたものとした。

第四章「佛道論爭に於ける諸問題」は、上記の三章の附篇として、化胡説などをその背景とする中國宗教史上の佛道論爭について、從來、ともすれば純然たる教理論爭を中心とする宗教的エリートの抗爭であったかのような豫想のもとに考察されてきたが、信仰の形態に諸相のあることから照射すれば、兩者はむしろ混交狀態にあったこともしばしばであって、理解の度合いもまた種々あることは昨今も變わらず、その考察には複眼的視野の要求されるべきことを指摘した。

第三編　老子西昇經の研究

『老子西昇經』は、道藏の三洞四輔分類の太玄部に、『老子道德經』本文竝びにその注釋についで列せられ、歷代の教理書に引用されることの多い重要文獻であるが、從來、その來歷や成立といった基礎的研究は爲されず、思想分析も引用例の一部にむしろ佛教に共感するかのような內容の見られることもあって、充分な檢討が施されては來なかった。本書で取り上げた經典の多くは、形成された際には決して初めから道教經典として成立したわけではなく、それぞれが個別の事由によるが、本書はその典型例といってよい。

第一章「『老子西昇經』のテキストについて」は、歷代の著錄や注釋に關する書誌學的問題を扱い、現行諸本を勘案して校本作成に及ぶ試みである。(9)

第二章「『老子西昇經』の思想とその成立」は、上記の成果をもとに、その思想的立場を探求するもので、本書の成立年代を東晉中期以前とみなした。

第三章「佛道論爭に於ける『老子西昇經』」は、本書が本來、道教經典としてではなく、道家という傳統思想と佛教の折衷的立場で述作されていたため、道教經典の中に取り入れられた後も齟齬をきたすことがあり、佛教との論爭が生起すると、しばしば本書は批判の對象として取り沙汰されることとなった。ここでは、その狀況を總括する。

第四章「老子妙眞經小考」は、『老子西昇經』とは一連の經典として扱われながらも、いつしか散逸してしまった本書の來歷や成立について考察し、諸書に殘された佚文を集めた。『老子西昇經』にやや遲れて、東晉後期の成立とした。

第四編　老子中經の研究

第一章「『老子中經』覚書」は、本編の唯一篇の論考であるが、神仙術の一である瞑想法で、身體の各部位に宿るとする體内神を内觀するという「存思」を文書化した本書に至るまでの諸系譜をたどり、一連の關係文獻に言及しながら、その成立に至るまでの長編となった。成立自體は『黄庭（外景）經』の方が古いが、謎めいた韻文で書かれたそれをテキストとすれば、本書は後出であるとはいえ、そのマニュアルのごとき位置にあるものとみなした。(10)

第五編　天師道の展開

第一章「房祠破壊と道士の原像」は、前漢武帝期に肥大した國家祭祀の縮小整理により、職業的宗教者が放出されたことを端緒に、民間にも信仰形態の變容が持ち込まれて、對象であった鬼神の排斥という事態も生じた。それは信仰のありようの見直しであり、こうした活動のさなかから道教的立脚點の萌芽が釀成されたとする試論である。

第二章「杜子恭とその後裔」は、東晉末に孫恩・盧循の亂の母體となった天師道集團である杜治の創始者、杜子恭とその子孫の傳記資料を集成し、とりわけ、從來、杜子恭と同定されることのなかった『洞仙傳』中の杜昞傳（『雲笈七籤』巻一一一所收）に着目し、その活動の期間や教法を探った。とりわけ、彼によって幻視された張魯の名のもとにその教法が展開されたことは、北魏の寇謙之の先例としても注目すべきことであり、南朝天師道の起點として重要な位置を占めると考える。

第三章「「大道家令戒」の形成」は、從來、三國魏・北魏・劉宋末成立など、『老子想爾注』と共にその成書年代については様々に論じられてきた「大道家令戒」を、筆者は東晉末成立とし、その述作者を杜子恭とみなした。孫恩・盧循に至る反亂前夜の不穩な空氣の中で、杜治の信者たちの同調を防がんと作成されたものと考えられる。そこでは、大道によって説かれたとする、人類救濟のための諸教法の歴史が連ねられ、天師道はそのいわば集大成といった位置にあったかに構成されている。或いは往時の杜治で用いられていたのであろう『老子想爾注』・『老子妙眞經』・『黄庭經』などを、互いに矛盾のない教法として許容する。これらは、杜治の抱えていた矛盾を一氣に解決するために述べられたのであろうが、それは幻視された張魯の名のもとに説かれた。しかしながら、その大同團結的姿勢は、これに留まらず、後の道教經典結集運動の指針である三洞四輔の先例とも言うべく、かくて、道教の重要な條件の一端は、杜子恭の幻視から構想されたといえるのではなかろうか。

本書を「初期道教經典の形成」の名でひと纏めにし得るのは、「大道家令戒」に登場した教法や經典は、いずれも冒頭から考察した經典類の關連文獻であり、ここでいう道教とは、まさに杜子恭によって虛構された教法の蓄積そのものである。その道教とは、それでも、三洞四輔構成に顯著ないわゆる成立道教の枠組みの先蹤といって過言ではなかろう。

附編　六朝道教經典をめぐる諸問題

第一章「「敦煌本」と「道藏本」の差異について」は、資料をいわゆる古靈寶經に限定して、差異の著しい兩本の先後を考察し、佛教用語をより多く含む敦煌本を原本に近いものとする。原本成立時の經典は、佛教を敵對する勢力とみなさず、むしろ自らの側にあるものとして共感し、當初は積極的にその教理を受容していた痕跡を探った。

第二章「業報と注連の間」は、因果應報はそれを爲した個人の自業自得であるとする佛教の觀念に對し、中國の傳統的應報觀ではその家にかかるとされ、佛教傳來の後も、しばしばこれが混同されがちであったことが、道教の應報觀に顯著に見られることを指摘した。この錯誤は文學作品その他にも多く見られ、中國の應報觀一般で決して見逃せない觀念であることを指摘した。

第三章「所謂「茅山派道教」に關する諸問題」は、從來、六朝道教の主流派を、陶弘景を中心とする上清派道教とみなす見解があり、遡っては陸修静までもが茅山派であったかのような認識が一般概説書にまでも展開されていることについて、その枠組みの誤謬を批判し、むしろ陶弘景の立場の特殊性を指摘した。

本編の三篇は、次の時代區分（三洞四輔成立以降）に屬する内容にわたり、組織的な道教の胚胎過程の錯綜状況を示すことに、上記諸篇との連續性が認められると考えられるため、附編とするに値すると考えるものである。

注

（1）かつて、日本道教學會の機關誌『東方宗教』で「道教關係圖書論文目錄」の編集を擔當したことがあるが、歐文篇を扱った際、表題にDaoismとあるからといって、必ずしも宗教的なそれを指すとは限らず、老莊を扱っている場合もあって、ある程度の内容把握をしなければ採錄を決められなかった經驗がある。すべてを採錄すれば問題ないのであるが、當時はDaoismといえば、まだ壓倒的に老壯の方が多く、日文篇や中文篇でも老莊を加えるとなると、分量的にも收拾がつかず、困惑したものであった。

逆に、二十年程前に來日した臺南の陳榮盛道長に、ぶしつけにも筆者は、道教はいつ始まったと考えるか、と質問したことがあった。その際に返された答えは「黄帝卽位以來、四千年」とのことであった。このとき以來、筆者は、研究對象を豫めする前提で分析することを戒め、研究結果から得られる當面の結論に止めることと決意した。せいぜい研究の中間報告としての規定しかできないのではなかろうか。あるいは、中華文化圏に生活する宗教信仰者が、その一部に、たとえば觀音信仰を含む場合でも、彼らが自らの信仰を道教と呼ぶならば、研究者はそれを否定する權利を持たないであろう。研究者は、追認しかできないというハンディを持つと考えている。

（2）『史記』には、この外、巻一二三禮書「孝文好道家之學」、巻五六陳丞相世家「陳平曰、我多陰謀、是道家之所禁」と見える。

（3）このことは、道家・道教に限らず、儒教・佛教を初め、ありとあらゆる概念規定に附與されるべき限定であるはずで、この際、學び直すことのできた、それこそ老莊思想的問題意識であった。いつか道家史という觀點で、道家・道教の通史を考えてみたいものである。

なお管見は、福井文雅「道家と道教の系譜とその問題點」（『道教の歴史と構造』所收、五曜書房、一九九九）に着想を得ているが、文責はもちろん筆者にある。

（4）なお、小林正美博士に「「道教」の構造と歴史」（『東洋の思想と宗教』一三所收、一九九六）という雄編があり、道士の宗教としての道教という主張が展開され、一方の立場を堅持し、それはそれで相異點を明確にすることに於いて正しい。しかしながら、日本語としての道教と、初期に於いて構想された枠組みがいつまで有效であったかという點で疑問が殘る。初期道教は今日の道教ではない。概念規定は、容易なことではなかろう。

（5）一方で、後漢以後の道教の共通點を模索したのが、第五編第一章の「房祠破壞と道士の原像」である。新興宗教としての道教は、舊來型の民間信仰に對して攻擊的であり、天師道以降のそれを、鬼神信仰一般に對する優越的意識に特徴付けた（こうした意識が道家に遡って存在したであろうか。今後の課題としなくてはならない）。それでも、そこで同時に指摘したように、こうした意識は道士の自覺によりけりで、しばしば民間信仰の中に埋沒しがちであり、埋沒していながらも、彼らがそれを道教と呼ぶのであれば、優越的意識を常態とするわけにはいかないであろう。

（6）大淵忍爾「敦煌鈔本S.4226「太平部巻第二」について」（同『道教とその經典』所收、創文社、一九九七）は、管見にある程度の評價を與えて頂けるものの（(注)一九參照、五五五頁)、「道藏本太平經は後漢の太平清領書の後身であり、再編の跡は認められない」(五五二頁)とする。六朝末の編集に際して、『太平經』本文にいささかの加筆もなかったとするが、それはあくまでも、かくあれよかし、の博士の道教史觀による見解ではなかろうか。中國古典一般の來歷を考えるならば、加筆の可能性は否めないであろう。それでも、管見の及ぶ限りでは、『太平經』全體の思想に齟齬を生じさせるような新思想の甚だしい注入はなかったと思われる。あくまでも、程度の問題である。神塚淑子「『太平經』の承負と太平の理論について」、「『太平經』における「心」の概念」(『六朝道教思想の研究』所收、創文社、一九九九)は、現在、『太平經』の思想を分析する最重要論文と考えるが、こうした論考の達成こそが、その證左となるのではなかろうか。なお、增尾伸一郎・丸山宏編『道教の經典を讀む』所收の拙稿「『太平經』――平安を冀求する在野からの提言」(大修館書店、二〇〇一)では、若干の批判を試みた。

(7) ベンジャミン・ペニイ著、前田繁樹譯「老君說一百八十戒における道教と佛教」(山田利明・田中文雄編『道教の歷史と文化』所收、雄山閣、一九九八)は、戒自體の內容に關する詳細な考察を展開している。

(8) 本編はすべて『老子化胡經』成立の原像を探る試みから成るが、もとより佚書であるだけに、試論に終始した憾みがある。今後、『老子化胡經』ならびにその系統文獻の佚文を蒐集し、檢討を加える作業を果したいと考えている。

(9) 劉屹「試論《化胡經》產生的時代」(『道家文化研究』一三、一九九八)には、拙稿に對する論評があり、西昇經の本文校訂に異論を述べ、たとえば「吾之身也」を原文とする(一〇一頁)が、論據を首肯することができない。

(10) 本稿の後、思想內容のより詳細な分析を展開した論考に、加藤千惠「『老子中經』と內丹思想の源流」(『東方宗教』八七、一九九六)がある。

第一編　太平經の研究

第一章　六朝時代に於ける干吉傳の變遷

はじめに

干吉なる人物は、(1)『後漢書』巻三〇下襄楷傳によれば「太平清領書」(所謂『太平經』の原本)の感得者として、また同書の李注や『三國志』巻四六孫策傳の裴注に引く『志林』等によれば、建安五(二〇〇)年の頃、孫策に處刑されたという、後漢末までのほぼ百年を生きた術士として知られる。こうした史書に見える干吉に關しては、すでに諸先學の論及するところである。(2)

さて、ここに留意したいのは、その干吉が六朝中期から唐初に至る諸道典に於いて著しく傳説化されていること、しかもそれが多樣な形を取って展開していることであり、こうした事實については、從來あまり問題として取り上げられていないように思われる。(3)

いま『太平經』の傳授に注目して言えば、先の『後漢書』では、それは單に感得ということであったに過ぎない。ところが、例えば隋唐の際の成書と見られる『太平經複文序』(4)によれば、干吉は、金闕帝君、靑童君、西城王君を經て、帛和なる仙者から『太平經』の旨を傳授されたといい、また陳の頃の成書かと思われる『老君說一百八十戒序』(5)によれば、干吉は早く周末赧王時に、老君より『太平經』を授けられたといい、ここでは逆に、それを帛和へと傳えたとする。こうした傳説的諸系譜はさらに以前の諸道典に散見し、各々その源流の異なることを示しているようである。いったいこうした傳説化は、どのような事情によって生じ、また展開を遂げたのであろうか。

ここでは特に、道典中の記載を整理して、干吉傳説の諸相とその系統とを探ることにより、六朝道教に於いて干吉（さらには『太平經』）が、どのように位置付けられていたかについて考察を試みることとする。また、こうした作業を通じて、從來明らかにされていない、六朝時に於ける『太平經』の流傳について、(6)いささかでも手掛りの得られることを期待するものである。

第一節　歴史的人物としての干吉

干吉なる人物の傳説化について考察を進める前に、まず歴史的な干吉の實像を一應確認しておく必要があろう。すでに先學によって論及されていることではあるが、その見解には必ずしも一致しない點があり、また後節に述べるような傳説に屬する資料を援用することに由來しての若干の誤認も含まれるように思われるからである。初めに、干吉の生沒年について明確にしておきたい。

『後漢書』巻三〇下襄楷傳に「初順帝時、琅邪宮崇詣闕、上其師干吉於曲陽泉水上所得神書百七十巻、……號太平清領書」とあり、この襄楷の上奏文中に「臣前上琅邪宮崇受干吉神書、不合明聽」という。干吉の得た「神書」は、その弟子宮崇により、後漢の順帝に上奏され、また後にこの襄楷によって桓帝に上奏されたわけである。これよりすれば、干吉が「太平清領書」を得た時期は、遲くとも順帝時以前と見ることができる。一方、『三國志』巻四六孫破虜討逆傳（建安五年の條）に裴松之注の引く西晉虞溥の『江表傳』には「時有道士琅邪干吉、先寓居東方、往來吳會、立精舍、燒香讀道書、制作符水以治病、吳會人多事之」といい、やがて孫策により「此子妖妄、能幻惑衆心」として處刑されるに至る經緯を記す。裴注がさらに引く東晉虞喜の『志林』に「喜推考桓王（孫策）之薨、建安五年四月四日」とあり、また東晉干寶の『搜神記』巻一では、孫策の死は（實は許貢の刺客によるらしいが）干吉の亡靈に惱まされた結果と設定されていること等も考え合わせれば、干吉の沒年は建安五年をさほど遡るものではないことが窺われる。

かくて干吉は、後漢の順帝時（一二五～一四三在位）の頃から、建安五（二〇〇）年頃にかけて生きていた人物と見られるわけであるが、順帝の或る時期までには、宮崇という弟子が存在していたことから推すと、干吉は當時すでに師に相應しい年齢であったはずである。とすれば宮崇の上奏が假に順帝の末頃であったとしても(7)、干吉は百歳にほど近い生涯を送ったと見なければならないであろう。

この點を疑問としてか、「太平清領書」の感得者干吉と、孫策に處刑された干吉とを別人と見る說も行われている(8)。例えば湯用彤氏や陳國符氏は、『抱朴子』内篇中の記事の、僞白和の事（巻二〇袪惑篇）や僞李八百の事（巻九道意篇）などを引き合いに、或いはこの干吉の場合も、その名を騙る別人であったかとの見解を示している。しかしながら、これは特に積極的な根據があってのことではないようである。

『志林』は先述の『後漢書』とほぼ同様の内容（恐らく同一資料に基づくのであろう）を述べた後、干吉について「順帝至建安中、五六十歳。干吉是時近已百年。年在耄悼、禮不加刑。又天子巡狩、問百年者、就而見之、敬齒以親愛、聖王之至教也。吉罪不及死、而暴加酷刑、是乃謬誅、非所以爲美也」といい、また『江表傳』中の孫策の言をも參考するなら「今此子已在鬼籙、勿復費紙筆也」と見え、兩文はむしろ當時干吉の相當に高齢であったことを示していよう。さらに言えば、干吉がかなりの高齢であったればこそ、呉の人士に格別の尊崇を受けたとも考えられるのではなかろうか。『江表傳』によれば、孫策が干吉を「卽催斬之、縣首於市」の後も、人々は「尚不謂其死而云尸解焉。復祭祀求福」とあることなど、その崇拜の度合を示すものであろう。また、前述の『搜神記』は東晉の成書ではあるが、こうした傳說化の生ずる裏には、かなりの多年にわたる干吉崇拜の實狀が暗示されてはいないであろうか。また福井博士によれば、吳の太元元（二五一）年頃の作とされる[9]『牟子理惑論』に、「王喬・赤松・八仙之籙、神書百七十卷」とあって[10]、著名な仙經の一として件の「太平淸領書」と覺しき書の江南に流布していたことを示す記載が存している。これ等は干吉が同一人であることを端的に示す例ではないであろうか。

以上から、『後漢書』中の干吉と、『江表傳』中の干吉とを同一人と見做すことに支障はないように思われるので、以下その觀點に立って考察を進めることとしたい。

さて上述の『搜神記』の記載は、干吉の傳說化を思わせる初めての記述である。しかしここで描かれる干吉は、孫策との關わりに於いて、いくらか方士的な潤色が見られるにせよ、後節に見えるほどの著しい變改というわけではなく、あくまでも史傳の延長上の傳說化であると見るべきであろう。しかしながらその設定は、北齊の顏之推の『冤魂志』[11]、また後述の『洞仙傳』[12]に直接的に反映しており、さらには『太平經複文序』や、南宋の謝守灝の『混元聖紀』[13]にも採られており、干吉說話の上では、やがてその「尸解」の場面を擔う基本型となっていったようである。

一方『江表傳』、『志林』、『搜神記』の三書を引く『三國志』裴松之注は、劉宋文帝の元嘉六（四二九）年に成ったというが[14]、この三書をそのままに襲って記述しているものに、上述の『洞仙傳』干吉傳がある[15]。『洞仙傳』は從來あまり取り上げられていないようであるが、『隋志』雜傳類に「洞仙傳十卷」との著錄があり、また收載人物は、遺文の全體を見渡してみても、劉宋文帝時の二、三のそれを下限としており、かつまた陸脩靜等の系譜などには全く觸れるところがないことから、内容的にも恐らくは五世紀後半、遲くとも南齊頃の成書かと考えられる[16]。

ところで葛洪の著述、もしくはそれと傳えられるものの中に、この干吉に關する少なからぬ言及が存している。すなわち『抱朴子』内篇では、巻一四勤求篇に僅かに「後之知道者」として「干吉容《ママ》嵩桂帛諸家、各著千所篇」とあるのみで、傳記的な記載は見られないが、現行本『神仙傳』巻一〇に、弟子の宮崇（嵩）の傳があり、また『神仙傳』の佚文として、唐初の王懸河撰『三洞珠嚢』巻一に干君傳、[17]及びその弟子という桂君の傳[18]が殘されているのがそれである。因みに『神仙傳』は、現行本が明代の雜輯になるばかりでなく、唐代以前にすでに何らかの造作が加えられていたようで、その記載については夙に疑問が發せられている。[19]そうして、干吉に關わるこの三篇の内容もまた、そのまま葛洪の著述であるとはみなし難く、四世紀初の資料として用いることは困難であろう。

まず宮崇の傳について『神仙傳』に類する記載は、道藏中に四例見出される外に異質の傳は存していないようである。現行本と全く同文が、元の趙道一の『歷世眞仙體道通鑑』に見え、[20]現行本はこれより採錄したもののようである。一方、抄出にかかると思われる文が南宋の陳葆光の『三洞羣仙錄』にあり、[21]さらに五代初の王松年の『仙苑編珠』にも見えることから、[22]少なくともこの頃の『神仙傳』には、現行本に類した宮崇の傳が存したかとも考えられてくる。[23]

このような『神仙傳』宮嵩傳ではあるが、件の干吉については「宮嵩……師事仙人干吉。漢元帝時、嵩隨吉、於曲陽泉上遇天仙、授吉青縑朱字太平經十部。吉行之得道、以付嵩、後上此書」とある。後節に述べるように『太平經』の傳授が、老君或いは帛和から干吉へというように說かれていることから推すと、ここに天仙より授けられたとするのは、初期的な様相を示しているかとも思われる。一方その時期についての漢元帝時とするのは、他に類例を見ない。老君からの傳授を云う場合、周の末か、或いは前漢の成帝時と設定されているが、これとも關わりはないようである。ただ、成帝時とするのは『漢書』巻七五李尋傳等に見える「天官歷包元太平經十二巻」の出現時期を、干吉の『太平經』のこととみなしての設定なのであろうが、この元帝時とみる說も、或いは同じ發想によるものであるのかも知れない。また、ここに『太平經』を「十部」と見ているのであるが、『太平經』にこうした體裁の見えるのは、隋の頃の成書と見られる『太平部巻第二』[24]〔S.四二二六〕以後のことであり、また『抱朴子』巻一九遐覽篇に「太平經五十卷」とあるのと相應しない點も注意されるであろう。

ちなみに、『三洞羣仙錄』は右の箇所を、「宮嵩……遇仙人干吉、得其書」とのみ作る。或いはもとはこのようであったのを、『歴世眞仙體道通鑑』あたりが潤色したのではなかろうか。また『神仙傳』では「云治國者用之、可以長生」とある部分を、『三洞羣仙錄』では「治國者用之、以致太平、治身者用之、以保長生」に作り、恐らくこちらを正文を傳えると見るべきもののようである。

さて、『神仙傳』佚文の干君傳、桂君傳については、後節で論ずることとするが、やはり『神仙傳』の記載は、干吉に關する限りは資料として用いるに困難を伴うようである。孰れにせよ、歴史的な干吉の原像は、先述の史書によってしか確認されないわけなのであろう。

第二節　老子傳説中の干吉

老子神化は、後漢の末頃に始まり、六朝時代を通してその傳説中に様々な構想を織り込みながら擴張してゆき、やがてこうした老子の傳記は、唐代に至って集大成されることとなる。それは、老君が歴代の帝王の師となったとする歴代化現説を中心とするものであり、この間にいくつかの經書が、老君所説の名の下に歸屬され、また造作されることとなる。[25]それは、個々に成立してきたところの大小の教法を、すべて老君の名に於いて統合しようとする、謂わば老君尊奉の立場からする道教史再編の試みであったと考えられよう。その中で件の干吉の『太平經』も、ある時期からは老君所説の書とみなされるようになったのであり、後に述べるようにこの構想は、唐宋以後も主流となってゆく。

ここでは、こうした老君傳形成の過程に於ける干吉の位置づけについて見てゆくこととする。

さて、老君が西關を出て胡地へ赴くという時期について、六朝末頃までは、西周末の幽王の時とするのが一般的な説であったようである。(26) この幽王時出關説をとる化胡説の最も代表的な例としては、唐初高宗時の王懸河撰『三洞珠嚢』所引の『化胡經』が先ず擧げられるであろう。(27)

これによれば老子は、「幽王の時、出て帝師と爲る。號して天老と曰ひ、復た老子と稱す。柱下の史と爲りて長生經を作り、復た尹喜に與へて五千文上下二經を作る。復た尹喜と與に西國に至りて、佛化胡經六十四萬言を作りて胡王に與ふ。後、中國に還りて太平經を作る」と云う。

ここでは『太平經』を干吉に傳えたとする記載は見られないが、劉宋の頃に成ったとされる『三天内解經』には明記があり、(28) 右の内容も五世紀前半頃にまでは遡り得るようである。ここでも老子の幽王時出關、尹喜への五千文等の傳授、化胡と續き、やがて「下古」の世の中國に戻り、「太上於瑯琊、以太平道經付干吉・蜀郡李微等、(29) 使助六天、檢正邪氣」と云う。上文はこの後「至漢世」と續くことから、この時點で『太平經』の傳授年代は、だいたい東周末と考えられていたことが知られるであろう。ちなみに陳代の成書と考えられる『老君説一百八十戒序』には「昔周之末、赧王之時、……老君至瑯琊、授道與干君。……又傳太平經一百七十卷甲乙十部」とあり、ここでは明確に東周末とみなされている。(30)

しかし一方で、こうした老君傳の展開に密接な關連を持ちながら、この干吉の年代についてはやや異なった記載を見せているのが、『正一法文天師教戒科經』中の一篇、「大道家令戒」の所説である。(31)

> 道乃世世爲帝王師、而王者不能尊奉。……道重人命、以周之末世、始出奉道。於瑯琊以授干吉太平之道、起於東方。……後道氣當布四海、轉生西關。由以太平不備、悉當須明師口訣、指謫爲符命。道復作五千文、……付關令

尹喜、略至。……西入胡、授以道法、……於是眞道興焉。非但爲胡、不爲秦。秦人不得眞道。五覇世衰、赤漢承天……。

これによれば「道」（この場合、老君と同じ）は、五千文の尹喜への傳授及び出關化胡の以前に於いて、干吉に「太平之道」を授けたと云う。ここに「太平之道」とは、明らかに『太平經』を指すと考えられるが、問題はその傳授の時期である。すなわち先の三書に於いては、干吉と老君の出會いを東周の末とするものであったが、ここでは、それを西周の末と見做していたことになるからである。ちなみにこの書は、東晉末の成書であろう。(32) いまこれに從うとすれば、當時『三天内解經』と竝んで、老君の干吉への『太平經』傳授の時期について、同じ周の末でも二つの解釋が存したこととなる。思うに、老君と干吉との出會いの時期については、二説に先んじて、漠然と「周の末」とする説が存していたのではなかろうか。と言うのは、『正一法文師教戒科經』にせよ『三天内解經』にせよ、本來、當時の天師道の刷新を主唱するものであり、老君の傳記を專ら說く性格の書ではないのであって、兩書に述べられている老君の事跡は、これに先行して當時すでに存していた傳說を、各々獨自に取り込んだものと考えられるからである。つまり、ある時點で老君による周末の傳授說が生じていて、それがこの『正一法文天師教戒科經』や『三天内解經』等に至って、各々西周末・東周末と設定されたということなのであろう。

孰れにせよ、干吉の師として老君が結びつけられることとなり、その年代は周の末であったとする說が、少なくとも五世紀前半の頃までに想定されることとなったことが知られ、上述の如く、このことは老君尊奉の立場からする『太平經』の編入を意味すると思われる。そしてその推進者は、『正一法文天師教戒科經』や『三天内解經』の性格から見て、當時の天師道に屬する改革派の一であったと考えられるのである。

この『太平經』の老君傳授說とでも言うべき流れは、上述の『老君說一百八十戒序』の記載へと引き繼がれるようである。ここには西周末「赧王時」との明記があり、『太平經』についても先の二書には見られなかった「一百七十卷甲乙十部」との體裁が記述されており、また干吉の弟子として帛和が附會されている。『老君說一百八十戒序』の内容も、やはり天師道改革派に屬し、祭酒の現狀を批判するもので、老君は、干吉への『太平經』傳授の後、再び干吉の前に現われ、祭酒たちを律するためにこの『一百八十戒』を授けるというものである。この戒は唐代までには正一道士としては最高位の受ける戒とされていたようで(33)、干吉はここに至ってその先賢の一人と見做されることとなったのである。

ちなみに、唐初の法琳の『辯正論』に「臧競・諸操等老義例云」として、老子の「三隱三顯」なる說が見えている(34)。西周末幽王の頃、尹喜に五千文を授け關を出たという老子が、その以後三たび中國に化現して、その都度賢者に教えを授けたとするものである。まず孔子に「仁義禮樂之本」を說き、次に「赧王之世、千室《ママ》以疾病致感、老君授百八十戒并太平經一百七十篇」とあり、最後が張天師道陵への「正一明威之教」の傳授であるという。臧競・諸操とは、梁陳の頃に在世した臧矜、陳隋の諸糅を言うようで、兩人は師弟關係にある道士であったらしい(35)。この流れを酌む唐初の成玄英の書とされる『道德經開題序訣義疏』(36)にも、この說は見られる。いまや出關以後のこととなってしまった孔子問禮の傳說を合理化するためにこの說は作られたのかも知れないが、意圖はともかくとして、ここで干吉が、孔丘・張陵と併稱されているのは興味深いところである。

さて、唐初に至って、佛教側から佛の生年を昭王甲寅とする新說が提唱された。これは老子の幽王時出關、化胡の說に先んぜんとする意圖からであったが、道教側も直ちに反應し、さらにこれに先行する昭王癸丑去周說を新たに持ち出したのである(37)。そうしてこの說の推進者と目される尹文操により、新たな老君傳、『太上老君玄元皇帝聖紀』が高宗時に敕を奉じて撰出せられた(38)。この書は既に亡佚してしまったが、その内容は、北宋の賈善翔の『猶龍傳』(39)、南宋の謝守灝の『混元聖紀』(40)に引き繼がれており、共に昭王時去周説に基づく老君傳である。(41)この新説に基づく傳記に於いては、『太平經』傳授の年代も變更されたが、餘儀なくそうなったものではないようで、獨自の新解釋によるものであるらしい。兩書では『太平經』傳授の年代を、前漢成帝の河平二年とするのである。前節にも觸れたが、これは『漢書』巻七五李尋傳等に見える『天官歴包元太平經十二巻』(42)を、干吉の『太平經』と擬定しての説であったに相違あるまい。また『一百八十戒』は「後漢章帝元和二年」に傳授されたと設定されているが、その基づくところは不明である。

第三節　帛和と干吉との關係

上述の『老君説一百八十戒序』では、干吉の弟子として帛和が附會されていた。卽ち「後帛君篤病、從干君授道護病。病得除差、遂復得道、拜爲眞人。今瑯琊有木蘭樹、干帛二君所治處也」と云うものであるが、これに類する説話が、『三洞珠嚢』所引の『神仙傳』第九干君傳(43)に見えている。この傳は現行本『神仙傳』には收錄されていない佚文である。

干君者、北海人也。病癩數十年、百藥不能愈。見市中一賣藥公、姓帛、名和、往問之、公言、卿病可護。卿審欲得愈者、明日鷄鳴時、來會大橋北木蘭樹下、當教卿。明日鷄鳴、干君往到期處、而帛公已先在焉。怒曰、不欲愈病耶。而後至何也。更期明日夜半時。於是干君、日入時、便到期處、須臾公來。干君曰、不當如此耶。乃以素書二巻授干君、誡之曰、卿得此書、不但愈病而已、當得長生。干君再拜受書、公又曰、卿歸更寫此書、使成百五十巻。干君思得其意、内以治身養性、外以消災救病、無不差愈。在民間三百餘年、道成仙去也。

さて右の佚文を一讀すれば、これが張良と黃石公の說話の換骨奪胎であり[44]、また『老君說一百八十戒序』とは、干吉と帛和の師弟關係が逆轉していることが知られる。兩書は孰れが先行するものなのであろうか。上述の如く『神仙傳』の記載は、唐初の書に殘る佚文とはいえ、必ずしも葛洪の著述そのままであるとは看做し難く、取り扱いに際しては、各傳ともその資料檢討を必要とするからである。

まず『老君說一百八十戒序』であるが、上述の如く、この書には『太平經』の體裁について「一百七十巻甲乙十部」との明記がある。それは『太平經』の再出以後の樣相であって[45]、管見によれば『老君說一百八十戒序』は、『太平經』再出と同じく陳の頃の成書と考えられる。これは別稿に論ずることとして[46]、以下、『神仙傳』干君傳についての考察を試みることとしたい。

さて、干君傳は、帛和による干吉得道の物語である。帛和より「素書二巻」を得た干吉は、これを「百五十巻」の書と成したとする。この書は「內以治身養生、外以消災救病」という性格のものであったと云い、明記はないが、この書を『太平經』と見て差し支えあるまい。とすれば、『三洞珠囊』の撰者は同時に百七十巻本再出『太平經』に接していたはずであろうから、ここに「百五十巻」とあるのは、百七十巻本の再出する以前の『太平經』の狀態を傳えるものと言い得るであろう。陳代に『老君說一百八十戒序』が成書された際、その帛君の部分は、この『神仙傳』干君傳から抄出されたとみなし得るとするなら、ではこの干君傳の成書は、陳代以前のいつ頃にまで遡り得るのであろうか。

葛洪は『抱朴子』に於いて、干吉にはわずかに巻一四勤求篇でしか觸れていなかったが、帛和についてはしばしば言及している。巻二〇祛惑篇には、僞の白（帛）和の事が記され、本當の白和がすでに「忽去、不知所在」となった後、河北に自稱白和が出現したと云う。白和の子弟たちは、その再出を大いに喜び、出向いて行ったところ、これが僞者であったと云うものである。また袪惑篇末尾に「洛中見之白仲理者、爲余説其瞳正方、如此果是異人也」とあるが、現行本『神仙傳』巻七帛和傳に「字仲理」とあることを參考すれば、この白仲理とは卽ち帛和を指すものとみなし得る。[47] 以上よりすれば、葛洪の當時にはなお帛和の弟子が存命していたらしいこと、さらには葛洪自身、帛和の容貌について、傳え聞く事ができたほどの近時の人であったことが知れよう。『抱朴子』巻一九遐覽篇によれば、この帛和は「余聞鄭君言、道之重者」として「三皇內文、五嶽眞形圖」を山中に得た者と云う。葛洪にとっても帛和は、相當に重視された仙者であったようである。『神仙傳』の帛和傳ではさらに「入地肺山、事董奉」と云い、また「到西城山、事王君」と云う。特に董奉なる人物については、『三國志』巻四九士燮傳の裴注に引く『神仙傳』董奉傳は、士燮を蘇生させた仙者であったといい、また『三洞珠囊』巻一所引の『神仙傳』同傳によれば、董奉は「吳先主時、還豫章廬山下居」[48] と云う。これ等よりすれば、董奉は三國吳初の人と見られるが、さて、帛和がこれに師事したと云うなら、少なくともそれ以後の人であったはずであり、また葛洪以前であったことからすれば、帛和の生沒年代は、ほぼ三國吳の時代と重なることとなるようである。

以上、帛和に關する記述を通覽して、帛和が建安五年頃に沒したはずの干吉の師で有り得ないことは明白であって、この點干君傳が極めて異質な記事であることが知られるであろう。ちなみに葛洪は、『晉書』巻七二の本傳によれば、『搜神記』の撰者干寶と「深相親友」であったと云うが、干吉について雙方の著述に何等の影響關係も存していないことも、この場合考えさせられることである。また『搜神記』すら引證する『三國志』裴注が、何故干君傳を引いていないのかというのも問題となろう。

では何故干吉は、帛和と關係付けられたのであろうか。その理由は現在までのところ全く不明であると言わざるを得ないが、わずかに臆測を試みるとすれば、『抱朴子』巻一四勤求篇に見られた「干吉容《ママ》嵩桂帛諸家」とある記載が手掛りとなるのではなかろうか。『三洞珠嚢』には、干君傳同様、『神仙傳』佚文として桂君傳なるものが引かれており、(49)ここにも干君が登場する。徐州刺史の桂君が干吉に師事して治病するというもので、干君傳と同じく「第九云」とあり、得道者干君の後日譚を思わせる内容であることからみて、兩傳は明らかに連續性をもつものである。干君傳の内容は、上述したように黄石公説話よりする餘りにも露骨な竊取に成るものであって、してみると、干君・桂君の二傳は、『抱朴子』に「干吉容嵩《ママ》桂帛」とあることに着目して、これ等の人物が師承關係にあったことを示そうとする一連の僞装工作に出るものであったのではないか。しかし、その動機については後考を俟つとして、今はとりあえず、『神仙傳』佚文干君傳を『老君説一百八十戒序』成書の陳以前、葛洪の東晉以後の成立と見ておくこととして論を進める。『老君説一百八十戒序』は、老君から干吉への『太平經』傳授の説を尊重し、干君傳に見える帛和と干吉の師弟關係を、逆轉させることによって合理化したのであろう。

さて、『神仙傳』干君傳の延長上に存するのが、隋唐の際の成書とされる『太平經複文序』の記事である。(50)

> 皇天金闕後聖太平帝君、太極宮之高帝也。……垂謨作典、預令下教、故作太平複文。先傳上相青童君、傳上宰西城王君。王君傳弟子帛和、帛和傳弟子干吉。干君初得惡疾、殆將不救、詣帛和求醫。帛君告曰、吾傳汝太平本文、可因易爲一百七十巻編成三百六十章、普傳於天下、授有德之君、致太平。不但疾愈、兼而度世、干君授教、究極精義、敷演成教……。(下略)

ここでは、帛和→干吉に金闕帝君、青童君、西城王君といった、上清經典に由來する神仙が加上されており、上清派によって作成された『太平經』の新たな傳授系統であることが知れよう。『太平經』と上清派との關係については、現在のところ『三洞珠嚢』所引の『道學傳』佚文、桓闓の傳あたりが初例であろうか。(51)梁初に陶弘景の弟子桓闓が『太平經』を入手したが、師の制止により、その再出を斷念したと讀み取れる内容であるが、すでに説話化されており、實際の事情は未詳である。『太平經』の再出は、次代の陳の宣帝時、周智響によると見られるが[52]、同じ頃に、この上清派に於いても取り込まれようとしていたようで、隋代の寫本と見られる『太平部巻第二』後文には、金闕帝君の紀も掲示されている[53]。この『太平經複文序』も、『太平經』を金闕帝君の所説と位置づけるために、上清派によって作成されたものと考えられる。

六朝末から唐初にかけて、『太平經』は、一方では老君の所説であり、また一方では金闕帝君の所説であると考えられていたわけであるが、さて『上清高上金元羽章玉清隱書經』には、次のような記載が見られる[54]。

後聖九玄金闕帝君、下爲周師、改號爲老子、以八天隱文授於幽王。幽王……不崇天文。老子知周文衰、收文而去周、西度制作教化、遇關令尹喜。……卽爲述道德經上下二章。於綠那之國、老子張口、於是隱文從口而出、以授於喜。……上相青童君、以此文傳西城王君、位登四極眞人……。（下略）

この書は陳國符氏によれば、『洞玄靈寶三洞奉道科戒營始』所載の「上清大洞眞經目」にその名の見える「上清高上滅魔洞景金玄玉隱書四巻」[55]中の一巻であるとされる[56]。この書は『眞誥』には見えず、『無上祕要』に幾つかの引文が見られるから[57]、この間、六世紀中頃の成書と一應考えられる。

上文は「八天隱文」なる書が、金闕帝君の化身である老子から尹喜へと傳えられ、また別に靑童君や西城王君へと傳えられた旨を記すものであるが、ここに注目すべきは、この書に於いて、老子が金闕帝君と同一視されていることである。これは、管見の及ぶところでは、上清經典中でこの一例のみではあるが、六朝末の上清派にこうした考えが見られるとすれば、『太平經複文序』に見える系譜も、老君から干吉への傳授説の上清派的な一形態と見做すことも可能であろう。干吉にとっての帛和の位置付けには、兩説を擔う派の各々獨自の解釋が見られたが、この『太平經』を老君所説と見ようが、金闕帝君所説と見ようが、或いは當事者たちにとっては、特に矛盾も感じられないことであったのかも知れない。なお、南宋の老君傳『混元聖紀』では、帛和は干吉の前に老君の使者として登場することとなる(58)。

おわりに

六朝時に於いて、干吉の師は、これを老君と見る説と、帛和と見る説の二説が存した。特に老君との關係については、五世紀初め頃には既にこれが說かれていたようである。この兩說は、陳代の『老君說一百八十戒序』に於いて、老君→干吉→帛和と續く系譜として解釋され、また、隋唐の際の『太平經複文序』に於いて、金闕帝君→青童君（老子?）→西城王君→帛和→干吉と解釋されたわけである。そうして兩書の設定は、六朝末の『太平經』再出の事情を物語るようであり、『太平經』を自らの道流へ關係付けようとする意圖が、ここに表出されていよう。それと共に干吉の位置付けも、以上の如くに變遷を遂げることとなったわけなのであろう。

唐初に至って、高宗時の尹文操により『太上老君玄元皇帝聖紀』が撰述されたことは先に解れたが、ここで干吉が老君より『太平經』を傳授された年次は、前漢成帝の河平二（紀元前二七）年と定められたことが、干吉傳の最後の變遷となったようである。老君傳の定着と共に、その弟子とされた干吉の傳說化も歸着をみたわけなのであろう。

さて、以上の考察から、再出以前の『太平經』の六朝時に於ける流傳に關して何等かの手掛りを得ることは可能であろうか。

上述の如く、『老君說一百八十戒序』や『太平經複文序』に表出された傳說は、實際の『太平經』再出の道流を仄めかすものであった。とすれば同樣の事が、これ等に先立つ老君系の傳說化に關しても言い得るのではないか。つまり、干吉傳の變遷とは同時に、『太平經』を保持する流派の變遷を暗示するのではないかと考えられるのである。

五世紀頃、天師道の一派は、干吉と『太平經』の位置付けに腐心していたのではないかと思われる。というのは、老君が歴代に化現して書を傳授するのは、謂わば老君の隨機應説法なのであり、本來、この干吉と張天師道陵が、ほぼ同時代の後漢末の人であって、一時期に二つの教えが竝存してはならなかったはずである。しかも一方は自らの開祖なのである。そこで彼等は干吉を、あたかも關令尹喜のような、漠然と周の末といったような時代へと設定するに至ったのではないであろうか。天師道には、この干吉所受の『太平經』とは別に、張天師が老君より授けられたとする「太平洞極之經一百四十四卷」なる書が傳承されていたと『道教義樞』所引の『正一經』に云う。[59] 假にこれが五世紀頃にまで遡り得るとするなら、干吉の年代をずらすのも、さらに理由のあることと考えられるであろう。[60]

一方では干吉を、あまりに長壽となるとして、別人と見做す説も存するほどであるが、實際に干吉の傳が當初から曖昧であったことも、こうした傳説化の要因となり、またその當事者にとっては、都合のよいことであったかと思われるのである。

注

（1）干吉は、諸書により「于吉」、もしくは「千室」等とも表記されている。ここでは福井康順博士の見解（『道教の基礎的研究』六三～六四頁、一九五二）に従って、「干吉」とする。加えて、大淵忍爾博士が、「前著『初期の道教』においては「于吉」に統一して記述したが、問題にしている〔S. 四二二六〕が「干吉」に作っているので、今回はそれに従う」（「敦煌鈔本〔S. 四二二六〕「太平部卷第二」について」（『道教とその經典』（創文社、一九九七）所收、注(10)、五五三頁）との見解を示している。

（2）福井博士注（1）前掲書六二～七一頁、大淵忍爾博士『道教史の研究』（一九六三）四三頁、宮川尚志博士『六朝史研究』宗教篇（一九六四）九〇～九一頁、『中國宗教史研究』第一（一九八三）一三四頁、また湯用彤『讀《太平經》書所見』（『湯用形學術論文集』、一九八三）七六頁、陳國符『道藏源流考』（一九六三）八一～八七頁、など。

（3）但し、陳國符氏に限っては、以下に考察する資料のいくつかを掲示されてはいる（注（2）前掲書）。

（4）道藏、第七五五冊。

（5）『太上老君經律』（道藏、第五六二冊）第二a～第一二b、また『雲笈七籤』（道藏、第六八五冊）巻三九第一a～第一四b所收。

（6）『太平經』の來歷については、小柳司氣太博士「後漢書襄楷傳の太平清領書と太平經との關係」（『東洋思想の研究』、一九七四）、湯用彤注（2）前掲論文、福井博士「太平經」（注（1）前掲書）、大淵忍爾博士「太平經の來歷について」（『東洋學報』二七－二、一九四〇）、王明編『太平經合校』前言（一九六〇）、吉岡義豊博士「敦煌本太平經について」（『道教と佛教』第二、一九七〇）、B.J.Mansvelt Beck, "The Date of the Tai-ping Jing," (*T'oung Pao* vol.LXVI4-5, 1980, Leiden.) 等を參照。現行本は六朝末に何等かの造作が加わって世に再出したとする點では、現在（その程度の差こそあれ）、先學の見解に異論はないものと見てよいであろう。

（7）『後漢書』巻六順帝紀によれば、順帝は「年十一」で卽位している。襄楷傳によれば「太平清領書」は「興國廣嗣之術」を含んでいたと云うから、宮崇の上奏は順帝も末頃のことと見られる。

（8）注（2）の諸先學の內、福井・宮川兩博士はこれを同一人と見られ、大淵博士は疑問視されている。湯・陳兩氏は、明確に別人との見解をとられている。

（9）注（1）前掲書附錄「牟子の研究」三六九頁。

（10）大正藏、五二、『弘明集』巻一所收、六頁a。

（11）大正藏、五三、『法苑珠林』巻六三所引、七六四頁b。

（12）道藏、第六九九冊、『雲笈七籤』巻一一〇～一一一所收。

（13）道藏、第五五二冊、巻七第一六a～第二一a。

（14）『三國志』裴注本附載「上三國志注表」。

（15）注（12）前掲書、巻一一第一a～第二a。
（16）この書についてはまた、別稿に論じたい。
（17）道藏、第七八〇冊、巻一第七a～b。
（18）同右、第一九a～b。
（19）福井博士「神仙傳考」（『東洋思想の研究』一九五五）參照。また、小南一郎博士「神仙傳の復元」入谷義高教授小川環樹教授退休記念『中國文學語學論集』、一九七四）參照。
（20）道藏、第一四二冊、巻二〇第四b～第五a。
（21）道藏、第九九二冊、巻三第一四a。
（22）道藏、第三三〇冊、巻中第一九a。
（23）『太平御覽』巻六六三に「道學傳曰」として、同様の記載が見られる。しかしこれは、「神仙傳」とあるべきものの誤認と見られるようである。
（24）Lionel Giles, *Descritive Catalogue of the Chinese Manuscripts from Tunhuang in the British Museum* (London, 1957), p.219 l-r. 六世紀末の寫本と見ている。
（25）老君傳の生成については、楠山春樹博士「老君傳の研究」（『老子傳說の研究』、一九七九）、また、吉岡博士「老子變化思想の展開」（『道教と佛教』第一、一九五七）參照。
（26）幽王時出關說については、楠山博士注（25）前掲書三七八頁參照。
（27）道藏、第七八二冊、巻九第七b。
（28）道藏、第八七六冊、巻上第四a～b。
尙、この書の年代については、福井博士注（1）前掲書四一頁に論及されている。また、この書の冒頭に「三天弟子徐氏撰」とあり、宮川博士はこの「徐氏」を、『道教義樞』に言及の見える（道藏、第七六三冊、巻二第六b）「徐靈期」のことかと推察された（『六朝史研究』宗教篇、一四〇頁）。この徐靈期は『南嶽九眞人傳』（道藏、第二〇一冊、第四b～第五a）

に傳が見え、劉宋時の人で南嶽に脩道し、元徽二（四七四）年に「白日升擧」したと云う。しかし、M・ストリックマン博士は、これを「徐叔標」なる人物に擬定している（*Le Taoïsme du Mao Chan : Chronique d'une Révélation* p.71, 1981, Paris)。

（29）この「李微」なる人物については、未詳であるが、R＝A＝スタン博士はこれを李家道に關連する一人かと見られている（川勝義雄博士譯「宗教的な組織をもった道教と民間宗教との關係」八七頁、『道教の總合的研究』、一九七七）。尚、干吉と蜀とは、しばしば關係付けられており、例えば『太平經複文序』（注（4）前掲書第二a）には「(干）君因更名字、遂入蜀去」と云う。

（30）注（5）前掲『太上老君經律』第二a～b。

（31）道藏、第五六三册、第一三a～b。

（32）この「大道家令戒」の成立については、本書第五編第三章參照。

（33）張萬福『傳授三洞經戒法籙略說』（道藏、第九九〇册）巻上第一b、朱法滿『要脩科儀戒律鈔』（道藏、第二〇四册）巻五第一四a～第一九a、また『洞玄靈寶三洞奉道科戒營始』（道藏、第七六一册）巻四第六、等參照。

（34）大正藏、五二、五二五頁c。

（35）砂山稔「道教重玄派表微」（『集刊東洋學』四三、一九八〇）四〇～四一頁參照。

（36）〔P．二三五三〕。

（37）楠山博士注（25）前掲書三九〇頁參照。

（38）同右二七七頁參照。

（39）道藏、第五五五册、巻四第一七b～第一九a。

（40）注（13）前掲書。

（41）この二書については、楠山博士注（25）前掲書二七五～二九六頁參照。

（42）この書については、福井博士注（1）前掲書二一七～二二二頁參照。

(43) 道藏、第七八〇册、巻一第七a〜b。
(44) 『史記』巻五五留侯世家等。
(45) 吉岡博士注(6)前掲論文一〇四頁。
(46) 本編第三章參照。
(47) 『太平御覽』巻六六三に「道學傳曰」として、ほぼ同文を載せるが、注(23)の宮嵩傳の場合と同じであろう。
(48) 注(43)前掲書、巻一第一八b。
(49) 同右、巻一第一九a〜b。
(50) 注(4)前掲書第一a〜b。
　この書については、福井博士注(1)前掲書二五〇〜二五一頁參照。管見によれば、その著者は王遠知であろうと思われる。本編第二章第五節參照。
(51) 注(43)前掲書、巻一第一七a。
(52) 周智響については『道教義樞』(道藏、第七六三册)巻二第九b〜第一〇a。また、その道流については、陳氏注(2)前掲書四七頁。
(53) 吉岡博士によれば、この後文は『上清後聖道君列記』(道藏、第一九八册)に基づくものである。注(6)前掲書七二〜八八頁。
(54) 道藏、第一〇三八册、第二五a〜b。
(55) 道藏、第七六一册、巻五第二a。
(56) 陳氏注(2)前掲書二八一頁。
(57) 道藏、第七六九册、巻一八第九a〜第一〇b、第七七一册、巻三二第六a、第一五a〜b。
(58) 注(13)前掲書、巻七第一六b。
(59) 注(52)前掲書、巻二第二b。

（60）　この書については、本編第二章參照。

〔追記〕

『魏書』卷九一術藝傳殷紹條に「黄帝四序經文三十六卷……又史遷、郝振、中吉大儒、亦各撰注、流行於世」と見え、陳寅恪氏はこれを「崔浩與寇謙之」（『嶺南學報』一一－一、一九五〇、一一九頁）にて、「中吉則疑是于《ママ》吉之誤寫」と見られた。宮川尚志博士も、この「中吉＝干吉」同定を承認されておられるが（『六朝史研究』宗教篇、一五九頁、『東方宗教』六三、一九八四、一二頁）、中華書局（標點）本に該當箇所を求めると、「中古大儒」に作り（平裝第六册、一九五六頁）、その「校勘記」（一九七三頁、〔六〕）に、「諸本「古」訛「吉」、今據册府（元龜）卷八六九（一〇三一〇頁）改」とある。從って、これを干吉と見做すには抵抗が感じられるため、ここでは資料としては採用しなかった。

第二章　再出本『太平經』について
――六朝末道教諸派の中で――

はじめに

『太平經』は明の正統道藏の太平部（線裝册次第七四六～七五五册）に収められているのが、現在、唯一の傳本である。完本は「十部一百七十巻」を數えたと傳えられるが、道藏本は一百十九巻の殘缺本であり、更にその中の缺損部分を差し引くと、わずかに五十七巻のみとなる。道藏にはこの他に、本經がまだ完本であったころに抄譯された『太平經鈔』十巻、(1)經中から「守一」に關する部分を拔き書きした『太平經聖君祕旨』が収められている。(2)諸書に見える若干の逸文を除けば、以上が『太平經』の内實を窺うすべてである。

さてこの『太平經』とは、『後漢書』巻三〇下襄楷傳にみえる「太平淸領書」であると傳えられてきた。唐初の李賢の注に「卽今道家太平經也」という。「太平淸領書」とは、その『後漢書』同傳によれば、干吉なる者が曲陽泉のほとりで「感得」したものといい、順帝の時に弟子の宮崇がこれを上書し、また桓帝の延熹九（一六六）年にこの襄楷が、再びこの書を上奏したという。共に顧られることはなかったようであるが、やがて靈帝の中平元（一八四）年、所謂原始道教教團の一、太平道を母體とする黃巾の亂が勃發し、その主導者張角は、この書を「頗る有」したという。(3)

その根本教典ともいうべき「太平淸領書」と『太平經』とは、いかなる關係にあるのか、言い換えれば、現行本はその由緒正しき傳本であるのか、というのがかねてからの課題である。しかしながら、決定的なことには六朝時代に『太平經』を引用する書が現在までのところまったく見出されず、現行本の來歷は、後に觸れるように、陳代以前に遡り得ない。ここに諸先學による様々な推察がなされたわけである。

本稿はそれら先學の論に依據しつつ、資料の再考を通して、六朝時代の『太平經』の流傳について、いささかの臆見を披露する次第である。それは、現在もっとも定説に近いと考えられる吉岡義豊博士の見解に修正を加えるものであり、博士の依據した隋代の『玄門大義』遺文の別解釋を試みたいと考える。

第一節　從來の研究と再出本『太平經』

『太平經』の「感得」者干吉は、後漢末の建安五（二〇〇）年頃、呉會の地で孫策によって處刑されたという。[4]この頃までにか、この書は江南にも齎らされていたのであろう、三國呉の中期の作とされる『牟子理惑論』[5]に、「神書一百七十卷」とみえ、當時の代表的な仙經の一に擧げられている。[6]また、西晉末の『抱朴子』内篇卷一九遐覽篇に「太平經五十卷……甲乙經一百七十卷」といい、[7]東晉の『志林』（『三國志』所引）に書名として「太平清領道凡百餘卷」とみえ、[8]劉宋時の成書とされる『三天内解經』卷上に「太平道經」の名がみえる。[9]古靈寶經の『太上諸天靈書度命妙經』にも「太平道經」と言及されている。[10]南齊時には、褚伯玉なる隱士が「初伯玉好讀太平經、兼修其道」という記事が唐初の王懸河撰『上清道類事相』卷一にみえ、[11]梁に至っては、この書を入手したという桓法闓の傳が王懸河撰『三洞珠囊』卷一所引の馬樞撰『道學傳』卷一逸文にみえる。[12]陳代になると、周智響なる道士が、その持てる「法力」によって『太平經』を獲得したという記載が、唐初の『道教義樞』卷二などに見受けられることになるのである。[13]

以上によれば、『太平經』は六朝時代を通じて、決して忘れ去られていたわけではないことが知られる。しかしながら、この間の文獻に少しの引用文も見出されておらず、從って資料的には著錄が存するのみであって、來歷を裏付けるに足るものではない。文獻學的には決定的な缺落であり、現行本『太平經』の眞僞に關わる問題なのである。

本書に關して最初に本格的な研究を試みたのは、小柳司氣太博士であった。博士はこの間の資料的缺落を、現行本の內容檢討により補うこととして、これが漢代思想の特質と密接な關わりがあるとして、「現存の太平經は、太平清領書の面影を傳へたもの」とした(14)。大淵忍爾博士もまた、同じ立場から更に研究を進めている。これに對し、殊に書誌學的立場から疑義を呈したのが福井康順博士であった(15)。博士がとりわけ注意を促したのは、先に觸れた梁陳の際の『太平經』入手に關する傳說的な記事である。すなわち陳代の『道學傳』逸文に見える梁の道士桓法闓と、唐初の『道教義樞』巻二に見える陳の宣帝時の道士周智響の事跡についてであり、唐初には成立していたと思われる『太平經複文序』にも、同樣の記事が簡潔に述べられている。これを以下に掲げておく(16)。

　　曁梁、陶先生弟子桓法闓。闓東陽烏傷縣人。於溪谷間、得太平本文。因取歸而疾作。先生曰、太平教未當行、汝强取之、故疾也。令却送本處、未幾疾愈。至陳宣帝時、海隅山漁人得素書、有光燭天。宣帝勅道士周智響、往祝請、因得此文。丹書煥然。周智響善於太平經義、常自講習。時號太平法師。

こうした傳說的記事について福井博士は、「初めは梁の桓法闓によって其の造作が試みられ、陳の周智響に至って成立した、と解せられる。けだし、こうした傳說的な來歷をもつ書物は、大概の場合、その感得者と稱するものの僞作であるのを普通とする」という(17)。

福井博士の見解に對し、大淵博士は「散逸に瀕して居た太平經を蒐集して一百七十巻に編し、體裁を後漢の舊に復したのではあるまいか」と、この間の事情について駁論し、思想內容からみてこの梁陳の事情を「僞作」ではなく、

「編集」であったとした。[18]

小柳博士の後、湯用彤氏もこの書について、「若非漢人、似不能陳述若是之委悉也」とて、[19]やはり後漢のものと看做し、また『太平經鈔』について、それが現行本『太平經』の比較的忠實な抄譯であることを確認し、失われた諸篇の内容を窺うに足る資料とした。

ところで、『太平經鈔』はその甲乙十巻のうち、夙に小柳博士も「疑問」として取り上げているように、冒頭の甲部に問題があった。この甲部は「太平金闕帝晨後聖帝君師輔歴紀歳次平氣去來兆候賢聖功行種民定法本起」なる章題をもち、他の九巻とは著しく異なった美文で、内容的にもはっきり區別できるものである。その内容は、太平の教主として「金闕後聖帝君」が來るべき「壬辰」の年に降臨することを述べるものである。甲部は『鈔』のみ現存で、本文は逸失している。

さてこの甲部は、これが上清經類の『上清後聖道君列紀』をもとに書かれたものであることなどを小柳博士が指摘して、「これは後人が本經の神聖なる事を裏書きせんがために附加したもの」と解し、[20]大淵博士もこれを「序文の如きもの」という。[21]これについては後に、王明氏、吉岡博士に專論があり、今日ではまさしく「序文の如きもの」の鼠入と見るのが定論となっているようである。

以上の『太平經鈔』甲部の問題の決着もその一例なのであるが、『太平經』の來歴研究に於いて多大の成果を齎らしたのは、敦煌出土資料（S．四二二六）尾題『太平部卷第二』の存在であった。ジャイルズ目錄に從えば、隋の大業年間の寫本という。[22]吉岡博士によれば、[23]この資料は『太平經』の由來を語る前文と、往時の十干十部、一百七十卷、三百六十六篇の篇名目次を明記した一覽、先の『太平經鈔』甲部と同様に太平教主「金闕後聖帝君」について述べる後文の三部構成からなるもので、その篇目一覽と現行本との對照により、現行本が隋の當時まで遡るものであることが、ひとまず知られたわけである。さらにこの目錄所藏の篇名により、隋代の『太平經』甲部の編成がわかり、それが現行本『太平經鈔』卷十癸部の篇目とほぼ合致することがわかった。『太平經鈔』末尾癸部は、實は冒頭甲部の『鈔』であったのであり、本來の癸部は逸失してしまっていたのであった。そうして、現行の『鈔』の甲部は『太平經』本文とではなく、この資料の後文と密接な關係にあることが判明した。從って後文もまた『上淸後聖道君列紀』に近いのである。(24)『太平經』は當時、主に上淸派の唱えた「金闕後聖帝君」所說の經典として世に喧傳されていたらしく、『太平經複文序』でも、この經の旨は「皇天金闕後聖太平帝君、……先づ上相靑童君に傳へ、上宰西城王君に傳へり。王君は弟子の帛和に傳へ、帛和は弟子の干吉に傳へり(25)」というように、一見して上淸派の發明になろう傳授系譜が記されている。『鈔』甲部も、理由なく鼠入していたわけではなかったわけである。

第二節　『玄門大義』遺文の再考

この現行本に繫がる隋代の『太平經』、それはおそらく陳の周智響によって纏められたものであろう。これを再出本『太平經』と呼ぶことにしたい。この再出の狀況を述べる資料として、唐初の『道教義樞』卷二の「七部義(26)」、北宋の『雲笈七籤』卷六の「三洞經教部(27)」の、それぞれ三洞四輔七部のうちの太平部に關する記載がある。その主要經典としての『太平經』を解說するもので、その主旨、傳本、由來譚を述べるものである。兩書は共に一見して同一資料からの再錄であることが容易に見て取れる。吉岡博士によれば、この兩書の記載は隋代の『玄門大義』という道教論書からの抄出であるという。(28)

この兩書記載の太平部解題は、『太平經』の來歷研究に際してもっとも重要な資料のひとつといえる。しかしながら、その解釋については研究者によって微妙な相違があり、その微妙さが實は重大な相違を生んでいると思われるのである。ここでは特にその『太平經』の傳本について述べる部分をのみ取り上げて、前後は省略する。

『道教義樞』卷二第九「七部義」

太平者、此經以三一爲宗。老君所說。……然其卷數、或有不同。今、甲乙十部、合一百七十卷、今世所行。按正一經云、「有太平洞極之經一百四十四卷」。此經、竝盛明治道、證果修因、禁惡①衆術也。其洞極經者、按正一經、「漢安元年、太上親授天師、流傳茲日②」。若甲乙十部、按百八十戒云、「是周赧王時、老君、於蜀授瑯琊干吉」。……其經遂隱。

『雲笈七籤』卷六第一四「三洞經教部」

第二、太平者、三一爲宗。老君所說。……然其卷數、或有不同。今、甲乙十部、合一百七十卷、今世所行。按正一經云、「有太平洞極之經一百四十四卷」。今此經流亡、殆將欲盡。此之二經、竝是盛明治道、及證果修因、禁忌①衆術等也。若是一百四十卷洞極經者、按正一經、「此漢安元年、太上親授天師、流傳茲目②」。若是甲乙十部者、按百八十戒云、「是周赧王時、老君、於蜀郡臨邛縣、授於瑯琊干吉」。爾來、久隱。

①　『雲笈七籤』は「惡」を「忌」に作る。おそらく「忌」であろう。

②　『雲笈七籤』は「日」を「目」に作る。おそらく「目」を採るべきで、『正一經』中の經目を指すものと考えられる。

さて、右のうち『雲笈七籤』の方を書き下してみたい。

第二、太平は、三一を宗と爲す。老君の説く所なり。……然るに其の卷數、或いは同じからざる有り。今、甲乙十部、合して一百七十卷あり、今の世に行はるる所なり。正一經を按ずるに云く、「太平洞極之經一百四十四卷有り」と。今、此の經流亡し、殆ど將欲に盡きんとす。此の二經、竝に是れ治道を盛明し、果を證し因を修め、衆術を禁〔忌〕（惡）する等に及ぶなり。是の一百四十卷洞極經の若きは、正一經を按ずるに、「此れ漢安元年、太上親ら天師に授け、茲の目に流傳す」。是の甲乙十部の若きは、百八十戒を按ずるに云く、「是れ周の赧王の時、老君、蜀郡臨卭縣に於いて、瑯瑘の干吉に授く」と。爾來又た隱る。

さて、この資料を一讀してまず見て取れることは、隋の當時に於いて『太平經』には二種の傳本が考えられていたと見られることである。當時、一般に通行していたと云う「甲乙十部、一百七十卷」本『太平經』で、『一百八十戒（序）』によれば、東周の赧王の時に太上老君から、何故か蜀郡の臨卭縣で、瑯耶の干吉に傳授されたという、いわば「干吉本」と、『正一經』に云うとして引き合いに出されている「太平洞極之經一百四十四卷」本『太平經』で、同じく『正一經』に、後漢の順帝の漢安元（一四二）年に、張天師道陵が太上老君から傳授されたというのいわば「天師本」の、二種の系統の傳本である。まず、この二種の傳本が明確に區別されていることに留意しておきたい。

では、この資料を諸先學はどのように解されているのであろうか。最初にこの『玄門大義』遺文系の資料を紹介したのは、湯用彤氏であったが、氏はこれを北宋の頃の著録としてのみ扱い、來歷資料の重要性をまだ見出してはいなかった。[29]『道教義樞』との兼ね合いに於ける資料として用いたのは福井康順博士であった。博士は「太平經には洞極經と云ふ名もあることを示すものであり、百四十四卷本も亦あつたことを語るものである」としたものの、理由を明示しないままに『雲笈七籤』にいう「此之二經」との句を、『道教義樞』に「此經」とあるのが正しいとした上で、この「洞極之經」の名を梁陳の際の造作、博士のいう「僞作」の結果のテキストを指し示す用語として用いたのである。[30] しかしこれは理解に苦しむ見解であり、吉岡博士が既に疑義を呈されているように、そのように判断した理由は明らかではない。「洞極之經」が再出本を指すというなら、そのテキストがどうして「一百四十四巻」という中途半端な巻數なのかが、この場合問題となろう。

大淵博士も、湯氏の場合と同様『雲笈七籤』にのみ依據し、『道教義樞』からは採っていない。[31] そのため、内容を北宋の頃の狀況を語るものと誤認したわけなのであろうが、見過ごすことのできない見解もまた存している。それは、二種の傳本の年代には先後があるということである。すなわち博士は「二種の太平經が竝存したのを意味するものではない」とし、著録された當時に「太平洞極之經一百四十四巻」本は、『正一經』を通じてしか知り得なかったことを推察し、博士はこれを唐代のある時期に於ける『太平經』の來歴の狀況を示すものとしたのであった。

この資料について更に論を展開する前に、吉岡博士の、現在ほぼ定説の如く扱われている見解を紹介しておきたい。博士は「干吉本」「甲乙十部、一百七十巻」「天師本」「太平洞極之經一百四十四巻」の二種の傳本を想定した上で、先の再編の事に留意しつつ「干吉本と傳えられるものが、おそらく茅山の上清派、陶弘景の手許にはあったのであろう。もとよりそれは完本ではなかった」、また、「雲笈七籤によると、この兩本とも散逸がはなはだしく、そのままでは傳承がたえる狀態にあったので、陶弘景の弟子の桓法闓やおそらくその同一系統の周智響などが努力して、甲乙十部一百七十巻三百六十六篇の完本に再編したことがわかる」、さらには「二種の傳本がありながら、何れも散逸がひどくほとんどなくなりそうな狀態であった」と推斷する。[32]

二種の傳本が『玄門大義』成立の當時の隋代に考えられていた。しかし、そのことは二種の傳本の竝存を直ちに意味するものではないはずである。吉岡博士はこの兩本に年代の先後のある可能性を見過ごしたように思われる。大淵博士が指摘するように、この資料が一方の「太平洞極之經」について語る際には、必ず『正一經』を引用している。

「竝盛明治道。云々」と、兩本の内容に觸れるところがあるが、その經名すら『正一經』から引いている點から見るに、おそらくはこれも『正一經』所載の解題等から見て取っての記述と考えられるのではなかろうか。そうしてその由來に關してもまた『正一經』を引くからには、この「太平洞極之經」については、『正一經』に依據する以外の情報を持っていなかったと見るべきではなかろうか。

隋の頃、一般に「甲乙十部、一百七十巻」干吉本『太平經』が流通していたという。『玄門大義』の撰者はこの傳本を先ず目のあたりにしていたのであろう。『雲笈七籤』ではこの「太平洞極之經」について、「今此經流亡、殆將欲盡」とあった。この句は『道教義樞』の方には見當らず、「今」というのは北宋の頃のことかという疑問が殘る。しかし管見としては、その「今」とはやはり隋の頃、『玄門大義』にあったもので、『雲笈七籤』の時代の插入ではないと考える。というのは、「此之二經」のところが『道教義樞』では「此經」となっているが、この「此經」とある句は本來、「此經流亡」と續くはずの「此經」であったのではなかろうか。『道教義樞』が抄譯する際に、「此之二經」をつづめて「此經」としたとは思われない。こうした箇所を略することがあっても、改變することはなかろう。唯、「此經」が「流亡」に續くところを略し、更に「此之二經」となることから、その際繰り返しを避けるため、これも略して「竝是……」へと續けて抄錄されたためではないかと考えられる。

吉岡博士の「この兩本とも散逸がはなはだしく」とは、この資料のどこからも讀み取ることはできない。また梁陳の頃に、この二種の傳本を合輯して完本としたとする證據も存していない。

「一百四十四巻」本とは、本來の「一百七十巻」本からすれば、いかにも殘缺本の體裁なのではあるまいか。一方、「甲乙十部、一百七十巻」本は、どういうテキストかはともかく、完本を指すとしか考えられず、今や「合輯」などを要しないはずのテキストであって、校訂程度であるならまだしも、「合輯」などを行えば、完本を傷つける結果しか齎らさないのではなかろうか。

隋の時に通行の、「甲乙十部、一百七十巻」本とは、周智響の再出本『太平經』なのであろう。そうしてそれは、隋の寫本という『太平部卷第二』所載の經目と同一系本であり、現行本の祖本なのであろう。

一方、「太平洞極之經一百四十四巻」の『太平經』、「天師本」は隋の當時、「今、此經流亡、殆將欲盡」という狀態で、その詳細については『正一經』に依據するより知るすべはなかったと考えられてくるのである。

第三節　『正一經』と「老君説一百八十戒序」

「天師本」「太平洞極之經一百四十四巻」は『正一經』成立以前に存在していたであろう。そこで『正一經』の成書の時期が問題となる。しかし、この書は現在傳わっておらず、この書の性格などについても、確實なことはわからない。『道教義樞』や『雲笈七籤』で、「正一法文經類」や「正一盟威經類」などの解題にこの『正一經』が（もちろん孫引きであるが）引用されているが、その『正一經』自體を解説する記載はない。唯、太平部の場合にそうであったように、三洞四輔經典の解説全般に引用されており、ある種の道經目錄解題であったのではないか、と想像される。福井博士によれば、この『正一經』の成立は「梁以前のもの」とし「或はここに臆測を試みるならば、正一經は、陸修靜の三洞經書目に關係をもっているのでは無かろうか。けだし、後の正一部は、四輔の構想においてはいわば通論の意義を有しているからして、通論には、普通に（それに似つかわしくも）目錄が入っている如くに、卽ち三洞經書目にもそうした道典が入っておるべきことが想われるからである。そして、當面の正一經は、七籤にふれている内容から推すと、いわば三洞の構成をば説明している書である、と想われるようで、卽ち目錄にも類しているからである。

そもそも正一經という名稱からして、やがて、この趣旨をば想わせているのでは無かろうか」という。[33]福井博士が『正一經』を梁以前の成立と見たのは、『道教義樞』巻二「三洞義」第五の記載に「玉緯引正一經云」とあるによる。[34]「玉緯」とは、『玉緯七部經目』をいい、孟智周なる道士の撰述という。孟智周は『三洞珠嚢』巻二「敕追召道士品」に引く『道學傳』巻一二逸文によれば「梁武帝時人也」といい、[35]また『上淸道類事相』巻一「仙觀品」に引く同傳によれば「宋朝於崇虚館講説、作十方懺文」というから、[36]陸修靜の衣鉢を繼ぐ、五世紀中頃から六世紀初めに生きた道士であったと想像される。

さて、陸修靜は道教經典を結集するに際して三洞という分類基準をもってした。これに續き、やがて四輔という構想が生起して來るわけであるが、陸修靜が四輔の構想に關與していた證據はない。三洞には重要であるはずの『老子道德經』、乃至は老子の名を冠した老子經類は入っておらず、當初から四輔とはいわず何らかの分類基準が模索されていたかもしれないが、少なくとも四輔經典結集は後の後繼者たちに委ねられた。『玉緯七部經目』は四輔結集の過程で撰述されたわけであるが、四輔の構想の初めに目錄の如き『正一經』があったのではなかろうか。その『正一經』は從って梁以前の『太平經』の狀況を傳える。それが「天師本」「太平洞極之經一百四十四巻」なのであり、ここで注意すべきは『道教義樞』や『雲笈七籤』が一方の「干吉本」「甲乙十部、一百七十巻」をいう際、『正一經』からは一切引用していないことである。別の見方をすれば、『正一經』には「干吉本」「甲乙十部、一百七十巻」のことは記載されていなかったのではないか、『正一經』の當時、「干吉本」「甲乙十部、一百七十巻」はまだ登場していなかったからではないか、と考えられてくるのである。

『正一經』が四輔形成に、ある役割を果たしたことは否めないであろう。當時、道典結集こそが道教という立場を結實してゆく運動でもあり、壓倒的な佛典の翻譯量に對して危機感を持ったか、道典結集が圖られたことこそが、道教の成立に直結する運動であったと考えるものであるが[37]、四輔のうち太玄部を構成する老子經類はともかくとして、殘りの太平部、太清部、正一部に該當するどのような經典が存在していたか、詳細はよくわからない。それでも、四輔は四輔分類が構想された當時、存在していた三洞以外の經典類を念頭において想定されたはずではなかろうか。まったく空想的な設定が机上でなされたのではなく、三洞にもれた多くの古道典の整理の都合上から構想されたと考えたほうが適切なのではなかろうか。だいたいにおいて、四輔經典の方が三洞經典よりも古い來歴を有している。太平部は『太平經』がなければ決して構想されないであろう。存在し、かつ無視できない道典であったればこそ、太平部は設定されたと考えなくてはならない。しかし、その『太平經』は、『正一經』の當時、完本とはとても考えられない卷數の「一百四十四卷」であり、梁以前に四輔が構想され、太平部が設定されていたにも拘らず、『太平經』が陳の周智響の「再出本」を待たなくてはならないのは、その以前には、『正一經』のいう「太平洞極之經一百四十四卷」の「天師本」しか存在せず、既に傳説となってしまってはいるものの、かの史上名高い「甲乙十部、一百七十卷」＝「干吉本」は當時にまだなかったからであると思われるのである。

「甲乙十部、一百七十卷」＝「干吉本」は、周智響の「再出本」を指すのであろう。この數はともかく完本を表わしているであろう。しかし、そのようなものは、梁以前、また後漢以來いつしか存在しなくなっていた。『正一經』のいう「一百四十四卷」が端的にそれを物語る。主たる擔い手は早々と失われ、天師道の中で付かず離れず傳承されていたことがほの見えるのである。これを完本に復し、傳承通り「干吉本」とするのが恐らくは周智響の仕事であった。張天師の所授なのではなく、「完全」な「干吉本」を「復元」することが往時の爲すべき作業であったのであろうと考えられてくる。

確かに『正一經』のいうところは、四輔道典の全てが張天師所授であった。これも經典に由緒を與えるひとつの構想であったともいえよう。殊に『太平經』に關する限り、是非はともかくも史上に名高い經典であり、陳の宣帝に上書する動きもあったなら、史傳に齟齬があってはならないであろう。但し、『太平經』の感得者、干吉には既に、次のような傳説が存在していた。干吉は周末の人であったというのが、いまひとつの傳承の書である『老君説一百八十戒序』に見えているのである。このことは『正一法文天師教戒科經』や『三天内解經』にも見え、若干、記述を異にするが同巧異曲の表現を有している。まずはこの兩書から見てみたい。

周之末世、……（道）於瑯琊以授干吉太平之道。……後道氣當布四海、轉生西關、……道復作五千文、……付關令尹喜、……西入胡。（『正一法文天師教戒科經』）(38)

至周幽王時、老子……尹喜共西入罽賓國、……太上於瑯琊、以太平道經付干吉。（『三天内解經』巻上）(39)

さらに同種の記載が、唐初の『三洞珠囊』に引く「化胡經」にも見える。

幽王時出爲帝師、號曰天老。復稱老子、……復與尹喜至西國、……後還中國、作太平經。(40)

これらの三書は前後はしても、いずれも五世紀中頃には存在していたと考えられている資料で、『太平經』が老子の傳説の中に取り込まれていった初期の様相を傳えるものといえる。ではこれを、『老君説一百八十戒序』の記載と對比させてみたい。

昔周之末、赧王之時、始出太平之道・太淸之教。老君至瑯琊、授道與干君。干君受道法、遂以得道、拜爲眞人、又傳太平經一百七十巻甲乙十部。後帛君篤病、從干君授道護病。……幽王時、老君教胡、還當入漢中、過瑯琊、干君得見老君、老君謂干君曰、……(41)

筆者は先にこの『老君説一百八十戒序』の成立について論じたことがある。(42)「一百八十戒」については、五世紀の陸修靜の『陸先生道門科略』(43)や『太極眞人敷靈寶齋戒威儀諸經要訣』(44)に言及があり、戒自體と、恐らくは何がしかの序文とが、それ以前に成立していたであろうことが確認できるのであるが、現行本には後世の書き加えがあるのではないかと疑った。詳細は拙稿を參照していただきたいが、骨子を述べると、先の「化胡經」を含む三書に比べ、『老君說一百八十戒序』の記事はのちの展開を含んでいること、すなわち『太平經』の體裁について唯一「一百七十卷甲乙十部」と明記があること、新たに帛君（和）の傳說が附加されていること、また前三書にはこの「一百八十戒」に對する言及がないこと、さらに『正一法文天師教戒科經』と『三天內解經』とでは、老子の干吉に對する『太平經』傳授の時期が西周末、あるいは東周末と異なり、化胡の時期も前後するのであるが（これはその以前に『太平經』傳授の時期が、漠然と周の末とされていたのを兩書が各々異なった解釋を行った結果であろうと推測した）、その矛盾を現行本『老君說一百八十戒序』が引き繼いでしまっていること、また老子は序の後半に至ると、干吉ではなく「諸賢」に向かって語りかけており、考えてみればおよそ「一百八十戒」自體、干吉に傳授されなければならない必然性はもとよりないわけで、むしろ序を改作することによって「由緒正しい」『太平經』の來歷に便乘させたのではないか、となると序の改作、最終的な成立の時期は『太平經』が完本として「再出」してきた陳の周智響以降のことであろうと推測した。

『太平經』が「一百七十卷甲乙十部」と明記されるのは隋の成書とされる「太平部卷第二」が現在までの資料としては最初の記錄であろう。これが周智響再出本の目錄であろうことに、現在までのところ異論はない。もちろん後漢の原本『太平經』もおそらくそうであったから、そのような體裁で復元されたのであろう。しかし、周智響以前の六朝期に著錄された『太平經』の記載は、たとえば『後漢書』のように「神書百七十卷、……號太平淸領書」、また、果して本當に『太平經』を指すのかどうかは未詳ながら、『抱朴子』卷一九遐覽篇のように「甲乙經一百七十卷」、『歷世眞仙體道通鑑』に引く『神仙傳』宮崇傳は「太平經十部」[45]（もっとも『三洞羣仙錄』に引く同傳は單に「其書」と云うのみであるが[46]）などとあり、これ以外の場合はたいてい經名だけの言及であって、體裁については關心を示してはいない。筆者にはこの點に六朝期の『太平經』の傳承のまさしく「此經流亡、殆將欲盡」といった状況が想像され、「一百七十卷甲乙十部」との明記には、再出とはいえ『太平經』の確かな存在が推測されるのである。

從って、『老君說一百八十戒序』を後世の道書が『太平經』の來歷を語らせる資料として扱っているのは、實は本末轉倒なのであり、『玄門大義』遺文が依據する兩書のうち、確かな情報を我々に傳えてくれるのは、結局『正一經』だけであろうと考えられるのである。

第四節　「太平洞極之經」と『太平經』

「天師本」「太平洞極之經一百四十四卷」は、それでは「太平淸領書一百七十卷」の殘缺本であったのであろうか。もちろん、「太平洞極之經」の逸文でも殘っていれば、何らかの考察も可能であろうが、いまは、おそらく太平道の「太平淸領書」が天師道にも傳わり、やがて名稱を變え、しかも張天師が老子より傳授されたものと由來も變えて傳承されたのであろうと憶測しておくこととする。ともあれ、この「太平洞極之經」が、周智響再出本『太平經』甲乙十部一百七十卷の登場以前に遡り得る、資料的には唯一の傳本であると考えることとしたい。

では、何故「天師本」は「太平洞極之經」との名稱で呼ばれていたのであろうか。何故「洞極」なのか。これについて、諸先學は現行本『太平經鈔』庚部の「洞極之經、名曰太平」(47)と見える句を引用し『太平經』の異名の一種として扱っている。(48)この「洞極之經」の語は現行本の隨所に見受けられ、だいたい次のようなものとして考えられている。

この世の災害、爭亂などあまたのわざわいは、規範とすべき典籍の亂れにあり、天地の意を人が充分に把握できないところに起因すると言い、これを除去するために、本來、天地自然の意であったはずの「善言」を、經典方書の別なくすべての書に求め、また百姓の里諺や夷狄の言にまでもこれを探るという、卽ち考えうる限りの地上の一切の精神的營爲のうちから「善字訣事」を抜き出し、編集して重複を除き、現實に適合しないものや「邪文」を取り去って、いにしえの天啓の聖典を復元するかのごとく、理想の書としての「洞極之經」を作成しようとするものである。これを「拘校文書法」あるいは「拘校三古文法」という。この壯大な構想が現行本では、大きく四箇所に述べられており、また「洞極之經」とは、現行本『太平經』中で、『太平經』の理想とする書として命名されているのである。[49]

ところで、『太平經鈔』庚部に「洞極之經、名曰太平」とあった。そうなると、「拘校文書法」によって纏め上げられた書を「太平經」とも、「洞極之經」とも、更には「太平洞極之經」とも、呼び得る可能性がある。この「拘校文書法」の記載が「太平清領書」から、すなわち後漢からあったとして、果してそのような意圖で作られたかどうかはわからない。しかし『太平經』はいうならば「洞極之經」の御手本のような意圖で作られていたのではなかろうか。[50]『太平經鈔』癸部（實はもとの甲部に相當する）に次のようにいう。

A　一曰神道書、二曰核事文、三曰去浮華記。都曰大順之道。太者、大也。大者、天也。天能覆育萬物、其功最大。平者、地也。地平、然能養育萬物。經者、常也。（無題）[51]

B　所謂神道書者、精一不離、實守本根、與陰陽合、與神明同。核事文者、考核異同疑誤不失。浮華記者、離本已遠、乃居野、其文錯亂、不可常用。（「神人眞人聖人賢人自占可行是與非法」）[52]

Aによれば、『太平經』は「神道書」、「核事文」、「去浮華記」という三段階の文章から構成されているという。これらは、Bによれば天啓の書、質實な文、飾りたてたうわべを取り去った記というほどの意味であろう。「拘校文書法」の思想に沿うものといってよい。但し、Aは『太平經鈔』癸部冒頭の文で、引き續き太、平、經、と解題があり、自ら『太平經』と名のっていて、『後漢書』襄楷傳で「太平清領書」の書名の由緣を解說する李賢注の引く「太平經曰、吾書中、善者、悉使靑下而丹目、合乎吾之道。廼丹靑之信也。靑者、生仁而有心、赤者太陽天之正色也」[53]とある部分と合致せず、「再出」の際、周智響あたりがBなどの要旨を汲んで附加した前言かもしれない。

さて以上の「拘校文書法」の思想が「太平清領書」にあったという前提でいうならば、その「太平清領書」もまた、「拘校文書法」の思想を持する作者によって、これに反するような著述は行われないであろう。不充分ながらも「太平洞極之經」や「太平經」に準ずるかのような細心な態度で著述されたものと考えられる。そういった意味で、「太平清領書」は「太平經」の見本のような性格付けをされていたと考える。しかし、やがて「太平清領書」は擔い手を變え、その間、「太平經」とか「太平洞極之經」と尊稱されるようになってきた、という次第ではなかろうか。

さて、「天師本」「太平洞極之經一百四十四卷」は『正一經』によれば「漢安元年、太上親授天師」とされていた。この後漢の順帝の時、漢安元（一四二）年とは、張道陵が太上老君から「正一盟威之道」を授けられたとする天師道教團にとって記念すべき年であり、この時、件の「太平洞極之經一百四十四卷」も傳授されたとするのは、天師道でも多少なりとも『太平經』を尊奉していた者のあったこと、しかしその『太平經』は、天師道とは無關係ではあるにせよ、孫策に殺害された干吉や、ましてや（忌まわしくも）張角とは無縁の由諸を持っていなくてはならなかったのではあるまいか。世を騒がせたあの危険な「太平清領書」ではなく、一般に呼稱される「太平經」でもなく、我らが張道陵が別途に太上老君から手づから傳授された「太平洞極之經」でなければならなかったのではなかろうか。もちろん、『正一經』の打ち出した經典整理のための單なる構想に過ぎないと考えることもできようが。

第五節　上清派の周邊

先にも觸れたが『道學傳』（『三洞珠嚢』巻四および『上清道類事相』巻一所引）逸文の褚伯玉傳には次のような記載が見える(54)。

　褚伯玉、字元璩、呉郡錢塘人也。隱霍山、錬液餐霞、積年絶粒也。……隱南嶽瀑布山。妙該術解、深覽圖祕、採錬納御、靡不畢爲。

　齊高祖詔呉會二郡以禮資迎、又辭以疾、俄而高逝。高祖追悼、乃詔於瀑布山下立太平館。初伯玉好讀太平經、兼修其道。故爲館名也。

この逸文は、再出以前の『太平經』の動向を窺わせる數少ない資料のひとつと言ってよいであろう。ちなみに『南嶽總勝集』にはこの「太平觀」について「太平觀去廟西二十五里、瀑布山下、齊福《ママ》（褚）伯玉誦太平經、兼行太平之道、奉勅建太平觀。今廢久舊、亦有庵宇」という(55)。さて、褚伯玉という人物については『眞誥』巻一九の有名な王靈期の上清經「造構」について述べる箇所の細注に次のように見える(56)。

　又朱先生僧標學增楮《ママ》公伯玉、語云、「天下才情人、故自絶羣、吾與王靈期同船發都、至頓破崗埭竟、便已作得兩巻上經」。實自可訝。

また同じく巻二〇に(57)、

　（許）掾（翽）書西嶽公禁山符、揚（羲）書中黄制虎豹符凡二短卷、本上虞呉曇拔所得許丞一瓠𤬪雜道書、呉以此二卷與褚先生伯玉。伯玉居南霍、遊行諸山、恆帶自隨。褚亡、留在弟子朱僧標間、後褚弟五弟之孫、名仲儼、又就朱取之。

と見える。彼は上清經の傳授の一端を擔い、あるいは王靈期による「造構」のさまを知るなど、およそ上清經類形成の傍らにいたようである。この褚伯玉が「好みて太平經を讀」んでいたとすると、あるいは上清派と『太平經』の接近の始點は彼にあるのかも知れない。先にも觸れた『太平經複文序』には、『太平經』の旨を「皇天金闕後聖太平帝君、……先づ上相靑童君に傳へ、上宰西城王君に傳へり。王君は弟子の帛和に傳へ、帛和は弟子の干吉に傳へり」とみえた(58)。彼あたりからあるいは旣に『太平經』の復元作業が着手されていたと考えられなくもない。

では、褚伯玉はどこから『太平經』を入手したか。彼ら六朝の道教的隱士たちがしばしば出入りし、かの上淸經典も一旦は戰亂を避けるために委託されていたこともある、かの天師道の杜治が頭に浮かんでくる。杜氏歷代の道士たちが、どの樣な敎法を持っていたかはともかくとして、この杜治にかの天師所授という「太平洞極之經一百四十四卷」があったとしたら、話ができすぎているであろうが、ひとつの可能性として想像するにとどめておく。

また、この褚伯玉を原點に考えると、陶弘景の弟子の桓法闓が溪谷で『太平經』を手にいれたが、たちまち病となり、師に諭されて元に戾したという話も、上淸經の眞贋にことさらうるさかった陶弘景が、本來、上淸經とは何の關わりもないはずの『太平經』に、弟子が拘っているのを嗜めたというように讀めてくるのではなかろうか。上淸經を使ってそうしたまがまがしい政治的な動きを嫌ったとも考えられる。

しかし陶弘景の沒後に、彼や桓法闓の門流とは異なる周智響が、『太平經』を再出した。別稿で觸れたことがあるが、周智響の師、臧矜（宗道先生、玄靖法師）は、たとえば法琳の『辯正論』に「陸簡寂、臧矜・顧歡・諸揉・孟智周等(59)」と列擧して攻擊對象とされているように、上淸經をことのほか追求した陶弘景とは異なり、道敎の中心にあって三洞四輔道典の結集に盡力した道士たちのひとりで、李渤の『眞系』では陶弘景の弟子とされている王遠知の最初の師でもあった。さて、この王遠知は隋の煬帝や唐の高祖・太宗と接觸しているが、『眞系』などに次のようにいう(60)。

隋晉王廣（煬帝）、鎭楊州、王子相・柳顧言相續奉請先生（王遠知）。旣至斯須、而鬚髮變白、王懼而歸之。少選復舊王踐祚、勑崔鳳擧諂迓、帝親執弟子禮、勑城都、起玉淸玄壇、以處之。仍令代王越師焉。高祖龍潛時、先生嘗密告符命。秦王（太宗）與房玄齡微服就謁。先生迎謂曰、「此中有聖人」。秦王因以實告。先生曰、「方作太平天子、願自愛也」。秦王詣先生受三洞法、及登極將加重位。固請歸山。至貞觀九年勑潤州、於茅山置太平觀、并度七人。

王遠知は動亂の南北朝時代に終焉を告げようとする王者たちに、ともあれ面識を得ている。唐太宗に「方に太平天子たらん」と告げて、後に茅山に「太平觀」を賜っていることと、上清派の『太平經』をめぐる政治的活動とは何か關係があるのではなかろうか。結局は状況證據でしかないが、王遠知ほどこの流れに合致する行動を見せている道士はいない。『太平經複文序』には次のようにいう。(61)

爰自南朝湮沒、中國復興、法教雖存、罕有行者。綿歷年代、斯文不泯、繕寫寶持、將俟賢哲。壬辰之運、迎聖君下降、覩太平至理。仙侯莅事、天民受賜、復純古斯文之功彰也。

『太平經複文序』はこの直前に「陳氏五主、宣帝最賢」といい、周智響の再出の以後、まだ唐朝に觸れていない。隋にも言及していないから、おそらくまだ落ち着く先の見えない隋末の動亂期のさなかに書かれたのであろう。また敦煌本も隋代の寫本とされていた。煬帝に關わり、唐朝の草創期に高祖と太宗に接觸をもった王遠知か、あるいは彼に近い立場の道士が、この場合最もふさわしい『太平經複文序』の書き手なのではあるまいか。ちなみに、壬辰の年は陳の宣帝の大建四（五七二）年（北周の建德元年）、隋代にはなく、唐太宗の貞觀六（六三二）年がこれにあたる。周智響の再出本が陳の大建四年までに間に合ったかどうかはわからないが、王遠知の隋末唐初の時期であれば、貞觀六年まであと十數年という最もよい時期に提示されたこととなろう。

おわりに

『太平經』は北朝側に傳承はなかったのであろうか。先にも見てきたように、著錄はすべて南方のものばかりであり、北方には確たる痕跡を見出すことができない。僅かに『無上祕要』(62)や『笑道論』(63)が『太上洞玄靈寶諸天度命妙經』(64)を引いていて、

大劫交周、天崩地淪、欲界滅無。太平道經、佛法華大小品、周遊上下十八天中、在色界內、至大劫交、其文乃沒。其玉淸上道三洞神經……在二十八天無色界上、大羅玉京山玄臺、災所不及。

というが、この古「靈寶經」はもとより南方で作られたものであり、陸修靜の當時にはもう存在していた經典である。(65)この資料を福井康順博士は「其文乃沒」の句をもって、北方では『太平經』が失われていた證據としたが、(66)これは道教の「劫」の思想を述べているものであって、所謂「三洞經典」は、「劫」を越えて「大羅天玉京山」上の災いの及ばない場所で存在し續けることを述べていて、むしろここで『法華經』と共に言及されていることで、當時、『太平經』が「三洞經典」よりは劣るとされながらも、その存在が忘れられていなかったことを逆に物語ってこそいると思われる。

また『抱朴子』卷一九遐覽篇で「太平經五十卷……甲乙經一百七十卷」という不思議な記載を問題にし、これに二種の傳本を引き當てようとする見解があるが、(67)資料的に無理が有りすぎるのではなかろうか。葛洪は遐覽篇の全ての書を入手讀破したわけではないと自ら述べていたはずである。假に共々『太平經』であったとしよう。途中までしか筆寫できなかったか、一部分しか入手できなかったのか、或いは百七十卷の內容を五十卷に筆寫したのかはわからな

いが、それと他に百七十巻の完本もあって、甲乙十部との體裁もあったから「甲乙經」と著錄してしまった『太平經』もあったのかもしれない。そうであったとして、その二册の『太平經』が異なる傳本であるとは限らない。さらに師の鄭思遠の書齋にしか『太平經』が存在せず、また以後もこれらの『太平經』しか傳承されなかった、と言うわけではあるまい。しかも金丹至上主義者の葛洪なら『太平經』に何の關心もなかったであろう。引用文が含まれているわけでもない、そんな遐覽篇の記載は、せいぜい參考資料としか扱えないと思われるのである。

以上、限られた資料の間を、臆測の絲でつなぎながら、考察めいたことを繰り延べてみた。周智響の再出本『太平經』甲乙十部一百七十巻、すなわち「干吉本」の底本として考えられるのは、文獻上で見る限りに於いて「太平洞極之經一百四十四巻」、つまり「天師本」しかありえないであろうことを述べてきた。臆測の域をもちろん出るものではないが、『太平經』の來歷に關する從來の見解に對し、いささかの修正を提案するものである。

最後に、「天師本」は、直接後漢の「太平清領書」に結び付くのであろうか。つまり、現行本は「天師本」を通じて「太平清領書」と直接の關係を有しているのか、という問題が殘る。いったい六朝末にどのような復元作業がおこなわれたのかは不明であり、彼らの「復元」の意味が確かな資料によるものか、靈感を伴うようなものなのかは何とも言えないが、たとえば少なくとも一百四十四巻に二十六巻分を書き加えたというような、單純な作業ではなかったろう。重複する内容を含む巻も現行本にかなり存在している。また、從來何故か指摘されていないが、現行本には「無上靈寶謁」などという語も見受けられる。(68)それでも全般的には、道教經典としてはかなり古い思想を有している書で、このような語を除けば、現行本は「太平清領書」の流れをくむものなのであろうとの印象を抱くものであるが、この書は、『春秋繁露』や『列子』のような扱いを一體いつまで受けてゆかねばならないのであろうか。

注

(1) 道藏、第七四六册。
(2) 道藏、第七五五册。
(3) 『後漢書』巻三〇下襄楷傳
(4) 『三國志』巻四六「吳書」孫討逆傳、裴注所引『江表傳』。
(5) 福井康順「牟子の研究」(『道教の基礎的研究』付錄、一九五二) 參照。孫權の太元元(二五一)年頃の述作という。
(6) 大正藏、五二『弘明集』巻一所收、六頁a。
(7) この「太平經五十巻」とあるのは、『神仙傳』巻九逸文(道藏、第七八〇册、『三洞珠嚢』巻一第七a～b所收)干君傳に「百五十巻」とある誤寫ではないかとされているが、未詳。福井注(5)前掲書所收「太平經」一三六～一三九頁參照。また、一方の「甲乙經一百七十巻」が果して『太平經』であるか否かも未詳であるが、少なくとも皇甫謐の『針灸甲乙經』一二巻のことではあるまい。
(8) 『三國志』巻四六「吳書」孫討逆傳、裴注所引『志林』。
(9) 道藏、第八七六册、巻上第四b。
(10) 道藏、第二六册、第一五a。
(11) 道藏、第七六五册、巻一第一一b～第一二a。
(12) 道藏、第七八〇册、『三洞珠嚢』巻一第一七a。
(13) 道藏、第七六二册、巻二第一〇a。
(14) 「後漢書襄楷傳の太平清領書について」(桑原博士還暦記念『東洋史論叢』所收、一九三一)。後、改題して『東洋思想の研究』に載錄。以下の引用はこの著書による。四五六頁。
(15) 注(5)前掲書所收「太平經」。
(16) 道藏、第七五五册、第二a～b。

（17）注（5）前掲書所收「太平經」、二二九頁。
（18）「太平經の來歷について」（『東洋學報』二七―二、一一五頁、一九四〇）。
（19）「讀《太平經》書所見」（北京大學『國學季刊』五―一、二二頁、一九三五）。
（20）注（14）前掲書四五七頁。
（21）注（18）前掲書一一四頁。
（22）Lionel Giles, *Descriptive Catalogue of the Chinese Manuscripts from Tunhuang in the British Museum*, (London, 1957), p.219 l-r. では六世紀末の寫本という。
（23）「敦煌本太平經について」（『道教と佛教』第二所收、一九七〇）。
（24）道藏、第一九八冊。
（25）注（16）前掲書、第一a。
（26）道藏、第七六二冊、卷二第九b～第一〇a。
（27）道藏、第六七七冊、卷六第一四b～第一六b。
（28）「初唐における道佛論争の一資料「道教義樞」の研究」（『道教と佛教』第一所收、三一八頁、一九五九）。
（29）注（19）前掲書三四頁、註二。
（30）注（5）前掲書二二三～二二四頁。
（31）注（18）前掲書一一一頁。
（32）注（23）前掲書一〇一～一〇五頁。
（33）注（5）前掲書所收「道藏論」、二〇八頁。
（34）同右、一六六頁。『道教義樞』卷二第四a。
（35）道藏、第七八〇冊、卷二第七a～b。
（36）道藏、第七六五冊、卷一第九b～第一〇a。

（37）このあたりのことは、本書附編第三章參照。
（38）道藏、第五六三冊、第一三a～b。
（39）道藏、第八七六冊、巻上第四a。
（40）巻九第七b。
（41）『老君說一百八十戒序』は、『太上老君經律』所收本（道藏、第五六二冊）、『雲笈七籤』巻三九所收本（道藏、第六八五冊）などがあるが、本編第三章所收の稿本參照。
（42）同右參照。
なお、山田利明「六朝における『太平經』の傳承」（東洋大學『中國哲學文學科紀要』創刊號、一九九三）の注（17）で、拙稿が『序』を陳代の成立としていることに對する疑問が寄せられているが、拙稿は陳代の最終的な改訂を問題にしているのであって、完全な誤解である。
（43）道藏、第七六一冊、第七b。
（44）道藏、第二九五冊、第一七a。
（45）道藏、第一四二冊、巻二〇第四b～第五a。現行本『神仙傳』同傳は、ここから收錄されたもののようである。
（46）道藏、第九九二冊、巻三第一四a。
（47）王明版『太平經合校』五七六頁。以後、『太平經』からの引用は王明氏校本の頁數で示す。
（48）たとえば、大淵忍爾「太平經の思想について」（『東洋學報』二八－四、一九四一）。
（49）『太平經』巻九一己部「拘校三古文法」第一三二が最も詳細にこの思想を述べている章である。ほかに巻四一丙部「件古文名書訣」第五五、巻五〇丙部「去浮華訣」第七二。巻五一丙部「校文邪正法」第七八。
なお、この「拘校三古文法」の思想については、蜂屋邦夫「太平經における言辭文書――共・集・通の思想――」（『東洋文化研究所紀要』九八、一九八三）がある。
（50）これは、注（48）前掲書の大淵博士の見解と同じである。

（51）『太平經合校』七一八頁。
（52）同右、七二〇頁。
（53）この文は『太平經鈔』丁部第一二、合校二一九頁に見える。
（54）道藏、第七八〇～七八二冊、巻四第一aおよび注（11）前掲書、巻一第一一b～第一二a。
（55）道藏、第三三二冊、第二五b。
（56）道藏、第六四〇冊、巻一九第一二a。
（57）同右、巻二〇第三a。
（58）注（16）前掲書、第一a。
なお、『太平經』の傳承やその「感得者」干吉の傳記をめぐるさまざまな傳説については、本編第一章參照。
（59）大正藏、五二、巻六、五三六頁c。これら道士たちについては注（37）前掲の拙稿で觸れたことがある。
（60）『雲笈七籤』巻五第一一b～第一二a。
（61）注（16）前掲書、第二b。
（62）道藏、第七六八～七七九冊、巻三一第六a。
（63）大正藏、五二、『廣弘明集』巻九所收、一五〇頁b。
（64）注（10）前掲書。
（65）宋文明の『通門論』巻下に擬定される敦煌文書所載の「靈寶經目」に「諸天靈書度命一巻　巻目云」とみえる。小林正美博士によれば、この「靈寶經目」は、陸修靜の「三洞經書目錄」をふまえている（「靈寶經の形成」『六朝道教史研究』所收、一九九〇）。それでこの書が陸修靜の時代に既に存在していたことがわかる。
（66）注（5）前掲書、二三一～二三二頁。
（67）注（23）前掲書、一〇三頁。
（68）『太平經合校』三〇三頁。

第三章　「老君説一百八十戒序」の成立について

はじめに

「老君説一百八十戒」（以後「百八十戒」と略す）は、唐の張萬福撰『傳授三洞經戒法籙略説』に「此男女官正一道士所受」と云い[1]、また、朱法滿の『要脩科儀戒律鈔』もこれを載せて「本爲盟威等説」と云い、やはり「正一道士」の奉行すべき戒と見ており[2]、さらに『洞玄靈寶三洞奉道科戒營始』に依れば[3]、正一部道士の受ける最高位の戒ともなされている。以上よりすれば「百八十戒」は唐代に於いて普通に、正一部道士の受ける戒として扱われていたことが知られる。

一方、成玄英の『道德經開題序訣義疏』[4]には「赧王時、（老君）授干室大平經并百八十戒、治國治身循養要訣」[5]と云い、また法琳の『辯正論』にも「臧競諸操等老義例云」として[6]、これと同様の記載が見られる。これ等によれば、唐初に於いて「百八十戒」は、『太平經』と共に東周末赧王時に、老君から干吉へと傳授されたものと見做されていたようで、當時、兩書が近しい關係にあったこと、或いは竝び行われていたことが想像される。このことは、隋代の寫本とされる敦煌本『太平部卷第二』[7]の「前文」や、『道教義樞』の「七部義」[8]等に、「老君説一百八十戒序」（以下「百八十戒序」と略す）が引かれて、『太平經』の由來を語る資料として用いられていることからも認められよう。

このように、『太平經』との關係に於いて、また正一部の重要な戒として注目されるべき「百八十戒」とその序なのであるが、從來あまり論じられていないようで、僅かに吉岡義豐博士による論及があって、北周の甄鸞の『笑道論』[9]に言及のあることを根據として、梁陳の間の成立とされている程度に止まるようである。[10]

本稿は特に「百八十戒序」の成立について、若干の考察を試みるものであって、初めにその現行諸本を校合して稿本を掲示し、次いでその成書の事情について檢討を加えることとする。

紙幅の關係上、ここでは「百八十戒」自體について多く論及することはできないが、當面の推論として、「百八十戒」は、早く五世紀中期の頃、當時の天師道改革派によって提示されたものと見ておきたい。しかしながらその「百八十戒序」は、內容的に陳代以降を待たねばならない記載を含んでおり、恐らくは、後世に書き改められ、さらには書き加えられたのであろうとするものである。

第一節　テキストについて

「百八十戒序」には現在、管見の及ぶ所では、四種の傳本が見受けられる。まず『太上老君經律』所收本[11]（これをA本とする）、『雲笈七籤』所收（B）本が擧げられる。[12]兩本は完本であり、殆ど差異も見られない。次に敦煌文獻に「百八十戒序」の前半部分に相當する斷卷（C）が殘されており、[13]これは先の二本よりも古い體裁を保持しているようで、化胡の場面の記述等はより詳細である。とはいえ、他の部分についていえば、語句に若干の異同はあるものの、先の二本ともさしたる違いはなく、系統を同じくすると考えて差支えないようで、逆に二本の出自を保證するものとも考えられる。最後に、これはまだ注目されていないようであるが、『要脩科儀戒律鈔』所引（D）本が存在しており、[14]「百八十戒序」としては後半部分のみであるが、敦煌本と竝んで、やはり古體を止める傳本と言えよう。前半部分のみを残している敦煌本とは、五十字程が重なるのみであるが、この部分を先の二本と比較するに、このC・D二本はより近しい關係にあるように思われる。さらにはこれにも他には見られない文を含んでおり、或いは朱法滿の增補かとも思われるが、貴重な佚文と考えられなくもないので、ここでは採錄することとした。

以上の四本により「百八十戒序」の文を校合し、その校勘記を以下に示す。前半はC本、後半はD本を専ら底本として用い、A・B本は主に補正に用いることとする。殘缺本であるC本を、敢えて一方の底本とすることには問題もあろうが、その不鮮明箇所の字數は、A・B本の該當箇所のそれとほぼ一致しており、補正の結果、底本として十分使用に堪え得ると判斷してのことである。その箇所については、その都度指摘することとしたい。

概觀するに、以下に施した段落の表示に從うなら、Ⅲ節はC本のみに、Ⅷ節はD本のみに、Ⅹ節はA本のみに各々見られる節であり、また、上述の如くC本は、Ⅰ節が部分的に不明瞭な外は、Ⅶ節の前半までを存して以下を缺佚しており、一方のD本は、そのⅦ節からの後半を存している。最後に「百八十戒」の「後文」を附したが、これはA・B・D本の全てが表現を異にしている。

「百八十戒」自體は、長文に亙ることもあって、上述の如くここでは扱えないが、校合の結果だけを述べれば、D本のみ戒文の配列を異にし、表現もやや抄約されてはいるが、對照させてみると、九割程はほぼ合致することが判明したことを、申し添えておきたい。

老君說一百八十戒序[1]

Ⅰ　昔周之末、赧王之時、始出㆓太平之道・太淸之教㆒。[2] 老子至㆓瑯琊㆒、[3] 授㆓道與干君㆒。干君受㆓道法㆒、[4] 遂以得㆑道、拜爲㆓眞人㆒、又傳㆓太平經一百七十卷甲乙十部㆒。[5]

Ⅱ　後帛君篤レ病、從二干君一授レ道護レ病、病得二除差一[6]、遂復得レ道、拜爲二神人一[7]。今瑯琊有二大木蘭樹一[8]、干帛二君所レ治處也。

Ⅲ　幽王時、老子[9]西入、開二教胡國一、授二佛道一。佛爲二胡語一耳。漢言曰レ道也。同是一正之化焉、脩二佛道一、亦得二長生一、其道隋レ靜[10]。

Ⅳ　教レ胡、還當レ入二漢中一、過二瑯琊一。瑯琊[11]干君得レ見、老子[12]乃責二數干君一曰[13]、吾前授レ汝道、助レ國[14]扶レ命、憂二念萬民一。拜署二男女祭酒一、廣二化愚人一、分二布子弟一、使下上感二天心一、下動中地祇上、當レ令二王者歡一レ心。而自レ頃以來、吾遙從二千萬億里一視レ之[15]、諸男女祭酒、託二老子位一[16]、貪レ財好レ色、擅レ己自用、更相是非、各謂二我心正一、言二彼非一レ眞。利二於供養一、欲二人奉一レ己[17]、憎惡同レ道、妬レ賢嫉レ才[18]、驕恣自大、禁二止百姓一、當レ來二從我一、我道最正、彼非レ眞也。皆不レ當レ爾、故來相語。

Ⅴ　干吉[19]稽首、再拜伏レ地、叩レ頭百下、唯唯告曰[20]、太上從二今日一已去、不レ知[21]當下何以救二諸男女祭酒之重罪一、今中祭酒輩各得生活[22]、既蒙二道祐一、可レ得二昇仙一、壽終之後、不上レ入二九地之下一、地獄之罪一[23]。非二但祭酒一、祭酒復染二誤萬民一[24]、萬民無レ知レ法、則祭酒之罪、臣之過咎、咎在二於臣一[25]也。唯願丁太上赦二既往之罪失一[26]、察[27]丙臣脩乙將來之善甲耳。臣干吉[28]死罪、死罪。

Ⅵ　老子[29]曰、可、正安レ意定レ坐[30]。吾恐二大道遂壞[31]、萬民喪一レ命。一兩[32]祭酒、死入二九地[33]之下一、不レ足レ痛也。吾但念二萬民痛一耳。汝善聽。善聽著二心中一[34]。當丁爲二後世萬民一[35]作レ法、則勅二諸男女祭酒一、令丙改二往行一、從乙今之善甲。

Ⅶ　老君[36]曰、人生雖レ有二壽萬年一、不レ持二誡律一[37]、與二老樹久石一[38]何異。寧一日持レ誡、爲二道德之人一[39]而死、不レ犯レ惡而生。持レ誡[40]、而上補二天官一[41]、尸解昇仙。世人雖レ爲二王公之位一[42]、死有二重罪一、無レ益二魂神一、魂神受レ罪耳[43]。祭酒明奉二行之一[44]。

Ⅷ　持レ戒之時、弟子沐浴、勿レ食二五味五辛一、改二衣服一。弟子當下執二禮師教一、伏レ地聽中受禁戒上。禁戒受已、當下寫二一通一、諷誦奉中行之上[45]。

Ⅸ　乃曰[46]、諸賢[47]各明聽。天下萬物[48]、無レ有二長在一。人生有レ死、物成則敗、日出則沒、月滿則虧[49]。從レ古至レ今、誰能長存者。唯有道德可レ久耳。今月亦善、今日亦善[50]、今時亦善、諸賢亦善、師宗[51]亦善、弟子亦善。萬神備具、吏兵皆到。今吾以二諸賢[52]一、故念二萬民之命[53]一。故以二弟子一善レ心[54]、故授二禁戒重律[55]一。

Ⅹ　老君曰、人生雖レ有二壽萬年一、不レ持二戒律一、與二瓦石一何異。寧一旦持レ戒、終身爲二道德之人一而死、不犯惡而生。持レ戒而死、滅度練形、上備二天官一、尸解昇仙。世人不レ持二戒律一、死有二重罪一、無レ益二魂神一。善男善女、明奉二行之[56]一。

Ⅺ　諸諸[57]當二三讚レ之[58]。然後說レ戒、戒曰[59]、云々。

（以下、一百八十戒。全略）

Ⅻ　右、長存要律百八十戒[60]

老君告二弟子一曰[61]、往古諸仙賢聖[62]、皆從二一百八十戒[63]一得レ道[64]。道本無レ形、從レ師得成。道不レ可レ度[65]、師不レ可レ輕。弟子稽首再拜、受レ命而退[66]。

校勘記

1　Cは「老君說□□八……」と讀めるが、以下缺落。A・Bにより補う。Bは「敍」に作るが、Aにより「序」とする。
2　Cは「始出太□□□□□□教」の六文字分を缺落。A・Bにより補う。
3　Cは表題に「老君」と云うにもかかわらず、33以外は「老子」に作る。A・Bは「老君」に作る。
4　Cは「……干君。□□□□□□以得道」の六字を缺落。A・Bにより補う。
5　Cは「拜爲眞□又□太平經一百□□□甲乙十部」とある。A・Bにより補う。
6　Cは「帛君篤病、從干君、受道受?□□病除差」とある。A・Bにより補い、また改訂。

7　A・Bは「眞人」に作る。
8　A・Bは「大」を缺く。
9　校勘記3參照。
10　以上、「西入」以下は、Cにのみ存する。A・Bは「老君教胡」（Ⅳ節冒頭）に作る。
11　A・Bは「瑯琊」を缺く。
12　校勘記3參照。
13　A・Bは「老君謂干君曰」に作る。
14　A・Bは「助人」に作る。
15　A・Bは「觀」に作る。
16　A・Bは「託老君尊位」に作る。
17　Cは「利於□養□人奉己」とある。A・Bにより補う。
18　Cは「財」に作るが、A・Bにより改訂。
19　Cは「于室」に作る。A・Bにより改訂。本章注（5）參照。
20　Cは「告曰」を缺く。A・Bにより增補。
21　Cは「智」に作るが、A・Bにより改訂。
22　Bは「空活」に作る。
23　A・Bは「不入九地、下牢之苦」に作る。
24　A・Bは「非但祭酒、復其萬民」に作る。
25　A・Bは「己」に作る。
26　A・Bは「既往之失」に作る。
27　A・Bは「署」に作る。

28　校勘記19參照。
29　校勘記3參照。
30　Cは「可正正安意定座」に作るが、Ａ・Ｂにより、上の「正」を衍字と見做して削除し、「座」を「坐」に改訂。
31　Ａ・Ｂは「澆季」に作る。
32　Ａ・Ｂは「二」に作る。
33　Ａ・Ｂは「幽」に作る。
34　Ａ・Ｂは「汝當善聽、記錄心中」に作る。
35　Ａ・Ｂは「萬民」を缺く。
36　Cはここのみ「老君」に作る。校勘記3參照。
37　Ａ・Ｂは「……者、若不持戒律」に作る。
38　Ａ・Ｂは「朽」に作る。
39　Dは「爲道」のみ。
40　Ａ・Ｂは「而死……持戒」を缺く。
41　Ａ・Ｂは「而死補天官」に作り、Dは「而死上補天官」に作る。
42　Ａ・Ｂは「雖……位」を缺く。Cは「世人雖□□□」とあって、以下缺佚。Dにより補正。
43　Dに「耳」はないが、Ａ・Ｂにより增補。
44　Dは「正一道士、明而奉行」に作るが、Ａ・Ｂにより改訂。
45　Ⅷ節はDにのみ見られる。
46　Dは「師曰」に作るが、Ａ・Ｂにより改訂。
47　Ａ・Ｂは「諸祭酒」に作る。
48　Ａ・Ｂは「民」に作る。

49　A・Bは「缺」に作る。

50　Dは「日」・「月」の順に作るが、A・Bにより改訂。

51　A・Bは「師甲」に作る。

52　Dは「今以老君、故以教諸賢者」に作るが、A・Bにより改訂。

53　Dは「故今以萬民惜命」に作るが、A・Bにより改訂。

54　A・Bは「故……心」を缺く。

55　A・Bは「故授王甲禁戒重律」に作る。

56　X節を襲うものであり、全て衍文と見做せなくもないが、あり得べき反復と見て採ることとした。

57　A・Bは「諾諾」を缺く。

58　Bは「當三遍讀之」に作る。Aはこれを缺く。

59　Bは「然後說戒曰」に作り、Aは唯「戒曰」とのみ作る。

60　Aにのみこれを載せる。

61　Dは「老君語于《ママ》吉曰」に作るが、A・Bにより改訂。本章注（5）參照。

62　A・Bは「往昔諸賢仙聖」に作る。

63　A・Dは「百八十戒」に作るが、Bにより增補。

64　Dは以上で終了。

65　Bは「可師度師」に作る。Aによった。

66　Aは「受命矣」に作る。Bによった。

第二節　「百八十戒」の來歴

「百八十戒序」について検討する前に、先ず「百八十戒」自體の成立年代について若干觸れておくこととしたい。

上述のように、吉岡博士は「百八十戒」への言及初例として、北周の『笑道論』の記載に注目されている。しかしそれは、實はもう少し遡り得るようであり、劉宋の陸修靜の著と目される『陸先生道門科畧』には次のような記載が見られるのである(15)。

夫受道之人、内執戒律、外持威儀、依科避禁、遵承教令。故經云、道士不受老君百八十戒、其身無德、則非道士、不得當百姓拜、不可以收治鬼神。其既闇濁、不知道德尊重、則擧止輕脫、賤慢法術也。

ただしこの一節はやや細字であり、これに先行する文「身無戒律、不順教令、越科破禁、輕道賤法」の注であるようで、これが自注であるのか、後人の手に成るものであるのかは俄には判定し難い。そこで陸修靜に關係すると思われる諸書を調べてみると、管見の及んだ限りに於いては僅かに一例、古靈寶經の中でも天師道等の他の道流とも密接な關係を有していると見られる、所謂「仙公所受」の靈寶經典の一『太極眞人敷靈寶齋戒威儀諸經要訣』に次のように見える(16)。

太極眞人曰、夫祭酒當奉行老君百八十大戒、此可言祭酒也。故曰、不受大戒、不得當百姓及弟子禮拜也。受此戒者、心念奉行、今爲祭酒之人矣。祭酒當斷念捨衆惡、推行戒法、當如是也。黄老道妙檢種人之法、非不眞者所參、萬中有一多矣。

この書は大淵忍爾博士によれば(17)、宋文明撰『通門論』巻下に擬定される敦煌資料(18)所載の「靈寶經目」に「太極眞人敷靈寶文齋戒威儀諸要解經訣下一巻」とある書に相當するものと見られる。この經目は、陸修靜によって劉宋明帝の泰始七（四七二）年に編纂された『三洞經書目錄』に基づくもののようで、これに著錄する靈寶經典の成立年代については小林正美氏に論があり、特にこの「仙公系」靈寶經の述作年代については、元嘉七、八（四三〇〜三一）年頃から始まり、右の目錄までの間であろうと見られている。[19]「百八十戒」は、ここに言及されている以上は、この年代以前のものと一應確認できるであろう。[20]

この場合「百八十戒」は、陸修靜の業績には先行するのかもしれないが、寇謙之が北魏の神瑞二（四一五）年に太上老君より授けられたという「雲中音誦新科之誡二十巻」[21]の抄本と見られる『老君音誦誡經』[22]と比較しても、語法等、特に關連性も見られないようで、現時點では寇謙之とも結びつけることはできない。ここでは取り敢えず、老君を尊奉するところの天師道流の手に成るものとだけ見ておくこととする。

道教に於ける纏まった形での戒律は、主として五世紀前半頃に展開された、天師道を基盤とした一連の改革運動の中で整備され顯在化したものと考えられるが、その背景として、やはり佛教の律藏の漢譯があったことは、重大な要因の一つであったと見なければなるまい。[23]その中で姚秦の弘治十二年から十四年（四一〇〜一二）にかけて、佛陀耶舍等によって譯出された『四分律』には、「比丘戒二百五十條」が存しており、[24]內容としては、必ずしもこれと關わるとは言い難いものではあるが、この場合、比丘に相當するであろう祭酒の受ける戒として、或いは「百八十戒」は、この比丘戒の影響下に成立をみたのであるかもしれない。

なお、一百八十を數える戒は、他に『太上洞玄靈寶三元品戒功德輕重經』に「三元品戒罪目」として掲げる一百八十條戒が存している。[25]この書も古靈寶經の一であり、やはり劉宋時に遡り得る來歴を有するものである。件の「老君說一百八十戒」と對照すると、表現は異にしているが、類似する內容を含んでおり、何らかの關連の存することは確實と思われる。この戒も單に「百八十戒」と呼ばれて、靈寶經中でしばしば言及されているが、この「三元品戒罪目」は元始天尊の所説なのであり、上述の二書に「老君百八十戒」等と、「老君」を冠して言及しているのは、これとの區別のためかと思われる。しかしながら、その孰れが先行するのかは未詳であり、後考を俟ちたい(26)。

詳細な事情について、今は明らかにすることはできないが、孰れにせよ「百八十戒」は、五世紀中頃には既に存していたということのみを確認して、ここでは論を進めることとする。

第三節　「百八十戒序」の來歷

凡そ戒には、その傳授に際しての儀軌等に關する何等かの規約が附載されているのが通例であり、戒のみの成立や通行は一般的には考え難い。この「百八十戒」の場合も、その成立の當初から何等かの序を伴っていたと考えるのが自然であろう。

では、現行の「百八十戒序」もやはり、五世紀中期頃の成書と見てよいのであろうか。以下はこの點に留意しつつ、「百八十戒序」の内容検討を試みることとしたい。

前節では、この「百八十戒」の成立を五世紀前半の一連の天師道改革運動の展開の所産と見做した。當時の天師道の様相を示す資料としては、劉宋時の成立と見られる『三天内解經』(27)、また五世紀前半頃には存していたと見られる『正一法文天師教戒科經』(28)等が擧げられよう。この二書は、天師道改革を企圖する點では共通するものであるが、若干その立場を異にしているようで、「百八十戒序」はとりわけ後者と近しい關係にあるようである。端的には、共に現状の祭酒の墮落と放縱を、老子の名に於いて激しく非難するというもので、「百八十戒序」の場合は、そうした祭酒を律するために、新たに「百八十戒」が傳えられるという設定がなされている。こうした内容は、同時にこの書の成立の時代を物語るのであろう。この時點では、「百八十戒序」の五世紀中頃の成書を疑う材料は見受けられないようである。

さて、「百八十戒序」の冒頭には、東周末赧王時に老君が干吉へ、まず「太平經一百七十巻甲乙十部」を授けたとの記事が見える。このことは『三天内解經』巻上に「至周幽王時、老子……尹喜共西入罽賓國、……太上於瑯琊、以太平道經付干吉、……至漢世[29]」と見え、その授與の時期の東周末であろうことが想像されるのと同様の記載であることが知れよう。これは、唐初の『三洞珠嚢』に「化胡經云」として「幽王時出爲帝師、號曰天老、復稱老子、……復與尹喜至西國、……後還中國、作太平經[30]」とあるのに相應し、六朝時代に普通行われたという老子の幽王時出關説をとる老君傳に則ったものと言えよう[31]。しかし、「百八十戒序」の續く一節（Ⅲ）には、全く理解に苦しむ記事が存しているのである。

この赧王の後に「幽王時、老子……教胡、環當入漢中、過瑯琊。瑯琊干君得見、老子乃責數干君曰、吾前授汝道、助國扶命、憂念萬民、……」と云い、以下、「前」の赧王時に國家と萬民のため、干君に『太平經』を託したにもかかわらず、その教えの波及せず、祭酒も恣意に振舞っていることについて老子は干吉を叱責し、さらにこれを律するために、件の「百八十戒」を授けるという記載が續くのであるが、これよりすれば、干吉は東周末赧王時に『太平經』を得、その後、西周末幽王時に「百八十戒」を授けられたと見なければならない。たとえ超歴史的な所傳であるにせよ、これは到底容認し得ない錯誤と言うべきであろう。

ここで注目されるのは、『正一法文天師教戒科經』の記載である。ここでは「周之末世、……（道）於瑯琊以授干吉太平之道。……後道氣當布四海、轉生西關、……道復作五千文、……付關令尹喜、……西入胡[32]」と云い、干吉への

「太平之道」（この場合、恐らく『太平經』を謂うのであろう）の傳授が、出關化胡の以前であることを示している。この「周之末世」はこの場合、西周末幽王時のようである。

思うに、『太平經』の傳授については當初、漠然と「周之末」とする説があったのではないか。干吉はもとより後漢末の人であるが[33]、傳授者を老子とする説が生ずるに際して、こうした時代設定がなされたのであろう。ところが、それを具體的に述べるに當って、西周末・東周末の兩説を生ずることとなったと考えられる。「百八十戒」の傳授については、右の三書は觸れていないから、「百八十戒序」の後出であることは確實であるとして、今この錯誤についいて敢えて推測するならば、恐らく「百八十戒序」は『正一法文天師教戒科經』に依據して書かれたのであり、これに「周之末」とあるのを東周末赧王時と見做す一方、老子出關の時期については、その當時一般化していた幽王時説を記した、ということなのではなかろうか。

さらに『太平經』に着目してみれば、その體裁について、右の三書は何等觸れるところがなかった。しかし「百八十戒序」に於いては、「甲乙十部一百七十卷」と明記されているのである。この體裁は、ではいつ頃からのものなのであろうか。

『太平經』が「一百七十卷」であったことは、『後漢書』卷三〇下襄楷傳に見え、また『牟子理惑論』[34]にも明記がある。しかしそれが「甲乙十部」という十干で分割する體裁であったとする點について、五世紀前半までにこれを示す資料は見當らない[35]。その初出の例は、現在、隋の『太平部卷第二』に含む「太平經目錄」にまで下ることとなる。この書については吉岡博士に論があり、この目錄に見える『太平經』は、陳の宣帝時に周智響なる道士によって再出されたものと見られる[36]。これに從えば、「甲乙十部一百七十卷」なる體裁は、陳の宣帝時を待たねばならないはずで、現行の「百八十戒序」の成書をも五世紀中頃に想定することは困難となろう。

ここで「百八十戒序」の構成について、若干の考察を加えれば、そのⅠ～Ⅶ節に於いては、老子と干吉の關係で語られているのであるが、以下、D本の後文を除いては（校勘記61）、干吉は全く登場せず、特に例示するならば、老子はⅨ節では「諸賢各明聽」と呼びかけ、「今吾以諸賢」と云って、干吉にではなく複數の「諸賢」に向かって發語しているのである。Ⅰ～Ⅵ節の連續から見れば、これ等は「干吉」もしくは「汝」と表記されてあるべきであろう。「百八十戒序」は、後世に書き加えがなされたのではなかろうか。『太平部卷第二』の「前文」には、現行の「百八十戒序」の冒頭に該當する引文が見られるため、改作の時期は一應、陳隋の際とみられる。

その改作の箇所なのであるが、老子と干吉との關係に於いて述べられ、一部對話をも含む部分、Ⅰ～Ⅵ節がそれであろうと思われる。さらに臆見を披露するならば、Ⅰ・Ⅱが增補、Ⅳ～Ⅵが改作と見られ、Ⅷ以下は恐らく、「百八十戒」のもとより「老君說」であることからすれば、老君の獨白であったはずで、ほぼ元來の「百八十戒序」の記載と見做すことができるであろう。(37)

おわりに

「百八十戒序」は、いったい何故に改作されたのであろうか。管見によれば、それは陳代に周智響か、彼に關わる道流に於いて、『太平經』と關係付けるために改作されたのであろうと考えられる。

『太平經』の再出は、梁初に陶弘景の弟子の桓法闓によって、まずその「復元」が試みられ、陳の宣帝の時に至って、周智響により、現在『太平部卷第二』の目錄に見られるような『太平經』が實現されたと考えられるようである。

しかしながら、桓法闓と周智響との關係は未詳であり、周智響の道流についても從來あまり注意されていないようであるが、但し、周智響が、臧矜なる道士に師事していたことについては、夙に指摘されているところである。[38]砂山稔氏によれば、臧矜は太玄派に屬する道士であったらしく、[39]また陳國符氏によれば、弟子の周智響と同様、陳の宣帝の好遇を得たようで、梁陳にかけて活躍し、また、茅山派の王遠知の師でもあったということは、この場合特筆に値しよう。[40]

ここで注目されるのは、法琳の『辯正論』に「唯臧競・諸操等老義例云」として「赧王之世、千室《ママ》以疾病致感老君、授百八十戒幷太平經一百七十篇」[41]と云っていることである。臧競とは臧矜、また諸操とは諸糅のことであるようで、その「老義例」とは彼等の『老子』注であるらしいが、右の文は改作後の「百八十戒序」の内容と同様であり、これよりすれば、周智響の師臧矜あたりから既に、兩書は關係付けられていたこととなる。しかし「百八十戒序」の改作には『太平經』の再出が不可缺であるはずで、そして再出は臧矜ではなく周智響の名に於いて行われている。[42]改作はやはり、その以後の作業となろう。こうした構想の案出は、或いは師であったかも知れないが、改作者はやはり周智響であったと思われる。そしてその時期は、恐らく『太平經』が再出された陳の宣帝時を大きくかけはなれるものではなかろう。先の「老義例」の述作も、これに相前後するものと考えられる。

最後に、何故「百八十戒」は『太平經』と關係付けられたのであろうか。

考えられるとすれば、周の末に老子より傳授されたといわれる「由緒正しい」來歴を誇る『太平經』の再出を契機として、「百八十戒」もその權威を襲い、その宣揚を企圖したのであろうことが想像される。孰れにせよ、「百八十戒」もまた「來歴」を得たのであり、再出の『太平經』を當時の道教諸關係中に位置付けるための一つの試みであったのであろうと考えられる。

注

（1）道藏、第九九〇册、巻上第一b。
（2）道藏、第二〇四册、巻五第一四a～b。なお、撰者朱法滿の傳は、南宋の陳葆光撰『三洞羣仙錄』に見え（道藏、第九九四册、巻一三第二〇b～第二一a）、「朱緒、字法滿」とある。
（3）道藏、第七六一册、巻四第六b。
（4）〔P．二三五三〕。
（5）「千室」・「干室」また「于吉」の本來「干吉」に作るべきであろうことについては、福井康順博士『道教の基礎的研究』（一九五二）六三頁參照。
（6）大正藏、五二、五二五頁c。
（7）〔S．四二二六〕。その成書年代については、L. Giles, *Descriptive Catalogue of the Chinese Manuscripts from Tunhuang in the British Museum*,（London, 1957）, p.219 l-r. では、六世紀末と見ている。
（8）道藏、第七六二册、巻二第九b。
（9）大正藏、五二、一四九頁b。
（10）「敦煌本太平經について」（『道教と佛教』第二、一九六一）六九～七〇頁。
（11）道藏、第五六二册、第二a～第一二b。
（12）道藏、第六八五册、巻三九第一a～第一四b。
（13）〔P．四七三一〕〔P．四五六二〕。同一斷巻の二片を接合。なお大淵忍爾博士の『敦煌道經』圖錄篇（一九七九）六八五頁では、これを「百八十戒序」と同定されているが（目次も見よ）、同、目錄篇（一九七八）三二三～三二四頁では、またこれを「化胡經の殘巻」として扱われ、道藏本との對照による校記を載せておられない。しかし、不鮮明箇所の解讀がなされており、參照すべきものである。一方、この序の書寫年代については、まだ誰も言及されていないようである。
（14）注（2）前掲書、巻五第一四a～第一九a。

（15）道藏、第七六一冊、第七b。
（16）道藏、第二九五冊、第一七a。
（17）"On Ku Ling-pao-ching", *Acta Asiatica* 27, pp. 34-44.（Tokyo, 1974）『敦煌道經』目錄篇（一九七八）三三三頁、また三六五～三六八頁參照。
（18）〔P. 二八六一－二〕〔P. 二二五六〕〔P. 三〇〇一〕。
（19）「劉宋における靈寶經の形成」（『東洋文化』六二、一九八二）、一三三頁。
（20）現行本『太極眞人敷靈寶齋戒威儀諸經要訣』については、大淵博士注（17）前掲 *Acta Asiatica* 所收論文五四頁、小林氏注（19）前掲論文一三〇頁、また Stephen R. Bokenkamp, "Sources of the Ling-pao Scriptures," p.484. *Mélanges Chinois et Bouddhiques*, vol. XXI, *Tantric, and Taoist Studies in Honour of R. A. Stein*, ed. by M. Strickmann. Vol. II, (Bruxelles, 1983) 參照。大淵博士によれば現行本は、不完全な傳本のようである。
（21）『魏書』卷一一四釋老志。
（22）道藏、第五六二冊。
この書については、楊聯陞「老君音誦誡經校釋」（『歷史語言研究所集刊』二八、一九五六）參照。
（23）道戒については、楠山春樹博士「道教と儒教」（『道教』二、一九八三）、特に六五～九〇頁參照。
（24）大正藏、二二、五六七頁以下。
その譯出年代については、平川彰博士『律藏の研究』（一九六〇）、一三四頁參照。
（25）道藏、第二〇二冊、第二二a～第三一a。
この書については、吉岡博士「中元盂蘭盆の道教的考察」（『道教と佛教』第二所收、一九七〇）の、特に二七四～二七六頁參照。
（26）一百八十なる數の由來は未詳である。「三元品戒罪目」の場合は、各々六十條ずつ三部に分割され、それなりに意味付けされているが、「老君說一百八十戒」にも適應することであるのか、また六十の數の由來等、さらに問題もあるため、後考を俟つこととしたい。

(27)　道藏、第八七六册。

この書の成立については、福井博士注（5）前掲書四一頁に論及されている。

(28)　道藏、第五六三册。

以下にも引用する、この書中の一章「大道家令戒」については、これを三世紀中頃の成立とみる說もある。陳世驤「『想爾』老子道經敦煌殘卷論證」（『淸華學報』新一－二、一九五七）、大淵博士「老子想爾注の成立」（『岡山史學』一九、一九六七）參照。ここでは、楊聯陞注（22）前揭論文（二九～三二頁）、また唐長孺「魏晉期間北方天師道的傳播」（『魏晉南北朝史拾遺』、二二四～二三二頁、一九八三）により、五世紀初の成立と見ることとする。

(29)　注（27）前揭書、巻上第四a。

(30)　道藏、第七八二册、巻九第七b。

(31)　老君傳に於ける老子去周の時期については、楠山春樹博士「老君傳とその年代」（『老子傳說の硏究』、一九七九）參照。

(32)　注（28）前揭書、第一三a～b。

(33)　『後漢書』巻三〇下襄楷傳、『三國志』巻四六孫策傳裴注所引『江表傳』・『志林』參照。

(34)　大正藏、五二、『弘明集』巻一所收、六頁a。

(35)　ただ『神仙傳』巻一〇宮嵩傳に「太平經十部」と見えるが、この記載は元の趙道一撰『歷世眞仙體道通鑑』（道藏、第一四二册、巻二〇第四b～第五a）に依據するものらしく、採ることはできない。現行本『神仙傳』の明代雜輯にかかることは、福井博士「神仙傳考」（『東洋思想の硏究』、一九五五）參照。

(36)　注（10）前揭論文一〇一～一〇五頁。

(37)　Ⅱ節の「帛君」に纏わる說話については、本編第一章參照。なお本章は、論の展開上やむを得ず、上記と一部重複する內容を含んでいる。

(38)　福井博士注（5）前揭書二二四頁。吉岡博士注（10）前揭書一〇四頁。

(39)「道教重玄派表微」(『集刊東洋學』四三、一九八〇)四〇頁。
(40)『道藏源流考』(一九六三)四七頁。
(41)注(6)前揭書。
(42)注(8)前揭書、卷二第一〇a～b。

第二編　老子化胡經の研究

第一章　老子の行方

はじめに

唐初の王懸河撰『三洞珠嚢』巻九老子爲帝師品に、(1)

化胡經に云く、老子は伏羲の後に生まれ、帝の師と爲る。號して究爽子と曰ひ、復た田野子と稱す。元陽經を作る。

神農の時、出でて帝の師と爲る。號して大成子と曰ひ、復た郭成子と名づく。太一元精經を作る。

祝融の時、出でて帝の師と爲る。號して傳豫子と曰ふ。復た廣壽子と名づく。按摩通精經を作る。

三家は共に無爲を修め、各〻治むること萬八千歳、太平を致し、人民は純朴にして、餘治有るなし。唯、元氣自然のみ法と爲す。役伐せず、道氣は之に歸す。服さざるなきなり。此れ三皇の君と謂ふ。

黃帝の時、出でて帝の師と爲る。號して廣成子と曰ふ。道成經を作る。

帝嚳の時、出でて帝の師と爲る。號して綠圖子と曰ふ。道理黃庭經を作る。

帝堯の時、出でて帝の師と爲る。務成子と稱す。正事經を作る。

帝舜の時、出でて帝の師と爲る。尹壽子と稱す。道德經を作る。

黄帝は至聖にして、遂に帝業をして相承けしむも、壽命に長短有り、之に象りて、五行は更に相尅伐し、强弱は相凌ぐ。此れ五帝と謂ふ。

夏王の時、出でて帝の師と爲る。號して李子胥と曰ふ。元陽經を作り、復た德戒經を作る。

湯王の時、出でて帝の師と爲る。號して錫則子と曰ふ。道元經を作る。

文王の時、出でて帝の師と爲る。號して爕邑子と曰ひ、復た赤精子と稱し、亦た守藏史と爲る。

武王の時、出でて帝の師と爲る。號して郭叔子と曰ひ、復た續成子と稱す。柱下の史と爲る。

幽王の時、出でて帝の師と爲る。號して天老と曰ひ、復た老子と稱す。柱下の史と爲る。長生經を作る。復た尹喜に與へて五千文上下二經を作る。復た尹喜と西國に至り、佛と作りて胡を化す。經六十四萬言もて胡王に與ふ。後、中國に還りて、太平經を作る。後世、當に人間に在るべく、世の人をして善を修め義を行ひ、德化を尊奉して、以て道法を佐け、國を助け命を扶け、百姓を憂勞して、凶年を度脫せしめ、太淸の中に遇はしめんと欲す。

已上の數は、懸河の今謂ふ。道德序訣に云く、老子は代代國師と爲る、とは、卽ち此れ是れなり。


とあるが、まさに化胡の場面などに省略があるものの、およそこのような記述が一般に『老子化胡經』（以下、化胡經と略す）の典型的記述として認識されているのではなかろうか。これが抄出された箇條書きなのかはこれだけではわからないが、それでも後節に引く敦煌遺書の『老子變化經』（S．二二九五）、以下、變化經と略す）(2)という、より原初的な趣のある書の箇條書きの記載を參照するなら、上記の敍述も當初からの體裁であったかと考えもする。(3)

西晉時、道士の王浮は僧侶の帛遠との抗論のなかから化胡經を作成したという。(4)ここでは、その作成にいたるまでの試行錯誤について、やがてはそこに收斂してゆく諸觀念についてを扱いたい。いわば、化胡經前史に位置するのが本論である。

從來、化胡說については、これが道教側からする援用のため、もしくは佛教側からする迎合のためなど、單純な二者擇一的見解が根底にあるのか、本質的な論議がなされてきてはいないと思われる。もっと複雜で、種々に絡み合う想念を背景とするのではあるまいか。というのも、さまざまな知識人のありようや諸階層の受容の度合いには相當に差があるはずであろうと考えるからである。

加えてまた、研究者は從來、中國宗教における混淆という問題を等閑視してはいなかったか。すなわち、儒佛道それぞれの擔い手がすべて、あたかも教義的に熟達していたかのような前提で議論してはいなかったかと考える。習熟度も理解度も千差萬別であって、多樣な受容のあり方があるのは今も昔も變わりはないはずである。

第一節　老子歷代化現說と化胡說

變化經は、末尾に「隋大業八年八月十四日經生王儔寫」「玄都玄壇道士覆校」とあり、六一二年、隋の文帝時に玄都觀で書寫されたことがはっきりとわかる希有な資料である。

變化經は老子の歷代に化現して、帝王の師となったとの說を述べる古層の文獻であり、當初に同書の紹介者であった吉岡義豐博士はこれを「原始的なにおいがする」とし、その成立を後漢の「桓帝の永壽元年か、その直後ごろ、すくなくとも延熹八年をさして下る時期ではあるまい、と推定しておくこととする」という(5)。

ただし吉岡博士には、同書には老子の化胡に關する記載がないとの判斷があった(6)。これに對して、楠山春樹博士は同書の記載のなかの「大胡時、號曰浮慶君」[7]とみえるのを「入胡時、浮屠君」の誤寫ではないかと推測し[8]、老子がいつ出關したかを同書が周平王説を採っていることなどを理由に後世の加筆を指摘し、その時期をひとつの可能性として「元康五年」とみえる元號を手がかりに「西晉の惠帝時代もしくはその直後のころの人が近時における年號を取ってここに記した、という次第に考えることが、この場合最も素直」とする[9]。

吉岡博士の指摘した後漢末の桓帝の延熹八（一六五）年とは、ちょうど老子をその故鄕の苦縣に祭祀する際に邊韶によって書かれた「老子銘」の作製された年にあたる。この「老子銘」に「羲農（伏羲・神農）自り以來、（世〻）聖者の爲に師と作る」とあり[10]、往時すでに歴代化現説が形成され、邊韶もそれを無視しえないほどに流布していたことが知られる。

そうして變化經も、他書に比べると特異ではあるが、老子の歴代化現の例を擧げる。變化經は老子化現を主旨としていることは改めていうまでもない。そうしたなかに、楠山博士が指摘するように、化胡のことがまさに插入されているかのようである。

この付け足しのような記載の時期が、成立の當初に施されたのか、後世の加筆になるのかはともかくも、一般的に考えて、古い道典はその成立時點の時代精神をおそらくは反映し、後世において必ずそれが弱點となり、ことに老子歴代化現説に化胡を加味した化胡經が登場すれば、同書のように歴代化現説しか展開していなかった書があったとするなら、その時點で歴史的役割を終えてしまう。加筆や改變以外に現役を保たせる手段はない。量的にも佛典に劣ることに危機意識を抱くような道士が本書の校訂に參與したなら、同書の命脈を保たせようと必ずや加筆するのではなかろうか。

しかしながら、そもそも歴代化現と化胡の兩説の併記自體が文脈として唐突とは考えられまいか。兩者は質的にまるで異なる。もちろん、司馬遷の『史記』巻六三老子傳には老子の行方について、「周の衰へを見、迺ち書の上下篇を著し、道德の意五千餘言を言ひて去り、其の終はる所を知る莫し」とあったが、そのあとに老子の行方を具體的に示した資料は、次に引く變化經か、もしくは『列仙傳』であろうか。前者は楚を去って崑崙山に向かい、後者は周を去って大秦國に向かう。『史記』は老子がどこに向かったかをいわない。それでも、老子の傳説が醸成されるにつれ、その行方が求められる。本來からして插入なのであろうということの意味は、老子の出關というその履歴をどこかで處理しなければならなかったからというのがその最たる動機であるにせよ、佛教が中國における信仰の形態として意識に上らないうちは、老子の西方への旅に積極的な意味は生じず、せいぜい仙境へと連なる崑崙山あたりへと向かう以外に選擇肢はなかったであろう。

一方で、示された行き先に大秦國があった。これもまた佛教とはかかわりのない行方である。どうしてここが選ばれたのかは、また別に理由を考えなければならない。

化胡説というものが發生して闞寘がその行方となり、ようやくこの出關に重要な意味づけが可能となり、老子は一大事業を果たさんがために敢えて出關したと、やっとその理由が開陳されることとなる。化胡説ができてようやく歴代化現説における出關の意義がクローズアップされるであろう。變化經をみるなら、化胡説は、箇條書きに添付された何かであることが知られるであろうが、まだ化胡經の方向へのみ展開するとは限らなかった。

皇苞羲時、號曰溫爽子
皇神農時、號曰春成子、一名陳豫
皇祝融時、號曰廣成子

帝顓頊時、號曰赤精子
帝嚳時、號曰眞子、一名銢
黃帝時、號曰天老
帝堯時、號曰茂成子
帝舜時、號曰廓叔子、化形、舜立壇、春秋祭祀之
夏禹時、老子出、號曰李耳、一名禹師
殷湯時、號曰斯宮
周文皇時、號曰先王國柱下吏
武王時、號曰衞成子
成王時、號曰成子、如故、
元康五年、老子化入婦女腹中、七十二年乃生、託母姓李、名聃、字伯陽、爲柱下吏七百年、還變楚國、而平王
肻蹇、不從諫、道德不流、則去楚而西度咸谷關、以五千文上下二篇、授關長尹喜
秦時、號曰蹇叔子
大胡時、號曰浮慶君
漢時、號曰王方平
陽加元年、始見城都、爲鶣爵鳴山
建康元年、化於白祿山、託葢潤
大初元年、復出白祿廟中治崔、號曰仲伊

建和二年、於崩山卒。出城都左里城門、壞身形爲眞人。漢知之、改爲照陽門。楚國知之、生司馬照。永壽元年、復還白祿山、號曰僕人。大賢問、閉口不言。變化卅年、建廟白鹿爲天傳。

この書の上記掲載部分に先立つ記載に「國の將に衰へんとし、王道崩毀すれば、則ち楚國を去り、北のかた崑崙に之かんとして、以て白鹿に乘る」という。老子の行き先はインドではなかった。これは右の「元康五年」の出關の後をいうものと考えられる。化胡説が後に加筆されたであろうことを暗示する決定的記載ではなかろうか。『列仙傳』卷上老子傳は「周の德は衰へ、乃ち靑牛の車に乘り、去りて大秦に入る」といい、『神仙傳』も「老子は將に去らんとし、西のかた關を出でて、以て崑崙に昇る」といって、初期の老子傳説は化胡に無關心である。後世、罽賓を普通とすることからすれば、崑崙山なり大秦國という行き先は古層の體裁を示すであろう。

第二節　老子と西方

後漢初期、王充の『論衡』卷二四道虛篇はいう。

天の地とは、皆な體なり。地に下無ければ、則ち天に上無し。天に上升の路無く、何如ぞ天の體を穿たん。人の力の入る能はず。如し天の門の西北に在らば、天に升るの人は、宜しく崑崙の上從りすべし。淮南の國は、地の東南に在り、如し審らかに天に升らんとすれば、宜しく家を擧げて先づ家を崑崙に徙せば、乃ち其の階を得。如し鼓翼邪飛せんとすれば、西北の隅に走り趨る、是れ則ち淮南王に羽翼有るなり。今其の之を崑崙に移すを言はず、亦た其の身の羽翼を生ずるを言はず。空しく天に升ると言ふは、竟に虛にして實に非ざるなり。

この部分は淮南王劉安が一家を擧げて昇天したという傳說を批判するものであるが、王充は淮南の地から垂直の白日昇天を認めず、昇天には淮南からは西北に位置する崑崙山という天への經路を指定する。王充はもとより神仙に否定的であり、崑崙山からの昇天すら實は懷疑的であるはずで、ここは神仙說のなかの昇天の言說を利用して神仙說を逆に批判してやろうとの意圖がうかがえる。王充の批判の的である往時の神仙說では、崑崙山からの昇天が有力な説だったのであろう(11)。

『漢書』巻六一張騫傳に「漢使は河源を窮め、其の山に玉石多く、采り來れば、天子（武帝）は古圖書を案じ、河の出づるところを名づけて昆侖と曰ふと云ふ」とか、『史記』巻一二三大宛傳に「安息の長老は、條枝に弱水・西王母有るも、而して未だ嘗て見ず、と傳聞す」などと、すでに前漢の武帝時に張騫の「鑿空」により神話と實際の摺り合わせが試みられた。それでも、『史記』巻一二三大宛傳に「太史公曰く、禹本紀に言ふ、河は崑崙より出で、崑崙は其の高さ二千五百餘里、日月の相避隱し光明を爲す所なり。其の上に醴泉・瑤池有り、と。今、張騫の大夏に使いして自りの後や、河の源を窮むるに、惡んぞ本紀のいはゆる崑崙なるものを睹んや。故に九州山川尙書に言ふはこれに近く、禹本紀・山海經に有るところの怪物に至りては、余は敢てこれを言はざるなり」というように、神話的地理觀に對する判斷停止も示されている。

いわゆる華夷觀念というものがあり、文化に冠たる中華世界を東夷・南蠻・西戎・北狄が取り卷くというのが往時の世界觀である。このほかに胡という呼稱もあり、西戎・北狄に連なる。それでも、崑崙山という想念はこうした差別的認識を易々と突破し、西の彼方に神話的場所を追求したのである。西は、というより西の彼方だけは、漢民族に注目を與える方角であった。その場合決定的なのは、西からもたらされる文物の珍奇さや豊富さであったかと思われる。シルクロードは華夷觀念を動揺させる文化の影響力を及ぼしたのであろう。

當初、老子がなぜ西に行かねばならなかったのかというその意義は、必ずしも明らかであったわけではない。たとえば三國魏の杜摯の「笳賦序」に、

昔、李伯陽は亂を避けて西のかた戎に入り、戎越の思、土風を懷かしむ有り、遂に斯の樂しみを造り、其の出入を美しとす。戎貉の思、大韶夏音に有り。(12)

とあり、『宋書』巻一九樂志一に、「笳とは、杜摯の笳賦に云く、李伯陽の西戎に入りて造るところなり」といい、あるいは『後漢書』巻二三竇憲傳贊の「聞笳龍庭、鏤石燕然」の注に、「笳とは、胡の樂なり。老子はこれを作る」という。笳とは西域傳來の葦笛のことで、老子が西域でこれを作ったといって、持ち歸ったとはいわない。それでも、あくまで老子という漢民族が作ったといいたいらしい。

あるいは後漢の馬融の「樗蒲賦」に、

昔、玄通先生有り、京都に遊ぶ。道德既に備はり、此の樗蒲を好む。伯陽は戎に入り、斯れを以て憂ひを消す。(13)

といい、西晉の張華の『博物志』にも、「老子は胡に入りて、樗蒲を作る」(14)とあって、「樗蒲とは、老子はこれを作りてトに用ふるも、今の人はこれを擲ちて戯と爲す」(15)とする。これも笳と同様で、西域から中國に入ったが、老子が西域で作ったという。

老子の西方への旅は、笳や樗蒲といった副産物をもたらしたとする俗流傳説を生むという廣がりをもっていた。漢民族の夢中になる西域からの到來物は老子が作ったという論理は、化胡説と同質の意識から生じているといってよいであろう。

これらは、老子の西方への旅という傳說を容認する世俗の對應であって、佛教とは直接は關係しない。竝行して化胡說があったとしても、老子は佛教を立ち上げるためだけに西域に向かったのではなかったのである。

第三節　大秦國の幻想

後漢の辛延年の「羽林郎」の一節[16]に、

胡姬は年十五、春日に獨り壚に當る。
長裾に連理の帶、廣袖に合歡の襦。
頭上に藍田の玉、耳後に大秦の珠。
兩鬟の何ぞ窈窕たる、一世良に無き所。
一鬟五百萬、兩鬟千萬餘。

とある。この詩を眺めていて、かねてから疑問に思うことがあった。酒場の竈の火の番をする西域の血を引く十五歳の娘が、このような大秦の裝飾品を所持することができたのか、ということである。養殖が始まるまでは偶然の產物でしかなかった眞珠、しかも大秦のそれというからには、地中海のそれなのであろうが、いくら胡姬とはいえ、入手が可能であったのかどうか。もちろん詩作上のあくまでも架空の設定であるとするならばそれまでであるが、それでも作者の意識のなかにある大秦の珠の價値と、それを身に着けるにふさわしい卑賤ではあるが美しい胡姬は、類いまれである點で等價なのであろう。魅惑と憧憬のまなざしの先にイヤリングが輝く。往時における大秦國のイメージを端的に語る資料なのではあるまいか。老子はその地へと向かう。

『後漢書』卷八八西域傳序に「班固は諸國の風土・人俗を記し、皆な已に詳らかに前書に備る。今、建武以後の、其の事の先に異なるものを撰して、以て西域傳と爲すは、皆な安帝末に班勇の記す所と云ふ」という。これについて長澤和俊博士は「班勇時代の西域經營は、とうてい班超時代の比でなく、彼が紀元一二四年頃記錄した嶺西諸國の記錄は、大部分が九七～一〇〇年頃行われた甘英の西方旅行の報告に基づいたものとみてよい」とする。[17]

後漢時代の西域外交は、實は「建武より延光に至るに、西域は三たび通じ三たび絶たる」という（『後漢書』卷八八西域傳）。それどころか、ほとんど前漢のそれを復舊することなく終始した。後漢は甘英を前漢の張騫よりも遠くへ派遣したが、西域情報には限りがある。このことは、西域幻想を釀成し增大させる效果の最たる環境であったであろう。大秦國の存在とその文物を知るに至った後漢は、そのあとで大秦國の現實を遮斷された。[18]

桓帝の延熹九年に至り、大秦王安敦は使ひを遣りて、日南徼外自り象牙・犀角・瑇瑁を獻じ、始めて乃ち一通す。其の表貢するところ竝べて珍異なく、傳者の過を疑ふ。[19]

と、憧憬の注がれることさえあった大秦國から、初めて使者がやってきた。しかし、その貢納された品々はありきたりで朝廷に失望を呼び、使者の眞僞すら疑われた。このことは、先の西域傳の認識があっての失望であろう。西域の、とりわけ大秦國は、華夷觀念からすれば別格であった。

次代の靈帝は、黃巾の亂の際の皇帝で、先代の桓帝とともに諸葛亮の「出師表」で「先帝（劉備）在せし時、臣と此の事を論ずる每に、未だ嘗て桓・靈に嘆息・痛恨せずんばあらざりしなり」（『三國志』諸葛亮傳）と酷評されたほどに著名であるが、その靈帝は胡服・胡帳・胡牀・胡坐・胡飯・胡空侯・胡笛・胡舞を好み、京都の貴戚は皆な競ひてこれを爲す。此れ服妖なり。其の後、董卓は多く胡兵を擁し、街衢を塡塞し、宮掖を虜掠し、園陵を發掘す。

とは、『後漢書』巻一〇三、五行志の記載である。西域ブームとでもいうべきものが、靈帝の西域狂いをみるにつけ、朝廷にすら及んでいたことが知られる。

大秦國の記載には、西域の他國に類例を見出せないほどの憧憬が表出されている。『三國志』巻三〇烏丸鮮卑東夷傳所引「魏略」西戎傳に次のようにいう。

前世は又た謬りて以て弱水は條支の西に在りと爲す。今、弱水は大秦の西に在り。前世は又た謬りて以て條支従り西のかた行くこと二百餘日、日の入る所に近しと爲すも、今、大秦従り西をば日の入る所に近しとす。大秦國は一に犂軒と號し、安息・條支の西の大海の西に在り。安息の界の安谷城従り船に乗り、直だ海を西に截り、風の利に遇へば二月にして到るも、風遲ければ或いは一歳、風なければ或いは三歳たり。其の國は海西に在り、故に俗に之れを海西と謂ふ。河の其の國より出づる有り、西に又た大海有り。……其の國に常の主なし。國中に災異有れば、輒ち更に賢人を立てて以て王と爲して、生きながら其の故《もと》の王を放ち、王も亦た敢て怨まず。其の俗は、人は長大・平正にして、中國の人に似て胡服す。自ら本と中國の一別と云ふなり。常に使を中國に通ぜんと欲するも、而して安息は其の利を圖り、過ぐるを得る能はず。其の俗、能く胡書す。其の制度は、公私の宮室は重屋を爲し、旌旗して鼓を撃ち、白蓋の小車あり。郵驛の亭をば置くこと中國の如し。

安息従り海を繞りて、北のかた其の國に到り、人民は相屬ぬ。十里に一亭、三十里に一置、終に盜賊なし。但し猛虎・獅子有りて害を爲し、道を行くに羣れざれば、則ち過るを得ず。其の國、……三十六將を置きて、每に事を議し、一將至らざれば、則ち議せざるなり。王の出て行くに、常に從人をして一韋囊を持ちて自ら隨はしむ。言を白す者有れば、其の辭を受けて囊中に投じ、宮に還れば乃ち省て決理を爲す。……

大秦に金・銀・銅・鐵・鉛・錫・神龜・白馬・朱髦・駭鷄犀・瑇瑁・玄熊・赤螭・辟毒鼠。大貝・車渠・瑪瑙・南金・翠爵・羽翮・象牙・符采玉・明月珠・夜光珠・眞白珠・虎珀・珊瑚。赤白黑綠黃靑紺縹紅紫十種流離、璆琳・琅玕・水精・玫瑰・雄黃・雌黃・碧・五色玉・黃白黑綠紫絳紺金黃縹留黃十種氍毹・五色毾毲・五色九色首下毾毲・金縷繡、雜色綾・金塗布・緋持布・發陸布・緋持渠布・火浣布・阿羅得布・巴則布・度代布・溫宿布・五色桃布・絳地金織帳・五色斗帳・一微木・二蘇合・狄提・迷迷・兜納・白附子・薰陸・鬱金・藝膠・薰草木十二種香多し。

大秦國は「自ら本と中國の一別と云ふ」といい、漢民族の支流という。これは、西域からの渡來物の良き物は中國がおおもととする考えと同質である。災異次第で君主が變わり、合議を旨とするという。白鳥庫吉博士は「旌旗して鼓を擊ち」というのは、『淮南子』巻九主術訓に「堯は敢諫の鼓を置き、舜は誹謗の木を立つ」とあり、『呂氏春秋』巻二四不苟論自知篇に「堯に欲諫の鼓有り、舜に誹謗の木有り」とある文言が意識されているとする。大秦國の施政に對する上申の道の開かれていることが、いにしえの聖先王の時代のようだと暗に記されているというのである。語彙に引きずられた感もなくはないが、後文に「從人をして一韋囊を持ちて自ら隨はしむ。言を白す者有れば、其の辭を受けて囊中に投じ、宮に還れば乃ち省て決理を爲す」ともいうからには、「魏略」の書き手の觀念連合に由來するのかもしれない。こうした記載例について、白鳥博士は中國的理想化を投影したものとし[20]、これに對してか、宮崎市定博士は「總じてその言う所、誤解もあり誇張もあるが、當時としては割合によく實相の把握に力めたりと云う可く、決して中國自身の幻影を遠西の地に蜃氣樓の如く望見したものでないことが知れる」とする[21]。あるいはまたロルフ・A・スタン博士はこの「魏略」と、後節で觸れる『太清金液神丹經』巻下を對照するなどして、「……二世紀の政治＝宗教運動が、大秦國に投影されたユートピア像の形成に何らかの仕方で與ったこと、あるいは少なくともその像形成の當事者たちと關係があったとすることは大いにあり得ることである」とする[22]。

白鳥博士の、理想化の投影とする見解に批判的なのか、宮崎博士のいわれることはなるほどとは思うが、兩者は問題意識に差があり、重點の置き場所が幻想と現實の兩極端にあってかみ合わない。私見を添えるならば、神話時代の言語表現以外に、翻譯して表現する際に他の語彙をもたなかったことが理想化の發端であろうと考える。ほかに表現の仕様がなかったのではなかろうか。あるいはスタン博士の見解については、當事者たちのどれが先行し、どれが後發であるのかが判然としないので疑問は殘るが、博士のいう「大秦という言葉は Mahācīna（大いなる Cīna）を型どって作られたのではないかと考えられるであろう。外國の佛教徒が中國を Mahācīna と呼ぶ以上、中國人は大秦に當る名稱を使って、自分の國ではなく理想的な中國のユートピアを投影できる國を指すことができた。しかし、そのときから混同が次から次へとこんがらがっていったのである」とする、その見解を多としたい[23]。

事實關係というよりも、「魏略」の大秦國條に後漢の夢をみたい。後漢より施政の優れているかもしれない國があるという、ひと握りの情報がもたらされ、それが極度に理想化された。ほとんど入ることのない具體的情報、大秦國の產物とされる魅惑的な物品の流入がそれを支えたか。白鳥博士はこの理想化を、化胡說の場合と同樣、中華意識の「一種妥協慰安の方法」とみる[24]。

誰が夢みたのが發端でというのではない。時代の夢がおそらく無自覺的に事實關係の上に込められているのが、この記載であると考える。中國人の支流の作ったというよき國という評判ならこんな風になるはずで、そのように考えても無理はないのではなかろうか。(25)

おわりに

今、丹を生ずるの國を撰び、外邦を紀識し、幷びに愚心を申し、金液の後に附し、常に寶祕を藏すれば、則ち洪は永全を辭す。……今、贏文を以て、眞書に結託するは、自ら存錄する者を求むるなり。諸弟子は、以て視聽を廣くすべきなり。……

大秦國は古奴斯調の西、四萬餘里ばかりに在り。地は方三萬里、最大の國なり。人士は煒燁たりて、塞路に角巾し、風俗は長安の人の如し。此の國は是れ大道の出づる所にして、虚を談じ妙を説くこと、脣理絶殊たりて、中國の諸人輩の作に非ざれば、一は妄語と云ふなり。道士に比肩す。上古の風有り、奴婢を蓄せず、天王・王婦と雖も、猶ほ躬ら籍田を耕し、親ら桑を拘め織經し、道を以て人を使ひ、人も義を以て觀ゆ。刑辟を用ひ、刀刃もて戮罰せず、人民は淵睦にして、皆な多く壽考たり。水土も清涼にして、寒からず熱からず、士庶は推讓し、國に凶人なし。斯れ道氣の陶ふ所、君子の奧丘たり。罪福の科を顯かにし、教へは萬品をして其の化を奉らしむなり。始め大秦國に於いて、人は道を宗ぶに、以て八遐を示す。亦た老君の如きは、流沙に入りて胡を化すや、海濟從り、大江に入ること七千餘里、乃ち其の國に到る。天下の珍寶の出づる所、家居は皆な珊瑚を以て梲櫺を爲し、瑠璃もて牆壁を爲し、水精もて階戺を爲す。

昔、中國の人の、扶南に往き、復た扶南從り船に乘り、船の海へ入りて古奴國に至らんと欲するも、而して風は轉た達するを得ず、乃ち他に去り、晝夜帆行して、息ふを得ず、經ること六十日、乃ち岸邊に到るも、何處かを知らざるなり。岸に上り人を索めて之れを問はば、是れ大秦國と云へり。此の商人の本より往く所の處に非ず、甚だ驚恐し、執害せらるるを恐れ、乃ち扶南王の使と詐り、大秦王に詣る。王は之れに見ゑ大いに驚きて曰く、爾の海邊は極めて遠し、故より復た人有るも、子は何れの國の人か、來るは何ぞ、扶南の使者爲るとは、と。答へて曰く、臣は北海の際の扶南王の使たり。臣の來りて王の庭闕に朝し、北面して奉首す。又た王國に奇貨・珍寶有るを聞けり、幷せて玄黃を請乞して、以て鄙邑を光かさんと欲するなり、と。大秦王曰く、子は是れ周國の邊民たるや。……

豈に遠く得難きの貨を貪り、爭競の門戶を開くを悟らんや。玄黃を招きて、以て耳目を病み、姦盜を長くして、以て勤苦を益さんや。何ぞ乃ち性命を洪川より輕んじ、一身を大海より蔑むや。夫の周の政を立つるが若きは、但、以て貨を輕んじ、馳騁を爲す者は、豈に賤しからざるや。豈に弊れざるや。吾は遙かに其の化を觀るに、亂の兆は已に六合に表れ、姦政は已に八外に彰かたり。……

自ら云ふ、大秦國に有らざる所無く、皆な中國の物より好く、永へに相比方するの理無し。竈炊に至るも皆な然り。陸朮を薫じて焦と爲し、香芳は鬱積し、國に穢臭なし。實に盛國たるものなり。

使は既に歸り、具さに本末を說くこと此くの如し。是れ自り以來、敢へて往復するなし。大秦に至る者は、商旅は共に相傳ふること此くの如く、遂に永く絕つるなり、と。

洪の謂へらく唯、當に躬ら仁義を行ひ、操を守ること澹泊、虛に躭り道を味はひ、內情に欲なき者は、此れを推して遊べ。夫の大秦國は、必ず或いは意を得んや。其の爾らざるが如きは、交易を以て相尋求する者、實に理なきなり。……

昔者、老君の周の衰ふを以て、將に入りて大秦を化さんとす、故に扶南使者と號し、周人と爲る。周の時、四海は彌〻服し、扶南も皆な賓ふ。越裝の人の、白雉を抱きて象牙を周に獻ずる所以なり。今、四夷は皆な中國を呼びて漢と作し、人をば呼びて晉人と作すものなり。大秦は中國を去ること遼遠にして、相往來する莫く、唯、當に是れ老君は曾て周の史爲れば、既に大秦に入りて、必ず周國を稱するのみ。乃ち號して周人と曰ふ。周國を知らざること、已に百代を經るなり。(26)

この『太清金液神丹經』巻下の記載は、東晉の葛洪が自ら金丹の材料を產出する西域を記すという體裁で始まり、とりわけ大秦國の偉容を述べる。化胡を終えた老子が大秦國に向かったという。周の頃、とある者が扶南から古奴國へ向かう途中、乘った船がたまたま大秦國に辿り着いた。物產の豐富さに、扶南王の使者と僞って大秦王に宮中の寶物の下賜を乞うたところで周から來た者と見破られ、王からは「得難きの貨」の語がみえるように、まるで『老子』の第三章や第十二章あたりを敷衍したかのような叱責を受ける。葛洪は、だから恬淡無欲の者こそ大秦國に行けとい う。この扶南王の使者を名のった者こそ實は老子で、大秦を教化しに向かったのであるというが、老子が『老子』の思想で叱られるのである。これでは何をしに來たのかよくわからない。老子がもう何もする必要がなかったほどすばらしい、といいたいのであろうか。

スタン博士は、先の「魏略」と本章を對照している。化胡經は「西域傳を改換して化胡經を爲る」といわれ(27)、あるいはこれを指してそのようにいうのかとも考えたが、そもそもこの記載は葛洪の撰述なのであろうか。かなり凝った物語の運びなど、六朝の記述にしてはこなれすぎた話である。作品としての出來はよいとは思わないが、唐代の傳奇

小説の時代以降の作成ではなかろうか。(28)

さて、ここまで老子の行方について、そこが神話・傳説上の場所か否かを問わず、あれこれと考察を加えてきた。終わりに、上清經典に取り込まれた老子出關の物語に觸れておきたい。老子は、關令尹喜とともに「綠那の國」というもはや架空の場所へと向かう。その名稱のつけ方からして、あたかも音寫語のごとく、佛典のもつ異國情緒がほしかったのであろう。化胡經では佛典が作られたはずの場面で、この「隱文」が著されたというのである。まことに巧妙な換骨奪胎なのではあるまいか。

後聖九玄金闕帝君、下りて周の師と爲り、號を改め老子と爲す。八天隱文を以て幽王に授くも、幽王は自ら自然の運に居ると謂ふ。五帝の氣を代へ、陰陽の化を錯り、天文を崇ばず。老子は周の文の衰ふを知り、文を收めて周を去り、西のかた度りて、教化を制作す。關令尹喜に遇ひ、喜は心に紫絡を結び、面に圓明有り、項に承天を帶び、背に七元を負ひ、金名は玄圖に表れ、丹札は紫房に係り、氣は太微に參り、形に觸れ眞に合すれば、卽ち爲に道德經上下二章を述ぶ。綠那の國に於いて、老子は口を張り、是に於いて隱文は口從りして出で、以て喜に授く。喜は盟に依り奉受すれば、卽ち八景の雲輿を致し、八方に洞遊し、身を虛無の內に竦ち、項に寶明の光を生ず。七十二相は、一形に瑛照し、隨運變化して、八天に昇入す。其の道は高砂にして、載せて稱すべきに非ず。凡そ後學を以て此の文を得ざれば、便ち當に思を遐望に絕ち、煩ひて神を幽山に損することなかるべきなり。

上相青童君は、此の文を以て西城王君に傳へ、位は四極眞人に登る。今、一通を西城山中に封ず。若し金名紫字有れば、當に庚子・壬寅・庚午・戊午の歲、四月八日・七月七日・十月一日を以てすべし。八天の世界に於い

て、精思苦念して、當に此の文を得べし。(29)

西方を眺めやると、中國にとって、それはまず黄河の源なのであろうか。河源とは崑崙山である。そのあたりには西王母が居るはずで、『山海經』巻一一大荒西經によれば、西王母の居所には「萬物は盡く有」るのであった。西のさいはては、豊かでなければならない。

そんな方角から、中華文化をくすぐる文物が時としてもたらされた。とりわけ大秦國は崑崙山のふもとに位置した。西域歴程は神話への旅でもあった。老子は神話と文物という憧憬の過程へと旅立って行ったのである。『穆天子傳』を別とすれば（後漢ではまだ出土していないが）、傳説上の老子は「三通三絶」の現状をやすやすと突破してゆく唯一の選擇肢であった。老子化胡説はそんな中で釀成されたのである。單なる佛道論爭の視點からのみ、このことを扱うべきではなかろう。

注

（1）道藏、第五八二册、巻九第六b～第八a。

（2）もちろん、老子出關から化胡にいたる部分については、他の逸文から判斷するに、箇條書きでは對應できない物語のふくらみがみられるし、逆に歴代化現説だけでは箇條書き以上の説話化は形成されなかったようである。

（3）大淵忍爾『敦煌道經』圖錄篇、福武書店、一九七九年、所收、六八六頁。

（4）大正藏、五二、法琳『辯正論』「晉世雜錄」所引、五二二頁b～c。

（5）吉岡義豊『道教と佛教』第一「敦煌本老子變化經について」、國書刊行會、一九五九年、一四頁。

（6）同右、一三頁。

（7）その時期が奏と漢の間に措定されていることの意味については、別の機會に觸れてみたい。
（8）楠山春樹「老子神化の發祥」（『老子傳説の研究』、創文社、一九七九年、所收）三三〇頁。
（9）同右、三二九頁。
（10）同右、三〇五頁に活字化されている。
（11）ちなみに、同時代の許愼の『說文解字』巻一一上は「河水は敦煌塞外の昆侖山に出で、原より發して海に注ぐ」とあるばかりで、神仙に觸れない。
（12）『太平御覽』巻五八一樂部一九笳條所引。
（13）『藝文類聚』巻七四巧藝部樗蒲條所引。
（14）同右。
（15）『太平御覽』巻七二六所引。
（16）『玉臺新詠』巻一所收。
（17）長澤和俊「甘英の西使について」（『シルクロード史研究』、國書刊行會、一九七九年、所收）、四〇五頁。
（18）ただ『後漢書』巻八六南蠻西南夷傳に「永寧元年、撣國王の雍由調は復た使者を遣して闕に詣りて朝賀し、樂及び幻人を獻ず。能く變化して火を吐き、自ら支解し、牛馬の頭を易ふ。又た善く丸を跳ばし、數は乃ち千に至る。自ら我は海西の人と言ふ。海西とは卽ち大秦なり。撣國の西南は大秦に通ず」とあり、事實であるとすれば、インド商人による南海ルート、いわゆるスパイスロード經由の渡來であろう。紀元一二〇年、安帝の代である。この者の運命は定かではないが、大秦國からの入國者の最初の記録であろうか。情報提供者として有力である。『後漢書』巻五一李陳龐陳橋傳に、この幻人の扱いを巡る是非論がみえる。
（19）『後漢書』巻八八西域傳大秦國條。
（20）白鳥庫吉「大秦傳に現はれた支那思想」（白鳥庫吉全集第七巻『西域史研究』下、岩波書店、一九六九年）、二七三〜二七八頁。

（21）宮崎市定「條支と大秦と西海」（『アジア史研究』巻一所收、一九五七年、東洋史研究會）一八七～一九四頁。

（22）R・A・スタン「紀元二世紀の政治＝宗教的道教運動について」（吉岡義豊、M・スワミエ篇『道教研究』巻一、一九六五年、昭森社）所收、二八頁。

（23）注（22）前掲論文、二九頁。

（24）注（20）前掲論文、二五〇頁。

（25）『後漢書』巻八八、西域傳大秦國條は、「或いは云く、其の國の西に弱水・流沙有りて、西王母の居る所の處に近く、日の入る所に幾きなり、と。漢書に云く、條支從り西のかた行くこと二百餘日、日の入る所に近し、と。則ち今の書と異なる。前世の漢の使は皆な烏弋自りして以て還り、條支に至る者有る莫きなり。又た云く、安息の陸道從り海を繞りて北のかた行き海西に出て大秦に至る、人庶は連屬し、十里に一亭、三十里に一置し、終に盜賊寇警なし。而して道に猛虎・獅子多く、行旅を遮害し、百餘人にして、兵器を齎さざれば、輒ち食らふ所と爲る、と。又た飛橋の數百里有りて、海の北を度るべし、と言ふ。諸國の生ずる所の奇異の玉石諸物は、譎怪にして不經多し、故に記さずと云ふ」とあって、「魏略」よりも抑制がきいている。

（26）道藏、第五八二冊、巻下第五b～第一四a。

（27）注（4）、前掲書。

（28）以上のほかに、老子と大秦國にかかわる記載としては『文始先生關令内傳』がある。「老子に時に賃客有り、姓は徐、名は甲、日々雇ふに錢一百。老子は先づ與に約して語るも、當に頓かに卿の直を還すべし。然るに吾は行きて西海の大秦・安息の國に達して歸るべく、黃金を以て頓かに錢限を備ふを須て、と。甲は既に老子の方に遠遊せんと欲するを見、遂に其の直を還さざるを疑ふ」（『三洞珠囊』巻九第九a所引）。

（29）道藏、第一〇三八冊、『上清高上金元羽章玉清隱書經』第二五a～b。

ちなみに『眞誥』巻一一第一一a～b（道藏、第六三七－四〇冊）に次のようにある。

「天市の壇石は、正に洞天の中央、玄窻の上に當るなり。此の石は是れ安息國天市山の石なり。之れを名づけて天市盤石と爲す所以なり。玄帝の時、四海の神を召し、此の盤石を洞天の上に運ばしむのみ。但し句曲にのみに非ず。仙人市壇の下、洞宮の中央窻の上なり。句曲の山腹の內は虛空にして、之れを洞臺仙府と謂ふなり。玄帝の時、四海の神を召し、安息國天市山の寶玉・璞石を運ばしめて、以て洞天の中央・玄窻の上を塡むるなり」。

この場合は安息國の石なのであるが、なぜ茅山にそのようなものがあるとしたいのかよくわからない。道教という民族宗教がおのずから有する閉塞感が希求する異國情緒なのであろうか。

第二章 『老子化胡經』と『清淨法行經』

はじめに

『清淨法行經』（以下、法行經と略す）の名は中國佛教史上、「三聖派遣説」の典據としてつとに著名である。たとえば北周の道安撰『二教論』に「清淨法行經に云ふ、佛は三弟子を振旦に遣はして教化せしむ。儒童菩薩は彼を孔丘と稱し、光淨菩薩は彼を顏淵と稱し、摩訶迦葉は彼を老子と稱す、と」などと見られるが[1]、本書はこの佛弟子が化して中國の聖人と成ったとする「三聖派遣説」に關する記載が引用されるばかりで、逸書となって後は、その書名とこの内容とがどう關連するのかさえ不明であった。

近年、落合俊典氏によっていわば再發見された、名古屋市長福寺の所謂「七寺一切經」中にこの法行經零本が現存し、ようやく本書の全體像を窺うことが可能となり、解明に着手されたのが故石橋成康氏であった。本書の基礎的研究として二篇の論考を殘されたが[2]、氏の試みを更に拜讀したかったものである。氏は本書が元來、どういった狀況に向けて作成された中國撰述經典であるかについてどのような豫測を持っていたことであろう。いまやまのあたりにする法行經は「清淨なる法の行い」に關する内容を旨とする、いわば布教の最前線にある在家信者のための心得書きのようなものであり、必ずしも「三聖派遣説」のために用意された經典ではなかったようである。

以下、石橋氏の論をふまえて、まず法行經の内容について、これがいったいどういった場で形成されてきたものなのかについて考えてみたい。その上で「三聖派遣説」の對極に位置した、當時の老子化胡説について論及し、法行經形成時の中國宗教の動向を窺いたい。そして、さらにそれが傳統思想とどのように關わるかについて論じたいと考えている。

第一節　『清淨法行經』の立場

さて、石橋論文に基き、ほぼその全貌が明らかとなった法行經について概觀しておくこととしたい。

今回、再發見の七寺本は、巻子本で黄楮紙五枚、一紙あたり二十六行、一行ほぼ十七字という體裁で、巻頭の部分が缺損していて千九百四十七字が殘存しているが、本來、六紙あったと推測されるため、原本からすれば第一紙と、第二紙前半を逸しているらしい。內容面からは前後二段構成とみなすことができ、前段は箇條書きに近い二十項目ずつの、それぞれ「清淨なる法行」と「清淨ならざる法行」の列擧からなる。巻頭は缺損部分にかかるのに、なぜそう判斷できるかといえば、兩者は互いに共通する主題の善惡兩面をいうものであることが、殘存する第十六條から第二十條までの五條と後半のそれとの對比から確認されるからである。一字一句まではともかくも、內容面だけなら、前者の缺損部分、第一條から第十五條までを復元することも可能であろう。

また、共に第二十條の後に、それらの教えを行った、行わなかった結果、すなわち、守った場合、破った場合について、「梵釋四天王・日月五星・二十八宿・諸天神王・虛空善神・無數官屬」などの一切諸神、また「魍魎鬼魅」や「鬼魔殺鬼」などの一切衆邪が、どのような反應を示すかを説く部分が附せられている。この部分は在來信仰と佛教の關係をほのめかせる箇所でもある。また、續けて「卜問索祟、殺時牛羊鷄鴨豚狗、解奉下神、請呼邪妓、罔（魍）

兩（魎）諸鬼、叩頭博（搏?）頰、請乞福作（祚?）、欲望吉利」といった、犠牲を捧げて鬼神を降し、利益を求めるような信仰を否定する記述が續く。

ちなみに、劉宋の冶城寺惠通の「駁顧道士夷夏論」にかの「三聖派遣說」は初出しており(3)、本書の成書年代を測る上で參考されるが、ちょうどその時代の道教經典である『三天內解經』などにも、鬼神に對する同樣の主張が見られ、「醫巫滋彰、皆棄眞從僞、絃歌鼓舞、烹殺六畜、酌祭邪鬼、天民夭橫、暴死狼籍」や、「或信邪廢眞、禱祠鬼神、人事越錯於下、天氣勃亂在上、致天氣混濁、人民失其本眞(4)」といった狀況に批判的である。

思うに、六朝中期頃までの道教も佛教も、かたや新興の、かたや外來の宗教であり、信者獲得のためには、在來の巫祝を核とする民間信仰を凌駕する必要があったであろう。いわば、共々が克服すべき緊急の課題はここにあったと思われるのである。

さて、かの「三聖派遣說」は後段の終わり近くに見える。この部分は諸書に引用されるが、三聖それぞれの名や、派遣された後に中國でどの聖人に變化したかは諸書で若干異なる。護教書ではよくあることであり、孫引や記憶違いにもよろうが、その場合、引用の目的はおおむね化胡說への反駁であり、詳細はさして重要ではなかったのであろう。原本から正確に引用しているのはどの書であったか、以下の該當部分で知れるであろう。

> 佛告阿難、諸國背易、天竺東北、眞丹偏國、人民攏捩、多不信罪、知而故犯、剛强難化、生天者少、地獄者多、甚可慈愍、吾今先遣弟子三聖、悉是菩薩、菩薩示現、摩訶迦葉、彼稱老子、光淨童子、彼名仲尼、月明儒童、彼號顏淵、宣吾法化、老子道德、孔子孝經、文各五千。

法行經は後漢安世高譯という『佛說阿難問事佛吉凶經』、その別本の『阿難問事佛吉凶經』、同本異譯と覺しき姚秦の法堅譯『佛說阿難分別經』、西晉の法炬譯『佛說慢法經』など、先行する眞經諸書に原型をもつという(5)。二十箇條の心得書き的内容は妻帯もする在家信者を對象としていたものと推斷できる。たとえば、第二條の「尊像與妻子共屋、於前坐起、言語穢慢、夫婦歡娯、不避尊像」や、第十二條の「開戸不閉、放縱鷄狗猪羊牛馬尿溺汚穢」などに受容者層の生活の一端が窺われ、第十四條に「不持歳三長齋・月六齋」と見えるからには、これはもう確實である。より中國的實情にみあうよう再編されたのが本書なのであろう。先行經典との異同を照合することによって、本書の成立過程をたどり、その特質を明らかにしてゆこうとする、その端緒に石橋氏の研究は差し掛かっていた。

しかし法行經には、先行する翻譯經典には見られない「三聖派遣説」が差し挾まれていた。このことは何を意味するであろうか。この説がどういった階層に對して用意されたものであったか、どういった場面で必要とされたものなのかを窺うことができるのではなかろうか。荒唐無稽も甚だしいこの種の説が、民衆、とは言えないものの、在家の信者に向かって説かれたものであるとすれば、それは何のためであったのか、必要とされる背景を考えなくてはならない。

そして、これとまったく同じ文脈を、相對する化胡説の場合にも當て嵌めて考えることができる。要するに、こうした階層でこの兩説は拮抗していたのではなかったかと想像されてくる。化胡説流布の人士もまた、すぐ近くに生活していたのであろう。

第二節　『老子化胡經』の原像

老子が周を去って西域に至り、自らが、もしくは弟子の關令尹喜が佛陀と變化して佛教を開いたとする化胡説は、既に佛教傳來の後漢代からある。(6)經典の翻譯も整わない當時、佛教は老子の教えのような、といった類推の中にあった。大淵忍爾博士の言葉を借りるならまだ素朴な「老子浮屠同體説」であって、[7]どちらかがどちらかの上位に立つといった論議はまださほど重要ではなかったろう。佛教の排除を目論む有力な勢力はまだなかったし、排除されるべき佛教の母體もまだ定まってはいない。後漢の桓帝は「黄老佛」三尊を祀り、祈禱の對象としていた状況がそこにあるのみであった。[8]『弘明集』巻頭に掲載の牟融撰とする『理惑論』の末尾に「吾覽佛經之要有三十七品、老氏道經亦三十七篇、故法之焉」などとたやすくなぞらえるのは、[9]こうした状況を端的に物語るであろう。

しかし、西晉に王浮なる道士が化胡經を作成し、佛老の序列を明確に意識し始めるようになると、話はややこしくなってゆくのであり、己れの信奉する立場をより優位なものにせんとする意識が先鋭化してくる。もはや同體ではなく、優劣へと話題は推移する。風説の明文化は、論據として確固たるものに意識され、どちらがどちらの弟子であったかが問題とされるに至った。とりわけここで俄然、脚光を浴びてくるのが、關令尹喜の存在であったろう。この老子の弟子こそ實は佛陀と變化したとの説が定着したのが、王浮化胡經の歴史的役割であったのではないか。王浮の化胡經爲作説を語る資料を見てみよう。[10]

晉世雜錄云、道士王浮每與沙門帛遠抗論、王浮屢屈焉。遂改換西域傳爲化胡經。言喜與聃化胡作佛、佛起於此。

裴子野高僧傳云、晉慧帝時、沙門帛遠、字法祖、每與祭酒王浮、一云道士基公次、共諍邪正、浮屢屈焉。既瞋不自忍、乃託西域傳爲化胡經、以謗佛法、遂行於世。人無知者、殃有所歸、致患累載。

幽明錄云、蒲城李通死、來云、見沙門法祖、爲閻羅王、講首楞嚴經。又見道士王浮、身被鎖械、求祖懺悔、祖不肯赴。孤負聖人、死方思悔。

上記の記載から、西晉の惠帝の頃（在位二九〇～三〇六）、卽ち四世紀前後に王浮（あるいは別名、基公次）なる祭酒があり、佛僧の帛遠、字が法祖という者と論争することがあり、論據とするためにか化胡經を作成した、ということがどうやら確認される。尹喜の名も「晉世雜錄」にみえる以上、老子と共に化胡に關り、隨行したからには、老子の弟子として佛陀と變化したとする記載が化胡經にあった可能性を示す。また、たとえば『幽明錄』に帛法祖が死後、閻羅王のために『首楞嚴經』を講じ、一方の王浮は鎖に繫がれていていというのは、既に説話化の範疇で解釋してしかるべき記載なのであろう。

帛法祖の死は、秦州刺史の張輔に尊奉されたが、還俗して參謀格となるよう要請されたのを固辭し、議論のはての殺害であった。帛法祖の弟で、やはり沙門であった帛法祚[11]も同様の經緯で梁州刺史の張光に殺害されている。[12]帛法祖を歡迎せんとやってきた隴上の羌胡五千騎は、その死を聞いて復讐を誓い、そのさなか、同じく事に憤慨する部下の富整に張輔は殺された。還俗を強要した張輔の意圖は、高僧の聲望をチベット族對策に利用しようとするところにあったという。三張以來、天師道の感化のあった羌族へ、竺法護の衣鉢を繼いで純然と佛教の布教に努めた帛法祖の姿勢が、政策的立場と相容れなかったことによる悲劇といえる。宮川尙志博士は、この間の經緯に化胡經作成の背景を想定するのである。[13]

布教の最前線でなされた、教團内での申し合わせの手段のごとき化胡説の經典化、化胡經の發明は、對羌族政策の中でなされたのかもしれない。ただ結果は後の展開が示すように、道教と佛教が相對峙する地域であるなら、どこでも事情に大差はなかったであろう。もちろん、最も重要な前線のひとつとして對羌族の地域があり、そこは發明されるに相應しい場所であったかもしれない。

さて、檢討すべきは現行の化胡經であるが、逸文を殘すに過ぎず、王浮によって作成された化胡經からの引用の斷片なのかは未詳と言わざるをえない。唐高宗時の王懸河撰『三洞珠嚢』卷九「老子爲帝師品」は化胡經を引いて、

化胡經云、……幽王時、出爲帝師、號曰天老、復稱老子、爲柱下史、作長生經。復與尹喜作五千文上下二經、復與尹喜至西國、作佛化胡、經六十四萬言與胡王。後還中國、作太平經。後世當在人間、欲令世人修善行義、尊奉德化、以佐道法、助國扶命、憂勞百姓、度脫凶年、令遇太淸之中也。

と見えるが[14]、まず、この文が、原本の總説的な箇所からの引用なのか、それとも編者の節略にかかるものなのかは不明である。省略した部分では伏羲以來、老子が姓名を變えて出現し、歷代帝師となったことを箇條書き式に述べていて、あたかも化胡もそうした老子の活動のほんの一例に過ぎないかのような印象を抱かせる。それにしても、尹喜は西域に同行していることは確認できる。

おそらくは王浮の化胡經を直接閲讀したのではないかと思われる記載が『弘明集』所收の『正誣論』に見える[15]。作者は未詳であるが、時代としては、化胡經成立の直後、東晉前半頃の成書と考えられる[16]。

有異人者、誣佛曰、尹文子有神通者。愍彼胡狄、父子聚麀、貪婪忍害、昧利無恥、侵害不厭、屠裂群生、不可遜讓厲、不可談議喩、故具諸事、云云。又令得道弟子變化、云云。又禁其殺生、斷其婚姻、使無子孫。伐胡之術、孰良於此、云云。

ここでいう尹文子とは、關令尹喜のことを誤って云うのであるが、さて、彼もしくは老子は、西方の民族の度し難きを哀れんで諸事を整え、得道の弟子（尹喜）を變化させて、殺生を禁じ、妻帶を廢し、子孫を殘さぬようにした。胡を征伐するにこれに勝る手段があるだろうか、などという。この記載は、王浮の化胡經にそのような表現があったか、もしくは、惡意でもって要約すればそのように讀み取り得る記述のあったことを示唆するのではなかろうか。そ

のような意圖を化胡經に見出すのは、他に劉勰『滅惑論』所引の『三破論』があり、

有此三破之法、不施中國。本正西域。何言之哉。胡人無二剛强無禮、不異禽獸、不信虛無。老子入關、故作形像之教化之。又云、胡人麁獷、欲斷其惡種。故令男不娶妻、女不嫁。夫一國伏法、自然滅盡。

と、老子が佛教を西域に展開したのは「其の惡種を斷たんとし」、「自然に滅盡」することを企圖したという、同様の見解が見られる。(17)

さて、『三洞珠囊』卷九の「老子化西胡品」には、老子の幽王時去周、尹喜への五千文傳授、入胡、罽賓國王との會見、教化の拒絶、老子の道術の披露による歸依に至るまでを詳説する引用があり、次のように結ばれている。(18)

胡王曰、賜我生命、濟活我國、生死一心、奉屬大人、從今以誓、不犯之也。老子曰、王當以何作信。王曰、我國中、大小男女、終身不娶妻、當侍師至死、求免我罪。於是召三十六國胡子、向老子前、皆當髡頭剃鬚、自毀形容、横裙衣露右臂、與天爲信、引地爲誓、叉手合掌、不敢移易。老子見胡受化、乃與作六十四萬言經、无上正眞之道、令王擧國事法、不得探巢破卵、傷害萬物、刼盜作賊、侵淩孤弱、詛罵妬媢、飲酒食肉、妄言兩舌、不得載車乘馬、不著履屨、爲作錫杖、欲令驚地生蟲、不得傷害之也。又恐其變悔、故爲作三衣法服、左臂露、右臂常結著心前、令以右手捉之、不得放心也。不令種作爲、刻木作拔、以受七升。令日月當行乞食、家乞一升、七家得七升、得之便食之。若至七家、不得食、自謫七日不食、飲水而已。以此爲法。

胡王は、老子の教説を受けようとはしなかった前非を悔い、誓いの證として、國を擧げて、僧形となり、妻帶せず、酒肉を斷ち、托鉢をして、などとまったく出家僧同然の生活をすると告げている。確かにこの表現から『正誣論』や『三破論』の指摘する悪意を讀み取ることは可能ではなかろうか。それでも度し難い西戎を絶滅するに、絶好の政治的手段として佛教を措定したのは書き手の道教であったか、讀み手の佛教であったか、今はわからない。

王浮の化胡經に近接した時代に成立し、比較的化胡說に多く言及しているものに、先述の『三天内解經』がある。この書の當該記載の前後は、言わば、道教の立場からする宗教史を語る部分であり、外來の佛教に關しても、道教の立場から如何に位置付けようとしていたかを窺うに恰好の資料である。(19)

至周幽王時、老子知周祚當衰、被髮佯狂、辭周而去。至關、乘靑牛車、與尹喜相遇、授喜上下中經一卷、五千文二卷、合三卷。尹喜受此書、其道得成道。眼見西國、胡人强梁難化、因與尹喜共西入罽賓國。神變彌加、大人化伏胡王、爲作佛經六千四萬言、王擧國皆共奉事。此國去漢國四萬里、罽賓國土、竝順從大法。老子又西入天竺國、去罽賓國又四萬里、國王妃名清妙晝寢、老子遂令尹喜乘白象、化爲黃雀、飛入清妙口中、狀如流星。後年四月八日、剖右脇而生、墮地而行七步、擧右手指天、而吟天上天下唯我爲尊、三界皆苦、何可樂焉、生便精苦。卽爲佛身、佛道於此而更興焉。

この内容は上述の『三洞珠囊』の引用雙方と矛盾するものではなく、引用された化胡經の成立を、『三天内解經』當時の劉宋、あるいはそれ以前に遡らせて考えることができるであろう。すなわち、王浮化胡經からの抄出である可能性があると考えてよい。今後はこの資料を踏み臺として、考察されていくこととなろう。

その化胡經に於いて、佛陀に變化したのは老子ではなく、ともかく弟子の尹喜であったらしい。老子の弟子が佛陀に變化した、對等ではない、弟子のことが書かれていたということに蓋然性が窺えれば、本章の目的としてはともかく充分であるとしておこう。

おわりに

化胡經に先立って、件の法行經が撰述されるであろうか。化胡經の流布は化胡説を信じる者にとっては、そういう典據がかねてからあったのだと吹聽されれば、僞作にかかると疑問に思うこともあるまい。化胡經の出現とその影響力に不安を覺えた佛僧が、先行する教典をより現實的に改良して法行經を形成する際に、これに對抗する派遣說を插入したのではなかったろうか。そうであるとすればであるが、法行經成立の時期は西晉から「駁顧道士夷夏論」の劉宋の閒となろう。ちなみに東晉前半頃の『正誣論』には、『老子西昇經』に基く[20]「夫尹文子卽老子弟子也。老子卽佛弟子也。故其經云、聞道竺乾、有古先生、善入泥洹、不始不終、永存綿綿。竺乾者天竺也。泥洹者胡語、晉言無爲也」とする老子の師は西にあり、佛陀がその人であるという、化胡說とも派遣說とも異なる第三の說を引用するほどに[21]、この先後問題に敏感であるのに、化胡說に對する派遣說に言及してはいない。してみると、法行經の成立は東晉後半から劉宋の閒に絞り込めるのかもしれない。

法行經は、歷史的役割をしばらく擔ってゆくこととなり、教理的理解の更なる深化が訪れるまで、化胡說の虛妄を中國人に了解させるための便利な消毒藥として活用されることとなったことであろう。

しかし、化胡說にせよ、派遣說にせよ、各々相手を全否定するための言說ではない。それぞれ源流はこちらであると主張するのであり、教の本根はひとつであるに違いないとする想念に差はない。それは眞理を追求する宗教者の眞摯な態度に發するものなのであろうか。もはや二教混淆の現狀の容認し難い教理的理解の深まりや、教線の膨張という現實は、これを打破しなくてはならない情動を引き起こす。それは、對羌族對策のさなかに生起した小さなそれであったのかもしれない。兒戯にも似た、たあいのない思いつきから始まったのかもしれないし、全く逆に、眞摯でなおかつ狂信的とでも言うべき心情の要請するところであったのかもしれない。一方、次のような想像もまた成り立ち得るであろう。すなわち、佛教信者と道教信者とが、多く未分化狀態にあり、後漢以來の黃老佛鼎尊とまでは言わないものの、佛老は明確な區別のなされないまま一般信者に尊奉され、道士や僧侶の側としてもそれを敢えて截然とさせなければならないような、許しがたい教理的要請もまだ見出されてはいなかったし、意識されたかどうかはともかく、それによって引き起こされるであろう、とりわけ經濟的な混亂を避ける必要もあったかもしれない。今日からこでは佛陀しか祭らない、などとはよほど確信的な宗教者の登場を待たない限り、舊來の信者を納得させられそうもない、簡單には實現しそうもない改革である。

『三天内解經』は、中國宗教の歷史を語って次のようにいう。(22)

至伏羲女媧時、各作姓名、因出三道、以教天民。中國、陽氣純正、使奉無爲大道。外胡國八十一域、陰氣強盛、使奉佛道、禁誡甚嚴、以抑陰氣。楚越陰陽氣薄、使奉清約大道。……自從漢光武之後、世俗漸衰、人鬼交錯。光武之子、漢明帝者、自言夢見大人、長一丈餘、體作金色、群臣解夢、言是佛眞。而遣人入西國、寫取佛經、因作佛圖塔寺、遂布流中國。三道交錯、於是人民雜亂、中外相混、各有攸倘。

前節の化胡に關する引用は、ちょうど中略の部分にあたるが、この道教の側からする宗教史は、佛教が道教などと共に歷史の當初から存在していたとする。しかしそれは、中國のために說かれた教えなのではなかった。著名な後漢の明帝感夢求法說話を擧げ、その時點から教說が交錯し、混亂が始まったのであるという。

なぜ、これほどまでに佛教にこだわることがあるのであろう。どうして異端邪說として排除しようとしないのか、かねてからの疑問である。もちろん、道教の形成に先立って化胡說は流布していたのであるし、その佛教は自らの重要な神格である老子の興したものという命題があらかじめ與えられていたわけでもあろうし、また眼前の有力な對抗者であるわけであるから、確かに無視はできないであろう。しかし、なにゆえに確固たる化胡經まで作り上げねばならなかったのか、いまひとつ釋然としない。法行經の派遣説の場合も同様である。

「天下の方術を治むる者は多し、皆、其の有を以て加ふ可からずと爲す。古の所謂道術なる者は果して惡くにか在る」とは、『莊子』雜篇天下篇の冒頭の言である。「古の所謂道術」とは、唯一絶對の教説である。しかし、「其の數天下に散じて中國に設くるものは、百家の學、時に或いは稱して之を道ふ」という。いまや失われてしまったが、諸子百家の言説に時にかの教説の一側面に適うものが見受けられるといい、天下篇は各々その長所を擧げてゆく構成をとる。根源の「道術」は、宇宙の物理的原理から人間の道徳律までを貫く、分節されることのない理法のすべてであった。論者が各々教説を展開するにせよ、それはかの黄金時代の「道術」のせいぜい一面をなぞるに過ぎず、分節されることのない教説がかつて確かにあったはずというのがその基本理念である。「天下、何をか思い、何をか慮らん。天下、歸を同じくして塗を殊にし、致を一にして慮を百にす」とは『易』繫辭傳の、これは逆に末端から根源に向かって思念された言葉であるが、『史記』巻末の「太史公自序」に所載の司馬談「六家之要指」冒頭にこれが引用されているのも、『莊子』天下篇といわんとすることは同じと考えて差し支えあるまい。

考えてみれば、不思議な思想と言わざるを得ない。正統と異端の閒にさしたる距離はないのである。そこに排除の論理はなく、調和の緒口をほのめかしている。化胡説や派遣説も、この極めて中國的な傳統思想の範疇の一例として捉えることができるのではなかろうか。

道安は佛教にとっての邊境、中國に生まれたことを嘆いたという。[23]六朝中期、佛道論爭のさなかで、地の中心は天竺か漢土かのいずれにあるのか、いわゆる中土邊土の論爭というのもまた注目された。[24]この問題は、あるいは客觀的、科學的に意味のないものでもないが、それでも、中心はひとつしかないとの結論を求めるであろう。これは新しい傾向である。化胡說、派遣說は、いわばその神話的段階に於ける先蹤に位置する。それでも佛道論爭はまだ、この時點で始まったとはいえない。

注

（1）大正藏、五二、『廣弘明集』卷八所收、一四〇頁a。
（2）「新出七寺藏『清淨法行經』攷」（『東方宗教』七八、一九九一）、「新出七寺藏『清淨法行經』攷之二――疑經成立過程における一斷面――」（淨土宗教學院刊『佛教文化研究』三七、一九九四）。
（3）大正藏、五二、『弘明集』卷八所收、四五頁c。
（4）道藏、第八七六册、卷上第四b、及び第五b。
（5）注（2）前揭石橋論文「新出七寺藏『清淨法行經』攷之二」、三九頁以下參照。
（6）『後漢書』卷三〇下襄楷傳に「或言老子入夷狄爲浮屠」と見え、『三國志』魏志卷三〇烏丸鮮卑東夷傳所引『魏略』西戎傳に「蓋所爲老子西出關、過西域之天竺、教胡（爲）浮屠」などと見える。
（7）「老子化胡說の成立」（『初期の道教』所收、一九九一）參照。
（8）『後漢書』卷三〇下襄楷傳に「宮中立黃老浮屠之祠」と見える。
（9）大正藏、五二、『弘明集』卷一所收、七頁a。
（10）大正藏、五二、『辯正論』卷五、五二二頁b～c。
（11）大正藏、五〇、『高僧傳』卷一帛遠傳、三二七頁a～b。
（12）同右、三二七頁c。
（13）「劉宋の司馬飛龍の亂をめぐる一考察」（『東洋史研究』二三―二、一九六四）參照。

(14) 道藏、第七八二册、巻九第七b。
(15) 大正藏、五二、『弘明集』巻一所收、七頁a。
(16) 福井康順「老子化胡經」(『道教の基礎的研究』所收、『福井康順著作集』版二八八頁)、また、本書第三編第二章「『老子西昇經』の思想とその成立」の注(28)參照。
(17) 大正藏、五二、『弘明集』巻八所收、五〇頁c。
(18) 道藏、第七八二册、巻九第一九b~第二〇b。
(19) 道藏、第八七六册、巻上第四a~b。
(20) 大正藏、五二、『弘明集』巻一所收、七頁b。
(21) 注(16)前掲、拙論參照。
(22) 道藏、第八七六册、巻上第三a~第五b。
(23) 大正藏、五五、『出三藏記集』巻六所收、「十二門經序」、四六頁a。
(24) 吉川忠夫「中土邊土の論爭」(『六朝精神史研究』所收、一九八四)參照。

第三章　『老子化胡經』の說かれた場所

はじめに

二〇〇一年十一月筆者は、香港で開催された初期天師道文獻に關する國際會議に招聘され、「『老子化胡經』の原像」と題して發表を行った(1)。これは、既發表の「『清淨法行經』と『老子化胡經』――排除のない論議(2)――」を主旨に、元原稿から删削した資料などを追加して、別の角度からの發表を試みたものである。

その會議で、まず日本で新たに注目を集めた通稱「七寺一切經」の中から、中國撰述經典である『清淨法行經』（以下、法行經と略す）零本が發見されたことを告げたとき、その場に集っていた諸外國の研究者たちの、七寺の文獻に關する情報を誰も何も知らなかったことには驚かされた。彼らの日本の學界情報に對する不注意を指摘するべきか、あるいは日本の當事者の發信力不足に起因するのかは、ここでは問わない。筆者が、法行經の内容から、兩說が流布していたのは中國の文化的中央からはいささか離れた地方に於いてではなかったか、との意見を述べたところ、それは贊否兩論をもって受けとめられた。筆者の見解に對し、エリック・チュルヒャー博士がかつて、化胡說は中央で說かれたとする見解が從來から有力であることを告げられたのである(3)。

筆者はチュルヒャー博士の有名な著書をもちろん讀んだことがあり、後に翻譯もなされて、この國際會議直前にも改めて讀み返してすらいたにもかかわらず、中央で說かれたとする說やその論據について、まるで印象に殘っておらず、歸國後に改めて讀み返してみて當惑した。それは、今、假に中央や地方という言葉を使っている、それが文化的中央なのか、地理的中央なのか、あるいは發信地を指して言うのか、展開地を指して言うのか、筆者もさることながら、博士もさほど嚴密なレベルで表現しているわけではなく、彼我にさほど對立的な見解の差があるわけではないと考えるに至った。

本稿は、まず筆者の見解を手短に述べ、ついで博士の説を檢證することとしたい。

第一節　法行經の現場

法行經は、零本の發見以前より、從來、佛教護教書などに引用された唯一の佚文によって著名であった。引用された諸書によって微妙に表現が異なるため(4)、今は零本から掲示しておく(5)。

佛告阿難、諸國背易、天竺東北、眞丹偏國、人民攏捩、多不信罪、知而故犯、剛强難化。生天者少、地獄者多、甚可慈愍。吾今先遣弟子三聖、悉是菩薩。菩薩示現、摩訶迦葉、彼稱老子、光淨童子、彼名仲尼、月明儒童、彼號顏渕、宣吾法化、老子道德、孔子孝經、文各五千。

(佛は阿難に告ぐ、諸國は背き易く、天竺の東北の、眞丹は偏國なれば、人民は攏捩にして、多くは罪を信ぜず、知りて故さらに犯し、剛强にして化し難し。天に生まるる者は少く、地獄の者は多く、甚だ慈愍すべし。吾は今、先づ弟子の三聖の、悉く是れ菩薩なるを遣す。菩薩は示現し、摩訶迦葉をば、彼を老子と稱し、光淨童子をば、彼を仲尼と名づけ、月明儒童をば、彼を顏渕と號し、吾が法化を宣ぶ。老子の道德、孔子の孝經は、文は各〻五千たり)。

佛の三弟子が中國の聖人として派遣され、野卑な中國に文化的素地を培ったという。これをいわゆる「三聖派遣説」（以下、派遣説と略す）といい、これはかの老子が西關を出て西域に至って釋迦となったとする「老子化胡説」（以下、化胡説と略す）とは裏腹の關係にあり、對稱的なものとして、佛教をめぐる論爭に際して、佛教擁護の一部の立場からは前者が、反佛教的立場の一部からは後者がやはり議論に援用されたことがあった。

筆者は法行經の内容が派遣説を主眼として説かれたのではなく、清淨なる法の行いを説く内容を持ち、派遣説はそれこそ、そのついでに書き足されているに過ぎないとして、法行經がその主題として信者に心得として説く二十箇條の内容の分析から、派遣説の説かれた現場を想定してみた。

尊像と妻子と屋を共にし、前に於いて坐起し、穢慢を言語し、夫婦歡娯するに、尊像を避けず（尊像與妻子共屋、於前坐起、言語穢慢、夫婦歡娯、不避尊像）。（第二條）[6]

門戸を閉ぢず、鷄狗猪羊牛馬の尿溺汚穢を放縱す（門戸不閉、放縱鷄狗猪羊牛馬尿溺汚穢）。（第十二條）[7]

佛像の安置された部屋で、家族生活を露にしてはいけないとは、信者の家屋の狹さ、ひいては彼らの經濟力の程度が窺い知れよう。門戸を開け放ち、家畜が（おそらくは佛像の安置された）部屋に入り込んで糞尿を撒き散らすことがあってはならないとは、家畜と生活空間との近接が想像できる。要するに、ここは草いきれや藁や肥しの匂いのする農村である。

歲の三長齋・月の六齋を持たず（不持歲三長齋・月六齋）。（第十四條）[8]

とは、いわゆる八關齋を思わせ、第二條とも勘案すれば、妻帶する在家信者が法行經の對象者であり、おそらくは、自らも耕作に從事するが小作農でもなく、かろうじて識字層であるかもしれないが、豪族でもない、儒教經典を學んで官吏となる餘裕はない規模の家柄あたりではなかったかと考えた。このあたりが布教の最前線であったのではなかろうか。

往時の儒家的教養人は、派遣説を耳にした時、どのような反應を示したであろうか。もちろん一概には答えられないが、このいかにも化胡説に激昂した僧侶が腹いせに考え出したかのような下世話な言い分に對して、まともに是非を問うこともなかったのではなかろうか。派遣説への反論が見受けられないからである。もちろん、佛典に書かれていることは何でも正しいと硬直する人士はどこにでもいたであろうけれども、六朝期に於ける派遣説への言及自體がさしたる件數ではないことも考え合わせれば、日常的には話題にも上らなかったのではなかろうか。化胡説にせよ、たとえば『世説新語』などで話題にされていたりすることがないのは何故であろうか。

派遣説も化胡説も、宗教者を除く主に知識人層ではない階層での展開が見られたのではなかろうか、というのが筆者の立場である。

第二節　化胡經は中央で流布したか

會議ではクリストファー・M・シッペール博士から、チュルヒャー博士が、化胡經は長安の、しかも最上級層で喧傳されていたとみていること（It proves that the Hua Hu ching was well-known and exerted some influence at that period among the members of the highest classes at Ch'angan.）[9]、あるいはまた、西晉時代には儒教は多數派ではなく、さしたる反發も見られることなく、化胡經流布の餘地があったのではないか、との批評を得た。ここでは問題を化胡經流布の現場に絞り、儒教に關しては、次節で述べることとする。

チュルヒャー博士の言う、化胡説が長安で展開されたとする、その指摘に問題があるわけではない。しかしながら、結論からすれば、かの化胡經を作成したとする道士、王浮の逸話を載せる『高僧傳』卷一帛遠傳を輕視して、一方で同じ『高僧傳』卷一趙正傳の記事にのみ依據する見解には疑問が殘る。

その『高僧傳』帛遠傳によれば、帛遠は「乃ち長安に於いて精舍を造築し、講習を以て業と爲」したが、「晉惠の末、太宰の河間王顒は、關中を鎭め、（顒は）心を虚しうして（帛遠を）敬重し、待するに師友を以てす」と見える。[10]『晉書』卷四惠帝紀によれば、「（永安元（三〇四）年）冬十一月乙未」のことである。一方、帛遠は「群雄の交〻爭ひ、干戈の方に始まらんとするを見て、志は隴右に潛遁して以て雅操を保たんと欲す。張輔の秦州剌史と爲りて隴上を鎭めんとするに會い、（帛法）祖は之と倶に行く。輔は祖の名德の顯著にして衆望の歸する所なるを以て、服を反して己が僚佐と爲さんと欲す。祖は志を固くして移さず、……遂に便ち之を鞭つこと五十、奄然として命終ふ」という。張輔は帛遠のこの地方にも及ぶ聲望を統治に利用しようとしたが、従わぬ帛遠は鞭笞に死した。

やがて「初め祖の道化の聲の關隴を被ふや、崤函の右に之を奉ずること神の若し。戎も晉も嗟慟して行路に涕を流す。隴上の羌胡は、精騎五千を率ゐ、將に祖を迎へて西歸せんと欲するも、中路にして其の害に遇ふを聞き、悲恨して及ばず、衆は咸な憤激して祖の讎を復さんと欲す。輔は軍を上隴に遣り、羌胡は輕騎を率ゐて逆へ戰ふ。時に天水の故帳の下督の富整は、遂に因りて輔を斬る。群胡は既に怨恥を雪ぎ、善しと稱して還り、共に祖の屍を分ちて、各々塔廟を起つ」といい、張輔は空しくもその聲望を確認することとなった。傳はこの後に、死して蘇った李通なるものの證言として、閻羅王の眼前で首楞嚴經を講ずる帛遠と、その傍らで枷に架けられた王浮の懺悔する樣を見た、との插話を載せる。[11]

さて、チュルヒャー博士は、帛遠の長安での活動の一端として、化胡經をめぐっての王浮との論争を措定し、隴右でのこととは見ていないが（It must be remembered that it was at Ch'angan that Wang Fou debated with Po Yüan and composed Hua Hu ching, and, as we shall see, it is also in the North that we find some early traces of Buddhist counter-action.)[12]、そのように考える理由が明確であるとは思われない。筆者などは先の拙稿で、まさにこの隴右のような地方こそが、化胡經の發祥の現場に相應しいと考えた。法行經の農村と、「戎も晉も」雜居するこの現場は、殊に儒家的文化人に乏しいという點において、同質の空間であるように思われるのである。

この一方で博士は、『高僧傳』巻一曇摩難提傳に付記された趙正の傳に着目する。帛遠の事跡から約八十年後のことである。趙正は「洛陽清水の人、或いは濟陰の人とも曰ふ。年十八にして僞秦（前秦）の著作郎と爲り、後に遷りて黄門侍郎武威太守に至」り、「學は内外を兼ね」たというからには、基本的には儒教的知識人なのであろう。苻堅に出家を申し出た趙正が、

頌を作りて曰く、佛の生るること何ぞ以て晩き、泥洹の一へに何ぞ早き。釋迦文に歸命す、今、來たりて大道に投ず（佛生何以晩、泥洹一何早。歸命釋迦文、今來投大道）。

といったという。[13]この文言は唐初の法琳の『辯正論』に「西域傳を案ずるに云く、老子は罽賓國に至りて浮圖に見へ、自ら及ばざるを傷みて、乃ち偈を説きて供養す。像に對して情を陳べて云く、我の生るること何ぞ以て晩く、佛の出づること一へに何ぞ早き。釋迦文に見へざるを、心中に常に懊惱す（案西域傳云、老子至罽賓國見浮圖、自傷不及、乃説偈供養。對像陳情云、我生何以晩、佛出一何早。不見釋迦文、心中常懊惱）」と見える記載に類似する。[14]『辯正論』は「西域傳を案ずるに」といって、化胡經とはいわないにもかかわらず、どうしてこれを引用するかといえば、同じく『辯正論』所引の「晉世雜錄」に「道士王浮は毎に沙門帛遠と抗論し、王浮は屢〻焉に屈せらる。遂に西域傳を改換して化胡經を作る」という、その西域傳をここに意識するからである。[15]

ともあれ、化胡經に關連する言葉が、苻堅の前秦の頃にまさしく都で吐露されているわけであるから、趙正は化胡

經を知っていたということになるのであろう、その指摘自體には筆者も異論はない。しかしながら、佛陀は生まれるのがどうして晩く、涅槃はどうして早過ぎたのか、と言わしめるその内容が奇妙で、これから出家する者が頌で言う言葉ではないのではないか、たとえばこれが化胡經の中での老子の言葉としてなら納得できる發言なのではなかろうか、とも思う。實は、大正藏の脚注には、明本では「佛」ではなく「我」とあったともいい、「佛」がもとの表記とは必ずしも斷定できない。この箇所の場合は「我」でなければ文脈が通らないのではなかろうか。「我」であるなら、私は生まれるのがどうして晩く、涅槃はどうして早過ぎたのか、となって、後世の佛弟子の言葉として相應しいであろう。たとえば「佛は晩く生まれつき」という化胡經の文言が先立ってあったとして、趙正に限らず、それをそのまま使うであろうか。もとを踏まえた上で、自分の頌とするに際しては、たとえば「我は晩く生まれつき」などと、あるいは本歌取りをするのが通例ではあるまいか(16)。

さて、この趙正は苻堅の沒後に「方に其の志を遂げ、名を道整と更め」て出家し、後、「(東)晉雍州刺史の郗恢は其の風尙を欽び、逼りて共に同じく遊びて、襄陽に終る。春秋六十餘歲」という。この郗恢とは東晉の重臣の郗鑒の孫に當り、かの郗超とは同世代である(17)。

儒教的知識人であった趙正の實存のいかばかりかを推し量れないのは殘念である。彼が化胡經を目にしていたことは確かであろう。この場合、異民族の支配下で、化胡說は鬱屈した漢人のプライドにいくばくかの溜飲を與えたかもしれない。それでも佛教徒でもある趙正が化胡經を信じたとは考えられない。にもかかわらず、彼は自らの頌に化胡經の文言を採り入れる。化胡經に對する周圍の何がしかの評價があってこその表出かもしれず、化胡經の表現を敢てもじっての頌であったのであろうか。

趙正は、いわば文化的に中央の人士であるが、彼の仕えた五胡十六國の前秦は、文化的には中央と邊境とがないまぜになっていると言わざるを得ない。この場合、化胡説が長安で説かれたことが、同時に中國文化の中央で説かれたことにはならない。趙正ひとりに中國文化を擔わせるわけにはいかないであろう。從って、都で説かれた、などと言ってのけるには、この場合あまりにも平板に過ぎると言わざるを得ない。

贅言ながら、趙正にとっての出家は、文化的邊境からの脱出であったかもしれない。出家してみると、南朝の一流の人士が彼に共感を寄せたことは、佛教以上に彼を救ってくれたのではなかろうか。出家によって彼は、文化的中央へ迎え入れられたのだから。

第三節　西晉時代の儒教精神

後趙の建國者の石勒は、西晉の要職にあった王衍を處刑するに際し、「君の名は四海を蓋ひ、身は重任に居り、少壯にして朝に登る。白首に至り、何ぞ世事に豫らずと言ふを得んや。天下を破壞するは、正に是れ君の罪なり」と言い、「人をして夜に牆を排してこれを塡殺せし」めたという。王衍は「魏の正始中に何晏や王弼等と老莊を祖述し」、「唯だ老莊を談ずるを事と爲すのみにして、毎に玉柄の麈尾を捉へ、手と色を同じふ」し、「朝野は翕然として、これを一世の龍門と謂」ったという。この老莊に耽り、要職にあってしかも世事にあずかることなく、石勒をして天下騒亂の張本人と言わしめた王衍を、往時の代表的知識人とみてよかろう。(18) 極めて象徴的な戰後處理の一例である。

あるいは、阮宣子と王夷甫の「三語掾」の逸話がある。阮宣子が「老莊と聖教と同じきや異なるや」（道家と儒家の教えは異なるのか）と問うと、王夷甫は「將た同じき無からん（將無同）」（同じじゃないんでしょうか）と答えたところ、阮宣子はこれを評價し、王夷甫を掾に任命したという。同じ問答を『晉書』卷四九阮瞻傳では、その阮瞻と王戎とのやりとりであったとして紹介されている。論議ではなく、まるで禪問答の模範解答のごとき返事が絶贊されて、解答者は職を得た。こうした感覺が時代思潮であったのであろう。

にもかかわらず、西晉時代もいわゆる儒教史はあるし、『晉書』にも儒林傳はある（巻九一）。西晉の滅亡を目の當りにした干寶は「晉紀總論」で「これに加ふるに、朝に純德の士寡く、鄕に不二の老乏しきを以てす。風俗は淫僻にして、恥尙は所を失ひ、學ぶ者は莊老を以て宗と爲して、六經を黜け、談る者は虛薄を以て辯と爲して、名檢を賤しみ、身を行ふ者は放濁を以て通と爲して、節信を狹しとし、進仕する者は苟も得るを以て貴しと爲して、正に居るを鄙み、官に當る者は望空を以て高しと爲して、勤恪を笑ふ。是を以て三公を目するに蕭杌の稱を以てし、上議を標するに虛談の名を以てす。劉頌は屢々治道を言ひ、傅咸は每に邪正を糾すも、皆なこれを俗吏と謂ふ。其の虛曠に倚杖し、無心に依阿する者は、皆な海內に重し」と、石勒のように全責任を老莊癖に求めるわけではないが、老莊耽溺を弱體化の一因と見ている（『文選』巻四九所收）。

干寶はかの『搜神記』の撰述で著名であるが、「晉紀總論」は儒家的價値觀に貫徹されていると見て過言ではなく、九品官人法の弊害を暗に槍玉に擧げながらも、儒家的精神が西晉時も失われることなく存續し、王衍的ありように對して、雌伏を強いられていたことの不滿がここに吐出されていると見て取れる。儒教史を年代表に從って眺めるなら、『春秋經傳集解』の杜預の名を擧げれば充分であろうし、上記の干寶の思想史的立場の重層性からは、容易に神仙家葛洪の『抱朴子』外篇の存在を想起させるであろう。たとえばその巻三勖學篇末尾に「昔、秦の二世は、儒術を重んぜず、先聖の道を舍てて、刑獄の法を習ふ。民は德を見ず、唯だ戮のみ是れ聞く。故に惑ひて迷ひに反くの路を知らず、敗れて自ら救ふの方を知らず、雲霄の上より墮墜して、不測の下に碎粉す。惟ふに尊より卑に及ぶまで、鑒とすること無かる可けんや」と見えるのは、彼もまた本來は儒家的教養人であって、神仙術の內篇など餘技であるかのような口吻である。中國的知識人は、この時代も基本的には儒家的知識人であることは、干寶と葛洪という、あえて例外的人物の言説を擧げれば、なおさらよく理解されることであろう。

幼年期より、儒教經典に基づいて文字を覺え、教養を身に付けるのが通例である。神仙思想や志怪小説で名を殘す彼らが、歴史の盛衰を儒教で語り、經世の基礎を儒教に見ていることを考慮するなら、西晉にあっても基本的には儒教精神に搖ぎはなかったと言って差し支えあるまい(19)。

思えば、「竹林の七賢」は史實ではなく、後世に捏造された群像であり、西晉を滅亡に至らしめた無責任列傳であって、その一人である王戎の息子の王衍が、先述の如く、全責任を負わされて處刑されたのも、往時の空氣を知らしめるが、「或いはまた、老莊思想によって人々が任達の行動をしたというような見方は、一思想の力を過大に評價するものであって、現實の生活では、一思想だけがそれ程に大きな支配力をもつものであるかどうかは疑われる」との見解は、上記の數例からだけでも首肯されるであろう(20)。

おわりに

『魏書』巻一〇二西域傳于闐條に「于闐の西五百里に比摩寺有り、是れ老子の胡を化し佛と成るの所と云ふ」と見える。史跡か否か以前に、北魏の當時、それが突き止められたとされたのであろう。老子は化胡説によれば、西域で布教活動をしたのであり、その現場がこのように特定されるのは驚きであるが、傳説の消息を知りたい要望のあったことを窺わせる資料である。

一方でまた、同じく北魏の『水經注』巻一九渭水下に「水は南山就谷に出で、北のかた大陵の西を逕り、世々これを老子陵と謂ふ。昔、李耳は周の柱史爲りて、世の衰ふを以て戎に此れより入る、と。冢有るは、事は證を經るに非ず。然るに莊周は書を著して云く、老聃死し、秦失（佚）はこれを弔ふ、三たび號して出づとは、是れ不死に非ざるの言、人は五行の精氣を稟け、陰陽に終變有り、亦た化さざるの理無く、是を以てこれを推せば、或いは復た傳の如く、古人は許すに傳疑を以てす、故に兩つながらに存するのみ」とあり、『莊子』内篇巻三養生主篇に見える老子の死亡記事を引いて、酈道元は老子傳説を相對化する。

これらは共々、傳説の現場をいうに過ぎず、參考資料以上の價値はないが、往時の老子觀の多様性を語るであろう。老子の行く末、老子がその後どうなったのかとの問いがあって、こうした反應があるのであろう。老子の不死や化胡の傳説が脈々と生きていたことと同時に、それに對する冷ややかな眼差しのあったことも示唆している。

化胡説は『三國志』や『後漢書』所載の佛教關連記事ですでに語られていた(21)。ここで問題にしたのは、ではそれが實際、現實的にどういう場で語られたかということであった。佛教が京師で紹介された後は、當然中央から發信されるのであろうが、果たして儒家的知識人のひしめく中央でこれに付隨する化胡説も共々通用したのであろうかとの疑問が起こる。化胡經がやがて成立しても、それが必ずしも京師で流布したとは言えない。

とある思想がとある時代に勃興し、稱揚しさえされたとしても、それが中國全土で押しなべての流行となるとは限らない。社會的階層は様々であり、受容する人々もあれば、批判する勢力もあり、無視する階層もあってしかるべきである。化胡説を受容する道士もあれば、關心を持たない道士もあろうし、まだこの頃なら、道佛混交の宗教者すら存在したのではあるまいか。地域ごとに適應した形での信仰が、それぞれの様相で展開されていたと考えるならば、化胡經の流布も平板に考えられるものではない。教説の先鋭的な立場があり、他方で否が應でも混交を默認せざるを得ない立場もあったろう。宗教の傳播とはそういうものなのではなかろうか。ここではそれを探った。

注

（1）慶祝崇基學院五十周年校慶「早期天師道經典研究」International Conference on The Texts of Early Heavenly Master Taoism, organized by Dept. of Religion, CUHK and EFEO Hong Kong, November 3-4, 2001. Function Room Ⅱ, University Guest House.

（2）本編第二章參照。

（3）シッペール博士からの疑義である。博士からは、會議後の夕食の際も御意見を頂戴できて有り難かった。感謝に堪えないが、博士からは、後に觸れるように、法行經で教えを守るべき典型例として登場する在家信者の家族は貧しいのかと問われ、博士自身は豐かな方ではないか、とされたが、筆者としては、農民としては豐かでも、官吏を出せるかと言えば貧しいとでもいうほかはなく、當時の貧富の基準が判然としないため、結論は出せなかった。しかしながらいまにして思うことは、この農村よりも陶潛のところはまだ豐かであろう。

（4）たとえば、南齊の冶城惠通「駁顧道士夷夏論」に「故經云、摩訶迦葉、彼稱老子、光淨童子、彼名仲尼」とだけ見え（大正藏、五二、『弘明集』卷七所收、四五頁ｃ）、北周の道安「二教論」に「又清淨法行經云、佛遣三弟子、振旦教化、儒童菩薩、彼稱孔丘、光淨菩薩、彼稱顏淵、摩訶迦葉、彼稱老子」と見える（大正藏、五二、『廣弘明集』卷八所收、一四〇頁ａ）。

（5）牧田諦亮監、落合俊典編、七寺古逸經典研究叢書第二卷『中國撰述經典』（其之二）（大東出版社、一九九六）所收、『清淨法行經』六～一五頁。

（6）同右、八頁。

（7）同右、九頁。

（8）同右、九頁。

（9）E.Zürcher, *The Buddhist Conquest of China*, E.J.Brill, Leiden, 1972, p.297.

（10）大正藏、五〇、『高僧傳』卷一、三二七頁ａ。

（11）同右、三二七頁a～b。
（12）注（9）前掲書、p.297.
（13）注（10）前掲書、三二八頁c。
（14）大正藏、五二、『辯正論』巻五、五二二頁b。
（15）同右、五二二頁b～c。
（16）すなわち、大正藏の校訂自體に問題があると考える。ちなみに、『國譯一切經』史傳部第七所收の『高僧傳』も、本文は「佛」としながら、脚注には「三本、我生に作る」と見え、やはり校訂に疑問が殘る（二六頁、注【一〇二】）。『辯正論』の陳子良の注釋では、「新本は改めて佛生何以晩と云ふ」とあり、舊本では「我」であったと指摘する（注（14）前掲書、五二二頁b）。法琳と陳子良の年代の間、高宗時に道藏の編纂のあった可能性を、かつて大淵忍爾博士が指摘し（『敦煌道經』目錄篇（福武書店、一九七八）三一六頁上）、筆者は、『老子西昇經』の考察や（本書第三編第二章參照）、「古靈寶經類」のテキストの比較（本書第四編第一章參照）を通じてその可能性を追求した。その際に、かつては佛教に好意的で、實は佛教用語もふんだんに含んでいた道教經典が、唐初の佛道論爭を經て、それらを拂拭して、純然たる道教經典の確立を目指した事情を言うのであろうと指摘した。それはこの論爭を經驗してこそ、ほとんど初めて企圖された作業であったのではあるまいか、として書き換えは唐の高宗時に爲されたと考えた。ところが、北周の『笑道論』は、「佛生何以晩」とする化胡經を引用している（大正藏、五二、『廣弘明集』所收、一五一頁c～一五二頁a）。なんと唐高宗時の陳子良の指摘する「新本」と一致するのである。では舊本は「我」であったということになり、以上の論議をまた混亂させることになる。筆者は、『笑道論』が古體を傳えているものと考え、陳子良の言及する舊本が誤っていたと想像する。論理的にそう考える以外ない、というよりも、大正藏などの人文科學の薫陶を受けた校訂者ですら躊躇するのであるから、舊本の編者も同樣に、當時その人を得られなかったのであろう場合を考えておかなければ、このあたりの混亂を解釋できないのではなかろうか。
（17）『晉書』巻六七同傳。
（18）『晉書』巻四三同傳。

（19）時代は遡るが、前漢武帝のいわゆる儒教國教化以來、ようやく儒教という學問が社會に普及し、以後の傳統中國の原型が後漢時代あたりから定着を見せると考えさせるものに、東晉次「儒學の普及と知識階層の形成」（『後漢時代の政治と社會』所收、名古屋大學出版會、一九九五）がある。

（20）福井文雅「竹林七賢についての一試論」（『漢字文化圈の座標』所收、五曜書房、二〇〇二）二三頁。

（21）『三國志』卷三〇魏書烏丸鮮卑東夷傳所引『魏略』西戎傳、『後漢書』卷三〇下襄楷傳參照。

第四章　佛道論爭に於ける諸問題

はじめに

史實であったのか、あるいは傳説に屬するものなのか、『老子化胡經』（以下、化胡經と略す）の成立について、實作者の名前やその作成の目的にまで言い及ぶ記載が、唐初の法琳の『辯正論』の引用に見られる。[1]

　晉世雜錄に云く、道士王浮は每に沙門帛遠と抗論し、王浮は屢ゝ焉に屈せらる。遂に西域傳を改換し化胡經を爲る。（尹）喜と（老）聃とは胡を化し佛を作し、佛は此れより起こると言ふ、と。

注釋者の陳子良は、さらに次の二書を引用する。

　裴子野の高僧傳に云く、晉の慧帝の時、沙門の帛遠、字は法祖は、每に祭酒の王浮、一に道士基公次と云ふ、と共に邪正を諍ひ、浮は屢ゝ焉に屈せらる。既に嗔りて自ら忍びず、乃ち西域傳に託して化胡經を爲り、以て佛法を誣ひ、遂に世に行はる、と。人の知るなき者は、殃の歸するところ、患を累載に致す有り。

　幽明錄に云く、蒲城の李通は死し、來りて云く、沙門の法祖の、閻羅王の爲に、首楞嚴經を講ずるを見ゆ、と。又た道士の王浮の、身は鎖械を被り、祖に懺悔を求むるも、祖は敢て赴かざるを見ゆ、と。聖人に孤負し、死して方に悔を思ふ。

これらの記載は、佛教側の書に引用されるばかりで、道教側に裏付けとなるような記録はなく、愼重な取り扱いが必要ではあるが、ひとまず、西晉の惠帝の頃（在位二九〇〜三〇六）に王浮という祭酒があり、帛遠という僧侶としばしば抗論することがあったことと、西域傳をもとに化胡經を作成したという骨子だけを踏まえておくとして、化胡經自體については後に觸れるが、以上が假に史實に基づく話とするならば、これを佛教と道教の論爭の、中國宗教史上、最初のそれと言えるが、そう認識してよいであろうか。

さまざまな立場からする見解があるものと考えるが、王浮は祭酒とあるから五斗米道（天師道）の徒であり、僧侶と道士の議論ならば、個人レベルではあるものの、佛道論爭とみなして差し支えないという最も簡單な見解もあろうし、また張魯が曹操に降服して以來、五斗米道教團は確固たる教團としての基盤を持ち得ていたかどうか疑問があり、一祭酒の獨斷專行に過ぎなかったと見れば、道教という全體へ波及させるべきではなく、後世のれっきとしたそれとは區別すべきとの意見もあろうし、道教の成立を三洞經典以下の結集の始まる五世紀中盤以降と見て、これをまだいわゆる道教と呼ぶわけにはいかない、であるからして、佛道論爭とは呼べない、とする見解もあり得るであろう。

佛教と道教各々の統一見解に基づく、教團の命脈を賭けた全面對決という理想的構造をもつ事件は中國史上に見受けられないし、佛道論爭という言葉は、從來、北周の武帝時の廢佛に先んずる、衞元嵩の上奏を端緒とするそれ、同樣に唐初の太宗時に傅奕の上奏に始まる法琳らとのそれ、あるいは元朝の獅子比丘述註の『折疑論』(2)や釋祥邁撰『辯僞錄』(3)などに記された憲宗時に始まるとするそれなど、朝廷を卷き込んだ、やや政治的論爭を主に指すようであり、加えて南齊の顧歡の、佛教に對する道教の優越を說く「夷夏論」と、これに對する佛教側に立つ者からの反論とを指して使用されることもあり、こうでなければ佛道論爭ではない、これが佛道論爭といった判斷基準は特になかったように思われる。そのことが、上記の化胡經をめぐる傳說について、佛道論爭の範疇に入れてよいかどうかを迷わせる主な理由であろう。

佛道論爭の記錄は、兩教に儒教を含めた極めて融和的な三教一致思潮とは全く對稱的であって、互いに排除の論理を展開するものでありながら、漢民族がどのような思考法を展開したかを如實に示すものであり、組織や教理など、指摘されるまでは考えの及ばなかった缺陷や未整理部分の暴露合戰であったが故に、惡意ある誇張やいわれなき誹謗もみられるものの、ともすれば現在の我々が、見過ごしてしまうような兩教の具體的な側面を抽出している場合もあり、さらには、現在では失われているが、往時の佛教や道教のもっていた意外な一面を、論爭の記錄は保存してくれていることさえある。ただ、殘念ながらこうした論爭の經緯に關する記錄は、主に佛教側にしか殘されておらず、したがってそれらに目を通していて感じられることは、ともかく道教の虛妄性を暴こうとする佛教側の熱意であり、道教側の反論がどのようなものであったのかはほとんどわからないのが現狀である。

佛道論爭の學問的考察は、從來、主に中國佛教史という枠組みの中でのみ論じられてきたように思われる。こうした局部的思想史は、ともすれば宗教的エリートの點と線を結ぶ著述がなされがちである。しかしながら、そうした從來の考察が與えがちな、外來思想が次第に傳統思想を說得していって、佛教が中國の宗教世界に浸潤していった、というように考えてよいのかどうか。

本章は、佛道論爭の概念規定には及ばないが、その字義のまま、無條件に當てはめられるなら、中央に比べれば情報量に缺ける地方の道士と僧侶の、二人きりの諍いもまた、佛道論爭の範圍內と見ておくことができるとする。

本章は、まず、いわゆる佛道論爭と言われる事のあらましをたどり、ついで、佛道論爭以前、あるいはその水面下の狀況について、佛道論爭に際して引用された資料をもとに考えることとする。

我々は從來、佛教と道教の對立面ばかりを見、兩教の擔い手の成熟度について論及することはなかったのではなかろうか。必ずしもすべての宗教者が教理を熟知し、正邪をわきまえる高踏的領域に達していたわけではなかったはずであろう。道教と佛教が全面對立していたかのような先入見は、まずはさておくこととしたい。

第一節　佛道論爭の沿革

佛教という、中國に於いては異質の文化が東漸して以來、記錄には特に殘っていない些細な、しかしおそらくは多様な議論が佛教をめぐって展開されていたであろうことは想像に難くない。

梁の僧祐撰『弘明集』に收載された數々の護教論が、その様相を今に傳える。たとえばその「後序」に、「俗士の安んぞ覺海に疑駭せざるを得んや」として「一には經說の迂誕の大にして徵するなきを疑ひ、二には人死して神滅し、三世有るなきを疑ひ、三には眞佛を見るなく、國治に益なきを疑ひ、四には古には法教なく、近く漢世に出でたるを疑ひ、五には教の戎方に在り、化は華俗に非ざるを疑ひ、六には漢魏には法は微かにして晉代に始めて盛んなるを疑ふ。此の六疑を以て信心樹たず」と言って、傳統思想の側に立って、佛教を理解しようとしない者の佛教觀を以上の「六疑」に總括する。(4)加えて、古の聖賢の教えに異なる、たとえば孝など、こうした議論は、『弘明集』冒頭の「理惑論」以下、大抵の場合、歷代にむしかえすように展開される。

顧歡の「夷夏論」に對する明僧紹、謝鎭之、朱昭之、朱廣之、慧通、僧敏の反論が巻六、七に見え、巻八には玄光の「辯惑論」、劉勰の「滅惑論」、僧順の「答道士假稱張融三破論」などは、佛道論爭の範疇に入れることに躊躇はないが、ただし、內容的に「夷夏論」にも見られることであるが、教理論爭というよりは、道教側が中國の傳統思想をすべて道教擁護のために援用し、純然たる佛教と道教との論爭とは斷言しがたい方へとそれてゆく。

「夷夏論」は、『南齊書』巻五四顧歡傳によれば、道教と佛教は根本的には一致するものであり、異なるのはそれぞれが説かれた風土と習俗の差であるとし、一致すればこそ、中國の風土には道教だけで充分とする論旨であり、道教そのものよりも、傳統思想が佛教に對して强調されがちである。

顧歡を道士とみなしてよいかどうかは、躊躇を覺えるが、道教側に荷擔するものとみてよいとして、道教と佛教を本質的には同一のものとする見解は、化胡説に支えられたものかもしれないが、たとえば、陳の馬樞撰『道學傳』逸文の陸修靜の傳に「九江王、道佛の得失同異を問ふ。（陸）先生答ふらく、佛に在りては留秦（ヴィルシャナ？）と爲し、道に在りては玉皇と爲す。斯れ亦た途を殊にして致を一にするのみ、と。王公は善しと稱ふ」とあり、(5)陸修靜の影響力から想像すれば、顧歡の立場はこれに則った可能性もあろう。

ついで、北周の武帝の廢佛に先立って行われた論爭が著名であるが、このことは『周書』卷四七褚該傳にわずかに、『廣弘明集』卷七、(6)『續高僧傳』卷二五(7)に詳細な記述が見られる。これは天和二（五六七）年に上奏された衞元嵩の「平延大寺造立請願文」を端緒とする。寺塔の建立や僧侶の租税・兵役免除は民を逼迫させるばかりで、大乘菩薩道に反する、民を利することを優先するために、佛教は國家機構の上にこそ實現されるべきであるとして、城市をそのまま伽藍、すなわち「平延大寺」と見立て、皇帝を如來とするものである。

衞元嵩は梁末に蜀で出家し、釋亡名に師事し、野安寺に住まう。やがて、蜀が西魏に平呑されると、舊知の于長公を賴って入京したという。彼は上奏の後に還俗し、道士の張賓と結託して廢佛を畫策したともいうが、詳細はわからない。天和四（五六九）年には大德殿において佛道二教の御前討論が設けられ、翌年には甄鸞による『笑道論』(8)、道安による『二教論』(9)の上書があったが、結局、建德三（五七四）年には「初めて佛道二教を斷ち、經像は盡く毀ち、沙門道士を罷め、竝びに民に還らしむ。竝びに諸の淫祀を禁じ、禮典に載らざるところは、盡く之を除」いたという（『周書』卷五武帝紀）。その後、國立宗教研究所ともいうべき通道觀の設立、武帝敕撰の『無上祕要』の編纂が行われた。衞元嵩は爵蜀郡公の位を授けられたともいうが、生沒年とも未詳であり、上奏以降のことはよくわからない。『廣弘明集』卷七には彼の書について「大略は慈救を以て先と爲し、僧の奢泰を彈じ、法度を崇ばざるも、毀佛を言ふなし。眞道に叶ふ有るなり」というのが注目される。(10)

この件はいわゆる三武一宗の法難のひとつに數えられるが、實は佛教だけが整理されたのではなく、宗教全體の統廢合事業であり、佛道論爭もあったのであろうが、內容は佛教側の二書から想像する他はない。ただ、事件の經緯と論爭とにあまり重大な關連があったように思われない。

唐初になされた佛道論爭の端緒となった傅奕の「減省寺塔廢僧尼事十有一條(11)」にも、たとえば冒頭からいきなり「犧・農・軒・頊は、治は李老の風に合し、虞・夏・湯・姬は、政は周孔の敎に符す」とみえ、法琳はこれらに注記するようなかたちで「彈じて曰く、詩に云ふ、上は風を以て下を化し、下は風を以て上を刺る、と。老子は周に在りて書藏を守る吏爲り。今の祕書官の如きなり。本より天子に非ざれば、何の風化有りてか、犧・農の上帝をして之れと治を合せしむるや」とか、「周公・孔子は竝びに是れ國臣なり。上は虞夏の敎へを述べ、下は澆薄の民を化するも、亦た人王に非ざれば、自ら敎主と爲るを得ず、豈に虞夏の四君をして却つて周・孔の敎へに符せしめんや」とあるように、およそ敎理問答からは程遠い議論が展開されている。

加えて問題なのは、道敎の側がやはりここでも佛道論爭の際に用意されたであろう論書、佛敎側の道宣撰の『廣弘明集』、『集古今佛道論衡』などに相當する文獻をほとんど何も殘していないことである。李仲卿の『十異九迷論』や、劉進喜の『顯正論』など、傅奕に同調する書があったが(12)、これらの論點が佛敎のどこに向けられていたのかは、道宣の書中の反論から窺うしかない。ただ、そのかわりではないが、道藏內に收められている佛敎經典を換骨奪胎したと思しき數多くの道敎經典の存在は、佛敎にあって道敎にはなかった思想を補うための營爲の結果であろうから、佛道

論争を考える上で見逃すことはできないであろう。(13)

さて、唐初の論争は、主として上記の傅奕と法琳の應酬を中心に終始するわけであるが、傅奕は前の北周の通道觀學士であったのが、隋代に道士となり、後、唐の高祖に仕えて太史令となった人物で、武徳四（六二一）年に先の上書を行って以來、没年に至るまで、數度にわたって同様の廢佛論を展開した。これに對し、法琳は翌年、『破邪論』二巻を上呈し(14)、また、武徳九（六二六）年に著された李仲卿の『十異九迷論』や劉進喜の『顯正論』に對しては、『辯正論』を撰して反論した(15)。

法琳もまた、その生涯において、佛教を學んだ後に隋末に道士となり、唐代に至って僧侶に戻ったという經歴を持つ。やがて貞觀十三（六三九）年、西華觀の道士秦世英が、法琳の所説は唐室の祖である老子を誹謗するものとの讒言により拘束されるに至った(16)。後に益州に配流され、その地で没する（貞觀十四（六四〇）年）。『唐護法沙門法琳別傳』巻中・下には、拘束後の太宗自身を含む政府高官と法琳との問答が見られ、太宗が自ら「朕の本系は老聃」と言うにもかかわらず、法琳は「隴西の拓拔氏」であると暴露するのは(17)、彼を信念の人として評價するに吝かではないにせよ、中國宗教史上最大規模の佛道論争も結局、純粹に佛道論争のまま終息することをせず、政治的言説の領域に踏み込んでしまったように思われる。

顧歡の「夷夏論」の頃の論議には、六朝期のいわゆる清談の際の流儀が生きていて、ある種の節度がまだあったやも知れず、知的遊戲であった可能性もなくはなく、實存的な戰いにまで至っていたのかどうかはわからない。それに比べれば、北周の際に充分な對應ができなかったためか、いわゆる廢佛に至ったこと、および唐朝の始祖は老子であるとの主張に恐れをなしたか、法琳の戰いはこのレベルにまで引き下げられてしまったということなのであろう。

たとえば、『辯正論』巻六の「氣爲道本篇」第七に「靈寶九天生神章を案ずるに云く、氣の清く高く澄めば、陽を積みて天と成り、氣の結び凝滓すれば、滞を積みて地と成る。人の生るるや、皆な三元の養育し、九氣の形を經るに由りて、然る後に生ずるなり、と。是れ陰陽とは人の本たるを知るなり。天地とは物の根なり。根は是れ氣より生ずれば、別に道神なし」と見え[18]、この靈寶經典の現行本とを見比べると、實は法琳の斷章取義の感がなくはないが[19]、また「生神章を案ずるに云く、老子は（玄）・元・始の三氣を以て、合して一と爲す。是れ至人の法體にして、精は是れ精靈、神は是れ變化、氣は是れ氣象たり、と。陸簡寂・臧矜・顧歡・諸柔・孟智周等の老子義に云く、此の三氣を合して以て聖體を成す、と。又た云く、自然は通相の體爲り、三氣は別相の體爲り、と。道の宗とする所を檢ずるに、氣を以て本と爲す。三氣の内を考ふるに色有り、心有り、既に色心の成す所爲れば、未だ生死の患を免れず、何ぞ常と稱するを得ん」として、「道の先とする所を原ぬるに、氣を以て體と爲す。何を以て之を明かさん。養生服氣經を案ずるに云く、道とは氣なり。氣を保てば則ち道を得、道を得れば長存す……云々、と」などと[20]、當時、道教側に屬すると目されたであろう古典的な神仙術のテキストまで活用して、道は氣に過ぎない、氣ならば道神ではない、というところに議論を持っていこうとする。

確かに、道教は神仙思想の中に搖籃し、教理としてもこうした氣の思想を基礎に据えていると言ってよく、上記の指摘は痛いところを突いていようし、道教信奉者以外の知識人には、首肯しやすい批判と考えられる。法琳の後、高宗時の『道教義樞』巻一の巻頭「道德義第一」に「道とは理なり」と見えるのは[21]、法琳の指摘を受けてのことなのか、冒頭近くで早速掲示するのにはわけがあるように思われる。

もし、こうした議論ばかりが展開されるのであれば、佛道論爭は兩教を切磋琢磨する有意義な議論となったであろう。佛道論爭と稱するものが、具體的には史上、どの事象を指してそう呼ぶべきかからが、すでに難しい問題であると考えるのはこうした事情による。

元の獅子比丘述註の『折疑論』や釋祥邁撰『辯僞錄』などに記された憲宗時に始まるとする幾度かのそれについては、他の資料に裏付けを取ることが困難であり、何らかの交渉のあったことは確かであるにせよ、事實として疑わしいとの指摘がある。(22) 筆者も以前に『老子西昇經』、(以下、西昇經と略す)について調査した際に、元代では有り得ないはずの記載を見出したことがあり、唐代の佛道論爭の資料を援用していて、捏造された感を懐くに至った。(23) 佛道論爭が佛道論爭になり得ず、新味のない、初めから政治的に畫策された例となることもあったようである。

第二節　佛道論爭の下で

以下、佛道論爭のさなかに、諸書に引用された資料を中心として、隋唐以前の道教に加えられた佛教の道教批判から、道教形成時における兩教の末端について考えてみたい。佛教は、道教の中の佛教的なものをあげつらい、化胡經などを引用して批判を展開するのであるが、逆に、言えば言うほど、佛教の底邊もまた、いかなる狀況に在ったかが見えてくるように思われるからである。

まず、北周の甄鸞撰『笑道論』に次のように見える。(24)

化胡經に云く、老は胡を化すも、王は其の教へを受けず。老子曰く、王は若し信ぜざれば、吾は南のかた天竺に入りて諸國を化し、其の道大いに興さん。此れ自り已南に佛より尊き者なし。胡王は猶ほ信受せずして曰く、若し南のかた天竺を化せば、吾は當に稽首して南無佛(南のかた佛よりなし)と稱さん、と。又た、流沙の塞に加夷國有り、常に劫盜を爲す。胡王は之を患ひ、男子をして塞を守らしめて常に憂ふ。因りて男を號して憂婆塞と爲し、女子も又た加夷の掠めらるを畏れ、兼ねて其の夫の夷の爲に困めらるを憂へば、乃ち因りて憂婆夷と號す、と。臣は笑ひて曰く、胡言の南無は、此れ歸命を言ひ、亦た救我と云ふ。胡言の憂婆塞とは、此れ善信男を言ふなり。憂婆夷とは、善信女を云ふなり。若し老子の「佛は南より出づれば、便ち南無佛と云ふ」と言ふを以てすれば、若し西方より出づれば、西無佛と云ふべきか。男子の塞を守るを憂塞と名づくべく、女子の夫を憂ひ夷を恐るをば名づけて憂夷と爲すべきが若きは、未だ婆なる者を知らず、復た其の祖母を憂ふべきか。此くの如く字に依りて詁を釋くことの、醜拙困辱たること、大いに笑ふべきなり。

甄鸞は當時の化胡經に「南無佛」や「憂婆塞」・「憂婆夷」の極めて俗流の字義解釋のなされていたことをあげつらう。筆者は長らく、少なくとも道教側に位置するであろう化胡經に、どうして佛教用語に關するここまでのこだわりが記されているのか疑問を抱いていた。

というのも、化胡經は、老子の佛陀に對する優位を説けば目的を果たすはずであり、道教の信者に何のためにこのような語釋をしなければならないのか、その意圖が理解できないでいたからである。

當時、化胡經は書かれた文獻として流布していたのであろう。こうした字義解釋・事物起源は、神話・傳説によくある例であり、聞き手の信者にとって好奇心のある、無視できない用語であったと想像できるのではないか。化胡經の文章化の際についでに差し挾まれたわけではなかろう。

現在の一般的な佛教・道教の枠組みに關する認識からすれば、化胡經のこの佛教用語に對する言及は蛇足としか考えられない。しかしながら、道教側というよりは、老子が佛陀より上という考えがあって、それでも佛陀も祭っているという立場があったとすればどうであろうか。

布教の最前線で二教を奉じ、頻繁に佛陀と老子とどちらが上かという質問に曝された宗教者があったとして、その時彼は道士であったか僧侶であったか。むしろそうした、なるべく道佛を峻別しようとする見方を、この化胡經の記事は拒絶するのではあるまいか。

もちろん異端か正統か、確かにそれは佛道論爭の中國に於ける重大なテーマであったろう。中華文化に於いては佛教が外國の教えであることで、常に不利な立場にあったことは否めない。

化胡經については冒頭で觸れたように西晉の惠帝の頃（在位二九〇～三〇六）、僧侶の帛遠と論爭することのあった祭酒の王浮によって作成されたという。帛遠については『高僧傳』卷一同傳によれば[25]、秦州刺史の張輔に尊奉され、隴上（陝西省と甘肅省の境にある隴山の麓）へと同行した際、異民族懷柔のためにその德望を利用せんと還俗して「僚佐」となるよう迫られ、固辭したために鞭打たれて絕命したという。函谷關以西ではすでに帛遠は神の如く奉られており、華夷の別なくその死を慟哭し、殊に隴上の羌胡は精鋭五千騎を引き連れて張輔を襲い、これを殺害した。彼等は帛遠の遺骸を分かって塔廟を作ったという。帛遠がいかに布教の最前線で認知されていた僧侶であったかということが、こうした逸話から察知することができるであろう。佛教教理を貴族たちの清談の場に、格義によって差し挾んでいくといったような、高尚な場ではここはない。草の根に對する實踐的活動の現場にも帛遠は居所を置いていた。そうしてそれは同時に化胡說が流布されていた階層のあわいなのであった。

ちなみに巴蜀はもと五斗米道の據點であった。三國蜀の滅亡後、この地に據って西晉の咸寧三（二七七）年、いわゆる五胡十六國の一として大成國を立ち上げた李雄と、その精神的柱となった天師范長生のことを想起すれば[26]、地域はやや異なるが、張輔の帛遠に對する期待の先蹤となる成功例であったのではないかと思われてくる。隴上の羌胡に對する五斗米道の影響力のほどはわからないが、祭酒の王浮とは、五斗米道殘存集團の、新興勢力である佛教に苛立つ教線の責任者であったというような役回りを考えると、上記の說話の背景について納得がいくように思えてならない。

それでも、この場合も極めて不可思議なのは、排除の論理である正邪の爭いではなく、先後の爭いであることである。後世の佛道論争のように、華夷觀念に基づく、文化摩擦の樣相をここには見出すことができない。道教ならそれはそれで佛教を排除すればよいではないか。

實は老子化胡説に對する、佛教側の似通った先後説もあり、三聖派遣説と呼ばれる、佛教側からの逆襲とも受けとれるもので、中國撰述經典である『淸淨法行經』に記されていたという、次の記載である(27)。

佛は阿難に告ぐ、諸國は背き易く、天竺の東北の、眞丹は偏國なれば、人民は攏捩にして、多くは罪を信ぜず、知りて故さらに犯し、剛强にして化し難し。天に生まるる者は少なく、地獄の者は多く、甚だ慈愍すべし。吾は今、先ず弟子の三聖の、悉く是れ菩薩なるを遣す。菩薩は示現し、摩訶迦葉をば、彼を老子と稱し、光淨童子をば、彼を仲尼と名づけ、月明儒童をば、彼を顏渕と號し、吾が法化を宣ぶ。老子の道德、孔子の孝經は、文は各々五千たり。

この『淸淨法行經』は中國では失われた經典であったが、近年、名古屋の通稱七寺所藏經典の中から、ほぼその基本姿勢が明らかになった。この書は基本的には、その書名の通り、前段に淸淨なる法行を、後段に淸淨ならざる法行をそれぞれ二十條ずつ列擧するもので、上記の三聖派遣説は、後段の末尾に近い部分に差し込まれたかのように記されていて、本書の本來的意圖とはそぐわないように感じられる。それでも二十條にわたる信者のための心得のごとき內容からは、たとえば第二條の「尊像と妻子と屋を共にし、前に於いて坐起し、穢慢を言語し、夫婦歡娛するに、尊像を避けず」や、第十四條に「歲の三長齋・月の六齋を持たず」、あるいは第十二條の「戶を開きて閉ぢず、鷄狗猪羊牛馬の屎溺汚穢を放縱す」等からは、本書の對象者が妻帶する在家信者であることが想像され、受容者層の生活臭すら窺えるようである(28)。そうしてこの場合も、先後が問題であって排除ではない。

あるいは化胡説でも、三聖派遣説でもない第三の立場も見受けられる。『弘明集』巻一所收の「正誣論」の冒頭に、

次のような記載が見える。(29)

人に異なる者有り、佛を誣ひて曰く、尹文子は神通有る者にして、彼の胡狄の父子の、塵を聚め、貪婪忍害し、利を昧りて恥なく、侵害して厭かず、群生を屠裂し、遜讓して厲むべからず、談議して喩すべからざるを愍む、故に諸事を具へて、云々。又た得道の弟子をして變化せしめて、云々。又た其の殺生を禁じ、其の婚姻を斷ちて、子孫をなからしむ。胡を伐つの術の、孰れか此より良からん、云々。正して曰く、誣ふる者は旣に佛なしと云ひ、復た文子は神通有りと云ひ、復た、得道の弟子有り、能く變化恢廓にして、神妙の理を盡くすと云ふは、此れ眞に有胸無心の語なり。夫れ尹文子とは卽ち老子の弟子なり。老子とは卽ち佛の弟子なり。故に其の經に云く、「聞道くならく、竺乾に古先生有り、善く泥洹に入り、始まらず終はらず、永く存すること綿綿たり（聞道竺乾、有古先生、善入泥洹、不始不終、永存綿綿）」、と。竺乾とは、天竺なり。泥洹とは、胡語にして、晉言は無爲なり。

「正誣論」は東晉の中頃の成立と考えられ、引用した前半は當時の化胡經からの拔粹からなり、後半は老子にまつわる書からの引用からなるが、實はこの鉤括弧の部分の文と相似た內容の書が道藏中に遺されている。それは『老子西昇經』（以下、西昇經と略す）であり、第一章の冒頭に「老子西昇、開道竺乾。號古先生、善入無爲。不終不始、永存綿綿。是以升就道經歷關」というのがそれである。(30) 共に原文を示したのは理由があり、字句に若干の、しかし重大な差異のあることがわかるであろう。本書は、例えば法琳の『破邪論』に「老子西昇經云、吾師化遊天竺、善入泥洹」と引用されているが、「乾竺」ではなく「天竺」といい、「善入泥洹」であって「善入無爲」ではない。あるいはまた玄嶷の『甄正論』卷中には「老子西昇、聞道竺乾。有古先生、不生不滅、善入無爲。綿綿長存。是以昇就」という、これまたどちらともつかない例も見られる。(31)『甄正論』はさらに「經末に又た云ふ、老子、尹喜に謂ひて曰く、古先生とは、吾の師なり」と引用するが、(32) これも原行本西昇經第三九章に「老子曰く、喜よ、吾は重ねて爾に告ぐ。古先生とは、吾の身なり」とあって、(33) 字句を異にしている。ただ、佛教の護教書が何故西昇經を問題にするかといえば、そこに「泥洹（涅槃）」との佛教語が用いられ、「古先生」なる釋迦を思わせる老子の師があるということが、他ならぬ道教經典の中で語られているということを指摘せんがためであった。では、どちらがもとの句であったかというと、まず「竺乾」という語であるが、東晉の支遁の「釋迦文佛像讃」に「竺乾」の例が見え、(34) 同じく支遁の「月光童子讃」では「乾竺」とある。(35)「乾竺」は「天竺」のことと考えられ、「釋迦文佛像讃」の「竺乾」が何故逆轉させてあるのかといえば、實はこれが韻を踏ませるためなのであった。これを西昇經の場合で見てみると、「乾」は「綿」・「關」と韻を踏ませるために同じく逆轉させてあったのであり、そうなると殘る「無爲」の「爲」では韻を踏めず、「泥洹」でなければならないことが判明し、佛教側の引用の仕方は少々荒いが、それでもその指摘に間違いのないことがわかるのである。

道教の文獻でも、例えば南宋の謝守灝の『混元聖紀』巻三に「老君曰、聞、開導竺乾、有古先生」との語が見え、(36) 唐初の尹文操の撰かともされる『太上混元眞錄』に「或いは古先生とは、吾の師なりと云ふは、亦た寓言なり」とみえるのは、(37) 西昇經の元の句が佛教側の主張通りであったことを裏付けるといえるであろう。

西昇經は例えば第七章に「言に僞眞有り、僞道は形を養ひ、眞道は神を養ふ」とか、(38) 第一四章に「靜處に閑居し、齋室に精思せよ。丹書萬卷も、一を守るに如かず」(39) というように金丹を中心とする神仙術を「養形」として斥け、「養神」を説く。第七章は「形は灰土爲れば、其れ何をか識らん。耳目の聲色は子の留衍爲り。鼻口の喜ぶ所の香味は是れ怨たり。身は惱本爲りて、痛痒寒溫あり。意は形の爲に思ひ、愁毒憂煩す。吾は身に拘ること、知りて大患と爲す。古へを觀、今を視るに、誰か形を存して完たからん。吾は白首を向ぶも、衰老〔熟年〕（孰か免れん）。吾は本と俗を棄て、世間を厭離し、元を抱き一を守りて、神仙に過度せり」との認識を示し、(40) 道德經の第一二章の「五色は人の目をして盲ならしめ」以下、あるいは第一三章の「吾に大患有る所以は、吾に身有るが爲なり。吾の身なきに及んでは、吾に何の患か有らん」を踏まえ、『莊子』刻意篇の「純粹にして雜らず、靜一にして變らず、淡にして無爲、動きて天行、此れ養神の道なり」と見える傳統的道家說に合致するものであると言える。ただ、西昇經の身體觀は、在來の「五官」ではなく「耳・目・鼻・口・身・意」という、佛教のいわゆる「六根」を取り入れているのである。

このように、道家思想を基調に佛教を受け容れる格義佛教の落とし子のような立場のあったことが、西昇經から窺うことができる。

西昇經は、化胡說でもない、三聖派遣說でもない第三の立場であるといえよう。折衷型でありながら、佛教に重點を置き、中國撰述經典の近くに位置するにもかかわらず、老子の名が冠されていたためか、道藏に收められて今日に至っているのは、不思議なことである。

さて、『三洞珠囊』卷九所載の「老子化西胡品」は、老子が西方に赴き、頑迷な罽賓國王をその道術で屈服させ、歸依させる記述が見える。老子は服從の證を「王は當に何を以て信と作すべけん」と問う(41)。

王曰く、我が國中の大小の男女は、終身妻を娶らず、當に師に侍りて死に至るまで我が罪を免るを求むべし、と。是に於いて三十六國の胡子を召し、老子に向かひて前ひ、皆な當に髠頭剃鬚して、自ら形容を毀つべく、裙衣を横にして右臂を露にし、天と信を爲し、地を引きて誓と爲し、叉手合掌し、敢へて移易せず。老子は胡の化を受くるを見て、乃ち與へて六十四萬言の經、无上正眞の道を作り、王をして國を擧げて法に事へしめ、巣を探りて卵を破り、萬物を傷害し、劫盜して賊を作し、孤弱を侵淩し、詛罵妬娼し、酒を飲み肉を食ひ、妄言し兩舌するを得ず、車に載り馬に乘るを得ず、履屜を著けず、錫杖を爲作して、地の生蟲を驚かし、之を傷害するを得ざらしめんと欲するなり。又た其の變悔を恐れ、故に三衣の法服を爲作し、左臂は露にし、右臂は常に心前に結着し、右手を以て之を捉へ、心を放つを得ざらしむなり。種へて作爲せしめず、木を刻みて拔（鉢）を作り、以て七升を受く。日月に當に乞食を行ふべからしめ、家に乞ふこと一升、七家に得ること七升、之を得れば便ち之を食ふ。若し七家に至り、食を得ざれば、自ら謫して七日食はず、水を飲むのみ。此れを以て法と爲す。

老子がここに證として「胡子」らと交わした約束事は、そのまま佛僧の爲すべき振る舞いをなぞっていよう。佛教は軒下を借りていたのではあるまいか。化胡經のこうした記載は、あるいは化胡經もまた、中國撰述經典に極めて近い位置にあったことをほのめかすのではなかろうか。

もちろん以上のことは、六朝中期以前の狀況であろうが、これらの文獻が唐初の佛道論爭に際してもまだ問題となっているのは、こうした信仰のあり方がまだその底邊に於いて命脈を保っておればこそであろうと考える。佛道論爭は、半ば强制が加えられたとはいえ、兩教混淆の狀況を淸算せんとする試みともなってしまった一方、打破の先にいかなるヴィジョンがあったというのであろうか。佛道論爭が純粹に佛道論爭に終始し得なかったのは、こうした混淆狀況が足を引いたのではなかろうか。すべての僧侶や信者が、高僧の言説を理解していたわけではなかろう。

さまざまな理解度の、さまざまな宗教者や信者が、さまざまな立場で、佛教側で、道教側で、その間で、中央で、地方で、その間でひしめきあっていたはずである。

おわりに

法琳は『辯正論』巻六に次のような奇妙な『老子道德經』解釋の解釋例を掲載している。(42)

道士張陵は黄書を分別して云く、男女に和合の法、三五七九交接の道有り。……故に五千文に注して云く、「道の道とす可きは」とは、朝食の美きを謂ふなり。「常の道に非ず」とは暮れに屎と成るを謂ふなり。「兩者は同じく出でて名を異にす」とは、人根の溺を生じ、溺は精を出だすを謂ふなり。「玄の又た玄」とは、鼻と口とを謂ふなり、と。陵は此の術を美しとし、子孫三世は相繼ぎて之を行ふ。

言うところの「男女和合の法」と、この野卑な解釋にどのような關係があるのか、これだけではよくわからないし、果たして張道陵がこのような解説でもって、人心を集めることが可能であったか疑問も殘る。それでも、自身も一時期は道士でもあった法琳の言を信じるとするならば、こうしたものの言い方も、道教の枠内にあったと見なければならない。これは讀ませるたぐいのものではなく、非識字階層に聞かせたものではなかったか。

宗教は知識人ばかりを相手にするわけではないことに注意を向ける必要があるだろう。この例からすれば、先の憂婆塞・憂婆夷の字義解説は、まだ布教の相手が文字を知っているものと考えられる。

何らかの思想が語られるとき、その對象はある一定以上の知識人である前提で取り扱うことができるが、こと宗教は、それがどういった對象に向けて語られていたかは、必ずしも一律に受け止めるわけにはいかないであろう。

現在、中國で道觀に赴くと、Tシャツがおみやげとして用意されてあって、「道法自然」とプリントされてあったりする。あるいは、道觀の壁面に「道氣常存」と大きく書かれてあったりもする。唐代の論争の結果が現在に繫がっていないわけであるが、むしろ、かつての佛道論争の方が異常な事態であったのではなかろうかと、ふと考えてみたことがある。

臺灣で慈惠金母、西王母の祠の後方に觀音像があったり、觀音像を挾んで、送子娘々と保子娘々が祀られていたりと、佛道混淆の樣子を目にしたとき、これは臺灣という限られた地域、中華世界の中央から遠いからなのか、それとも、かえって古體が殘存しているのかと疑問に思ったことがあった。やがて、大陸のあちらこちらに旅をしてみて、それは臺灣だけの特殊事情ではないことがわかり、むしろ何故、初めから佛教と道教を截然と分けようとしているのか、その筆者の先入觀を疑うに至った。化胡説を含むことで元代に問題とされた『老子八十一化圖』が、今の南嶽衡山に圖入りで掲示されていたりもする(43)。

信者は生活者であり、道士も含めて、學者のように道教とは何か、といった視點で信仰を見つめているわけではない。梁の曇鸞の燒き捨てた仙經が何であったかに關心を持つ信者がどれほどいようか。そこにある現象は、その地の信仰のあり方がそのように立ち現れているのだという、宗教研究の基本姿勢を思い起こさなくてはならないであろう。

佛道論爭というものは、中國宗教の長い融和的な歴史の中では、およそ例外的な事件ではなかったか。それは曖昧なものを明らかにしようとするあまり、互いの混沌に七竅を穿つ行爲であり、兩教ともに結果的としての現實的な利益を得たわけでもなかろう。

佛道論爭の結果は、下部の末端組織に至るまでの指示の傳達があったかどうかはわからないが、このことが、在來の信仰のありようにどれほどの影響を與えたであろうか。せいぜい、用語法の再考に終始した程度と考える。

注

（1）大正藏、五二、五二二頁b～c。

（2）大正藏、五二、七九四頁。

（3）大正藏、五二、七五一頁。

（4）大正藏、五二、九五頁a。

（5）道藏、第七八〇―八二冊、卷二第五b。
（6）大正藏、五二、一三一頁c～一三二頁b。
（7）大正藏、五〇、六五七頁c～六五八頁a。益州野安寺衞元嵩傳五。
（8）大正藏、五二、『廣弘明集』卷八所收、一四三頁。
（9）同右、一三六頁。
（10）同右、一三二頁b。
（11）大正藏、五二、『破邪論』卷上、四七五頁c。
（12）大正藏、五二、『辯正論』卷六、五二四頁c。
（13）鎌田茂雄『道藏內佛教思想資料集成』、東京大學東洋文化研究所、一九八六年。
（14）注（11）參照。
（15）注（12）參照。
（16）大正藏、五〇、『續高僧傳』卷二四、法琳傳、六三八頁a。
（17）大正藏、五〇、『唐護法沙門法琳別傳』卷下、二一〇頁a。
（18）大正藏、五二、五三六頁a～b。
（19）道藏、第一八八冊、『洞玄靈寶自然九天生神章經注』卷上第五b。
（20）大正藏、五二、五三六頁c～五三七頁a。
（21）道藏、第七六二―三冊、卷一第一a。
（22）窪德忠「モンゴル朝佛道論爭研究序說」（『モンゴル朝の道教と佛教』所收、平河出版社、一九九二年）。
（23）本編第二・三章參照。
（24）大正藏、五二、一四七頁b。
（25）大正藏、五〇、三二七頁a～b。

（26）『晉書』巻一二二載記、李雄傳。
（27）「清淨法行經」（牧田諦亮・落合俊典編、七寺古逸經典研究叢書巻二『中國撰述經典』（其之二）所收、大東出版社、一九九六年）、一二三頁。
（28）本編第二章參照。
（29）大正藏、五二、七頁a～b。
（30）道藏、第三四六－七册、巻上第一a～第二a。
（31）大正藏、五二、五六四頁c。
（32）同右。
（33）道藏、第三四六－七册、巻下第二一a。
（34）大正藏、五二、『廣弘明集』巻一五、一九六頁b。
（35）同右、一九七頁c。
（36）道藏、第五五一－三册、巻三第七b。
（37）道藏、第六〇四册、第二二a、注。
（38）道藏、第三四六－七册、巻上第一六a。
（39）同右、巻中第一三a。
（40）同右、巻上第一六a～第一七b。
（41）道藏、第七八〇－二册、巻九第一九b～第二〇b。
（42）大正藏、五二、『辯正論』巻六、五三二頁c。
（43）蜂屋邦夫編著、東京大學東洋文化研究所研究報告『中國の道教――その活動と道觀の現狀――』圖版册（一九九五年）、三三二頁、圖一六四二參照。
なお、この書をめぐっては、窪德忠「老子八十一化圖說について」（注（22）前揭書所收）參照。

第三編　老子西昇經の研究

第一章　『老子西昇經』のテキストについて

——附、稿本『老子西昇經』——

はじめに

周の「守藏室之史」老子は、やがて國の衰えを見て辭去、出關に際し、關令尹喜に乞われて世にいう『老子道德經』上下篇五千文を授けたと『史記』巻六三老子傳にいう。この『老子道德經』の由來すら既に傳說のさなかに隱見しているように「其の終る所を知る莫し」とされる老子は、後世更に傳說の附加を被り、やがて太上老君、玄元皇帝等とも呼稱され、實は歷代王朝の帝師であって、姓名を變えて太古より幾度も化現しているとされ、或いはこの出關後に西方は罽賓國に赴き、釋迦と化して佛教を開いたともされる[1]。

その老子は歷代に數多くの賢者に樣々な經典を傳授した。中でも件の關令尹喜に對しては『老子道德經』の傳授ばかりでなく、更にその奧義書とも言うべき多くの經典を開陳したという。それらは「老子」の名を冠し、實際上は各々の形成に際して、その時々の道教（乃至はそれ以前の）諸派の教法を各々展開したところの老子經類とでも呼稱すべき典籍群なのであるが、やがて道教の一切經、道藏三洞四輔結集に當っては、概ね四輔に配當されることとなる。ここで取り上げる『老子西昇經』（以下、西昇經と略す）もこうした老子經類の一種である[2]。

西昇經はその中でも、かなり際だった特色を持っている。それは中國佛教の搖籃期、格義時代受容の佛教思想に色濃く影響された神仙思想であり、またそれが故にとりわけ唐代、佛道論争中にこれが佛教側の攻擊對象となるに至ったその來歴に於いてである。これらについては本章に續く二つの章があり、詳細はこれらに委ねることとするが、本章では特に西昇經の書誌學的問題を中心に論ずることとしたい。「稿本『老子西昇經』」を附し、研究者の便宜となればと考えるが、個人的檢索作業故に缺逸が生じていないかどうか氣掛りである。この稿本を基礎として、次いで一字索引作成を行いたいので、不備の點、豫め御指摘頂ければ幸いである。また本章は、稿本の解題の役割をも兼ねており、行論に於いては本章に續く二つの章と重複することもあるのを初めにおことわりしておきたい。

第一節　現行本について

現在、西昇經のテキストは明版「正統道藏」中に、北宋の陳景元纂集『西昇經集註』六卷（洞神部玉訣類　維字　上中、四四九～四五〇冊）、同じく北宋の徽宗御注本『西昇經』三卷（洞神部本文類　慕字　上中、三四六～三四七冊）の二本が確認される。更に後者、御注本は、「道藏輯要」尾集五にも収められている。共に三十九章に分章され、前者には魏末北周の韋節以下、各々唐の徐道邈、沖玄子、李榮、劉仁會の注釋が、北宋の陳景元によって適宜引用されていて便利であるが、唯、第一九章から第二〇章にかけて本文共々缺落が見られる。但し兩本を對校するに、さしたる差異は認められず、同系統の傳本であることが確認されるため、相補うことが可能である。また道藏本と輯要本を比較しても清代の避忌改字「玄」が缺筆となっている他は、取り立てて言及すべき差異は認められない。この韋節、徐道邈、李榮については既に簡介があるが[3]、他の沖玄子・劉仁會については未詳である。唯、沖玄子については南宋の晁公武撰『昭德先生讀書後志』卷二に「同玄子注西昇經四卷」なるものが著錄され、「竺乾の古先生とは、釋氏の號に非ずと謂う」との評語があって、『西昇經集註』第三九章に引く沖玄子注が「古先生」を老子の「別號」として延々力説していることから推せば、この同玄子を沖玄子に擬定してよいかもしれない。また更には同玄子を『新唐書』卷五九藝文志三に見える「戴詵老子西昇經義一卷」をそれと推測しているが、詳細は不明である。『昭德先生讀書後志』は、現行本以外に於いて西昇經のテキストを窺う格好の資料でもあるため、參考までに以下に掲げておくこととしたい。

西昇經四卷

右、題曰太上眞人尹君記錄。老子將遊西域、旣爲關令尹喜說五千言、又留祕旨凡三十六章、喜述之爲此經。其首稱、老君西昇、聞道竺乾、有古先生、是以就道。說者以古先生佛也。事見廣洪〔明〕集辯惑論。

韋注西昇經二卷

右、梁道士韋處玄分上下經。上經三七、法天之陽數、分二十一章。下經四七、法〔地〕〔天〕之陰數。總四十九章、象大衍〔用〕〔陽〕數云。唐志稱處玄集解。以聞道竺乾、爲經道竺乾、以古先生爲老子自謂。

同玄注西昇經四卷

右、唐同玄子注。其姓名未詳、唐志有戴詵注西昇經、疑此或詵書也。分三十六章。謂竺乾古先生、非釋氏之號云。

徐注西昇經二卷

右、徐道邈撰。句曲人、未詳何代。其本、以有古先生善入無爲、作善入泥丸。古先生者、吾之師也、化乎竺乾、作吾之身也、化胡竺乾云。

但し以上の記載をそのまま是として扱ってよいかどうかは疑問も残る。無注本と覺しき西昇經を「四卷」としていることなどは、他の注釋本以上の分量が豫想され、何らかの誤寫ではないかと考えられる。例えば『廣弘明集』とあるべきを「廣洪集」と記していることから、他にも誤記がないとはいえないからである。なお、この記述は『文獻通考』經籍考卷五一子部神僊類にそのまま轉載されているので、引文にはそれを校訂に利用した。

第二節　引用竝びに著錄について

さて西昇經の來歷を考える上で無視することのできない言及例について述べてみたい。こと西昇經と名の見えるものとしては北周の武帝敕撰『無上祕要』を初例とし、唐を經てやがて北宋の眞宗時の撰『雲笈七籤』に至るまでの道教科儀書・類書に數多く散見される。結論から言えば、引用は若干の字句の相違がある外は、ほぼ現行本と一致しているといってよく、內容について大幅な變更を餘儀なくされるものではないし、以後、例えば南宋の曾慥撰『道樞』卷四西升篇に抄出例が見えるが、現行の注釋本二書の成立した北宋以前に於ける引用例の一致を以て、一應この間の來歷を保證することができるといえよう。引用例の具體的狀況については附載の稿本凡例に記すので、そちらを御覽頂きたい。

加えて道教內に於いても唐初の道士王軌の事跡を傳える高宗時の王玄宗撰『桐柏眞人茅山華陽觀王先生碑銘幷序』は、王軌が茅山に於いて師の王遠知から西昇經の講說を聽いたことを傳え(4)、また陳景元集註本に引證の徐道邈も同門の弟子であり、[5] 王遠知の孫弟子には『坐忘論』[6] の著者司馬承禎があって、論旨の一助に西昇經を活用していることからすれば、本書がこの時期、盛んに讀まれていたことが窺えるであろう。

道教教理書・科儀書等に於いて本書の位置付けを見れば、まず唐高宗時の孟安排撰という『道教義樞』巻二によれば、「太玄者、重玄爲宗、老君所說。……而尹生所受、唯得道德・妙眞・西昇等五巻」と見え、[7] 當時西昇經は道藏三洞四輔中、太玄部に配當されていたことが知れる。梁末の撰という『三洞奉道科誡儀範』巻五[8] に

老子妙眞經二巻　西昇經一巻　玉歴經二巻

歴藏經一巻　老子中經一巻　老子内解二巻

老子節解二巻　高上老子内傳一巻　皇人三一表

と見え、「太上高玄法師」所受の典籍群に擧げられる。また唐玄宗時の張萬福撰『傳授三洞經戒法籙略說』巻上にも[9]

老君西昇一巻　妙眞上下二巻

内解二巻　節解二巻

高上傳一巻　無上眞人傳一巻

と、同様に本書の名は揭げられている。さて以上から當時、西昇經が道教内に確固たる位置を持っていたことが理解されよう。また『舊唐書』巻四七經籍志下道家にも「老子西昇經一巻」とみえ、無注本は一巻であったことがわかる外、西昇經が道教内部のみならず一般的にも知られていた書である事が理解されるし、また後に觸れるのでここでは取り上げないが、とりわけ唐初の佛道論爭に於いて、西昇經は佛教側の攻擊の對象となったことなどから、かなり廣く知られていた書であることがわかる。

では西昇經はその成書年代を何時頃にまで遡らせて考えればよいであろうか。經名の明記のない引用例をここに揭

げておきたい。先ずは北周の『無上祕要』巻一〇〇に引く、劉宋頃には存したと見られる『老子妙眞經』の佚文であり(10)、西昇經第一、二、三章を抄出したものであると見ることができるであろう。以下に對照表を示す。

『西昇經』第一～三章	『妙眞經』佚文
老子西昇、開道竺乾、號古先生、善入無爲、不終不始、永存綿綿。是以昇就、道經歷關。關令尹喜見氣、齋待遇賓。爲說道德、列以二篇。告以道要、云道自然。行者能得、聞者能言。知者不言、言者不知。……不知所由然。……譬如知音者、識音以絃、心知其音、口不能傳、道深微妙、知者不言。識音聲悲、抑音內惟、心令口言、言者不知①。	吾前以道授關令尹生、著道德二篇。將去誡之曰、夫道、自然也。得之者知其自然、不得之者不知其所由。然譬猶若識音、不能深曉。人心知之、口不能言。妙哉、道之綿綿。言不盡意、
書不盡言、著經處文、學以相然。子當寶之、內念思惟。自然之道、不與子期。喜則稽首再拜、敢問學之奈何②。爲正無處、正自歸之。不受於邪、邪氣自去。所謂無爲、道自然助。不善於祠、鬼神自避之。不勞於神、受命無期。無進無退、誰與爲謀。爲是致是、非自然哉。喜則稽首、今聞命矣③。	書不盡言。所以爲子書之者、欲使子覺自然、得之後以自成。尹生曰、學自然奈何。道曰、无取正氣自居、无去邪氣自除、此非禱祠鬼神之道、非欲辟不清去不正、清靜請命、而命自延无期、此豈非自然哉。
	非吾異道之意、非吾獨道也。

これに依れば、西昇經は少なくとも劉宋期にはすでに成立していたことが知れるであろう。管見によれば西昇經は更に遡って東晉前半期に成ったものと考えられる。[11]葛洪の『抱朴子』巻一九遐覽篇は西晉末までの道典を數多く著錄するものの、西昇經の名はそこに見えず、成書年代の上限を考える上での判斷材料となろう。唯、同じ葛洪の『神仙傳』巻一老子傳には「西昇中胎」なる書名が見えるが、現行本『神仙傳』は明代の雜輯に成り、[12]また同じ內容が唐初の王懸河撰『三洞珠囊』では『神仙傳』と言及されることなく引用されていて、[13]これが當初からの記載とは考えにくい。從ってこれを上限とし、東晉前半の成立とされる『正誣論』[14]に本書冒頭句に近似した表現、卽ち「聞道竺乾、有古先生、善入泥洹、不始不終、永存綿綿」が見られ、[15]現行本の句「善入無爲」に比べ、韻の關係から實は「泥洹」が原句と見られれば東晉初が割り出されるためなのであるが、詳しくは本編第二章を御覽頂くこととして、論を進めたい。[16]

第三節　佚文について

北周の道安撰『二教論』孔老非佛第七挾注に「老子西昇經云、天下大術、佛術第一」[17]との句が見えている。これは現行本に見られない佚文とも考えられる。しかし續けて「又西昇玄經云、吾師化由天竺、善入泥洹」とあることから、おそらくはこれが西昇經からの引用であって、書名が入れ替わっているものと判斷できる。後者はおそらく「昇玄經」の誤寫でもあろう。ところが、この句は『辯正論』巻五にも、同樣に「西昇又云、天下大術、佛最第一」と見えるのである。[18]『辯正論』もこれに先立って西昇經の冒頭句を引用していて、この點『二教論』と同樣であるが、但しそれは「又云」とあるのみで西昇經といわないばかりか、續く「西昇又云」とする箇所で初めて經名をいう等、引用に混亂が見られる。こうした混亂についていえば、實は北周の甄鸞撰『笑道論』にはまた「化胡云、天下大術、佛術第一。昇玄云、吾師化遊天竺」(19)と、『二教論』や『辯正論』で西昇經の句とされたものが、ここでは「化胡云」として引用されていたのである。そうしてまたここでも西昇經冒頭句に類似した「吾師化遊天竺」との語が『昇玄經』からの引用とされていることも併せて問題にすべきことのようである。以下に對照表を掲げておく。Ⅲとして一番下に『辯正論』も掲示したが、これはそれ自體の對校資料としてではなく、西昇經の佚文のみのそれとして御覧頂きたい。

Ⅰ『二教論』	Ⅱ『笑道論』	Ⅲ『辯正論』
昔商大宰問於孔丘曰、夫子聖人歟。對曰、丘博識强記、非聖人也。又問、三王聖人歟。對曰、三王善用智勇、聖非丘所知。又問、五帝聖人歟。對曰、五帝善用仁信、聖非丘所知。（又問、三皇聖人歟。對曰、三皇善用時、聖非丘所知。大宰大駭曰、然則）孰者爲聖。孔子動容有間曰、西方之人有聖者焉。不治而不亂、不言而自信、不化而自行、蕩蕩乎民無能	古昔殷太宰問孔子聖人、孔答三皇五帝三王及丘倶不聖也。西方之人有聖者焉。故知孔子以佛爲聖、不以道爲聖也。	檢道經中、喚佛爲大道、爲太上、爲自然、爲正眞、爲太極、爲無上者、皆是佛也。又云、天竺國有古皇先生（言佛是太古元皇之先生）善入泥洹、古先生者、是吾師也。遊化天竺、今將返神、還乎無名。絶身滅有、不死不終、綿綿常存。吾今逝矣。（老君知佛泥洹、所以陳去、化緣事了。於是告還、門人未知。今須自述云。吾師者本在西方。爲此西昇、中其戀慕。

名焉。若老氏必聖、孔何不言。以此校之、理當推佛。（老子西升經云、天下大術、佛術第一。又西昇玄經云、吾師化由天竺、善入泥洹。又府子曰、老氏之師、名釋迦文。直就道書、咸皆師佛）

化胡云、天下大術、佛術第一。昇玄云、吾師化遊天竺。符子云、老氏之師、名釋迦文。

在文指的取證分明者也。）三洞經云、佛是道父。西昇又云、天下大術、佛最第一。（言神通變化無窮也）

＊（　）内は挾注

結局、これらは孫引きからなる誤傳ではなかろうか。これら一連の護教書は、先行する同種のそれを恐らくは參考したであろう。『笑道論』と『二教論』と關して言えば、問題の二句に先立って共々『列子』巻四仲尼篇の有名な「西方之有聖者人焉」の句に言及しており、同じ構成を採っている。また、例えば法琳が西昇經冒頭句を攻撃する先述の『破邪論』に於いて、假に「天下大術、佛術第一」の語が座右の西昇經に在ったなら、これほど攻撃に格好の句を何故そこでこそ取り上げてこないのか疑問である。推測の域を決して出るものではないが、こうした事態は、法琳の實見した西昇經にその句が見出せなかったからではないか。

『昇玄經』もまた西昇經同様、佛道論爭中にしばしば言及され、これも道典にあった佛教的な内容や姿勢を持っていたことが『破邪論』等で指摘されている。[20] この書は現在、散逸して一部を道藏中に收める他、敦煌資料中にいくつかの斷片を止めるに過ぎない。その斷片中の一、『太上洞玄靈寶昇玄内教經』（DX九〇一）[21] に「如諸水中、海爲第一」（一三行目）、或いは「於諸經中、最爲第一」（一四行目）、「以何義故、得爲第一」（一六行目）、「兼攝衆經、而爲第一」（一七行目）といった「〜第一」とする類似した四字句の表現が見える。これよりすれば先の西昇經にいうとする「天下大術、佛術第一」の句が、實は『昇玄經』にあったとしても少しも不思議ではないと考えられてくるのである。

　また逆に『昇玄經』が佛教的内實を持っていたのであれば、これに「吾師化遊天竺」とあってもよさそうであるが、『昇玄經』に登場する張道陵は「道陵又曰、臣於此經、已有至信」（一六行目）等というように、自らを「臣」と稱し、西昇經のように師弟關係ではなく、君臣關係を構成しているようで、これは成り立ち難い。

　以上の理由からここでは、要するに引用が錯綜しているのであって、天下大術、「佛術第一」の句は西昇經の逸文ではないと見ておく。

第四節　經名について

　なお、西昇經の正式名稱は老子西昇經ではなく西昇經ではないのかとの御質問を頂いたことがあった。[22]というのも上記の通り現行本の『西昇經集註』六卷・『西昇經』三卷とも老子の名を冠しておらず、また道教科儀書の著錄も『三洞奉道科誡儀範』に見られるように同様のことが言えるという。また更には、佛教護教書『甄正論』卷中に「尹喜又錄老子與喜談論言旨、爲西昇記」[23]とあるように西昇經の原名は「西昇記」であったのではないか、とされた。この原名は「西昇記」とする説は、實は『西昇經集註』序にも見られ、「關尹……紀而成書、名曰西昇記」ともいうのである。但しこの序はやがて本書を「依舊號曰老子西昇經」としており、「西昇記」ではなくその書が實は『老子西昇經集註』として提示されたことを明らかにしている。原名が「西昇記」であったかどうかは或いはその通りなのかも知れないが、確認は得られない。ここで筆者は道教經典としての西昇經を扱うのであるから、道教内部に於いてどのように呼稱されたかをまずは問題にするべきであろう。では老子の名は冠せられていたのであろうか。まず前節の

『三洞奉道科誡儀範』、ついで『傳授三洞經戒法籙略説』の著錄部分を御覽頂きたい。後者は「老君」であるが唐代に於いて老子尊崇が更に高まった結果このように變わったくらいのところで理解しておくとして、さて前者と後者とでは西昇經と妙眞經の位置が逆轉している。前者では「老子妙眞經」とあって「西昇經」に「老子」は付いていないが、後者では「老君西昇」といって「妙眞」に「老君」は冠せられていない。これは明白に省略に因るものと考えられるが如何であろうか。唯、前者の場合「老子中經」以下には冠せられているのをどのように考えるべきかといえば、「老子」を略した場合、典籍名が不明瞭になってしまうことを恐れ、執筆者が適宜判斷した結果であろうと考える次第である。從って道教に於いて本書は「老子西昇經」とされていたと見て何等差し支えないものと推斷する。更に唐高宗時法琳撰『破邪論』巻上に「老子西昇經云[24]」と見えるなど、佛教側の著作に「老子西昇經」の呼稱が見え、また上述のごとく『舊唐書』巻四七經籍志下道家に「老子西昇經一巻」との記載があるのであれば、更に疑う餘地はなかろう。何よりも西昇經冒頭句が「老子西昇」に始まるのであれば、これがそのまま經名になるのも不思議ではない。原名、通稱、（學術的）用語といった様々な點からの捉え方もできようが、今回の場合、筆者は原名については後考を俟つとしたいが、ともかく道教内に於ける通稱を明確に「老子西昇經」と捉え、これを用語として今後も用いることとしたい。

おわりに

以上、現行二本がほぼ同系統の傳本であること、引文に特筆すべき相違點の見出せないこと、佚文と見られた句が實はそうではないらしいことなどを考え合わせるに、詳細は以下に附載の「稿本」を參照して頂かねばならないが、現行西昇經は存外古體を留めているのではないかと考えられてくる。但し、本稿では取り扱わなかったが、西昇經冒頭句が「善入無爲」ではなく、「善入泥洹」であったとの指摘が唐代初期の佛道論爭に見られる。この佛教側の主張する「善入泥洹」が實は元の句であるらしい。その考察は章を改めることにするが[25]、こうした字句の上での若干の（さりとて思想史的には重大な）改變が唐初の佛道論爭直後になされ、現行本に至っているとの結論を得ている。現行本はこれを別とすれば成立以來、さほどの改變を經驗してはいないと考えられる。

注

（1）　これら老子歴代化現説、乃至は老子化胡説についてほ楠山春樹『老子傳説の研究』（一九七九、創文社）參照。

（2）　西昇經に關する專論は、盧國龍氏の「『西昇經』成書年代及基本思想」（『中國道教』一九八七―二）だけであろうか。氏は本書の成立を主に生成論に關する考察から曹魏西晉の樓観派道士の作（四六～四七頁）とするが、當時に樓観派と言ってよい思想媒體が存在していたかどうかは疑問である。筆者は西昇經の成立年代を東晉前半頃と見ているが、これは本編第二章に委ねたい。（尚、盧氏の論文は日本中國學會第三九回大會の拙論口頭發表の際に（一九八七、於名古屋大學）大正大學今枝二郎教授より、御教示頂いた。）

また藤原高男「『西昇經』李榮注」（『香川大學一般教育研究』二三、一九八三）があり、本文竝びに李榮注の標點、校正が施されていて非常に便利である。拙稿作成に當り參考にさせて頂いた。

さて、西昇經に關する言及例は管見の及んだ限りにおいて、久保田量遠「曹魏西晉時代に於ける道佛二教の關係」（『支那儒道佛三教史論』所收、四五頁）、アンリ・マスペロ「中國六朝時代人の宗教信仰における道教」（川勝義雄譯『道教』所收、四四頁）、福井康順「唐代の化胡經類（下）」（『道教の基礎的研究』所收、二九四～二九六頁）、吉岡義豊「道教の守一思想」（『道教と佛教』第三所收、三〇四頁）、楠山春樹注（1）前掲書四一一～四一七頁、Erik Zürcher, *The Buddhist Conquest of China*, 1959, Leiden, p.311 リヴィア・コーン（明神洋譯）「道家・道教の神秘主義における永遠の生命」（坂出祥伸編

『中國古代養生思想の總合的研究』所收、四九一～四九七頁、五三二～五六〇頁）。

この内、成書年代についてマスペロ教授は西暦紀元の始めといい、吉岡教授は西晉としながらも六朝末までの成立諸段階を疑い、福井教授は東晉初、コーン氏はツュルヒャー教授の説を承けて五世紀代とする。

なお、筆者は西昇經について既に三回の發表を行っている。「老子西昇經考――その思想と成立について――」（一九八七、日本中國學會第三九回大會、於名古屋大學）、「老子西昇經補考」（一九八八、道教文化研究會第三四回定例會、於日本大學）、「佛道論爭に於ける『老子西昇經』」（一九八九、日本宗教學會第四八回學術大會、於獨協大學）。

（3）注（2）前掲コーン氏論文五三三～五三四頁、また藤原論文參照。また陳景元（碧虛眞人）の傳としては『道德眞經藏室纂微開題科文疏』卷一第三b以下（道藏、第四二〇冊）が最も詳しい。明神洋氏の御教示による。

（4）道藏、第一五三～一五八冊、『茅山志』卷二二所收、第一四a。

（5）唐の李渤撰「眞系」（道藏、第六七八冊『雲笈七籤』所收、卷五第一二b～一三aに「潘師正・徐道邈同得祕訣、爲入室弟子。陳羽・王軌次之」とある。

（6）『坐忘論』のテキストはとりあえず、『雲笈七籤』卷九四所收本を使用。西昇經第二六、七、二二、二九章を引く。神塚淑子「司馬承禎『坐忘論』について」（『東洋文化』六二）參照。

（7）道藏、第七六二～七六三冊、卷二第一〇b。

（8）〔P．二三三七〕、一五九～一六二行。大淵忍爾編『敦煌道經』圖錄篇（一九七九、福武書店）所收、二二七頁a。本書は道藏、第七六〇～七六一冊に『洞玄靈寶三洞奉道科戒營始』として入藏され、その卷四第七にやはり同文が見えるが、西昇經をそこでは二卷とする。しかし他の例から敦煌本の著錄を是とした。

（9）道藏、第九九〇冊、卷上第五a～b。

（10）道藏、第七七九冊、卷一〇〇第四b～第五b。

なお、妙眞經については本書に收める「『老子妙眞經』小考―附『老子妙眞經』輯佚稿」を參照。

（11）本編第二章參照。

（12）福井康順「神仙傳」（『福井康順著作集』卷二、二〇四頁）參照。
（13）道藏、第七八〇～七八二册所收、卷八第三b。
（14）本書の成書年代については、注（2）前揭福井論文、二九五頁參照。
（15）大正藏、五二、『弘明集』卷一所收、七頁b。
（16）本編第二章參照。
（17）大正藏、五二、『廣弘明集』卷八所收、一三九頁c。
（18）大正藏、五二、五二四頁a。日本中國學會第三九回大會の拙論口頭發表の場に於いて、早稻田大學小林正美教授より御指摘頂いた。
（19）大正藏、五二、『廣弘明集』卷一〇所收、一五二頁a。
（20）大正藏、五二、『破邪論』卷上、四七七頁c。例えば「道士設齋供、若比丘來者、可推爲上座、好設供養、道士經師、自在其下。若沙門尼來聽法者、當隱處安置、推爲上座。供主如法供養。不得遮止」。
（21）注（8）前揭大淵圖錄篇所收、二八七頁b。
（22）注（18）と同。
（23）大正藏、五二、五六四頁c。
（24）大正藏、五二、四七七頁c。
（25）本編第三章參照。

稿本『老子西昇經』

凡　例

一、現行本二種三部、卽ち明版「正統道藏」所收の陳景元纂集『西昇經集註』六卷（洞神部玉訣類　維字　上中、四四九～四五〇册　以下、集註本と略す）、宋徽宗御注本『西昇經』三卷（洞神部本文類　慕字　上中、三四六～三四七册　以下、御注本と略す）、淸版「道藏輯要」所收同御注本『西昇經』（尾集五　以下、輯要本と略す）の内、底本には「正統道藏」所收御注本を用いる。集註本は第一九章から第二〇章にかけて本文共々缺落が見られ、また、輯要本では淸代の避忌改字「玄」が缺筆となっているからである。

一、本稿は道教經典としての『老子西昇經』（以下、西昇經と略す）校訂を行うつもりである。西昇經の元々の章句にはそれとは異なった內容が見られたと考えられるが、ここではあくまでも道典としてのそれに拘り、時代的には唐代頃の西昇經を復元するつもりで臨んでいる。

一、なお、集註本所收の五子注を適宜校訂に活用する。注文により本文の字句が推測される場合もなくはない。

一、引用例を以下に示す。經題の後の括弧內に略號を示し、末尾括弧內の數字は西昇經の章數を示す。但し經名の著錄のみの場合は省略してある。

A、『無上祕要』（略號、祕要）（道藏、第七六八～七七九册）卷五第六b（一二）、卷七第四a～b（三七）、卷三四第三a～第四a（九）、卷四二第九a～b（九）、卷六五第三b～第四a（一八）、第一〇b～第一a（三三、一三）。

B、唐初高宗時の尹文操（?-）撰『太上混元眞錄』（略號、眞錄）（道藏、第六〇四册）第二一a～b（三九、四）。

C、孟安排撰『道教義樞』（略號、義樞）（道藏、第七六二～七六三册）卷一第一a（二〇）、第五b（五）、第六b～第七a（七）、卷三第三a（五）、卷四第二b（五）、第五a（一二）、卷八第五b（三）、第七a～b（三四）、卷一〇第六a～b（一

二、三四）。

D、陳景元纂集『元始无量度人上品妙經四注』（略號、度人經注）（道藏、第三八～三九册）巻二第八a所引、高宗時成玄英注（一五）。

E、唐玄宗時史崇撰『一切道經音義妙門由起』（略號、由起）（道藏、第七六〇册）第二八b（九）。

F、唐代の何時かは不明ながら朱緒撰『要修科儀戒律鈔』（略號、戒律鈔）（道藏、第二〇四～二〇七册）巻一第七b（一〇）。

G、唐末昭宗時杜光庭述『道德眞經廣聖義』（略號、廣聖義）（道藏、第四四〇～四四八册）巻二第三b～第四a（九）、巻三第一六b～第一七a（三九）、巻五第三a（二〇）、巻五第五a（二〇）、巻六第九a（五）、巻一一第二a（一七）、第五b（二一、二二）、第六a（一七）、巻一三第三b（七）、巻一四第一八a（一四）、巻一五第三a（二四）、巻一八第四b（八）、巻二〇第八a（三七）、巻二一第四b（二八）、第一三a（一五）、巻三一第一一a（一一）、巻三七第一一b（七）、巻三九第九b（一）、巻四二第八a～b（二）、巻四六第八a（一三）、第九b（一二）、第一一b（三九）、巻四七第四b（三七）、巻四九第九b（一七）、巻五〇第八a（一）、第八b（一〇）。

H、北宋の眞宗時張君房撰『雲笈七籤』（略號、七籤）（道藏、第六七七～七〇二册）巻六第一七a（一）、巻一七第一三a（八）、巻三五第六a（七、二一、二二）、巻六〇第二七b（一七）、巻八八第一（三四、二六）、巻八九第八a～b（一八）、巻九二第一一b（巻八九の重複、一八）、巻九四第一b（二六）、第九a（七）、第一五b（二二、或いは二九）、第一六a（二六）。

I、『道樞』（略號、道樞）（道藏、第六四一～六四八册）。以下、抄出された西昇經の章數を擧げておく。

一、一六～一八、二〇～二四、二八、三〇～三二、三四～三六、三九。

＊　さて本稿作成途中に大淵忍爾・石井昌子共編『六朝唐宋の古文獻所引道教典籍目錄・索引』（一九八八）が出版された。この書により、個人的な調査カードを基とした上記檢索作業を再確認することができたばかりか、缺逸を補うことができたことを付言しておきたい。以下、この書によって檢索し得た敦煌遺書資料所引西昇經の該當巻數を擧げておく。初めに文書の名稱、次いで大淵忍爾編『敦煌道經』圖錄篇に於ける頁數竝びに上下（a・b）、次いで行數、最後に括弧内に西昇經の章數を示す。

J、「敦煌文書」（スタイン文書、ペリオ文書等）。文書それ自體の慣例的な略號を示す。

「經名未詳道經類書　其二」〔P．二四六九〕八〇六a－五二（三九）「同　其一」〔P．三三九九〕八〇七a－三（二三）「老子道德經開題序訣義疏（擬）」〔P．二五一七〕四七五b－二九六（三四・二五）、〔P．二三五三〕四六一b－六（九）・四六三b－八九（三九）・四六四b－一四〇（二〇）・四六六b－二四〇（一三）
「其他」〔P．二三九〇〕八八七a－六五・七七（七・五）八八七b－八六（五）・八八八a－一二〇（二三）・八八八b－一三〇（二〇）、〔P．二二一三〕九〇〇b－九四（一）・九〇一a－一〇五・一一一（三九・九）・九〇一b－一一六（五）・九〇二a－一三六（三六）・九〇二b－一六五（九）

一、木稿に先立ち、西昇經の本文校訂を行ったものに藤原高男「『西昇經』李榮注」（『香川大學一般教育研究』二三、一九八三）がある。李榮注という特定の立場からとはいえ、本稿作成に當っては本文删定、標點等に於いて大いに參考させて頂いたことを付言しておきたい。

西昇章第一

老子西昇、開道竺乾、號古先生、善入無爲、不終不始、永存綿綿。是以昇就、道經歷關。[1]關令尹喜見氣、齋待遇賓。爲說道德、列以二篇。告子道要云、[2]道、自然。行者能得、聞者能言。[3]知者不言、言者不知。所以言者以音相聞、是以故談以言相然。[4]不知道者、以言相煩。不聞不言、不知所由然。譬如知音者、識音以絃、心知其音、口不能傳。[5]道深微妙、知者不言。識音聲悲、抑音內惟、心令口言、言者不知。[6]

1　御注本は總て「老君」に作るが集註本に「老子」と云うを古體と見る。集註本に「李曰……故云「開導竺乾」者、云々」と云う。『混元聖紀』卷三第七b注に「聞、開導竺乾、有古先生、善入無爲、永存綿綿。是以升車就道、經歷于關。子何苦而見留也」と見える。『甄正論』卷中（大正藏、五二、五六四頁c）は「聞道竺乾、有古先生、不生不滅、善入無爲、綿綿長存、是以昇就」に作る。『破邪論』巻上（大正藏、五二、四七七頁c）を初め佛書には「吾師化遊天竺、善入泥洹」と見える。前半はともかくも後半の「善入泥洹」は「洹」が相前後する「乾」・「緜」・「關」と脚韻を踏むため「泥洹」とあるのが本來の句なのであろう。しかしここではあくまでも道教經典としての『老子西昇經』の稿本を作成するのを目的としており、指摘にとどめる。『昭德先生讀書後志』巻二第三〇a～bに言及の四本の内、無注本は「老君西昇、聞道竺乾、有古先生、是以就道」に作り、韋注本は「經道竺乾」に作り、徐注本は「善人泥丸」に作ると云う。『正誣論』（大正藏、五二、『弘明集』巻一所收七頁b）は「聞道竺乾、有古先生、善人泥洹、不始不終、永存綿綿」に作る。これこそ本來の句であると考えられる。また「號古先生」は「有古先生」が妥當なのであろう。集註本は「永存緜緜」に作る。

2　御注本は「告以道要云」に作るが、集註本、竝びに沖玄子注に「子者謂尹公也」と見られるため、「子」に改めた。

3　廣聖義、巻五〇第八aは（恐らく抄出して）「道在勤行、不在能言」に作る。

4　道藏所收の兩本は「是故談」に作るが、輯要本のみ「是以故談」に作る。字數からこれに從う。

5　集註本は「心知其言、口不能傳」に作るが、御注本、竝びに李注の「心知音妙、利口不足以宣傳」により「音」を採る。

6　敦煌本書「其他」（P．二三二三、大淵圖九〇〇頁九四行）は「心念口言者不知」に作る。廣聖義巻三九第九aは（抄して）「道可以心得、不可以言傳」に作る。

＊なお、祕要に引く『老子妙眞經』佚文（巻一〇〇第四b～第五b）は本書第一、二、三章を抄出したものである。

道深章第二

老子曰、道深甚奥、虚無之淵[1]、子雖聞道[2]、心不微丹。所以然者何。書不盡言、著經處文、學以相然。子當寶之、内念思惟。自然之道、不與子期。喜則稽首再拜、敢問學之奈何。

1　廣聖義、巻四二第八aは同。

2　集註本は「聞說」に作る。

善爲章第三

老子曰、善爲書術者、必綏其文、善論達其事者、必通其言、勉而勤之、得道矣。爲正無處、正自歸之。[1]不受於邪、邪氣自去。所謂無爲、道自然助。不善於祠、鬼神避之。[2]不勞於神、受命無期。無進無退、誰與爲謀。爲是致是、非自然哉。喜則稽首、今聞命矣。

1　集註本は「正自居之」に作り、義樞卷八第五b引文も「居」とするが、李注は「正自然歸之」に作る。更に「李曰」として「正自然臻之。不受於邪、邪自去之」に作る。御注本は李本系といえようか。

2　御注本は「鬼自避之」に作るが、集註本及び劉注に從って改める。

愼行章第四

老子曰、愼而行之、寶而懷之。吾將遠逝、不期自會。尹喜受言誠深、則於關稱疾棄位、獨處空閑之室。恬淡思道、歸志守一、極虛本無、剖析乙密。覼縷妙言、內意不出、誦文萬過、精誠思徹、行眞歸身、[1]能通其玄、論無極之原。[2]故能致神仙。

1　集註本は「臻」に作るが、所引の徐注は「歸」字を使用。

2　集註本は「論」字を缺く。また「原」を「源」に作る。

道象章第五

老子曰、道象無形端、[1]恍惚亡若存。譬如種木未生、不見枝葉根、合會地水火風、四時氣往緣。[2]氣爲生者地、聚合凝稍堅。味異行不等、[3]甘苦辛鹹酸。氣行有多少、强弱果不均、同出異名色、各自生意因。從是異性行、而有受形身、含養陰陽道、隨所倚爲親。[4]生道非一類、一切人非人。本出於虛無、[5]感激生精神。譬如起音者、掇絃手動傳宮商角徵羽。口氣呼翕亢、身口意爲本。道出上首元、本淨在虛靜。[6]故曰道自然。五音所動搖、遂與樂色連。散陽以爲明、[7]布氣成六根。[8]從是有生死。道遂散布分、去本而就末、散樸以澆淳。道變示非常、欲使歸其眞。

1　義樞、巻一第五bは同。
2　義樞、巻四第二bは「合會地水火風、四炁時往緣」に作る。
3　集註本は「異形」に作るが、冲注は「五行」と解していることから採らない。
4　集註本は「隨倚以爲親」に作り、細注に「倚亦作寄」という。韋注に「隨所因寄」と言及される。
5　義樞、巻三第三aは「於」字なし。
6　敦煌文書「其他」〔P．二三九〇、大淵圖八八七頁七七行〕は「身口意……」以下同。集註本は「本靜在……」に作る。
7　敦煌文書「其他」〔P．二二二三、大淵圖九〇一頁一一六行〕は「散陽以爲明、布氣六根」とする。
8　集註本は「以就末」に作る。

生道章第六

老子曰、告子生道本、示子之自然。至於萬物生、情行相結連、如壞復成、如滅復生、以成五行、陰與陽幷、輾轉變化、遂爲物精。吾思是道、本出窈冥。愚不別知、自謂適生。子無道眼、安知生靈。天地人物、虛無囊盈、一從無生、同出異名。是亦本非、在所用正、所字非字、乃知其誠[1]、當與明議[2]、勿與愚爭。子取正教、勿信邪聽。何以知邪。子爲物傾。何以知愚。不察言情、爲道問道、爲經問經、問不本末、知愚冥冥。但知求福、不知罪嬰、但知養身、不知戮形。嬰兒之姿、貴養厚敦、忽無就形、知非常生、無履太白[3]、可令永存。有何妙意、乃欲相傾、父子恩深、不是相聽[4]。勿復噭嘅遠近笑人。掩惡揚善、君子所宗。

1 集註本は「識」に作る。
2 集註本は「義」に作る。
3 御注本は兩本とも「大白」に作るが、集註本により改めた。
4 集註本は「不足相聽」に作るが、御注本、李注に從う。

邪正章第七

老子曰、邪教正言[1]、悉應自然、故有凶吉、應行種根、如有如受[2]、種核見分。道別於是、言有僞眞、僞道養形、眞道養神。眞神通道、能亡能存[3]。神能飛形、幷能移山[4]。形爲灰土、其何識焉。耳目聲色、爲子留愆、鼻口所喜、香味是怨、身爲惱本、痛痒寒溫、意爲形思、愁毒憂煩[5]。吾拘於身、知爲大患[6]、觀古視今、誰存形完[7]。吾尙白首、衰老孰兌[8]。吾本棄俗、厭離世間[9]。抱元守一、過度神仙[10]。子未能守、但坐榮官。子能不動、神靈得安、子能損欲、擧事能全、子能無爲、知子志堅。今爲子說、露見敷陳、散解剖判[11]、眞僞別分。子當諦受、重道殷勤[12]。道爲明出、經爲學先。授與能行、不擇富貧、教化與樂、非有踈親、取與能行、文與其人。學爾教爾、不失道眞。

1 集註本は「邪正教言」に作る。
2 御注本は「……所受」に作るが、集註本・劉注により改めた。

3　七籤、巻三五第六ａは「僞道養形、眞道養神。通此道者、能亡能存」に作る。敦煌文書「其他」〔P．二三九〇、大淵圖八八七頁六五行〕は「僞道養形、眞道養神。神眞通道、能正能存」に作る。

4　廣聖義、巻四六第九ｂは「神能飛行、并能移山」に作る。

5　集註本は「……憂惱」に作る。廣聖義、巻三七第一一ｂは「鼻口所嬉」に作る。廣聖義、巻一三第三ｂは「身爲惱本、痛痒寒溫、意爲形思、愁惱憂煩」に作る。

6　義樞、巻一第七ａは「形爲腦本、痛癢塞溫。吾拘於身、知爲大患」に作る。

7　集註本は「誰能形完」に作る。

8　現行本は共に「吾尚白首、衰老熟年」に作るも、義樞、巻一第七ａ引文により改めた。「熟」は誤寫、「年」は通韻による誤聞と見る。

9　義樞、巻一第七ａは「吾本棄俗、猒離世間」に作る。

10　七籤、巻九四第九ａは「抱元守一、至度神仙……」に作る。

11　御注本は「散析……」に作るが、集註本・李注により改めた。

12　御注本は「……因勤」に作るが、集註本・劉注により改めた。

天地章第八

老子曰、天地與人物、本皆道之元、倶出於太素、虛無[1]之始端、髣髴之精光[2]、微妙之上玄。譬如萬里坑、下有淡流泉、視之甚濁微、徹見底沙難、窈窈而冥冥、不知所由然。亦如終逝[3]者、不見其靈魂、淳陰共和合、陽不能顯分。過往與甫來、視譬以見前、尚不能了理、安能知亡存。譬如瘖瘂者、不能傳人言、爲聾彈宮商、其人豈能聞。才[4]辯有其智、受教如語傳、自謂通其情[5]、情衷不能丹。是故失生本、安能知道元[6]。

1　輯要本は「……虛元」に作るが、「无」字の誤寫とみる。

2　集註本は「彷彿……」に作る。
3　集註本は「逝」字を缺く。
4　集註本に「才、李劉本作自」と見える。
5　集註本は「……通道情」に作る。
6　七籤、巻一七第一三aは「焉能知道源」に作る。

行道章第九

老子曰、子若行吾道、當知上慧源[1]、智亦不獨生、皆須對因緣[2]。各有行宿本。命祿之所關[3]。同道、道得之、同德、有德根。宿世不問學、今復與失鄰[4]。是以故得失、不樂於道文。貪欲利榮寵、受施念恩勤、更以財相厚[5]、不哀下窶貧[6]、必復多瞋恚、無所處定原、學不得明師、焉能解疑難[7]。吾道如毫毛、誰當能明分。上世始以來、所更如沙塵[8]。動則有載劫、自惟甚苦勤[9]。吾學無所學、乃能明自然[10]。華要歸其實、莖葉如本根[11]、爲道歸祖首[12]、以知元始端[13]。子當無相啓、勿以有相關[14]。

1　祕要、巻四二第九a・妙門由起第二八bは「當持上慧源」に作る。集註本は「……上慧原」に作る。
2　敦煌文書「其他」〔P.二三二三、大淵圖九〇一頁一一行〕、同「序訣義疏」〔P.二三五三、大淵圖四六一頁六行〕は同文。
3　御注本は「命祿之所聞」に作るが、集註本・妙門由起第二八b引文により「關」に改めた。
4　祕要、巻四二第九a・妙門由起第二八bは「宿世不學問、今復與失隣」に作る。集註本は「……與世隣」に作る。
5　敦煌文書「其他」〔P.二三二三、大淵圖九〇二頁一六五行〕は、「貪欲……」以下「……相厚」まで同文。
6　集註本は「不衰……」に作る。注より誤寫と判斷する。
7　御注本は「安能……」に作るが、集註本及び祕要巻三四第三b・巻四二第九a・妙門由起第二八bは「焉能……」に作る。

御注本注文末尾にも「安或作焉字」とあり、改めた。
8　集註本は「所更妙如沙塵」に作る。
9　廣聖義、巻二第三bは「上世……」以下、「……苦勤」まで同文。祕要、巻三四第三b～第四aも「學不得……」以下同文。
10　廣聖義、巻一八第四bは「吾學無……」以下、「……自然」まで同文。
11　集註本は「……木根」に作る。
12　集註本は「爲歸道祖首」に作る。
13　集註本は「……始元端」に作る。
14　妙門由起第二八bは「子當無相稽……」に作る。

重告章第十

老子曰、吾重告子、子當諦受。道以無爲上、德以仁爲主、禮以義爲謙、施以恩爲友、惠以利爲先、信以效爲首[1]。僞世亦有之、雖有以相誘、是以知世薄、華飾以相拊。言出飛龍前、行在跛鼈後[2]。仁義禮信廢、道德荒亡腐。不以道相稽、反以財相輔[3]。譬如鏡中影[4]、可見不可取、言如響中應、風聲豈可聚[5]。僞世教如此[6]、如是迷來久。天下之人物、誰獨爲常主[7]。迷迷以相傳、輾轉相授與[8]、邪僞來入眞、虚無象如有。自僞不別眞、爲貪利往守。非常正復亡、癡盲持自咎、如木自出火、還復自燒腐[9]。

1　集註本は「傚」に作る。
2　廣聖義、巻五〇第八bは「言出……」以下「……鼈後」まで同文。集註本は「言處飛龍前」に作る。
3　敦煌文書「其他」（P.二二二三、大淵圖九〇二頁一六七行）は、「不以道相稽、唯以財相誘」に作る。
4　御注本は「……鑑中影」に作るが、集註本竝びに韋注に依り改めた。

5　集註本は「緒」に作るが、「緒、李劉李本、竝作聚」と云う。

6　集註本は「……若此」に作る。

7　義樞、巻一第七ａは「天地之人物、誰獨爲常主」に作る。

8　集註本は「……相受與」に作る。

9　戒律鈔、巻一第七ｂは「迷迷……」以下を引き「非常正復忘」に作り、「還復自燒腐」の後に續けて「信哉斯言、幸相自勵」との語が見える。戒律鈔の加えた評語の如きものと見ておく。

聖辭章第十一

老子曰、聖人之辭云、道當以法觀、如有所生者、故曰爲自然。眼見心爲動、口則爲心言、鼻爲通風氣。鼻口風氣門、喘息爲宅命、身壽立息端。譬如穀草木、四時氣往緣[1]、氣別生者死[2]、增減羸病勤。以是生死有、不知無爲安、無爲無所行、何緣有咎愆、子不貪身形、不與有爲怨。五行不相尅、萬物悉可全、萬物無有常、成者不久完。三光無明冥、天地常昭然[3]。

1　集註本は「四氣時往緣」に作る。

2　廣聖義、巻三一第一一ａは「氣散生者死」に作る。

3　集註本は「……照然」に作る。

觀諸章第十二

老子曰、觀諸次爲道、存神於想思、道氣和三光[1]、念身中所治、髣髴象夢寤[2]一神明忽往來。淡泊志無爲[3]、念思有想意。自謂定無欲、不知持念異。或氣尙麤盛、自知尙多事、事興則形動、動則外通謀、謀思危之首。危者將不久[4]、不久將欲衰、衰者將不壽。以身觀聲名、物事難可聚、以名聲稱號、必爲是所誘、皆坐於貪欲。貪欲爲殃咎、貪者爲大病、習貪來已久、合會微漸滋、[5]非鍼艾所愈。[6]還身意所欲、清靜而自守、[7]大聖之所行、不慕人所主。有常可使無、無常可使有。

1 集註本は「道氣與三光」に作る。
2 集註本は「……彷彿象」に作る。
3 集註本は「惔白……」に作る。
4 廣聖義、巻四六第九bは「謀思……」以下「……不久」まで同文。
5 集註本は「……漸漬」に作る。
6 集註本は「……所可愈」に作る。
7 集註本は「清淨……」に作る。

經誡章第十三

老子曰、經誡所言、法義所推、赫赫興盛、不如妙微。[1]實不如虛、數不如希。邪多卒驗、[2]疾不如遲。興者必廢、盛者必衰。聖人絶智而爲無爲、[3]言無所言、行無所施、孰能知此。偶不如奇、多不如寡。孰賢難隨、孰仁難可、其義少依。能知無知、道之樞機。[4]空虛滅無、[5]何用仙飛。大道曠蕩、無不制圍。[6]若能明之、[7]所是反非、[8]經言審諦、孰知能追。[9]

1 御注本は「微妙」に作るが音韻から集註本により改めた。祕要、巻六五第一〇bは「不如眇微」に作る。
2 集註本は「茂多卒夭」に作る。徐注に「卒驗」の語あり。祕要、巻六五第一〇bは「邪多卒效」に作る。
3 御注本は「而爲無所爲」に作るが、前後の字數から衍字と見、集註本に依り改めた。
4 廣聖義、巻四六第八aは「能知……」以下を引き、「道之樞機也」に作る。
5 集註本は「空滅成無」に作るが、「徐李劉本作空虛滅無」と云う。

6　敦煌文書「序訣義疏」〔P．二三五三、大淵圖四六六頁二四〇行〕は「大道……」以下「……制圍」まで同文。
7　御注本は「子能……」に作るが、集註本・李注及び祕要、巻六五第一一aに依り改めた。
8　集註本は「是所反非」に作るが、李注に「所是者非是也」とある。
9　御注本は「孰之能追」に作るが、集註本・劉注により改めた。

深妙章第十四

老子曰、道言深妙、經誡乙密。[1]天地物類、生皆從一。子能明之、爲知虛實。子若不照、顯之不別。子志於有、無爲所疾、爲有所嬰、億載無畢。道言微深、子未能別、撮取於略、戒愼勿失。先捐諸欲、勿令意逸。閑居靜處、精思齋室。丹書萬卷、不如守一。經非不達、中有虛實。[2]言有必無。子未能別、言無必有。子未能決、但當按行、次來次滅。[3]道有眞僞、禍有凶吉。[4]罪有公私、明有纖密。[5]占往知來、不如樸質。

1　集註本は「經戒……」に作る。
2　集註本は「終有虛實」に作る。
3　廣聖義、巻一四第一八aは（抄出して）「子能按行次來次滅」に作る。
4　集註本は「……吉凶」に作るが、脚韻の關係上、「……凶吉」でなくてはならないであろう。
5　集註本は「明者……」に作るが、誤寫であろう。

虛無章第十五

老子曰、虛無生自然、自然生道、道生一、一生天地、天地生萬物。[1]萬物抱一而成、得微妙氣化。[2]人有長久之寶、不能守也。而益欲尊榮者、[3]是謂去本生天地之道也。

1　度人經成註、巻二第八ａ・廣聖義、巻二一第一三ａ引文は現行本に同じ。集註本は「一生萬物、萬物抱一」と續き、「天地」を缺く。その集註本に徐本・劉本は「道生天、天生地、地生萬物」に作ると云う。
2　李本は「得微妙化生」に作ると云う。
3　集註本は「欲益……」に作る。從うべきか。

恍惚章第十六

老子曰、虛無恍惚、道之根。[1] 萬物共本道之元。在己不亡、[2] 我默焉。[3]

1　曾慥撰『道樞』巻四西升篇（道樞）は本章以降、巻末までの抄出からなる。道樞は本章を抄して「老子曰、虛無恍惚者、道之根也」に作る。
2　集註本は「忘」に作るが、韋注・李注は「亡」に解している。
3　集註本に「默、韋本作異」と云う。

生置章第十七

老子曰、生我於虛、置我於無。生我者神、殺我者心。[1] 夫心意者、我之所患也。我卽無心、我何知乎。念我未生時、無有身也。直以積氣聚血成我身爾。[2] 我身乃神之車也、[3] 神之舍也、神之主也。[4] 主人安靜、神卽居之、躁動、神卽去之。[5] 是以聖人無常心者、欲歸初始、返未生也。[6] 人未生時、豈有身乎。無身、當何憂乎。當何欲哉。故外其身、存其神者、精耀留也。道德一合、與道通也。[7]

1　道樞は「生我者神也、死我者心也」に作る。廣聖義、巻一一第六ａ・巻四九第九ｂは同文。

2　集註本は「……成我身耳」作る。

3　廣聖義、巻十一第二a・巻四十六第九b引文は共に「身者神之車也」に作る。

4　集註本は「神之主人也」に作る。

5　廣聖義、巻四六第九bは「神則居之、躁動、神則去之」に作る。七籤、巻六〇第二七bは「身者神之舍、神之主也。主人安靜、神卽居之、主人躁動、神卽去之」に作る。

6　集註本は「反未生也」に作る。

7　道樞は「是以身者神以爲車、爲舍、爲主者也。其身安靜、則神居之、其身躁動、則神去之。是以外其身、存其神、則精曜留矣。道得一合、則與道通矣」に作る。

爲道章第十八

老子曰、古之爲道者、莫不由自然。故其道常然矣。强然之、卽不然矣。夫何故。[1] 以其有思念、故與道反矣。是以槖籥之器、在其用者、虛實有無、方圓大小、長短廣狹、聽人所爲、不與人爭。善人在於天下、譬如槖籥乎。非與萬物交爭、其德常歸焉。以其空虛無欲故也[2] 欲者凶害之根、無者天地之原。莫知其根、莫知其原。聖人者去欲而入無、[3] 以輔其身也。[4]

1　集註本は「夫何故哉」に作る。

2　集註本は「以其虛空……」に作る。

3　集註本は「……去欲入無」に作る。

4　道樞は「善人者、不與萬物爭、謙虛而無欲者也。故欲者凶害之根也、無者天地之元也。聖人去欲入無、所以輔其身者也」に作る。七籤、巻八九第八a～bは「欲者凶害之根也、氣者天地之元也、莫知其根、莫識其元、是故聖人欲入氣、以輔其身」に作り、同巻九二第一一bは「欲者凶害之根也。無者天地之元也。莫知其根、莫識其元。是故聖人去欲入無、以輔其身」に作る。

七籤卷八九の引文に從うべきか。

色身章[1]第十九

老子曰、人皆以聲色滋味爲上樂、不知聲色滋味、禍之太樸。故聖人不欲、以歸無欲也。

※　1　集註本は「聲色章」に作る。
集註本は第十九章から第二十章の「而形各異焉」までを缺く。そのかわりなのか御注本に見られない句が插入され、注が施されている。左に本文に充當された句を掲げておく。

是以善吾道者、卽一物中、知天盡神、致命造玄。
學之徇異名析同實。
得之契同實忘異名。

右第二章

關尹子曰、觀道者如觀水。

道虛章第二十

老子曰、道者虛無之物、若虛而爲實、無而爲有也。天者受一氣、蕩蕩而致淸氣下、化生於萬物、而形各異焉。是以聖人[1]、知道德混沌玄同也[2]。亦知天地淸靜、皆守一也。故與天地同心而無知[3]、與道同身而無體[4]、而後天道盛矣[5]。以制志意而還思慮者也。去而不可逐、留而不可遺。遠者出於無極之外、不能窮也[6]。近在於己、人不見之。是以君子、終日不視不聽、不言不食、內知而抱玄。夫欲視亦無所見、欲聽亦無所聞、欲言亦無所道、欲食亦無所味、淡泊寂哉[7]。不可得而味也。復歸於無物。若常能淸靜無爲、氣自復也[8]。返於未生[9]、而無身也[10]。無爲養身、形體全也[11]。天地充實、長保年也。

1　集註本は「……聖人者」に作る。
2　義樞、巻一第一aは「道德……」以下、「……玄同也」まで同文。集註本は「……玄妙同也」に作る。廣聖義は巻五第三a・第五a引文共に「道德混沌玄妙同也」に作る。また敦煌文書「序訣義疏」〔P.二三五三、大淵圖四六四頁一四〇行〕も「玄妙同也」に作る。
3　七籤、巻九四第一六aは「與天同心而無知」に作る。
4　敦煌文書「其他」〔P.二三九〇、大淵圖八八八頁一三〇行〕は「聖人者如道德、故與天同心而無知、與道同身而無體」に作る。
5　七籤（『坐忘論』）、巻九四第一六aは「然後……」に作る。
6　集註本は「不能窮之」に作る。
7　集註本は「惔白……」に作る。
8　集註本は「無自復也」に作る。
9　集註本は「反於未生」に作る。
10　道樞は「故吾視欲無所見、聽欲無所聞、言欲無所道、食欲無所味、寂哉淡泊。於是清靜無爲、氣自反于未生者焉」に作る。
11　集註本は「形骸」に作り、徐注も「形骸」の語を用いる。

哀人章第二十一

老子曰、人哀人、[1]不如哀身。哀身、不如愛神。愛神、不如含神。含神、不如守身。守身、長久長存也。[2]

1　七籤、巻三五第六aは「凡人之哀人」に作る。
2　廣聖義、巻一一第五bは「哀人、不如哀身。哀身、不如愛神。愛神、不如含神。含神、不如守眞。守眞、長久長存也」に作るも、七籤、巻三五第六aに「……含神、不如守身。守身、長久長存也」と引くため、現行本を採る。道樞は「吾見哀人者、不如哀其身。哀其身者、不如愛其神。愛其神者、不如含其神。含其神者、不如守其身。守其身者、斯長存矣」に作る。なお、輯要本は「含」字を「舍」字に作るが、問題としない。

神生章第二十二

老子曰、神生形、形成神。形不得神、不能自生。神不得形、不能自成。形神合同、更相生、更相成。神常愛人、人不愛神。[1] 故絕聖棄知、歸無知也。[2]

1　七籤、巻三五第六aは本章全文を引き「故神生於形、形成於神。……歸無爲也」に作る。道樞は「神者生形者也。形者成神者也。故形不得其神、斯不能自生矣。神不得其形、斯不能自成矣。形神合同、更相生、更相和、成斯可矣」に作る。祕要巻五第六bは「……形不得神、而不能自生、神不得形、而不能自成。故形神合同、更相生、更相成」に作る。義樞、巻四第五aは「更相生成也」に作る。廣聖義、巻一一第五bは「神愛人、人不愛神。(是以老君、教人養神養氣也)」に作る。

2　御注本は「故絕聖……無知也」を缺くが、集註本に依り補う。

常安章第二十三

老子曰、聖人常安、與天地倶安而鬼神通。[1] 衆人皆安其所不安、卽不安矣。蓋天道減盈滿、補虛空、毀强盛、益衰弱、[2] 損思慮、歸童蒙、塞邪知、[3] 聖人之樸也。是以天下尙孝、[4] 可謂養母。常能愛母、身乃長久。[5]

1　敦煌文書「經名未詳道經類書其二」(P．三二九九、大淵圖八〇七頁三行)は「聖人常安樂(與の誤寫であろう)□□□安而鬼神通也……」に作る。

2　敦煌文書「其他」(P．二三九〇、大淵圖八八八頁一二〇行)は「天之道減盈滿、補虛空、毀彊盛、益衰弱」に作る。

3　集註本は「塞邪智」に作る。

4　集註本は「……尙存」に作る。
5　集註本は「……久長」に作る。道樞は「天下上孝、可謂能養其母者也。夫能愛其母者、其身斯長久矣」に作る。

身心章第二十四

老子曰、身之虛也、而萬物至、心之無也、而和氣歸[1]。故善養身者、藏身於身、而不出也。藏人於人、而不見也。故君子之治、必先死於國、旣死不亡、其國盛也。民不敢散、更復充也。若能知常、施行反也。衆人歡樂、用生生也。動而失之、壽命竭也。夫天下大物哉、甚綿綿也。冥冥混沌、不可知也。知之者去之、欲之老離之、近之者遠之。是以聖人、非託於天下、亦非託於鬼神、亦非託於萬物。常以虛爲身、亦以無爲心。此兩者、同謂之無身之身、無心之心、可謂守神。守神玄通、是謂道同[2]。

1　廣聖義、巻一五第三aは「心之虛也、則和氣歸」に作る。
2　道樞は「身之虛者、萬物至焉。心之無者、和氣歸焉。故善養身者、藏身於身而不出。藏人於人、而不見。何也。常以虛爲身、以無爲心。是之謂無身之身、無心之心焉。於是守神至通、是謂道同者耶」に作る。

無思章第二十五

老子曰、智士無思無慮之變[1]、常空虛無爲、恬靜修其形體、而萬物育焉。變者貪天下之珍、以快其情。然後兵革四起[2]、禍生於內。國動亂者、而民勞疲也。夫國以民爲本、民勞去者、國立廢矣。所謂出其無極之寶、入賊利斧戟也。是以聖人無爲無事、欲安其國民也。故曰、子能知一、萬事畢。無心德留、而鬼神伏矣。

1　御注本は共に「……無思慮之變」に作るが、集註本及び韋注に從って改めた。

2　集註本は「……革兵四起」に作る。

我命章第二十六

老子曰、我命在我、不屬天地。[1]我不視不聽不知、神不出身、與道同久。[2]吾與天地分一氣而治、自守根本也。[3]非効衆人行善、[4]非行仁義、非行忠信、非行恭敬、非行愛欲、萬物卽利來。常淡泊無爲、[5]大道歸也、故神人無光、聖人無名。

1　七籤、巻九四第一bは「不屬於天」に作る。
2　七籤、巻九四第一六aは「神不……」以下「……同久」まで同文。
3　道樞は「我命在我而已、不屬乎天地者也。我不視不聽不知、則神不出身、與道同久矣。吾與天地分一氣而治、自守其根本者也」に作る。
4　七籤、巻八八第一aは「吾與……」以下「……衆人」まで同文。
5　集註本は「常惔怕」に作る。

兵者章第二十七

老子曰、夫兵者天下之大凶事也。[1]非國之寶。寶之者而不用也。用之者、動有亡國失民之患也。是以聖人、懷微妙抱質樸、[2]而不敢有爲、[3]與天下交爭焉。雖有猛獸、不能據也。雖有蜂蠆蟲蛇、不能螫也。雖有兵刃、弗能害也。[4]以其積德玄通故也。是以天下莫能害焉。

1　御注本は「兵者天下之凶事也」に作るが、集註本及び劉注に依り「夫」字を加えた。
2　集註本は「質樸」に作る。
3　御注本は「而不敢爲」に作るが、集註本及び沖注劉注に依り加えた。

4　集註本は「不能害也」に作る。

柔弱章第二十八

老子曰、天下柔弱、莫過於氣。[1]氣莫柔弱於道。道之所以柔弱者、包裹天地、貫穿萬物。夫柔之生剛、弱之生強、而天下莫能知其根本、所從生者乎。[2]是故有以無爲母、無以虛爲母、虛以道爲母。自然者、道之根本也。[3]

1　集註本は「……於一氣」に作る。

2　集註本は「所以從生者乎」に作る。

3　祕要、巻六五第三b～第四aは「天下柔弱、莫過於炁、炁之柔弱、莫柔弱於道」に作る。以下、本章全文を引き同文。但し末尾に「也」字なし。廣聖義、巻二一第四bは「夫道也者、包裹天地、（秋毫之細、道亦居之）」に作る。道樞は「天下莫柔弱於氣。氣莫柔弱於道。道之所以柔弱者、包裹天地、貫穿萬物者也。夫柔能生剛、弱能生強、天下莫知其根本、所從生者焉。有以無爲母、無以虛爲母、虛以道爲母。此道之根本也」に作る。

民之章第二十九

老子曰、民之所以輕命早終者、民自令之爾。[1]非天地毀、鬼神害、以其有知、以其形動故也。是故無有生有、無形生形、何況於成事而敗之乎。人欲長久、斷情去欲、心意以索、命爲反歸之。形神合同、固能長久。[2]

1　集註本は「民自令之耳」に作る。

2　七籤、巻九四第一五bは「形神……」以下「……長久」まで同文。

天下章第三十

老子曰、人雖在天下、令意莫在天下。人雖在國、令意莫在國。人雖在鄉、令意莫在鄉。人雖在家、令意莫在家。神雖在身、令神莫在身。是謂道人。[1]

1　道樞は「何以謂道人。曰、神雖在身、令神莫在其身者也」に作る。

意微章第三十一

老子曰、患生不意、禍生絲微。[1] 善生於惡、利生於害、大生於小、難生於易、高生於下、遠生於近、外生於內、貴生於賤、動生於安、盛生於衰、陰生於陽。是故有無之相生、虛實之相成。是以有歸有、無歸無也。[2]

1　集註本に「絲、李劉本作私」と云い、沖玄子注に「絲、別本作私、誤也」と云う。

2　道樞は「盛生於衰者也。陰生於陽者也。故有無之相生、虛實之相成。於是有歸於有、無歸於無矣」に作る。

在道章第三十二

老子曰、人在道中、道在人中。魚在水中、水在魚中。道去人死、水乾魚終。故聖人自知、返歸未生、[1] 損棄驕奢、[2] 絕除憂思。是故形隱神留、天下歸焉。無爲無事、國實民富、保道蓄常、[3] 是謂玄同。[4]

1　集註本は「反歸……」に作る。

2　集註本は「……憍奢」に作る。

3　集註本は「保道畜常」に作る。

4　道樞は「人在道之中者也。道在人之中者也。魚在水之中者也。水在魚之中者也。道去則人斯死矣。水涸則魚斯終矣。故聖人反歸于未生其形、隱其神、留天下歸焉。無爲無事、國實民富、保道之常、是爲玄同」に作る。

有國章第三十三

老子曰、有國者、其根深也。天地覆載、萬物蓄養[1]、金玉重寶、不積留也。夫外天地者、有天地。外其身者、而壽命存也[2]。是以君子、善人之所不善、喜人之所不喜[3]、樂人之所不樂、爲人之所不爲、信人之所不信、行人之所不行。是以道德備矣。

1　集註本は「畜」に作る。
2　祕要、卷六五第一〇bは「夫外天地者、……」以下本章全文を引用。「壽命存」に作る。
3　同祕要は「壽人之所不壽」に作る。

皆有章第三十四

老子曰、道非獨在我、萬物皆有之[1]。萬物不自知、道自居之。衆人皆得神而生、不自知神自生也。君有德施於百姓、百姓不自知受君之德也。是故聖人藏神於內、魄不出也。守其母、其子全。民熾盛[2]、保其國也。玄虛積充、壽命長也[3]。人能圖知天地萬物[4]、而不自知其所由生[5]。反命歸本、是大不知也。

1　義樞、卷八第七a、また卷一〇第六bは「道非……」以下、「……有之」まで同文。
2　集註本は「而民熾盛」に作る。道樞は「夫人得神而生、不知神之所在。惟聖人藏神於內、而魄不出矣。守其母、則其子全。而民熾盛矣」に作る。祕要、卷六五第一〇bに「也」字なし。
3　御注本は「受命長也」に作るが、集註本及び沖注に依り改めた。

4　集註本は「人能徒知……」に作る。

5　敦煌文書「序訣義疏」〔P．二五一七、大淵圖四七五頁二九六行〕は「……、不知己之所由生」に作る。七籤、巻八八第一aは「人徒知天地萬物、而不知生之所由」に作る。

治身章第三十五

老子曰、治身之道、先隱天地、靜居萬物之始。夫聖人通玄元混氣、思以守其身。[1]俗人以情愛貪欲、以守其身、此兩者、同有物而守其身、其道德各異焉。

1　道樞は「治身之道、通玄元之混氣、思以守其身者也」に作る。

道德章第三十六

老子曰、道德天地、水火萬物、高山深淵、各有所歸。[1]夫道非欲於虛、[2]虛自歸之。德非欲於神、神自歸之。天非欲於淸、淸自歸之。地非欲於濁、濁自歸之。濕非欲於水、水自歸之。燥非欲於火、火自歸之。萬物非欲見於形、形自見之。高山大澤、非欲於飛鳥虎狼、飛鳥虎狼、自來歸之。深淵河海、非欲於魚鼈蛟龍、魚鼈蛟龍、自來歸之。人能虛空無爲、非欲於道、道自歸之。由此觀之、物性豈非自然哉。[3]

1　集註本は「……所歸之」に作る。

2　御注本は「非欲爲虛」に作るが、後文の體例及び集註本に依り改めた。

3　敦煌文書「其他」〔P．二三二三、大淵圖九〇二頁一三六行〕は「人能……」以下、「……歸之」まで同文。道樞は「天非欲於淸、淸自歸之。地非欲於濁、濁自歸之、濕非欲於水、水自歸之。燥非欲於火、火自歸之。虛空無爲非欲於道、道自歸之、由此觀之、物性孰不自然也哉」に作る。

善惡章第三十七

老子曰、百姓行善者、我不知也。行惡者、我不知也。行忠信者、我不知也。[1]是以積善、善氣至、[2]積惡、惡氣至。是故聖人言、我懷天下之始、復守天下之母、而萬物益宗、以活其身。[3]吾意常不知、[4]安能知彼行善惡焉。積善、神明輔成、[5]天道猶祐於善人。

1　祕要、卷七第四a～bに本章全文を引くが、三箇所の「我不知也」を共に「我不知」に作り「也」字を缺く。
2　廣聖義、卷二〇第八aは「行善、善氣至、行惡、惡氣至」に作り、同じく廣聖義、卷四七第四bは「爲善、善氣至、爲惡、惡氣至」に作る。
3　同祕要は「以活身」に作る。
4　同祕要は「吾意尚不知」に作る。
5　同祕要は「神明輔」に作る。

寂意章第三十八

老子曰、吾道淡泊寂、[1]意死者生靜、而復命也。生生積浸潤、滋汋留滯、[2]玄冒沾洽。元氣包之、其根益深、[3]乃四固、中無心。故能致萬物精華、無極之物、自然來歸之。以其空虛無欲故也。[4]

1　集註本は「……惔怕」に作る。
2　集註本は「滋酌……」に作る。
3　御注本は「……蓋深」に作るが、集註本及び韋注・冲注に依り改めた。
4　集註本は「……無欲固也」に作る。

戒示章第三十九

老子曰、喜、吾重告爾。古先生者、吾之身也。今將返神、還乎無名。絶身滅有、綿綿常存。[1]吾今逝矣。亦返一原。[2]忽焉不見、斯須館舍光炎、五色玄黃。喜出中庭、叩頭曰、願神人復一見、授以一要。得以守元、卽仰視覩懸身坐空中、[3]去地數十丈、其狀金人、存亡恍惚、老少無常。曰、吾重誡爾。爾其守焉。除垢止念、靜心守一、衆垢除、萬事畢。吾道之要也。[4]誡竟復隱。[5]喜不知所之、泣涕追慕、退官託疾、棄念守一、萬事畢矣。[6]

1　集註本は「……長存」に作り、冲注・李注は共に「……若存」に作る。

2　『甄正論』巻中（大正藏、五二、五六四頁c）は「古先生者、吾之師也。還乎無名。吾今昇就、亦返一源」に作る。敦煌文書「其他」〔P．二二一三、大淵圖九〇一頁一〇五行〕も「古先生者、吾之師」に作る。「古先生者、吾之身也」は「古先生者、吾之師也」に作るのが本來の句のようであるが、但し、今回の稿本はあくまでも道教經典としてのそれを目的としており、冒頭句同樣これも採らない。

3　御注本は「卽仰覩……」に作るが、集註本、李注、敦煌文書「經名未詳道經類書其二」〔P．二四六九、大淵圖八〇六頁五四行〕に依り改めた。

4　集註本は「也」字を缺く。

5　集註本は「誡警竟卽隱」に作る。

6　敦煌文書「經名未詳道經類書其二」〔P．二四六九、大淵圖八〇六頁五二行〕は「吾今逝矣。忽焉不現。尹喜出中庭、叩頭曰、願神人復一現、授吾一要。得以守元、卽仰視覩、懸身坐空中、去地數十丈、其狀金人、存亡恍惚、老少無常。曰、吾重誡爾。爾其守焉。除垢止念、淨心守一、衆垢除、萬事畢。吾道之要也。誡竟卽滅。喜不知所之說法」に作る。廣聖義、巻三第一六b～第一七aは「說經畢、忽失老君所在。斯須館舍光炎、五色玄黃。喜出中庭、叩頭曰、願神人復一見、示以一要。得以守元、忽見金人、存忘恍惚、老少無常。重謂喜曰、除垢止念、靜心守一、衆垢除、萬事畢。吾道之要也」に作る。道樞は「老子言、

其道既竟、復以告尹子曰、語汝至道之要。靜心守一、則衆垢除、萬事畢矣」に作る。敦煌文書「序訣義疏」（P．二三五三、大淵圖四六三頁八九行）は「事畢乃示見、通騰空數丈、存亡恍惚、老少無恆。（於是適彼罽賓、逗機行化）」とする。廣聖義、卷四六第一一bは「（除垢止念者、西昇經、老君將昇大微、戒尹喜之詞也。）曰、除垢止念、靜心守一、衆垢除、萬事畢。吾道之要也」とする。以上の數例に限らず第三九章の引文は、例えば『太上混元眞錄』など他にも隨所に見られ、老子出關の場面を構成しているが、およそ上記の如く文例は様々であって、これを西昇經異本等から採ったものと見るよりも、各々で適宜抄出・敷延したと見るべきであろう。ここでは從って以上をサンプルとして掲げるに止めたい。

〔附記〕

本稿は性質上、校正には高度な精密さが要求されるはずであるが、粗忽な筆者の能力を遙かに超える作業と豫想されたため、山村女子短期大學國際文化科在學の學生諸君に御手傳い願った。殊に關口博美君の集中力や素晴しく、筆者の及ばなかった點にまで指摘を得られたばかりでなく、最後までこだわりを持って仕事をしてくれた。この場を借りて特筆しておきたい。

なお、この稿本をもととする「『老子西昇經』語彙索引稿」がある（『山村女子短期大學紀要』三、一九九一）。

第二章　『老子西昇經』の思想とその成立

はじめに

函谷關に於いて、老子の關令尹喜に對する授受は『老子道德經』（以下、道德經と略す）に止まるのではなく、實はその後更にその奥義が開陳されたとの傳説が道教に見受けられる。實際、道德經注釋の枠を出て、その奥義書と稱する數多くの道典が形成され、老子という傳統的權威の名の下、歴代に様々な立場からする言説が展開された。ここで取り上げる『老子西昇經』（以下、西昇經と略す）もまた、六朝時代に於けるそうした老子經類の一書であり[1]、また獨自の立場を堅持する。

本書には老莊思想を踏まえた神仙説批判や、老子化胡説の影響下に於ける佛教受容の初期的様相が窺え、往時の思想的狀況を傳える貴重な資料と考えられる。從來、本書は言及されることはあっても、基礎作業ともいうべき成立に關する本格的論考は殆ど見られなかった[2]。しかしながら本書は、格義時代の佛教受容に關して、或いはまた道教搖籃期に於ける數々の思想的交錯について、六朝宗教史上に決して無視することの出來ない位置を有すると考えられるため、試みに考察を加える次第である。

西昇經の著錄等については既に別稿に論及しているが[3]、本書の成立についての問題も絡み、避けて通ることはできないので、ここでもまず導入部として、本稿に關わる點についてのみ必要最小限度に於いて觸れておきたい。これによって成立年代に關わる問題點をいわば外面的に辿りつつ、やがて思想内容の檢討を通して内面的にこれを補おうというのが、本稿の企圖するところである。結論として、管見は本書を東晉前半頃の成立と推測するものである。

第一節　西昇經の來歷概括

a　唐宋期の著錄・引用について

現在、西昇經のテキストは明版「正統道藏」中に、北宋の陳景元纂集『西昇經集註』六巻、同じく北宋の徽宗御注本『西昇經』三巻の二本が殘されている(4)。共に三十九章に分かれ、前者には北朝末の韋節以下、各々唐の徐道邈、沖玄子、李榮、劉仁會の注釋が適宜引用されていて便利である(5)。兩本を對校するにさしたる差異は認められず、同系統の傳本であることが確認されるため、相補うことも可能である。

上記の注の存在からわかるように、西昇經はとりわけ唐代にその流行が見られた。唐高宗時に孟安排の撰という『道教義樞』巻二によれば(6)、當時西昇經は道藏三洞四輔中、太玄部に配當されていたことが知れ、梁末の撰という『三洞奉道科誡儀範』巻五(7)、唐玄宗時の張萬福撰『傳授三洞經戒法籙略說』巻上(8)等の道教科儀書にも他の老子經類と竝んで西昇經の名が見えている他、『舊唐書』巻四七經籍志下道家類にもその名は見えている。

唐初の道士王軌の事跡を傳える高宗時の王玄宗撰『桐柏眞人茅山華陽觀王先生碑銘幷序』は、王軌が茅山に於いて師の王遠知から西昇經の講說を聽いたことを傳え(9)、また陳景元集註本に引かれる徐道邈も同門の弟子であり(10)、後にも觸れるが、王遠知の孫弟子には『坐忘論』の著者司馬承禎があって、行論の一助に西昇經を活用していることからすれば[11]、本書が當時こうした道流にあって盛んに讀まれていたことが窺える。

その引用については、西昇經と名の見えるものとしては北周の武帝敕撰『無上祕要』を初例とし、唐を經てやがて北宋眞宗時の撰『雲笈七籤』に至るまでの道教科儀書・類書に數多く散見される。引用は若干の字句の相違がある外、ほぼ現行本と一致していると言ってよく、現行の注釋本二書の成立した北宋以前に於ける引用例の一致を以て、ひとまずこの間の來歷を保證することができるであろう[12]。

b　現行本と異なる字句について

しかしながら、決して見逃すことの出來ない言及例が佛教書中に存している。この點についても更に別稿を用意しているので要點を述べるに止めておくが[13]、まず唐初の僧法琳撰『破邪論』卷上の言及に「道經師敬佛文」の例として、件の西昇經を引用して「老子西昇經云、吾師化遊天竺、善入泥洹」という[14]。これは現行本西昇經第一章に「老子西昇、開道竺乾。號古先生、善入無爲。不終不始、永存綿綿。是以昇就、道經歷關（老子、西のかた昇り、道を竺乾に開けり。古先生と號し、善く無爲に入る。終はらず始まらず、永く存すること綿綿たり。是を以て昇就せんとし、道すがら關を經歷せり）」とあるその冒頭句に類似するが、現行本のように「善入無爲」ではなく「善入泥洹」と記してあると云うのである。更に唐高宗時に玄嶷の撰した同樣の護教書『甄正論』卷中では「此（西昇）經の首章に云ふ」として「老子西昇、聞道竺乾、有古先生、不生不滅、善入無爲、綿綿長存。是以昇就」と云っており[15]、ここでは「善入無爲」とするも、注意されるのは「開道竺乾」とあるのが「聞道竺乾」となっていることである。續けて『甄正論』は西昇經第三九章について「經末に又た云ふ」として「老子謂尹喜曰、古先生者、吾之師也。還乎無名。吾今昇就、亦返一源」と引用しているが[16]、これも現行本の、「老子曰、喜、吾重告爾。古先生者、吾之身也。今將返神、還乎無名。絶身滅有、綿綿常存。吾今赴矣。亦返一原（老子曰く、喜よ、吾れ重ねて爾に告げん、古先生とは、吾の身なり。今、將に神を返し、無名に還らんとす。身を絶ち有を滅し、綿綿として常に存せん。吾れ今、赴かん。亦た一原に返らん）」に比べ、「吾之身也」が「吾之師也」とあるというのが、やはり問題なのである。

整理すると、佛教側でいうこの「泥洹」「聞」「師」と道教側、卽ち現行本にいう「無爲」「開」「身」とどちらが原句であったかということであるが、佛教側の言う通りであるとすれば、老子化胡説の影響下に於ける述作と説明付けても、胡地に於いて主であるはずの老子の役回りが全く逆のものになってしまうのである。佛が師では老子は下風に立つこととなろう。

ここでまず「竺乾」の語に着目すれば、用例は少ないが、東晉の支遁の「釋迦文佛像讃[17]」にこれが「化融竺乾」とある。ところが同じ支遁の「月光童子讃[18]」では「乾竺」と、逆轉させた例が見受けられる。「乾竺」とは「天竺」とみて差し支えなかろうし、こちらが語順としてはともかく正しかろう。實は「竺乾」とする「釋迦文佛像讃」の場合こそ、韻を踏ませるために逆轉させてあったのである。

西昇經の場合も韻を踏ませるために「竺乾」と逆轉させたものと考えられる。卽ち「乾、洹、綿（更に續く「關」）」が脚韻を踏むのであり、そうなるとここは、「無爲」ではなく「泥洹」でなくてはならない[19]。もとより -n の語尾を持たない「爲」では、脚音は踏めないはずである。また「竺乾」の用例は殆どこの支遁の讃くらいにしか見あたらず、成立を考える上で一箇の判斷材料ともなるであろう。また道教側では南宋の謝守灝撰『混元聖紀』巻三に「老君曰、聞、開導竺乾、有古先生」云々とあって[20]、更に唐初尹文操の撰かと目される『太上混元眞錄』に「古先生吾之師者、亦寓言也[21]」と見えており、各々「聞くならく」、「亦た寓言なり」と、思うに共々苦しい對應をすることによって、却って佛教側の指摘を傍證してすらいるのではなかろうか。

ここに西昇經は唐初の佛教者の主張通りの記載を持っていたと推斷することができ、西昇經はもと、佛教に共感する立場を採っていたことすら判明しよう。道教側では『破邪論』の主張を受けてかどうか、韻を無視してまでも急遽書き改めた次第なのであろう。

「泥洹」の語は佛典漢譯の初期、所謂古譯の時代の「涅槃」nirvāṇa の譯語であり、その交替期は、舊譯到來の鳩摩羅什を挾んでの約一世紀程と考えられる。[22] この「泥洹」の語もまた西昇經の成立を考える上での指標となるであろう。

c　著錄以前の引用について

さて、ちょうどその劉宋期以前の資料で、西昇經と明記しないまでも、内容的に一致する記載を止めるふたつの資料が存在している。まず『無上祕要』巻一〇〇所引の『老子妙眞經』（以下、妙眞經と略す）佚文である。[23] この書もかつて道藏太玄部に西昇經と竝んで收藏されていたものであるが、現在は散逸して斷片を止めるに過ぎない。既に章を改めて對照表を掲示したのでここでは省略するが、[24] この妙眞經佚文は西昇經の冒頭三章の抄出からなっており、ひとまず妙眞經が西昇經と一連のものであり、西昇經成立以後に述作されたことが窺える。妙眞經の確かな言及初例は五世紀後半、謝鎭之の「重與顧道士書」なる、[25] 顧歡の『夷夏論』に對して提示された駁論中にその名が見られる。更に、論者によって推定年代に若干の差があるが、ほぼ五世紀前半頃の成立とみられる道典に『正一法文天師教戒科經』所收の「大道家令戒」があり、これにも妙眞經の名が見えているので、[26] その成書年代はこれを遡ることは確實である。

さて、いまひとつは『弘明集』巻一所載の『正誣論』の記載である。その殆ど巻頭近くに「夫尹文子《ママ》卽老子弟子也。老子卽佛弟子也。故其經云、聞道竺乾、有古先生、善入泥洹、不始不終、永存綿綿（夫れ尹文子は卽ち老子の弟子なり。

老子は卽ち佛の弟子なり。故に其の經に云く、聞道くならく、竺乾に古先生有り、善く泥洹に入る。終はらず始まらず、永く存することと綿綿たり、と[27]」とあって、明記はないが唐初に佛教側が西昇經にあると主張した通りの句がここに見られるのである。この『正誣論』はせいぜい遲くとも東晉中期頃までには述作されたと考えられる文獻であり[28]、そうすると西昇經の成立をそれ以前に遡らせて考えることが可能であるかどうか。

ちなみに葛洪の『抱朴子』巻一九遐覽篇は西晉末までの道典を數多く著錄するが、西昇經の名はそこに見られず、成書年代の上限を考える上での判斷材料となろう。唯、同じ葛洪の『神仙傳』巻一老子傳には「西昇中胎」なる書名が見えるが、現行本『神仙傳』は明代の雜輯に成り[29]、また同じ內容が唐初の王懸河撰『三洞珠囊』では『神仙傳』と言及されることなく引用されていて[30]、これが當初からの記載とは考えにくい。

以上を目處とすれば、西昇經の成立は、外面的には『抱朴子』と『正誣論』の閒、卽ち東晉前半頃が割り出されてくるのである。次章では西昇經の神仙思想を軸に、その思想史的位置について考察を展開させることとしたい。

第二節　西昇經の思想について――神仙術を中心として――

a　「養神」の重視

まず西昇經の思想を最も端的に語ると思われる第一四章の一節を提示しよう。

先づ諸欲を捐て、意をして逸せ令むること勿れ。靜處に閑居し、齋室に精思せよ。丹書萬卷も、一を守るに如かず。

先捐諸欲、勿令意逸。閑居靜處、精思齋室。丹書萬卷、不如守一。

さて、人欲を廢し、隱遁して「守一」なる瞑想を行うこと、それは金液神丹に優ると說く。ここで金丹に對し「守一」法を優位に置いていることに着目しておきたい。更に第七章を見ることとする。

言有僞眞、僞道養形、眞道養神、眞神通道、能亡能存。……形爲灰土、其何識焉。耳目聲色、爲子留衍。鼻口所喜、香味是怨。身爲惱本、痛痒寒溫。意爲形思、愁毒憂煩。吾拘於身、知爲大患。觀古視今、誰存形完。吾尙白首、衰老［熟年］（孰免）。吾本棄俗、厭離世間、抱元守一、過度神仙。子未能守、但坐榮官。

言に僞眞有り、僞道は形を養ひ、眞道は神を養ふ。眞神は道に通じ、能く亡び能く存す。……形は灰土爲れば、其れ何をか識らん。耳目の聲色は子の留衍爲り。鼻口の喜ぶ所の香味は是れ怨たり。身は惱本爲りて、痛痒寒溫す。意は形の思ひ爲りて、愁毒憂煩す。吾、身に拘ること、大患爲るを知る。古へを觀、今を視るに、誰か形を存して完たからん。吾、白首を尙ぶも、衰老［熟年］（孰か免れん）[31]。吾は本と俗を棄て、世間を厭離し、元を抱き一を守りて、神仙に過度せり。子は未だ守る能はずして、但だ榮官に坐す。

以上、極く一般的な神仙術に見られる「養形」、卽ち身體の保全を圖ることに對し、西昇經はこれを「僞道」と云って退け、「眞道」として「養神」、精神の護持を最重要視する。外物を受容する身體竝びにそれに伴う感覺諸器官は苦惱の根源であるとさえ云うのである。容易に想像されるように、これは先秦道家思想に由來するものであろう。道德經第一二章に「五色は人の目をして盲なら令め、五音は人の耳をして聾なら令め、五味は人の口をして爽は令め、馳騁田獵は人の心をして發狂せ令め、得難きの貨は、人の行をして妨げ令む（五色令人目盲、五音令人耳聾、五味令人口爽、馳騁田獵、令人心發狂。難得之貨、令人行妨）」と云い、第一三章に「吾に大患有る所以は、吾に身有るが爲なり。吾れ身無きに及んでは、吾れ何の患ひか有らん（吾所以有大患者、爲吾有身。及吾無身、吾有何患）」と云う。或いは『莊子』

刻意篇に「悲樂は德の邪、喜怒は道の過、好惡は德の失なり。故に心、憂樂せざるは德の至りなり（悲樂者德之邪、喜怒者道之過、好惡者德之失。故心不憂樂、德之至也）」と云う。刻意篇は人のあり方を道引を事とする「養形」の人を含む五種類に分け、理想的なそれとして「養神」の眞人をいうものであるが、續けて水の性質を比喩に採って、「純粹にして雜らず、靜一にして變らず、淡にして無爲、動いて天行、此れ養神の道なり。……純素の道、唯だ神是れ守る。守りて失ふこと勿くんば、神と一爲り。一の精は通じて、天倫に合す。……素とは、其の與に雜はる所無きを謂ふなり。純とは、其の神を虧かざるを謂ふなり。能く純素を體する、之を眞人と謂ふ（純粹而不雜、靜一而不變、淡而無爲、動而天行、此養神之道也。……純素之道、唯神是守。守而勿失、與神爲一。一之精通、合于天倫。……素也者、謂其無所與雜也。純也者、謂其不虧其神也。能體純素、謂之眞人）」という。同じく『莊子』達生篇にも「悲しきかな、世の人以爲らく形を養へば以て生を存するに足る、と。而るに形を養ふこと果して以て生を存するに足らず、則ち世、奚ぞ爲すに足らんや。爲すに足らずと雖も、而も爲さざるべからざる者は、其れ免れずと爲す（悲夫、世之人以爲養形足以存生、而養形果不足以存生、則世奚足爲哉。雖不足爲而不可不爲者、其爲不免矣）」とあり、西昇經の「養神」重視はこうした傳統的道家説を承けたものであるに違いない。

但しこの道家との關連は、直接的に魏晉期以降の玄學に於ける老莊思想の流行に惹起されたという、それだけではないようである。というのも、今一度第七章を見てみると、傍點の箇所、耳・目・鼻・口・身・意という、中國傳統思想でいう「五官」ではなく、佛教にいう所謂「六根（六情・六身識）」の觀念が見えているからである。東漸早期の佛典に於いては、實践的な修行法として『佛説大安般守意經』等の數息觀を始めとする禪經類が受容されたが[32]、例えばこの書には「無爲に二輩有り、外の無爲有り、內の無爲有り、眼は色を觀ず、耳は聲を聽かず、鼻は香を受けず、口は味を味はず、身は細滑を貪らず、意は志念せざる、是を外の無爲と爲し、數息・相隨・止・觀・還・淨、是を內の無爲と爲すなり（無爲有二輩、有外無爲、有内無爲。眼不觀色、耳不聽聲、鼻不受香、口不味味、身不貪細滑、意不志念、是爲外無爲、數息・相隨・止・觀・還・淨、是爲内無爲）」とあり、(33)感覺器官に對する認識は西昇經のそれと軌を一にしていると言える。また「安般守意とは名づけて意を御して無爲を得るに至ると爲すなり（安般守意、名爲御意至得無爲也）」と云う。(34)逆に「無爲」もまた古譯にあっては「涅槃」の譯語のひとつであった。

傳來初期の古譯佛典に道家色が看取されるのは、譯經僧達が中國諸思想中の比較的思想内容の類似する道家文獻に譯語の素材を求めたためであるが、その古譯時代晩期にあって、格義佛教と格闘し續けていた釋道安の『陰持入經序』に「陰持入とは、世の深き病なり。人心を馳騁し、德を變じて狂と成す。耳をば聾にし口をば爽はして、榮寵を耽醉せしめ、癡を抱き冥に投ぜしめ、三趣に酸號せしむ。其の病爲るや、猶ほ癲疾のごとく、猶ほ癲蹶のごときなり。……（大聖は）大寂を以て至樂と爲し、五音も其の耳を聾する能はず。無爲を以て滋味と爲し、五味も其の口を爽はすこと能はず（陰持入者、世之深病也。馳騁人心、變德成狂。耳聾口爽、耽醉榮寵、抱癡投冥、酸號三趣。其爲病也、猶癲病焉、猶癲蹶焉。……（大聖）以大寂爲至樂、五音不能聾其耳矣。以無爲爲滋味、五味不能爽其口矣）」と見える。(35)先に引用した道德經第一二章の句を用いて佛の存在樣態を表現しているが、西昇經が東晉前半頃の成立であるとすれば、これ等は同時代性を見出し得る資料として掲示してもさして不都合はないように思われる。また同じく『道地經序』に「夫れ道地とは、應眞の玄堂、升仙の奧室なり（夫道地者、應眞之玄堂、升仙之奧室也）」と云えば(36)「成佛」の道は未だ「昇仙」の域を脱してはいないかのようであり、或いはまた「竺乾」の語を用いていた支遁は、既に清談佛教徒と呼稱される代表的人士であったが、その「釋迦文佛像讃」に於いては、釋迦の出家を「皇儲の重寶より脱れ、無待にして以て輕擧せんことを希ふ（脱皇儲之重寶、希無待以輕擧）」とも云っている。(37)既知の通り、佛教という異文化を消化し切る時間的餘裕もまだなく、その理解の鍵となる用語に道家からの借用が多ければ、思考法としては傳統的なそれへと傾斜してしまうのがこの格義時代の限界であるならば、果して東晋前半頃の佛教理解の平行現象として、西昇經のそれを理解することができるのではなかろうか。

b　身體について

以上、西昇經の神仙説の根底となる身體認識には「六根」の觀念が見られた。このことを踏まえて、また次の第一七章を見てみたい。

我を虛に生かし、我を無に置け。我を生かすは神、我を殺するは心なり。夫れ心意は、我の患ふ所なり。我に卽し心無くんば、我、何をか知らんや。我を未だ生ぜざる時に念はば、身、有ること無きなり。直だ氣を積み血を聚むるを以て、我が身を成すのみ。

生我於虛、置我於無。生我者神、殺我者心。夫心意者、我之所患也。我卽無心、我何知乎。念我未生時、無有身也。直以積氣聚血成我身爾。

ここで注目したいのは「直以積氣聚血、成我身爾」との身體認識である。これに類似した表現として想起されるのは、傳説では後漢に迦葉摩騰・竺法蘭の共譯したとする『四十二章經』第二四條に見える「革嚢衆穢」との身體認識であるが、[38] この語は後漢の桓帝に對する襄楷の上奏文中にも「此れ但だ革嚢に血を盛るのみ（此但革嚢盛血）」（『後漢書』卷三〇下襄楷傳所載）と見え、また梁の慧皎撰『高僧傳』卷一一修禪にその傳の見える、東晉後半に生き法顯と共にインドに渡った釋慧嵬の語にも「吾が心死灰の若くんば、革嚢を以て試みらるること無し（吾心若死灰、無以革嚢見試）」とあって、[39] 初期佛教者に共通するいわばスローガンの如き認識であったとさえ思われる。これらによれば、西昇經と初期禪經と影響關係をより一層緊密なものとして考えることができるであろう。[40]

さて西昇經の身體認識はその生成論に裏付けられている。第一五章に

虛無は自然を生じ、自然は道を生じ、道は一を生じ、一は天地を生じ、天地は萬物を生ぜり。萬物は一を抱きて成り、微妙の氣を得て化せり。人は長久の寶を有するも、守ること能はずして欲を益して尊榮せんとす。是れ本を去ると謂ひ、天地の道を生ずるなり。

虛無生自然、自然生道、道生一、一生天地、天地生萬物。萬物抱一而成、得微妙氣化。人有長久之寶、不能守也。而益欲尊榮者、是謂去本、生天地之道也。

とあり、これは道德經第二五、四二章を踏まえたものであるが、さて萬物は生成に際し「一を抱」き「微妙氣」を得て化したと云う。(41) しかし第五章を見るに、やがて、

道の象、形端無く、恍惚として亡きも存するが若し。譬ふるに木を種うるも未だ生ぜず、枝葉根を見ざるが如し。地水火風を合會し、四時の氣、往緣す。……味、異なり、行等しからず、甘辛鹹酸あり。氣の行ること多少ありて、强弱果して均しからず、同じく出でて名色を異にし、各々自ら意因を生ず。是れ從り性行を異にして形身を受くること有り、陰陽の道を含養せり。……（人）本と虛無より出で、感激して精神を生ず。……口氣は呼翕の元なり。身口意、本と爲り、……遂に欒色と連れり。陽を散じて以て明と爲し、氣を布きて六根を成せり。是れ從り生死有り、道は遂に散布せられ分かたれり。本を去りて末に就き、樸を散じて以て淳を澆げり。道は非常を變示して其の眞に歸ら使めんと欲す。

道象無形端、恍惚亡若存。譬如種木未生、不見枝葉根。合會地水火風、四時氣往緣。……味異行不等、甘苦辛鹹酸。氣行有多少、强弱果不均、同出異名色、各自生意因。從是異性行而有受形身、含養陰陽道。……（人）本出於虛無、感激生精神。……口氣呼翕元。身口意爲本、……遂與欒色連。散陽以爲明、布氣成六根。從是有生死、

道遂散布分。去本而就末、散樸以澆淳。道變示非常、欲使歸其眞。

と云うように生成流出過程において、人は四大（地水火風）＝物質との關わりから因緣を生じ、呼吸から攝取される外氣により三業（身口意）を生じ、これがやがて六根と成るとする。このように根源の「道」、「微妙氣」は散じ、個々には外物との關係から生死が發生するというのである。身體はこの悪しき因緣の受信装置であるに過ぎないわけである。

c　「守一」について

それでは如何にしてこの狀況を超えるのか、「因緣」を斷って「泥洹」を得るのか。それが「守一」の實踐である。「守一」の語は道教内では禪觀に程近いものから體内神の存思法など、何等かの修行法や心的態度を示すものの、一概には言えない程多義的に使用されており、また初期の佛典にも禪觀を指す譯語として活用されたという(42)。次の第一二章の記載は西昇經の「守一」の實際を語るであろう。

諸次を觀じて道を爲せ。神を想思に存して、氣を道きて三光に和し、身中に治む所の髣髴の象を念ぜよ。夢寤に神明、忽ち往來せん。

觀諸次爲道。存神於想思、道氣和三光、念身中所治髣髴象。夢寤神明忽往來。

ここにいう「神」は、「髣髴象」と云われることから、斷定はできないとしても、或いはヴィジュアルな體内神を指すのではないか。『抱朴子』内篇巻一八地眞篇はこうした内觀法を取材して、名字・服色を有する體内の「一」を傳えているし、ほぼ東晉期がその形成年代という『太上靈寶五符序』所載の「食日月精之道」や五世紀頃の撰と思われる『老子中經』には、この體内神の存思法が詳述されている(43)。

但し佛典に於いては三國呉の支謙譯『佛説法律三昧經』は既に「内觀歴藏」を禪觀と區別しており[44]、例えば同じ支謙譯『太子瑞應本起經』巻上に「心は自ら開解し、情欲意を却け、惡の改む可きなく、復た計視せず。念思は已に滅し、譬ふるに山頂の泉、水の中自り出て、外に盈流し、谿谷に雨潦するが如く、無縁を得入し、恬淡として一を守り、欣然として移らず。（心自開解、却情欲意、無惡可改、不復計視。念思已滅、譬如山頂之泉、水自中出、盈流於外、谿谷雨潦、無縁得入、恬淡守一、欣然不移）」等と見える[45]靜謐な「守一」は、西昇經のそれとはいささか異なる。この點、西昇經は佛教の禪觀を採らず神仙術の内觀法に則ったと言うべきか。

ちなみに『高僧傳』巻五に見える、東晉前半に生きた竺僧敷が修禪に際して立ち現れる心神に形有りや否やの議論に對して「神無形論」を著したとの同傳の記事は[46]、佛教徒に於いても體内の神が視認されていた場合もあったことが知れ、當時の受容の實状を語るであろう。西昇經では「氣」を導き入れ、これを體内の「三光（日・月・星辰）」と和するという。ここで「守一」とは存思法ではあるまいか。これを西昇經の佛教理解の限界と見るべきか、或いは神仙術としての受容の限度と見るべきであろうか。

d　「氣」について

さて、その「氣」を導入するわけであるが、第二八章をみれば、

天下の柔弱は、氣より過ぐるは莫く、氣は道より柔弱なるは莫し。道の柔弱なる所以は、天地を包裹し、萬物を貫穿すればなり。

天下柔弱、莫過於氣。氣莫柔弱於道。道之所以柔弱者、包裹天地、貫穿萬物。

とあって「守一」により、この道なる氣、或いは氣としての道を「神」に供給すると云う。これを第二〇章では「若

し常に能く清浄無爲ならば、氣自ずから復すなり。未だ生ぜざるに返れば、而ち身無きなり（若常能清淨無爲、氣自復也。返於未生、而無身也）」と云い、第三六章では「人、能く虚空無爲ならば、道を欲するに非ずして、道、自ら之に歸す（人能虛空無爲、非欲於道、道自歸之）」とも云っている。

かくして「神」に道を合し、「神」は道の永遠を得るわけであるが、この導入される「氣」の性格としては、古層は三國以前の成立という(47)『老子河上公注』の「道は萬物の精氣を育養すること、母の子を養ふが如し。道は清淨にして言はず、陰に精氣を行し、萬物自ら成るなり（道育養萬物精氣、如母之養子。道清淨不言、陰行精氣、萬物自成也）二五章注」とか「道は善く人に精氣を稟貸し、且つ之を成就するなり（道善稟貸人精氣、且成就之也）四一章注」等と云うそれが最も近いのではなかろうか。道の齎らす「元氣」が人の生の根源であるとする點に於いてである。しかし兩者の道と氣とは、やがて道教に於いて展開する「道氣」論に比べれば、共々、文字通り未だ熟し切らないものと見ることができる。この「道氣」は「元氣」の同義のみならず神格を有するに至り、東晉中期に起こった上清の啓示を忠實に再現したものという梁の陶弘景撰『眞誥』をはじめ、東晉後半期以降に興った道典に於いて、それは「道君」となって登場し、これがやがては「老君」の眞身とも看作されるに至る(48)。例えば五世紀以降の成立と言う『老子想爾注』第一〇章には「一とは道なり。……一は形を散じて氣と爲り、形を聚めて太上老君と爲りて、常に崑崙を治む。或いは虚无と言ひ、或いは自然と言ひ、或いは无名と言ふも、皆な一に同じきなるのみ（一者道也。……一散形爲氣、聚形爲太上老君、常治崑崙。或言虛无、或言自然、或言无名、皆同一耳）」とあって(49)、何よりも所謂太上道君の祖型として神格化された「道」なる「氣」が指摘されているが、西昇經の「道」は未だそうした神格を有するには至ってはいない、それ以前のものと考えることができよう。また、成立はやはり五世紀以降と見られる妙眞經や『正一法文天師教戒科經』には(50)、この「道」と老子とが既に混然一體となって描かれている他、後者には生成論とも絡め、靈寶經類等の道典で極く一般的に見受けられる「玄元始三氣」説が既に現れており、[51]「道氣」説の更なる展開をこの兩書は經て來ているわけで、この「三氣」説の見受けられない西昇經はやはりこの點に於いても古層に屬する典籍と考えられてくる。

e　結果としての「養形」

さて西昇經では、以上の「養神」による得道の結果、何が待っているのであろうか。例えば「其の身を外にする者は、壽命存するなり（外其身者、壽命存也）第三三章」と道德經第七章を踏まえて云うように、修行者の態度として「養形」を退け、身體への拘泥を戒めるが、第二二章に「神は形を生じ、形は神を成す。形は神を得ざれば、自ら生ずる能はず、神は形を得ざれば、自ら成すこと能はず。形神合同し、更ゝ相生じ、更ゝ相成る（神生形、形成神。形不得神、不能自生、神不得形、不能自成。形神合同、更相生、更相成）」とあるように、實際上、身體を無視するわけではない。この矛盾點を西昇經は如何に解決しているであろうか。第三四章には次のように云う。

道は獨り我に在るのみに非ずして、萬物も皆な之を有す。萬物自ら知らずして、道自ら之に居る。衆人も皆な神を得て生ずるも、自らは神の自ら生ぜるを知らざるなり。……是の故に聖人は神を内に藏し、魄をば出さざるなり。其の母を守らば、其の子全し。

道非獨在我、萬物皆有之。萬物不自知、道自居之。衆人皆得神而生、不自知神自生也。……是故聖人藏神於内、魄不出也。守其母、其子全。

この末尾の「守其母、其子全」の語は王弼の所謂母子本末論に基づくものであろう。道德經第三章の王注に「母を守りて以て其の子を存し、本を崇びて以て其の末を擧ぐ……（守母以存其子、崇本以擧其末）」とある。また續けて第三章注には「皆な其の母を有して以て其の形を存す。故に淸も貴とするに足らず、盈も多とするに足らず。貴は其の母に在りて、母は形を貴とすること無し（皆有其母以存其形。故清不足貴、盈不足多。貴在其母而母無貴形）」と云う。王弼の「母子」は無と有とに對應されるが、西昇經でのそれは「養神」であり「養形」に充てられる。從って「養神」の結果、「形」も保全されるという次第である。結局、西昇經の得道は身體を伴うものであり、佛教に學ぶところがあったにせよ、やはり神仙術の延長上にあったと言えようか。或いはむしろ傳統思想からの脫却が果たし得なかったと見るべきか。

魏の嵇康の『養生論』では形神の竝修が說かれていた。(52)『抱朴子』內篇も基本的にはこれと同じ姿勢を採る。しかしながら實踐面に於いて神仙說は趨勢として「養形」に傾斜せざるを得ないのであろう、葛洪は先に引用した『抱朴子』地眞篇の中で「養（體內）神」を補助的な術としか見ていない。(53)神仙說の一箇の集大成をなした彼の至上とするのは金丹であった。(54)『抱朴子』以降、江南古道教のちょうどそうした方術的神仙說に對する反省、反撥から上清・靈寶等の改良運動が起こってくる。この運動は結局、疑似科學的色彩の強い神仙說を宗教としての道教へと超克させてゆくが、『眞誥』に依れば、上清の啓示は神仙術として草木藥の服用から始まり、房中術・行氣導引・金液神丹、そして內觀法のテキスト『大洞眞經』等の讀誦を最上とする序列付けをなした。(55)後に靈寶經は開かれた教法として戒律と儀禮を整備する。この西昇經の「養神」重視もこうした形勢の中に現れてくるものではなかろうか。西昇經が「丹書萬卷も、一を守るに如かず」（第一四章）と云うのも、こうした流れと無關係ではあるまい。

第三節　西昇經の思想に關する諸問題

以下では本章で扱いきれなかった思想史上見逃せない問題點につき、不十分ながら今後の課題として指摘しておくこととした。

a　原本『關尹子』に關して

先に引いた『莊子』達生篇には、少し後に列子の「至人」に關する問いに答える形で關尹の言を紹介している。卽ち「關尹曰く、……凡そ貌象聲色ある者は、皆な物なり。物と物とは何を以てか相ひ遠からん。夫れ奚ぞ以て先に至るに足らん。是れ形色なるのみ。則ち物の形あらざるに造りて、化する所无きに止まる、夫れ是れを得て之れを窮むる者は物焉んぞ得て止めん。彼、將に不淫の度に處りて、无端の紀に藏れ、萬物の終始する所に遊び、其の性を壹にし、其の氣を養ひ、其の德を含みて、以て物の造まる所に通ぜんとす。夫れ是くの若き者は、其の天は守ること全く、其の神は郤无し。物、奚んぞ自りて入らん、と（關尹曰、……凡有貌象聲色者、皆物也。物與物何以相遠。夫奚足以至乎先。是形色而已。則物之造乎不形、而止乎无所化、夫得是而窮之者、物焉得而止焉。彼將處乎不淫之度、而藏乎无端之紀、遊乎萬物之所終始、壹其性、養其氣、含其德、以通乎物之所造、夫若是者、其天守全、其神无郤、物奚自入焉）」とある。現行本『關尹子』は後世の僞作というが、假に原本が右記に豫想される內容をもっていたとすれば、この場合、同じく關令尹喜に關わるのみならず、思想的な近接が注目され、西昇經述作に際し參考された可能性が大いにあるとすら思われる程である。後考を俟つとしたい。

b　「自然」について

西昇經では、再三に亙って「道とは自然なり」との語が繰り述べられている。(57) この句は唐突に現れ、前後の文脈から理解することも困難に思われるが、管見をまず述べれば、ここでいう「自然」とは、「因緣」に依らざる在り方、不滅の様態を云うと豫想される。劉宋末から南齊にかけて、顧歡の『夷夏論』に始まる論争において提出された駁論に釋僧敏の『戎華論』が在り、[58]ここにおいて道教は「自然」、佛教は「因緣」と、いわばイデオローグ的に振り分けられ、兩者は以後その用法に甚だしく規制を受けることとなるが、漢魏晉に譯出された古譯佛典には、上記のような對立的用例は見られず、むしろ「因緣」を超えた存在様式を「自然」と形容し、對比的に使用されていたようである。尤も佛教者側で「自然」の語に命定の語感を察知し、舊譯の初めごろからその用例は減少したとされる。[59]西昇經では外物により「因緣」に囚れた狀況から「氣」を媒介として不滅の道との冥合を企圖するわけであるが、この場合、道は「因緣」に依らざる「自然」的存在でなくてはならないはずであって、西昇經のこの再三の教説は古譯佛典の用法に共通するものと考えられ、佛教からの道家用語の逆輸入とも云うべき一例をこれより窺うことができるのではないか。但し、道教では『戎華論』以降も「自然」を固有の語として補強し活用していくため、これより年代を割り出したりすることは聊か困難であり、本章では充分に扱い切れなかったものの、參考までに觸れておく。

c　老子化胡説について

西昇經には、老子が西に赴いて（或いは同行する弟子の關令尹喜こそが）釋迦となり、西胡を教化したのが佛教であったとする、佛教東漸初期の後漢以來唱えられていた化胡説の影響下に著述されたと見られる狀況設定があり、それでいてこれが他の化胡説と異なった様相を見せている。化胡説は西晉時に王浮なる人物によって初めて『化胡經』として纏められたとの傳説もあるが、[60]化胡説の主な筋書きは劉宋の成立とされる『三天内解經』にほぼ後世と同様の様相が見受けられる。[61]實は『三天内解經』の場合、既に尹喜が釋迦と變身することとなっており、原型から變容しつつある過程のそれなのであるが、西昇經の場合、通説との決定的な相違點は、尹喜は中國に殘されるということ、また老子が西に赴くことをむしろ「今、將に神を返し、無名に還らんとす。身を絶ち有を滅し、綿綿として常に存せん。吾れ今、赴かん。亦た一原に返らん（今將返神、還乎無名。絶身滅有、綿綿常存。吾今赴矣。亦返一原）第三九章」と云い、老子としてよりも西方での存在様態の方が優れているとすることである。老子は出關の後、忽ち「金人」＝佛に姿を變える。「化胡」の語にこだわるなら、ここでは胡を教化するのではなく、胡＝佛に變化するの意となろうか。老子の「西昇」とは古來、異國情緒に滿ちていた西方、傳統的には天の下都、崑崙山への昇仙というモチーフを踏みしめながら、(62)天上的な佛世界へ、天竺へ、或いは內的には生成過程を遡行しつつ、幾重にも重層する觀念を辿りゆくのであろう。化胡説に立てば、謂わば佛典は總て老子の言説なのであって、傳統思想との黨派的對立はそこには介在しない。そのような情勢の下に於いてでなければ、西昇經のこうした老子觀は生まれないのではないか。この獨自性は、化胡説の展開自體の問題としてその流れの中でいま一度考えてみなければならないであろう。(63)

おわりに

以上見てきたように、思想史的にも西昇經の成立は玄學隆盛の時代、古譯佛典の格義受容の時代、そして道教の胚胎時期がこれにふさわしく、東晉前半頃の『正誣論』までに成立したと見て、さしたる不都合はないと考えられる。佛教東漸以來、その中國的受容の一環として、或いはこれと平行して、道教は神仙説を中心に、在來の宗教思想共々、佛教をも攝取しながら展開してきた。それと自覺され意識された道教は五世紀半ばの三洞説による道藏結集あたりに始まり、顧歡の『夷夏論』に於いて明確に宣言されたと考えているが、(64)このことは同時に佛教に對する中國傳統思想の反撥であったとも考えられる。しかし道教は以後、その「道教」の語自體が一般名詞として、ちょうど「究極の教え」のような絶對的意味で使用されてきた原意をそのままに、一種新興宗教の如く佛教を含むあらゆる宗教思想を學んで、いわば中國宗教の決定版として提示されるが、その都度儒佛の反撃によって、かの固有名詞として相對化された所謂「道教」へと貶められる歴史を繰り返してゆく。西昇經は道藏結集運動の中でやがて四輔に取り込まれることとなるが、このような道教成立のさなかで西昇經が述作されたとは考え難い。それ以前、道教とはまだ呼べない宗教的情念の流れに於いて折衷的解決を求め、試行錯誤的な前道教運動の下、一箇の統一的企圖を狙う書として成ったのが本書ではなかろうかと考えられるのである。

　後に西昇經は上述のように、唐代には司馬承禎の『坐忘論』等の著述に活用され、成玄英、杜光庭等の注釋作業の基底としても活用された。また内丹を事とする金丹道隆盛の北宋代に現行本西昇經の註釋書二本が成書されていることも、本書の性格を考える上で見逃すことはできない。翻って西昇經はその成立時に於ける佛教受容の一資料として、道家思想の一變態として、更に道教胚胎期の一形式としても重要な資料であると考えられる。

　更に詳細な考察を要するが、本章はこうした西昇經について、その大筋を辿ったに過ぎない。大方の叱正を乞う次第である。

注

（1）唐高宗時の尹文操撰（?）『太上混元眞錄』（道藏、第六〇四冊）に詳しい。本書については楠山春樹「函關における老君と尹喜」（『老子傳説の研究』所收、一九八五）參照。

（2）唯一のそれは、盧國龍氏の「『西昇經』成書年代及基本思想」（『中國道教』一九八七—二）であろうか。氏は本書の成立を主に生成論に關する考察から曹魏西晉の樓觀派道士の作（四六〜四七頁）とするが、當時に樓觀派と言ってよい思想媒體が存在していたかどうか疑問である（なお、盧氏の論文は日本中國學會第三九回大會の拙論口頭發表の際に（一九八七、於名古屋大學）大正大學今枝二郎教授より、御教示頂いた）。また藤原高男「『西昇經』李榮注」（『香川大學一般教育研究』二三、一九八三）があり、本文竝びに李榮注の標點、校正が施されていて非常に便利である。拙稿作成に當り參考にさせて頂いた。

さて、西昇經に關する言及例は管見の及んだ限りにおいては、久保田量遠「曹魏西晉時代に於ける道佛二教の關係」（『支那儒佛道三教史論』所收、四五頁）、アンリ・マスペロ「中國六朝時代人の宗教信仰における道教」（川勝義雄譯『道教』所收、四四頁）、福井康順「唐代の化胡經類（下）」（『道教の基礎的研究』所收、二九四～二九六頁）、吉岡義豐「道教の守一思想」（『道教と佛教』第三所收、三〇四頁）、楠山春樹注（1）前揭書四一一～四一七頁、Erik Zürcher, *The Buddhist Conquest of China*, 1959, Leiden, pp.311～313. リヴィア・コーン（明神洋譯）「道家・道教の神祕主義における永遠の生命」（坂出祥伸編『中國古代養生思想の總合的研究』所收、五三二～五六〇頁）がある。この內、成書年代についてマスペロ教授は西曆紀元の始めといい、吉岡教授は西晉としながらも六朝宋までの成立諸段階を疑い、福井教授は東晉初、コーン博士はツュルヒャー博士の説を承けてか五世紀代とするが、いずれもその根據はまだ明確ではない。

（3）本編第一章。

（4）各々、道藏、第四四九～四五〇册、第三四六～三四七册。なお、御注本は「道藏輯要」尾集五にも收められている。

（5）韋節、徐道邈、李榮については注（2）前揭コーン氏論文五三三頁に簡介がある。沖玄子については南宋の『昭德先生讀書後志』卷二に「同玄子注西昇經四卷」なるものが著錄され「竺乾古先生、非釋氏之號」と謂うとあり、『西昇經集註』第三九章に引く沖玄子注が「古先生」を老子の「別號」として延々力說していることから推せば、この同玄子を沖玄子に擬定できよう。なお、三浦理一郎氏によれば、編者晁公武の父の名が「沖之」であり、これを諱避したものと考えられる。また、『昭德先生讀書後志』は同玄子を『新唐書』卷五九藝文志三に見える「戴詵老子西升經義一卷」をそれと推測している。劉仁會については未詳。なお、陳景元（碧虛眞人）の傳としては『道德眞經藏室纂微開題科文疏』卷一第三b以下（道藏、第四二〇册）が最も詳しい。明神洋氏の御教示による。

（6）道藏、第七六二册、卷二第一〇b。

（7）〔P．二三三七、二六三行目〕。本書は道藏第七六〇～七六一册に『洞玄靈寶三洞奉道科戒營始』として入藏され、その巻四第七ａにやはり同文が見えるが、西昇經をそこでは二巻とする。しかし他の例はすべて一巻とするので、誤寫と見ておく。
（8）道藏、第九九〇册、巻上第五ａ。
（9）道藏、第一五三～一五八册、『茅山志』巻二二所收、第一四ａ。
（10）唐の李渤撰「眞系」（道藏、第六七八册、『雲笈七籤』所收、巻五第一二ｂ～第一三ａに「潘師正・徐道邈同得祕訣、爲入室弟子。陳羽・王軌次之」とある。
（11）『坐忘論』のテキストはとりあえず『雲笈七籤』巻九四所收本を參照。西昇經第二六、七、一二、一九章を引く。神塚淑子「司馬承禎『坐忘論』について」（『東洋文化』六二）參照。
（12）引用例については本編第一章附載の「稿本『老子西昇經』」凡例參照。
（13）本編第三章に收める「佛道論爭に於ける『老子西昇經』」。
（14）大正藏、五二、四七七頁ｃ。
（15）大正藏、五二、五六四頁ｃ。
（16）同右、五六五頁ａ。
（17）大正藏、五二、『廣弘明集』巻一五所收、一九六頁ｂ。
（18）同右、一九七頁ｃ。
（19）宇井伯壽「インド語より見たシナ文字の發音（支讖の譯語に於ける音譯一斑）」（『譯經史研究』所收、五三七頁）に依れば、洹は bān, ban もしくは pān, pan であり、桓は vān, van、乾は gan, kan と云う。
（20）道藏、第五五一～五五三册、巻三第七ｂ。
（21）注（1）前掲書、第二三ａ注。
（22）羅什譯『妙法蓮華經』は涅槃を使用する。涅槃の語は北方に先例が見えるが、劃期的に入れ替わったのはやはり羅什以降であろう。東晉譯の六巻泥洹經が、劉宋の四十巻大涅槃經へと展開したのが好例である。本編第三章、注（21）參照。

（23）道藏、第七七九册、巻一〇〇第四b～第五b。妙眞經については、本編第四章參照。
（24）本編第一章參照。
（25）大正藏、五二、『弘明集』巻六所收、四二頁c。
（26）道藏、第五六三册、第一四a、第一六b。
（27）大正藏、五二、『弘明集』巻一所收。七頁b。
（28）本書の成書年代については、注（2）前掲福井論文、二九五頁參照。
その成立は東晉初期と指摘されるが、これは上限であって、下限としては東晉中期までの閒と考えられる。
（29）福井康順「神仙傳」（『福井康順著作集』巻二、二〇四頁）參照。
（30）道藏、第七八〇～七八二册、巻八第三b。この點に關しては、注（29）前掲書、一八七～一九〇頁參照。
（31）現行本は共に「熟年」に作るが、『道教義樞』巻一第七a引文により「敦兒」と改めた。本編第一章附載「稿本『老子西昇經』」參照。
（32）佐々木憲徳『漢魏六朝禪觀發達史論』（一九三五、再版一九七八）「本論」の内、「譯經時代　漢魏西晉期」「啓蒙時代　東晉前期」參照。また塚本義隆『中國佛教通史』第一巻「西晉宗教界特に佛教界の動向」（一九二一～一九五頁、一九七九）參照。
（33）後漢安世高譯、大正藏、一五所收、一六七頁c。なお、注（19）前掲宇井書（二三五頁以下）に依れば、拙論で引いた前者は本文、後者は註文に分割されるようである。『佛説大安般守意經』には江南に於いて、韓林、皮業といった人物を交えながら安世高－陳慧－康僧會という傳統を有していた（大正藏、五五、梁僧佑撰『出三藏記集』巻六所收、康僧會撰『安般守意經序』四二頁c）。
また、支遁の上記書にも佛の修行を「安般」と記していること等、このことは言及初例と考えられる東晉の『正誣論』と併せて、西昇經形成の地理的條件を江南と推測させる一助となろう。
（34）大正藏、一五、一六三頁c。

(35) 大正藏、五五、梁僧佑撰『出三藏記集』巻六所收、四四頁c。
(36) 同右、巻一〇所收、六九頁。
(37) 注(17)前掲書、一九五頁c。
但し東晉の佛教はやがて般若の「空」解釋が話題の中心へと移行するが、西昇經にそれを意識した議論は見られないように思われる。
(38) 大正藏、一七、七二三頁b。
(39) 大正藏、五一、三九六頁b。
なお、安世高譯の『十二門經』には「有時自計、我端正好、便當自念、身中無所有、但有肝腸脾肺骨血尿溺、有何等好」と云う(東晉郗超撰『奉法要』所引、大正藏、五二、『弘明集』巻一三所收、八七頁c)。兩者は發想を同じくするものであろう。
(40) 拙論で觸れるものも含め西昇經に見える佛教語、或いはそれと覺しき語彙は以下の通り。乙密(四、一四)、地水火風、往緣、身口意、六根(五)、因緣、載劫(九)。この内「乙密」の語だけは正體がよく解らない。詳しくは、本編第三章、注(28)參照。
(41) 生成論に關しては西昇經天地章第八に「天地與人物、本皆道之元、倶出於太素、虚无之始端、髣髴之精光。微妙之上玄」と見え、所謂「四始」の一、「太素」の語があるが、この一箇所に止まる。
(42) 注(2)前掲吉岡論文、三二六～三三一頁參照。
(43) 本書第四編參照。
(44) 大正藏、一五、四六〇頁b。
(45) 大正藏、三、四七七頁a。
(46) 大正藏、五〇、三五五頁b。
(47) 注(1)前掲楠山書所收「河上公注の成立」一五二～一五六頁參照。

（48）この「道氣」の語については麥谷邦夫「『老子想爾注』について」（『東方學報』五七、一九八五）に詳述されていて、本稿作成上、大いに參考になった。
（49）饒宗頤撰『老子想爾注校箋』一三頁、第一〇章注。
なお、『老子想爾注』については最近のものとして、右の麥谷論文の外、小林正美「『老子想爾注』の成立について」（秋月觀映編『道教と宗教文化』、一九八七）があり、從來說の再檢討がなされている。小林論文からは「道君」について多大の示唆を得た。
（50）注（23）前掲書卷一〇〇第五a、竝びに注（26）前掲書第一三b。共に、道が獨語する形式で、道の道德經傳授を述べている。
（51）注（26）前掲書第一二a。
（52）「君子知形恃神以立、神須以存、……故修性以保神、安心以全身、……」。
（53）「守一」は金丹成就までの鬼神避けの術であるらしく、長生の術の一助であって不死の術ではないらしい。
（54）卷四金丹篇に『黃帝九鼎神丹經』を引き「雖呼吸道引、及服草木之藥、可得延年、不免於死也。服神丹令人壽無窮已」とする。
（55）『眞誥』卷五第一一b。
（56）以下に擧げた三點の他にも、本稿で及び得なかったものに西昇經と道德經注との關係に關する問題がある。先に觸れた河上公注、王注を含め、この點に關しては稿を改めて論じたいと考えている。
（57）西昇經中の「自然」の用例は第一、二、三、五、六、七、八、一一、一八、二八、三六、三八章に見える。
（58）大正藏、五二、『弘明集』卷七、四七頁c。
（59）中嶋隆藏「六朝後半より隋唐初期に至る道家の自然說」（『六朝思想の研究』所收、六七六頁）參照。また佛教經典に見える「自然」については右の外、森三樹三郎「『無量壽經』三譯にみる「自然」」（『老莊と佛教』所收）、福永光司「自然と因果」（『中國の哲學・宗教・藝術』所收）があり、更に吉野寬治「中國佛教における自然」（『群馬大學教養部紀要』一一、一九七七）、末木文美士「『大阿彌陀經』における「自然」」（『宗教研究』二四三、一九八〇）、同「漢譯般若經典における「自然」」（『東洋文化研究所紀要』九一、一九八二）は用例の徹底的な收集検討がなされていて有益である。
（60）大正藏、五五、『出三藏記集』巻一五、一〇七頁c。
（61）道藏、第八七六册、巻上第四a～b。
（62）曾布川寛「崑崙山と神仙圖」（『東方學報』五一）參照。
（63）西昇經の述作者像を考える場合、老子化胡說信奉者のみならず、道德經と佛教とに違和感を感ずることなく、その調和を圖った『牟子理惑論』（大正藏、五二、『弘明集』巻一所收、一頁b～七頁a）等の古典的佛教受容者の立場を、この時代にまでも繼續して想定してよいかもしれない。
（64）管見は酒井忠夫・福井文雅「道教とは何か」（『道教の總合的研究』所收、一九七七）を參考にしているが、この論文がそこまで斷定しているわけではなく、文責はあくまで筆者にあることに豫め注意されたい。

第三章　佛道論爭に於ける『老子西昇經』

はじめに

老子は、關令尹喜に『老子道德經』を傳授したばかりでなく、その後更にその奧義書を幾册も開陳したとする傳說が道教に存している。(1)本章に取り上げる『老子西昇經』(以下、西昇經と略す)も、こうした老子經類の一書である。本書の論旨を窺うに、かなり特異な立場を有する書であり、他の道典に比べれば、殊に佛教思想受容に於いて獨特の教說を示しているという點に於いて特徵付けを行ってもよいであろう。その故にか本書は、歷史上の著名な佛道論爭等に於いて必ずや佛教側の攻擊對象となってもいる。とりわけ唐代の佛道論爭に於いて西昇經は、史上にわかにクローズアップされた感がある。唐高祖の武德四(六二一)年、太史令傅奕の「寺塔僧尼沙汰十一條」上書(2)に始まる中國宗教史上最大規模の佛道論爭に於いて、佛教側がしばしば攻擊對象として取り上げたのは「靈寶經」であり「昇玄經」、そして件の西昇經等、思うに佛教色の濃い道典類であった。

さて、現行本西昇經末尾第三九章の一節には例えば次のように見える。

老子曰く、喜よ、吾れ重ねて爾に告げん。古先生とは、吾れの身なり。今、將に神を返し、無名に還らんとす。身を絕ち有を滅し、綿綿として常に存せん。吾れ今赴かん。亦た一原に返らん。(3)

西昇經には、所謂老子化胡說の影響を思わせる記述が他にも見られるのであるが、とりわけこの箇所は老子が奧旨を説き終え、關令尹喜に別れを告げて西方に向かう場面であり、老子はこの後、忽ち「金人」＝佛に姿を變えたと云う。既に「亦返一原」と云うこと等、ここで西昇經は老子の西方でのあり方をより優れたものとして表明しているのではなかろうか。

管見によれば、現行本は唐代佛道論争以後、一部道教的に書き換えが施された。にもかかわらず、右のような逆化胡説とも言うべき表現がいまなお殘存しているのである。

現在、西昇經のテキストは「正統道藏」中に、北宋の陳景元纂集『西昇經集註』六卷、徽宗御注本『西昇經』三卷の二種が存し、また後者は「道藏輯要」にも收められている。(4) この二種はほぼ同系統の傳本であり、筆者はこれらを使用して既に稿本を作成している。(5)

來歴について、また思想史的位置付けについては前章に論じたので、(6) ここでは再論をなるべく避けることとして、本章では言及資料の多さから唐代の佛道論争を中心に、何故西昇經がそうした中で攻撃對象とされたかを解明することを主眼に、佛道二教の本書の取り扱いを通して、西昇經の本來的な性格、成り立ちに及んで考えてみたい。

第一節　西昇經冒頭句、及び末尾句について

唐代佛道論争に於いて西昇經が佛教側の批判の對象となった理由のひとつとして、その冒頭句、及び末尾句の記載の問題がある。現行本や他書の引用するものとは異なった表現が、佛教側の西昇經引文に見受けられるのである。

佛教護教書の一、法琳の『破邪論』の巻上に「道經師敬佛文」の例として、西昇經を引用して「老子西昇經云、吾師化遊天竺、善入泥洹」と見える。(7) これは現行本西昇經第一章に、

老子西昇、開道竺乾。號古先生、善入無爲。不終不始、永存綿綿。是以昇就、道經歴關。

とあるその冒頭句に類似しているが、現行本のように「善入無爲」ではなく「善人泥洹」と記してある、と云う。更に高宗時に登場し、その習熟度に於いて道教側にかなりの衝撃を與えたのではないかと考えられる書に玄嶷の『甄正論』があり、その巻中に「此（西昇）の經首章に云ふ」として「老子西昇、聞道竺乾、有古先生、不生不滅、善入無爲、綿綿長存。是以昇就」と云ってもいる。(8) ここでは「善入無爲」とするも、注意されるのは「開道竺乾」とあるのが「聞道竺乾」となっていることである。更に『甄正論』は「經末に又た云ふ」として「老子謂尹喜曰、古先生者、吾之師也。還乎無名。吾今昇就、亦返一源」と引用しているが、(9) これも現行本第三九章の、

老子曰、喜、吾重告爾。古先生者、吾之身也。今將返神、還乎無名。絶身滅有、綿綿常存。吾今赴矣。亦返一原。

に比べ、「吾之身也」が「吾之師也」となっているところに、やはり相違點がある。

問題を整理してみれば、佛教側でいうこの「泥洹」「聞」「師」と道教側、則ち現行本にある「無爲」「開」「身」とどちらが正しい句であったのか、つまり元來の西昇經にはどう書かれてあったのかということになる。これが佛教側の企てた批判のための策略では決してなく、假にかく云う通りなのであったとすれば、單なる字句の相違以前に、西昇經の本來的な性格を全く逆の方向で考えなくてはならない。西方竺乾の「古先生」に對する老子の役回りが一般的な化胡説とは異なって、從屬的なものとなろう。

これに對する道教側の眞向からの反論は殘念ながら見當らない。しかし、かなり苦しい對應と思しき表現が幾らか見受けられる。まず「師」については、『太上混元眞錄』が「或云、古先生吾之師者、亦寓言也」としたり、(10) 西昇經冲玄子の同章注に、後人が勝手に改めた（「後人妄改云」）等と云ってみたりする。(11) また「聞」についても、南宋の謝守灝撰『混元聖紀』に「老君曰、聞、開導竺乾、有古先生、善入無爲、云々」、則ち「きくならく」と先ず見えてい

て[12]、一種合理的な處理が施されていることからすれば、「聞」についても道教側には否定し切れないものがあったことが窺えるのではなかろうか。佛教側が引用文のようなテキストをわざわざ作成し流布させたと考えない限り、かく云う西昇經の存在を否定することはできないように思われる。更に參考されるのは、南宋の晁公武撰『郡齋讀書志』の續編、『昭德先生讀書後志』巻二の西昇經に關するコメントに「其（西昇經）の首に稱す」として「老君西昇、聞道竺乾」とするテキスト例のあったことを傳えていることで、中立的立場からの言及として大いに注目されよう。本書にはまた、徐道邈注本では「善入無爲」が「善入泥丸」とあったとの興味深い例についても指摘がある[13]。

それでは殘る「泥洹」についてはどうであろうか。これが本來音寫語であるだけに猛反發があってよいはずであるが、道教側はこれについて何も語らないのである。

しばし本題を措き、まずこれに大いに關わる「竺乾」という言葉について觸れておきたい。畢竟「竺乾」とは「天竺」を指すのであろう。「乾」が天と同音であるからであり、『甄正論』は『易』を引き、この逆轉を誤寫とみなす[14]。「竺乾」の用例は少ないが、東晉の支遁の「釋迦文佛像讚」にこれが「化融竺乾」と見える[15]。ところが同じ支遁の「月光童子讚」では「乾竺」とあり、逆轉させた例が見受けられる[16]。「天竺」がHindhu（またはSindhu）の音寫語であれば、こちらが正しい語順なのであろう。「竺乾」とする「釋迦文佛像讚」の場合、實は韻を踏ませるために逆轉させてあったのである。則ちその脚韻を取り出せば、「天、傳、先、乾、源、玄」とある。これを西昇經の場合で考えてみるとどうであろうか。

結論から言えば、西昇經の場合も韻を踏ませるために「竺乾」と逆轉させてあったと考えられるのである。則ち「乾、洹、綿（更には關）」が脚韻を踏むのであり、そうなるとここは「無爲」ではなく、「泥洹」でなくてはならない。謝靈運の「泰山吟」の脚韻を擧げれば「天、綿、然、篇」であり、「綿」が「天」と通じることがわかる。同じく

「過始寧墅」のそれは「遷、年、堅、便、山、沿、綿、漣、巓、旋、言」である。「三月三日侍宴西池詩」は「傳、天、艱、眷、衍、殿、宴」であり、阮籍の「詠懐詩」のそれは「漫、言、餐、歎、愆、元、桓、顔、冠、蘭」で、かくして「言」・「年」、「衍」と同音の「愆」を媒介に、残念ながら直接に「洹」の脚韻用例を見出すことはできなかったけれども、同韻の「桓」を通して「乾、洹、綿」が音通であることが確認できるであろう。これが -n の語尾すら持たない「爲」では脚音は踏むことができないはずである。(17)

ここに西昇經は唐初の佛教者の主張通りの記載を持っていたと推斷することができ、また西昇經が當初、實は佛教的色彩の濃い性格を有していたことが判明しよう。道教側では『破邪論』等の主張を受けてか、韻を無視してまでも急遽書き改めた次第なのであろう。これが『甄正論』には「善入無爲」と見えることから、書き換えの期は兩書の間であると見ることができようか。

なお、『弘明集』巻一所載の『正誣論』に次のような記載が見られる。(18)

夫尹文子卽老子弟子也。老子卽佛弟子也。故其經云、聞道竺乾、有古先生、善入泥洹、不始不終、永存綿綿。

「其經」と云うのみで明記はないが、唐初に佛教側が西昇經にあると主張した通りの句がここに存在しているのである。この『正誣論』は遲くとも東晉中期頃までには述作されたと考えられる文獻であり(19)、そうすると西昇經の成立を遙かこの時代にまで遡らせて考えることが可能であるが、成立に關しては別の章に論じたのでここでは詳述しない。(20)但しこの『正誣論』引文は正確な脚韻を留めているだけに、唐代の護教書の引くそのどれよりも、付け加えれば現行道藏本よりも更に原本西昇經の記載に近かろう。この脚韻について更に付け加えれば、例えば『破邪論』の引く「吾師化遊天竺、善入泥洹」等という句は「竺乾」と記されていないからには、原文を離れ要點をのみ抄出して述べられていたものであることがわかる。原型としてはともかく『正誣論』引文に従わなければならないと考えられる。

また「泥洹」の語は佛典漢譯の初期、所謂古譯の時代の nirvāṇa「涅槃」の譯語である。その交替期は、舊譯到來の鳩摩羅什を挾んでの約一世紀と見られ、西昇經がこの「泥洹」の語を用いていたというのは、成立年代を考える上での一つの目安となるであろう。(21)

第二節　『甄正論』の見た西昇經

佛教護教書の中で唯一、西昇經の思想内容にまで立ち入って言及しているのが玄嶷の『甄正論』である。思うに本書は北周の甄鸞撰『笑道論』(22)、法琳の『破邪論』等と同樣、論敵の道典をかなりよく學んで論駁を展開していると看て取れる。その西昇經に對する言及を見てみると、かなり長文に亙る論評を加えており、唐代の佛教者の本書に對する見解を詳述するものとみることができる。以下にその言及箇所を掲げてみよう。

A、尹喜又錄老子與喜談論言旨、爲西昇記。其中後人更增加其文、參糅佛義。大旨略與道經微同、多說人身心情性、稟生之事、修養之理、夭壽之由。後人又改記爲經。此經首章云、「老子西昇、聞道竺乾、有古先生、不生不滅、善入無爲、綿綿長存、是以昇就」。經末又云、「老子謂尹喜曰、古先生者、吾之師也。還乎無名。吾今昇就、亦返一源」。參驗此言、足明老子知有釋迦。所以捨官西赴、還乎無名者、涅槃之理。返一源者、不二之稱、一中之本、眞如之體也。吾之師者、老子將就釋迦、摳衣學道、故遙尊曰「師」。竝是老子西昇經文、旣稱佛是己師。如何翻云化胡爲佛。若老子本擬往天竺化胡、何所迴避而言「聞道竺乾、有古先生、善入無爲」。化胡之義、此其虛也。但其文合云乾竺。乾者天也。故易☰☷二卦以象天地。足知乾者天之謂也。後人抄寫誤昇竺字於乾字之上、故云竺乾。又案西蕃、葱嶺以西至于西海、東西南北唯有五天。無竺乾之國。明是後代傳寫誤也。老子不化胡之跡、居然可知[23]。

B、公子曰、西昇之經、老子所說不同。靈寶天尊之僞與佛經事跡頗亦相參。經云「老子說、學道成聖、積行艱苦。故云、動則經再劫自惟甚苦勤」。此則具論劫數之事、何可異焉。

先生曰、西昇之記、誠老子所說。後人加增佛事、雜糅其文。案老子道德二篇、元無劫數之旨。何因西昇記內卽有劫數之名。又此土書史竝無劫事。道家所說與俗頗同。咸云、天地未分之前、混沌無形。二儀開後、物象方著、本無劫壞劫成之義。且佛法未融東夏之前、此土唯有劫殺劫賊之事、無劫數劫名之文。此記所論劫者、佛經至此之後、道士等盜竊佛經之劫、加增西昇記。文欲參亂佛劫、以代混沌之說。……

公子曰、西昇論劫、子謂後人增加、所說因果罪福修善攘災、不無其事。……[24]

C、先生曰、道經除道德二篇・西昇一卷・又有黃庭內景之論、自餘諸經咸是僞修[25]。

さて先ずAは、尹喜が老子との談論の要旨を記録した、もともと西昇記と呼ばれていた書を基に後人が造構して佛教教義を加え、やがて記を改めて經としたという。そして內容を趣旨としてはほぼ道典と相通ずと概述した上で西昇經首章の「老子西昇、聞道竺乾、有古先生、不生不滅、善入無爲、綿綿長存、是以昇就」、更に經末三九章の「老子謂尹喜曰、古先生者、吾之師也。還乎無名。吾今昇就、亦返一源」という問題の句を引き、以下これを論評する。

「此の言を參驗すれは、老子の釋迦有るを知ることを明らかにするに足らん。官を捨て西のかた赴きて、無名に還りし所以は、涅槃の理なり。一源に返るとは、不二の稱なり。一中の本、眞如の體なり。「吾之師」とは、老子の將に釋迦に就き、衣を摳ひて道を學ぶ、故に遙かに尊して「師」と曰へり。竝に老子西昇經の文は、既に佛を稱して是れ己が師とす。如何が翻つて胡に化して佛と爲ると云はんや。若し老子、本と天竺に往きて胡に化すに擬せば、何所れぞ迴避して「聞道竺乾有古先生善入無爲」と言はん。胡に化すの義、此れ其れ虛なり。但だ其の文に合《まさ》に「乾竺」と云う。「乾」とは天なり。故に易の☰卦は以て天地に象るなり。乾とは天の謂なるを知るに足るなり。後人の抄寫して誤りて「竺」の字を「乾」字の上に昇せる、故に竺乾と云ふ。又た西蕃を案ずるに、葱嶺以西、西海に至るも、東西南北に唯だ五天有るのみにして、乾竺の國なし。是れ後代の傳寫の誤なること明らかなり。老子に化胡の跡なきこと、居然に知るべし」。末文等は恐らく勘ぐり過ぎであろうが、Aはこの後、老子化胡説について延々と批判を加え、その中でも「但し老子當に關を過るの日、自ら云へらく、竺乾に古先生有り、と。……西昇の首章を驗するに、化胡の末句に類するも、彼の談と此の説と終始參差す(26)」と引照の材料にされている。「化胡の末句」とは前文から判斷するに化胡成佛を謂うようであるが、この引文は一般の化胡經とは異なって西昇經はむしろ佛教に共感しているではないかとの指摘に使用されている。

さてBでは、『甄正論』に於いて對論者に擬せられた「滯俗公子」の言として、西昇經は老子道德經の所説とは異なり、まるで佛教經典そっくりである、靈寶經の「天尊」という大噓も佛經中の事跡に餘りにも類似している、とする。例えば西昇經に「老子說、學道成聖、積行艱苦。故云、動則經劫自惟甚苦勤」（現行本第九章）と云えば、この經が佛教で言う劫數（Kalpa）の事を論じているところ等は佛典そっくりではないかと云う。これについて「甄正先生」が言う、西昇經の記載は本當は老子の所説だったはずが、後の人が佛教思想を學んで加增し、元々の文に混入させたようなのです。老子道德經を見ても、そもそも「劫」の思想なぞありません。どうして西昇記に「劫」の語が見えるのでしょうか。……そもそもこの中國には「劫」の事など有史以來の文書に記錄は有りませんでした。……佛教經典がこの國に傳來し譯出されてから、道士共が佛典の「劫」の觀念を盜みとって西昇記に加增したものなのです。……

次いで「公子」が言う、西昇經が「劫」を論じているのは、先生は後人が增加した結果であり、因果・罪福・修善・攘災等の佛教の所説についても西昇經にそういった思想が確かにないではない、と言われた、云々。……

Cは更に强硬な立場を示していよう。道教經典の内、老子道德經上下二卷、西昇經一卷・黄庭內景經以外はみんな僞物であると云うのである。この選擇基準が本當は奈邊にあるのかは未詳ながら、この內西昇經に限っては『甄正論』の痛烈な皮肉が込められているように思われる。

以上、內容面に關しては思想史上からも『甄正論』の批判は、「竺乾」についてのそれを除けば、概ね正しいと言ってよかろう。西昇經は佛教語を隨所に使用していたのである。

第三節　西昇經中の佛教語

『甄正論』の指摘を現行本に引き當てることができるということは、玄嶷の見た當時の西昇經が何も特殊な傳本ではなく、現行本と大差のないテキストであったことが保證されよう。まず盛んに指摘された「刼」について、これを說く第九章をみれば、まず「上世始まりて以來、更はるところ沙塵の如し。動けば則ち載刼有り、惟れ自り甚だ苦勤せり（上世始以來、所更如沙塵。動則有載刼、自惟甚苦勤）」というのが、『甄正論』の問題にしている部分なのであろう。本章にはまた「智も亦た濁り生ぜず、皆な須く因緣に對ふべし（智亦不濁生、皆須對因緣）」とあるように、「因緣」の語も見えている。ここで更に佛教語使用の顯著な第五章を少し見てみよう。

道象無形端、恍惚亡若存。譬如種木未生、不見枝葉根。合會地水火風、四時氣往緣。氣爲生者地、聚合凝稍堅。……氣行有多少、强弱果不均、同出異名色、各自生意因。從是異性行、而有受形身、含養陰陽道。……（人）本出於虛無、感激生精神。……口氣呼翕元。身口意爲本、……。散陽以爲明、布氣成六根。從是有生死、道遂散布分、去本而就末、散樸以澆淳。道變示非常、欲使歸其眞。

本章を見れば、西昇經の思想が古來の道家思想と初期の修禪佛教との接合の上に成り立っていることが理解されるであろう。生成流出過程において、人は「四大（地水火風）」＝物質との關わりから「因緣」を生じ、呼吸から攝取される外氣により「三業（身口意）」を生じ、これがやがて「六根」となるとする。このように根源の「道」、「微妙氣」は散じ、個々には外物との關係から生死が發生するというのである。それでは如何にしてこの狀況を超えるのか、「因緣」を斷ち根源の道へと立ち還るか。それは「守一」の實踐である。「丹書萬卷も、守一に如かず（丹書萬卷、不如守一）」（第一四章）というのが西昇經の神仙思想の根幹にあり、詳細は別の章に委ねるが、「守一」の語は道教に於いて樣々な修行法を指す用語であり、同時に初期の佛典にも修禪を指す譯語として見えるものでもあった(27)。

西昇經に見える佛教語、或いはそれと覺しき語彙は他に「乙密」（四、一四）(28)、「地水火風」、「往緣」・「身口意」・「六根」（五、九）等がある（括弧内は西昇經の章數を示す）。「乙密」の語のみは未詳であるが、以上の語はほぼ古譯佛典の段階から既に紹介されていた初歩的觀念と見てよいであろう(29)。

西昇經のこの佛教との關係は、何れに由來するのであろうか。成立の當初からのものであるのか、それとも『甄正論』に云うように後世の造構にかかるものなのであろうか。

ちょうど西昇經と佛教の關係について、唐の懷信『釋門自鏡錄』卷上に次の如き記事も見える(30)。

智稜俗姓賈、幼出家事沙門道乘、爲師聰悟過人。長於諧謔、善涅槃淨名。尤攻數論。莊老二書彌所留意。後値寇還俗、生計屢空。而爲道士孟悉達、往來提誘、給以資費、晨夕曉喩、使作黃巾。稜愧其爲惠因從之。既夙有聲聞、便爲道宗、解西昇妙眞及諸大義、皆稜之始也。而道家諸經略無宗指、稜遂參佛教爲之潤色。武帝未捨道時頗引稜、於五明殿竪義。稜暮年於妙門館、爲諸道士講西昇經。在席者數百人、而盛引佛經剖析符會。抗辭正氣、欣然自得、俄而失音、舌卷下唇、齒相去數寸。但流淚而已。遂死於講座焉。識者聞之、以爲破法之驗也。

智稜は俗姓を賈といい、涅槃淨名を修め、とりわけ數論に詳しく、老荘を兼學してもいた僧侶であった。何らかの事件により還俗して、食うにも困ったが、道士の孟悉達が彼を援助した。そこで智稜はこれに報いんと西昇經・妙眞經等の道教思想書を敷説することとした。こうした道典の潤色は實は智稜が先縦を爲しているのである。道典は思想的裏付けがしっかりしていないので、稜は佛教思想を交えて西昇經に潤色を加えた。梁の武帝がまだ道教をも崇拜していた頃はしばしば稜を引見し、教義を正したこともあった。稜は晩年妙門館に於いて、道士たちに西昇經を講じていた。數百人が參席し、盛んに佛經を活用して經を剖析符會していた。悠々自在の様子であったが、突然聲を失い、舌を嚙み切ってその場で死んでしまった。識者はこれを聞き、佛法に背いた報いと噂した、と云う。

さて、この記録自體を信じてよいものかどうか、まずそれが問題となるが、佛道の對立が尖鋭でない末端では在り得た事として理解できよう。しかしながら上記の如く、現行本西昇經の記載に古譯佛典の譯語しか見られず、假にも智稜の梁代に西昇經の造構があったとしても、梁代佛教を反映する思想狀況を現行本に窺うことができない以上は、ひとまず智稜系西昇經（また妙眞經）、或いはその注釋書は現在に傳承されなかったことは推測できるのではなかろうか。

また、記録に殘されなかったものの、『甄正論』の訝ったように、或いはこの智稜のような人物の手に因って西昇經に佛教的色付けが施されたとも考えられるが、あくまでそれは想像の域を出るものではなく、西昇經冒頭句の原型が、古譯時代の東晉の『正誣論』引文に見えることを例に採れば、西昇經の佛教色は當初からのものであったと考えてよさそうに思われる。

第四節　西昇經の佚文について

北周の道安撰『二教論』孔老非佛第七挾注に「老子西升經云、天下大術、佛術第一」との句が存在している。(31)これは現行本に見られない佚文とも考えられる。しかし續けて「又西昇玄《ママ》經云、吾師化由天竺、善入泥洹」と見えることから、實はこちらが明らかに西昇經冒頭からの引用であって、兩者が入れ替わっているものとまずは推測される。後者は恐らく「昇玄經」の誤寫でもあろうと考えられる。ところが、この句は實は『辯正論』卷五にも、同樣に「西昇又云、天下大術、佛最第一」と見えるのである。(32)『辯正論』もこの文に先立って西昇經の冒頭句を引用していて、この點『二教論』と同樣であるが、但しそれは「又云」とあるのみで西昇經と云っていないばかりか、これに續く「西昇又云」とする引用箇所になって初めて經名を出す等、文章に混亂が見られる。こうした混亂についていえば、實は北周の甄鸞撰『笑道論』にはまた「化胡云、天下大術、佛術第一。昇玄云、吾師化遊天竺」(33)と、『二教論』や『辯正論』で西昇經の句とされたものが、ここでは「化胡云」として引用されているのである。そうしてまたここでも西昇經冒頭句に類似した「吾師化遊天竺」との語が『昇玄經』からの引用とされていることも併せて考えなければならないようである。

上記のように原本西昇經が佛教に共感する立場を有していたのであれば、この「天下大術、佛（術）最第一」の句を西昇經佚文と判斷するとしても、差し仕えはないであろう。この句ひとつの存在が西昇經の内容に著しい變更を迫るわけではなく、今となってはむしろ、あったとしても原本西昇經にふさわしい句であるとすら言って過言ではなかろう。しかしながら、この句は結局、孫引きからなる誤傳ではなかろうかと考えられるのである。これら一連の護教書は、先行する同種のそれを恐らくは參考したであろう。まず『笑道論』と『二教論』に關して言えは、共々問題の二句に先立って、中國の佛教者が佛教の初傳に關して常々言及する『列子』巻四仲尼篇の「西方之有聖者人焉」という有名な句に言及しており、殆ど同じ構成を採っている。また、例えば法琳が西昇經冒頭句を攻撃する先述の『破邪論』に於いて、假に「天下大術、佛術第一」の語が座右の西昇經に在ったなら、これほど攻擊に格好の句を何故そこでこそ取り上げてこないのか疑問であると言わざるを得ない。決して推測の域を出るものではないが、こうした事態は、法琳の實見した西昇經にその句が見出せなかったからではないか。

一方の『昇玄經』もまた西昇經同様、佛道論争中にしばしば言及され、これも道典にあって佛教的な内容や姿勢を持っていたことが『破邪論』等で指摘されている。例えば「道士設齋供、若比丘來者、可推爲上座、好設供養、道士經師、自在其下。若沙門尼來聽法者、當隱處安置、推爲上座。供主如法供養。不得遮止」という句が『昇玄經』には見られたと云う(34)。この書は現在、散逸して一部を道藏中に收める他、敦煌資料中にいくつかの斷片を止めるに過ぎない。その斷片中の一、『太上洞玄靈寶昇玄内教經』（DX九〇一）にこの問題に關して參考となる表現形式が見受けられる(35)。それは「如諸水中、海爲第一」（一三行目）、或いは「於諸經中、最爲第一」（一四行目）、「以何義故、得爲第一」（一六行目）、「兼攝衆經、而爲第一」（一七行目）といった「～第一」とする同様の四字句が見えることである。これよりすれば、先の護教書が西昇經に云うとする「天下大術、佛術第一」の句が、實は『昇玄經』にあったとしても少しも不思議ではないと考えられてくるのである。

また逆に『昇玄經』が佛教的内實を持っていたのであれば、これに「吾師化遊天竺」という句があってもよさそうであるが、『昇玄經』に登場する張道陵は「道陵又曰、臣於此經、已有至信」（一六行目）等と云うように、自らを「臣」と稱し、西昇經のように師弟關係ではなく、君臣關係を採っているようで、これは成り立ち難いであろう。

以上の理由からここでは、要するに引用が錯綜しているのであって、「天下大術、佛術第一」の句は西昇經の逸文ではないと推斷しておきたい。

第五節　元代佛道論爭に於いて

老子化胡説が最後に問題となった元代、師子比丘述註の『折疑論』巻四に次のような插話が載せられている。[36]

敢問、老聃還知西方有聖人者無。妙明曰、善哉汝之問也。吾昔嘗遊華清宮、道士鴻濛老人、邀予登玉女閣、啓經藏出函匣、觀道籍籙、得西昇經首帙。讀其文曰、吾師化遊天竺、善入泥洹。予謂鴻濛曰、若指佛歟。鴻濛曰、吾不敢果以爲然也。予曰、若非指佛、誰爲老氏之師也。又得古道元皇歷云、天竺有古皇先生、卽吾師也。善入泥洹、化遊天竺、今已返神、還乎無名。絕身滅影、不始不終、綿綿長存。吾今遊矣。

さて玉女閣に古本の道典を參觀したところ西昇經の首帙を見出した、そこには「善入泥洹」と記してあったと云う。しかしながら、これをいまや佛教側からなす虛構の辯と看取することができるであろう。獅子比丘が古本西昇經に見えるとして引用した句は「天竺」等と云う以上、脚韻を無視しており、これが必ずや唐代の佛教護教書等から學びとって書き寫してきたものであることがわかるからである。いまやもう『正誣論』の記載のように「聞道竺乾、有古先生、善入泥洹、不始不終、永存綿綿」とあったとしていない限り、原文とみなすことはできない。この手の記事は結局、批判のための批判からなる中傷に過ぎないと判斷できよう。更に引用する「古道元皇歷」がどのような書であるのか未詳であるが、引文を見るに、かつて唐代に繰り廣げられた論爭に於いて指摘された西昇經の首章及び末章の句の批判に都合のよい箇所だけを抄出したかのようであって、これについても事實としては甚だ疑わしいと考えられる。

同じく元の釋祥邁撰『辯僞錄』巻二所載の「欽奉聖旨禁斷道藏僞經」には化胡經類と竝んで西昇經の名も見える。[37]元代の化胡經類焚書の中、それでも西昇經はこれを免れ、明版「正統道藏」に收藏されて今日に傳わる。

おわりに

いったい西昇經とは如何なる立場の書であったのであろうか。化胡說については本章では殆ど觸れなかった。以上の考察から既に明らかであるように、やはり西昇經も化胡說のもとに述作された書なのであろう。しかしながら一般的な化胡說とは異なり、胡を教化するのではなく胡＝佛に變化するとし、存在樣態として西方の佛の方がより優るものとする。關令尹喜が佛に化したというヴァリエイションも通說の中にあるが[38]、西昇經では第三九章に云うように彼は中國に殘されるのである。この西昇經の化胡說は極く初期的な展開の一つとみてよいであろう。いまや西昇經は本來、むしろ佛教に共感をすら抱く立場からする述作なのであったのではないかと考えられてくるのである。

道教が道教として明確に意識されるのは道藏三洞四輔結集の運動と共に生じてきたものと考えているが、顧歡の『夷夏論』の登場は道教の誕生を高らかに宣言するものでもあった[39]。ここで佛教は外來宗教であり、道教はその佛教のアンチテーゼとして確立されたかのようである。一方で、『笑道論』が指摘しているように、道藏結集に際しては壓倒的な佛經に對抗してか、諸子百家の書までおのが經藏に加えもしたという[40]。西昇經は佛教に共感を持っていたとしても、一切經に入藏する類の書ではもちろんない。やや難があるにせよ、諸子に比べればまだ老子の所說であるだけ、道藏こそがその落ち着き先として殘されよう。西昇經はこうした對立的圖式の生じる以前に成立を遂げていたのではなかったろうか。

新興宗教としての道教がその時々に於ける宗教的情念の統合化に成るとするなら、實に本書は學び過ぎていたと言えるのかもしれない。翻って佛教側は、端的に言って道教の中の佛教的要素、道教が佛教からかつて學び取り、その教説の根幹にすら取り入れてしまっているその無節操と言える姿勢をこそ攻撃していた。唐代の佛教者には、かつての格義時代、卽ち中國傳統思想のとりわけ道家用語を借用して外來思想としての佛教を解讀しなくてはならなかった時代の佛教に決別せんとしていたのではないかという語氣すら感じられてならない、と言えば言い過ぎであろうか。

本書は道教史のみならず、中國佛教史に於いても參考されるべき資料なのではなかろうか。道教文獻である以前に、中國宗教史上にあって類のない特筆すべき書であると筆者には思われるのである。

注

（1）このあたりの傳説については唐高宗時の尹文操の撰とも言われる『太上混元眞錄』（道藏、第六〇四冊）に最も詳細である。本書については楠山春樹「函關に於ける老子と尹喜」（『老子傳説の研究』所收、一九八五）がある。
（2）『廣弘明集』巻一一所收（大正藏、五二、一六〇頁）。この閒の事情については久保田量遠「唐代に於ける佛道二教の抗爭」（『中國儒道佛三教史論』所收）等參照。
（3）老子曰、喜、吾重告爾。古先生者、吾之身也。今將返神、還乎無名。絕身滅有、綿綿常存。吾今赴矣。亦返一原。
（4）各々道藏、第四四九～四五〇冊、第三四六～三四七冊、道藏輯要、尾集五。
（5）本編第一章附載、稿本『老子西昇經』。
（6）本編第二章。
（7）大正藏、五二、四七七頁c。
（8）大正藏、五二、五六四頁c。

（9）同右、五六四頁c。
（10）道藏、第六〇四冊、第二三a。
（11）道藏、第四五〇冊、『西昇經集註』巻六第一四b。
（12）道藏、第五五一～五五三冊、巻三第七b。
（13）注（5）前掲稿本參照。
（14）大正藏、五二、五六五頁a。
（15）大正藏、五二、『廣弘明集』巻一五所收、一九六頁b。
（16）同右、一九七頁c。
（17）宇井伯壽「インド語より見たシナ文字の發音（支讖の譯語に於ける音譯一斑）」（『譯經史研究』所收、五三七頁）に依れば、洹は bān, ban もしくは pān, pan であり、桓は vān, van 乾は gan, kan と云う。
（18）大正藏、五二、『弘明集』巻一所收、七頁b。
（19）本書の成書年代については、福井康順「唐代の化胡經類（下）」（『道教の基礎的研究』所收）二九五頁參照。
（20）本編第一章參照。
（21）羅什譯『妙法蓮華經』は涅槃を使用する。涅槃の語は北方に先例が見えるが、畫期的に入れ替わったのはやはり羅什以降であろう。東晉譯の六巻泥洹經が、劉宋の四〇巻大涅槃經へと展開したのはその好例であろう。慧遠は泥洹、涅槃を共用した（とりあえずは『慧遠研究』遺文篇附載、島田虔次編『大乘大義章索引』參照）が、『肇論』は總て涅槃を用いている（伊藤隆壽編『肇論一字索引』參照）。但し顧歡の『夷夏論』（『南齊書』巻五四同傳所載）には、まだ「泥洹仙化、各是一術」と見える。
（22）大正藏、五二、『廣弘明集』巻一〇所收。
（23）大正藏、五二、五六四貢c～五六五頁a。
（24）同右、五六七頁a。

（25）同右、五六九頁c。
（26）同右、五六五頁c。
（27）道佛兩教の「守一」の用例については吉岡義豊「道教の守一思想」（『道教と佛教』第三所收）參照。
（28）この「乙密」の語だけは意味がよく解らない。が、『太平經』巻一一一に「天君日夜預知、天上地下中和之間、大小乙密事、悉自知之」（王明編『太平經合校』〈中華書局、一九六〇〉五四四頁）、「故以貪進、受其乙密、征營門閤、不敢自息、欲得教戒、稟其不及」（同、五五八頁）と見え、あながち佛教語とも言い切れないようである。
（29）これ等の觀念については概ね後漢安世高譯の『佛說大安般守意經』（大正藏、一五所收）等の初期禪經から學んだものと想像するが、時間の觀念としての「劫」については注（25）前掲書『正誣論』にも引く西晉法立・法炬共譯『大樓炭經』（大正藏、一所收）に詳述されている。
（30）大正藏、五一、八〇九頁c。
（31）大正藏、五二、『廣弘明集』巻八所收、一三九頁c。
（32）大正藏、五二、五二四頁a。
（33）大正藏、五二、『廣弘明集』巻一〇所收、一五二頁a。
（34）大正藏、五二、四七七頁c。
（35）大淵忍爾『敦煌道經』圖錄篇、二八七頁b。
（36）大正藏、五二、八一五頁a。
（37）大正藏、五二、七六四頁b。
（38）化胡說については福井康順「老子化胡經」（注（26）前掲書所收）、吉岡義豊「老子變化思想の展開」（『道教と佛教』第一所收）、楠山春樹「老君傳の研究」（注（1）前掲書所收）等參照。
（39）酒井忠夫・福井文雅「道教とは何か」（酒井忠夫編『道教の總合的研究』所收、一九七七）に負うが、こうした限定は管見による。

（40）大正藏、五二、『廣弘明集』巻一〇所收、一五二頁b。
三十六。諸子爲道書者、玄都經目云、道經・傳記・符圖・論六千三百六十三巻。二千四十巻有本、須紙四萬五十四張。其一千一百餘巻經傳符圖、其八百八十四巻諸子論。其四千三百二十三巻、陸修靜錄、有其數目及本竝未得。

第四章　老子妙眞經小考

——附、『老子妙眞經』輯佚稿——

はじめに

『老子道德經』の奥義書と稱し、また老子の所説と主張する道教經典は、道教史全般を通して常に形成されてきたと言って過言ではあるまい。道藏目錄を繙けば、「老子」の名を冠する數多くの道典が見受けられ、樣々な立場からする教法をそれぞれに展開している。道教に於ける老子、乃至『老子道德經』の尊奉は、既に後漢代の五斗米道に見られるものであって[1]、こうした老子經類の形成されるべき機運は、道教史の早初期から存していたと言うことができる。『老子妙眞經』（以下、妙眞經と略す）もまた、そうした道典のひとつである。

梁末頃までに成立していたという『洞玄靈寶三洞奉道科戒營始』卷四法次儀には、六朝の古道典に雜って古層の老子經類が陳ねられており、妙眞經の名もまたこれに見えている[2]。

老子道德經二卷　河上眞人注上下二卷　五千文朝儀雜説一卷　關令內傳一卷　戒文一卷受稱高玄弟子

老子妙眞經二卷　西昇經二卷　玉歷經一卷　歷藏經一卷　老子中經一卷　老子內解二卷　老子節解二卷　高上老子內傳一卷　皇人三一表文兼前稱太上高玄法師

同様の記載は唐代玄宗の初年、先天元（七一二）年に道士張萬福によって編纂された『傳授三洞經戒法籙略說』巻上にも見られ、「妙眞上下二巻」と著錄されている。(3)

老子經類は、道藏三洞四輔分類の內、四輔に配置され、中でも太玄部は『老子道德經』及びその註釋書を中心として構成されていた。唐代高宗時の孟安排の編に成る『道教義樞』巻二の七部義、太玄部の條を見れば「太玄は、重玄をば宗と爲す。老君の說く所なり。……而るに尹生の受けし所は、唯だ道德・妙眞・西昇等の五巻を得るのみ。按ずるに正一經に云ふ、太上親ら天師に太玄經を授けり。二百七十巻有りき、と。推檢するに、是れ漢安元年七月なり。此經を得て爾來世に傳わり、乃ち今日に至るなり(4)」とあって、妙眞經も太玄部經典に分類されていたことが知れる。しかしその一方で太玄部は、狹義にいくらかの科儀書を伴うも、『老子道德經』とその注釋類の十巻にのみ限定する立場もあったことが『傳授經戒儀注訣』序次經法所載の經目によって知られる。(5) この場合、件の妙眞經や『老子西昇經』（以下、西昇經と略す）などは除外されてしまう。太玄部の規定に關する詳細は不問とするが、そうした微妙な位置にあったためか、妙眞經は唐代以降、いつしか散逸してしまったようで、諸書に佚文としてわずかに殘存し、その姿を垣間見せているに過ぎない。

本稿では、前文として妙眞經の來歷に關するいくつかの事項について私見を述べ、以下に可能な限りに於いて蒐集した妙眞經佚文を附す。

第一節　佚文の殘存狀況

妙眞經の引用は、北周の道教類書『無上祕要』[6]に見られるのがその初例のようである。全部で十一條あり、初例にして以下に見る諸書の中で最も數が多い。というよりも、唐代までの書で妙眞經を引用するものが極めて稀なのである。例えば妙眞經と共に言及される西昇經を、『道教義樞』は十一條引用しているが、妙眞經については、上述の太玄部解說の部分でその名を擧げているに過ぎない。見落しがないとすれば、管見の及ぶ限りでは『藝文類聚』や『初學記』等の一般類書に於いて、一例も見出すことができなかった。その理由について今は判然としないが、佚文から見て妙眞經が、道教經典にあって神仙說をほとんど說くことがなく、極めて老莊的内容を持っていることから、好道者にあまり利用されることがなかったからかと思われる。ともかく以下に擧げる道教類書でしか、ほとんど取り上げられることもなかったのではなかろうか。

まず、『大道通玄要』なる書から四例。この書は敦煌遺書であり、現行本は存在していないが、八種の斷片を眺めると、やはり道教類書のひとつで、大淵忍爾博士によれば、玄宗の開元七（七一九）年頃の成立という[7]。それから朱緒（字は法滿）撰『要修科儀戒律鈔』[8]に一例。これも唐代の書であり、朱緒の傳は南宋陳葆光撰『三洞羣仙錄』[9]に見えるが、年代は定かではない。

また北宗眞宗時に編纂の『雲笈七籤』[10]に二條を引くが、これらの孰れも唐代までの書を收載する部分からである。特に卷九四所載の『坐忘論』は睿宗・玄宗と交涉のあった司馬承禎の作であるが、單行本の『坐忘論』序は[11]『雲笈七籤』收載本のそれに比べ、序の後半を缺いており、妙眞經を引く部分が單行本の序には見られないので『雲笈七籤』本を使用した。ちなみに、本邦元祿五（一六九二）年刊行の、竹中通庵撰『古今養生錄』卷七情志編に妙眞經を一條引用しているが、これは『坐志論』序の引用と同文であり、『雲笈七籤』からの孫引きと考えられる[12]。

以上の外、やはり敦煌本で大淵博士の言う「經名未詳道經類書　其二」から一例を拾ったが[13]、年代は不明である。

それから道宣撰『廣弘明集』巻九所載、北周の甄鸞の『笑道論』に「妙眞偈」なる書が引用されているのであるが、[14]これについては次節で觸れる。

引用例については以上であり、宋代以降にこれを捜し求めることはできないようである。著錄にしても、南宋の謝守灝撰『混元聖紀』巻三に言及例があるが、この書は老子の歷代化現を說く書であって、必ずしも座右に妙眞經を備えていたわけではなかろう。『崇文總目』等にも見えず、西昇經については四種に言及する『文獻通考』經籍考（巻五二）も、妙眞經には觸れることがない。

ちなみに五代後晉の少帝開運二（九四五）年に成った『舊唐書』巻四七經籍志下には「老子西昇經一巻」と著錄があるに竝んで、「老子探眞經一巻」という書名が見られる。妙眞經が上下二巻本であったことは先に見てきたところであり、後の輯佚（稿）の5には「妙眞經巻上」という表現もあって、唐代の妙眞經が一巻本ではなかったことが知れる。故に、これが本來「老子妙眞經」とあるべきの誤寫と一概には言えないが、しかし道藏に「老子探眞經」の名は見えないし、かつて著錄された例もないことから、巻數の相異は氣になるが、これを妙眞經の著錄と見てよいかも知れない。これを襲う『新唐書』巻五九藝文志三にも「老子探眞經一巻」とあるから、これはもとからの誤寫であったのであろう。

ただし『舊唐書』經籍志は、玄宗の開元九（七二一）年に成った『羣書四部錄』二百巻を、後にその編纂にも參加していた毋煚が四十巻に鈔して『古今書錄』としたものを轉載しているのであるから、妙眞經はここに、ますます唐代以前に限られることとなる。舊唐志の序に據れば、安祿山の亂以降、唐末に及ぶ幾多の戰亂によって、『羣書四部錄』編纂時には具備されていた書籍が次々と失われていったという。道士すらもさして採用せず、また祕府の藏本についても右の如くであったとすれば、妙眞經は唐代後年に逸失してしまったのであろうか。

第二節　成立年代について

妙眞經の成書年代は、いつ頃まで遡れるのであろうか。この問題については小林正美博士が既に論及し[15]、前提として、年代のほぼ確認できる言及初例を『弘明集』巻六所載、謝鎭之の「重與顧道士書」に見える「道家經籍簡陋、多生穿鑿。至如靈寶・妙眞、採撮法華、制用尤拙[16]」という記事に求めている。この書は謝鎭之が、顧歡の『夷夏論』に對しこれを論駁せんと著された書簡であり、博士はその年代を劉宋の泰始六（四七〇）年前後と見ている。これを妙眞經成立の確かな下限とすることができるであろう。更に博士は右の資料から成立の上限をも想定している。博士は『妙眞經』は法華經を採撮したものである、という批判は、現存の『妙眞經』の逸文を見る限り、當を得ているとは思われない」としながらも、ともかく「この批判の言葉から『妙眞經』が鳩摩羅什の法華經の翻譯（東晉・弘始八年。四〇六）以後に成立した、と推察できる」、というのは「もし『妙眞經』が鳩摩羅什の法華經の翻譯以前から既に世に流布していたのならば、このような批判を顧歡に公然と言うのは憚るであろう。『妙眞經』と併記されている『靈寶經』が鳩摩羅什の法華經の翻譯以後に成立していることも、この推測の確かさの證左となろう」という。從って成立の上限を博士は東晉の弘始八（四〇六）年とするわけであるが、この點については聊かの疑問を感じないではない。博士も指摘するように、靈寶經についてはともかくも、妙眞經が法華經を「採撮」して成ったとは考え難い。謝鎭之は靈寶經と妙眞經が同時期に出現したと見ていた、という一證は右の資料から窺えるのであろうが、妙眞經を敢えて法華經に關連付ける理由はまだ明確ではないと思われるのである。或いは單に博士はここで、その年代のみを問題にしたのであろうか。

ここで興味深い資料をひとつ取り上げておきたい。北周の甄鸞撰『笑道論』に見える記載である。同様の記載は他に唐初の法琳撰『辯正論』巻八にも見えている。

改佛經爲道經者、如妙眞偈云、假使聲聞衆、其數如恆沙、盡思共度量、不能測道智。臣笑曰、此乃改法華、佛智爲道智耳。(17)

この「妙眞偈」なる書が、いかなる性格のものであるかは不明であるが、偈文であるからには經文に附随していたものと思われる。その經とは件の妙眞經であろうか。「妙眞偈」はしかし、妙眞經佚文を見渡しても、思想も文體も明らかに異っている。それでも名稱の一致に拘わるとすれば、この「妙眞偈」の作者は、系統の異る妙眞經を自らの流派に引き寄せて利用しようと試みたものと考えるより外はなさそうで、同時期の成立とは考えにくい。

もしこの「妙眞偈」を謝鎭之が見ていたとするならば、甄鸞も批判するように、法華經を「採撮」したと評するのも首肯できよう。これを劉宋時にまで遡らせることは、靈寶經形成の場合から考えれば不可能ではない。

ちなみに妙眞經と佛教との關係については、唐の懷信撰『釋門自鏡錄』巻上に具體的な例が見受けられる。梁の頃に還俗し孟悉達に勸められて道士となった沙門の智稜があったが「解西昇妙眞及諸大義、皆稜之始也。而道家諸經略無宗指、稜遂參佛教爲之潤色」(18)と云う。事實とすれば「妙眞偈」の成書はこの智稜との關わりに於いても考えられてくるであろう。

これ以上の考察を展開することは今はできないが、それでも「妙眞偈」は決して無視することのできない資料ではなかろうか。

以上の外に、或いはまだ言及初例を遡らせる可能性のある資料が存している。『正一法文天師教戒科經』(19)中の一篇

「大道家令戒」の記事がそれで、成立については諸説あって未だ定論を見ないが、五世紀半頃には存在していたと捉えておく。[20] これを三國魏の成立とする見解も存するが、もはや有効なものとは思われない。[21]

……道禁眞正之元、神仙之説。道所施行、何以想爾。妙眞・三靈七言、復不眞正。而故謂道欺人。哀哉、可傷。[22]……
妙眞、自吾所作黄庭三靈七言。皆訓喩本經、爲道德之光華。[23]……

ここで妙眞經は『老子想爾注』や『黄庭經』と共に言及されているわけであるが、問題は「大道家令戒」が、「妙眞、自吾所作……」と云っていることである。大淵忍爾博士はこの「吾」とあるのを、「大道家令戒」で獨語する「道」のこととし、[24] また小林博士も同じ見解を示している。[25] この「道」は「復作五千文、……付關令尹喜」と云うからには、老子に外ならない。從ってこの「吾」とは同時に老子であるはずである。さて小林博士は、これを更に「大道家令戒」の作者とみなし、設定と實際を同一視してか、妙眞經の作者は「大道家令戒」の作者と同一人であるとし、「大道家令戒」の年代からみて、妙眞經の成立を劉宋前半期に置く。この推論にはなお説明を必要とされるのではなかろうか。可能性はもちろん否定できないとしても、右の資料からは、ただ妙眞經がそこに言及されている以上「大道家令戒」に先立って存在したとみておくのが穩當であろう。

さて以上二點の、妙眞經成立の特に上限とすべき年代設定には、未だ定まらぬものがあるように思われるのである。とはいえ、筆者はこれに變わる見解を提示し得るわけではない。ただ、ひとつ指摘し得ることは、共に言及されることの多い西昇經よりも後出であるという事實である。『無上祕要』巻一〇〇入自然品所引の妙眞經佚文（輯佚稿T・U）は、實は西昇經からの引用を含むものなのである。

……吾前以道授關令尹生、著道德二篇。將去誡之曰、夫道、自然也。得之者、知其自然、不得之者、不知其所由然。譬猶若識音、不能深曉。人心知之、口不能言。妙哉、道之綿綿。言不盡意、書不盡言。所以爲子書之者、欲使子覺自然、得之後以自成。尹生曰、學自然奈何。道曰、无取正氣自居、无去邪氣自除。此非禱祠鬼神之道、非欲辟不清去不正。清靜請命、而命自延无期、此豈非自然哉。

非吾異道之意、非吾獨道也。……

紙幅の關係上、對照は略すが、右の部分は西昇經の現行本[26]、第一、二、三章の抄出から成る。末尾の一文はその限りではないが、第三四章冒頭に似通った内容を見せている。

上述の『道教義樞』や『混元聖紀』では西昇經と同樣、妙眞經もやはり老子から關令尹喜に傳授されたものと設定されていた。右の佚文には「尹生曰、學自然奈何」とあることから、それは保證されるはずであったが、これが西昇經からの節略であって、冒頭にも「吾前以道授關令尹生」とあることから見れば、妙眞經は當初、必ずしも尹喜に傳授されたとは設定されていなかったということがわかる。老子が再び尹喜に向って、かつて尹喜に教えを授けた話をしているのは、設定に無理があることになるからである。となれば、傳説上に於いても妙眞經は、西昇經傳授以後のいつしか誰かに授けられたものと見られる。

ここで想起されるのは、出關に際した老子と尹喜の説話を集大成した『太上混元眞錄[27]』なる書である。ここに尹喜所授の道典が網羅されているにもかかわらず、意外にも妙眞經の名の見えないことは、或いは上述のことを裏付けるものであるかもしれない。

さてここに至って、西昇經の成立年代が妙眞經成立の上限として浮び上がってこよう。[28]西昇經の成書年代については別章で論じたので、ここでは論じないが、私見では西昇經は東晉前半に遡る可能性があると考えている。ただし、西昇經が一部に尹喜との問答を含みつつも、ほとんど「老子」が獨語していたのに對し、妙眞經の語り手はほぼ「道」である。また西昇經は佛教語を多く含むが、妙眞經佚文には特にそれが見出せない。ここに兩書の年代の隔差、述作者の相異を感じざるを得ないであろう。

このように「道」が神格として登場し、教法を述べ傳えるとする道典について、小林博士は別に、東晉末頃から形成が始まるという見解を明らかにしている。(29) 殘るは内容の検討からする思想史上の位置付けであるが、そのための基礎作業となろう佚文蒐集を以下に挙げて後考に委ね、今は憶見を重ねることは避ける。

おわりに

以上、成立についてはおおむね小林博士の論に依據しつつ、時に出入しながらも、結果的には博士とほぼ同じ下限にたどりついたようである。

それにしても、六朝中期に何故このように老莊的な道典が出現したのであろうか。雜多な神仙説から道教へと胚胎してゆく時期に於ける試行の一例を、ここから讀み取ることができればと思う。

以下の佚文から、どれくらい妙眞經の本來の面目を推し量ることができるであろうか。

注

（1）『三國志』巻八張魯傳所引「典略」等參照。

（2）道藏、第七六一册、巻四第七ａ。
（3）道藏、第九九〇册、巻上第五ａ。
（4）道藏、第七六二册、巻二第一〇ｂ。
（5）道藏、第九八九册、第四ｂ～第五ａ。尚、本書の成立年代に關しては、楠山春樹『老子傳說の研究』一六六頁、注（17）に詳しい。六朝末に原本は存在していたと見られるようである。
（6）道藏、第七六八～七七九册。
（7）大淵忍爾『敦煌道經』目錄篇、三四五頁參照。
（8）道藏、第二〇四～二〇七册。
（9）道藏、第九九四册、巻一三第二〇ｂ～第二一ａ。
（10）道藏、第六七七～七〇二册。
（11）道藏、第七〇四册、第一ａ。
（12）中村彰八解題影印本に據る。一九八五、自然と科學社。
（13）注（7）前揭書、三四九～三五一頁。
（14）大正藏、五二、一五〇頁ｃ。また同巻所收『辯正論』巻八、五四四頁ｃに引く「靈寶妙眞經偈」も參照。
（15）「大道家令戒の成立について」（『東洋の思想と宗教』二、二八～二九頁、一九八五）。
（16）大正藏、五二、四二頁ｃ。
（17）注（14）前揭資料。
（18）大正藏、五一、八〇九頁ｃ。
（19）道藏、第五六三册。
（20）楊聯陞「老君音誦誡經校釋」（『歷史語言研究所集刊』二八上、二九～三一頁、一九五六）、唐長孺「魏晉期間北方天師道的傳播」（『魏晉南北朝史拾遺』二一八頁、一九八三）、小林注（15）前揭論文。このうち楊・唐兩教授は北方成立（五世紀前後）、

小林博士は南方成立（劉宋後半期）を各々主張する。本書第五編第三章參照。
（21）陳世驤「『想爾』老子道經敦煌殘卷論證」（『清華學報』新一－二、五六頁、一九五七）、大淵忍爾「老子想爾注の成立」（『岡山史學』一九、二〇頁、一九六七）。この他、M・カルタンマルク博士も三國魏成立を言うようであるが（小林注（15）前掲論文三〇頁、注（1））、筆者は未見。
（22）注（19）前掲書、第一四b。
（23）同右、第一六a。
（24）注（21）前掲大淵論文二四頁。
（25）注（15）前掲小林論文二九頁。
（26）西昇經は正統道藏に二種のテキストが收められている。宋徽宗注『西昇經』（第三四六～三四七册）、陳景元編『西昇經集註』（第四四九～四五〇册）。また藤原高男「『西昇經』李榮注」（『香川大學一般教育研究』二三、一九八三）があり、本文及び李榮注の標點、校正が成されてある。
（27）道藏、第六〇四册。なお、本書については楠山春樹注（5）前掲書所收、「太上混元眞錄考」を參照。
（28）西昇經に關しては、盧國龍「《西昇經》成書年代及基本思想」（『中國道教』一九八七－二）があるが、「作者可能是曹魏西晉時樓觀派道士」（四六頁）とするその見解には承服しかねる。
（29）小林正美「『老子想爾注』の成立について」（秋月觀暎編『道教と宗教文化』所收、八四～八五頁參照、一九八七）。

『老子妙眞經』輯佚稿

（凡例）

本稿は、管見の及ぶ範圍に於いて輯佚を試みたものであって、他に引文の發見される可能性は充分にあり得る。宋代以降に引用が見られないと上述したが、あくまで當面の結論であって妙眞經が唐末までに逸失したとは必ずしも斷定できない。もしどなたかで發見に及ぶことがあったなら、是非とも私共にも御教示願いたい。「稿」字を附する所以である。

佚文は『無上祕要』所引文を主とし、これを適宜アルファベットで分割した。段落毎にということでもあるが、他に重複する引文があった場合に小文字でこれを示して對照せんがためである。重複する引文は、一方をただ校勘資料として用いるということをせず、羅列しておくこととした。その方が恐らく利用に便利と考える。『无上祕要』以外の文獻からの引文で『无上祕要』所引文と重複しないものは、これをアラビア數字で標示して後置した。これと重複するものがあれば、同じ數字で示して竝列する。なお、末尾に◎で示しておいた『要修科儀戒律鈔』巻一二所引文は、『无上祕要』所引文との對照のために、一部をs・uとして摘出したが、殘りの部分だけを提示してもしかたがなかろうから、再錄部分も含めて全文を掲げておく。

A、道曰、一切萬物、人最爲貴。人能使形无事、神无體、以淸靜致无爲之意、卽與道合。

（『无上祕要』巻五第六a、人品）

a．道曰、萬物、人爲貴。人能使形無事、神無體、以淸靜致無爲之意、卽道以合。

（『大道通玄要』巻一、〔P．二四五六〕、一〇五行目）

B．以大居小、以富居貧、處盛卑之谷、遊大賤之淵。微爲之本、寡爲之根、恐懼〔爲?〕之宇、憂畏爲之門。福者禍之先、利者害之源、治者亂之本、存者亡之根。上德之君、質而無文、不視不聽、而抱其玄无心、意若未生根。執守虛无、而因自然、混沌爲一、歸於本根。

C．上意（上德?）正於无形、理於无聲。起福於未有。絕禍於未生、故莫知其名。下德則不然、高尊富貴、顯榮好美、善樂功名。生禍而憂之、寇害而伐之、身辱而報之。生長有其力、布施有其福。事爲其方、曲爲其法。賞善罰惡、則僞善詐忠。如此乃自謂功名、見與道反。

（『无上祕要』巻六第一〇a～b、論意品）

D．制殺生者天、順性命者人也。非逆天者勿伐、非逆人者勿殺。故王法當殺不殺縱天賊、當活不活殺天德。爲政如此、使後世條長、禁苛興剋。德之本德、莫大於活也。

E．天之道、利而不害。聖人之道、爲而不爭。故與時爭者昌、與人爭者凶。是以有甲兵、無所陳之、以其不爭。夫不祥者、人之所不爭。垢辱者、人所不欲。能受人所不欲則足矣、得人所不爭則寧矣。

F．勇於敢者、多權善決、安靜樂能、傳國利民、不避彊大、威震百僚、摧傾境外。爲政如此、得善之半。

G．柔於不敢者柔弱、損退恐懼、愼言深思、遠慮臨事、計患務長、寬和博施。爲政如此、亦得善之半。

H．敢者奉天順地、莫神於至誠、仁以好施、義以制斷、禮以凱敬、智以除害、信以立事、德以無大。赦人如赦於己、法人如法其子。爲政如此、亦得善之善者也。

（『无上祕要』卷六第一一 a～b、王政品）

I．老子曰、天地搆精、陰陽自化、災咎欲萌、淫於五色之變、視不見禍福之形。失於五音之變、聽不聞吉凶之聲。失於五味之變、言不中是非之情。貪於財貨之變、慮不見邪正之傾。夫五色重而天下盲矣。五音調而天下聾矣。五味和而天下爽矣。珠玉貴而天下勞矣。幣帛通而天下傾矣。是故五色者陷目之錐、五音者塞耳之槌、五味者截舌之斧、財貨者射身之矢。凡此數者、變而相生、不可窮極。難明易滅、難得易失。此殃禍之宮、患害之室。是以聖人服無色之色、聽無聲之聲、味無味之味。名者身之害也、利者行之穢也。是以動爲身稅、爲榮而得小、爲善而得少。故有名之名、喪我之橐、無名之名、養我之宅。

J．視過其目、明不居。聽過其耳、精泄漏。愛過其心、神出去。牽於欲事、汲汲遽、爲於利動、惕惕懼、結連黨友以自助、此非眞也。雖非道意、雖得之天不祐也。

（『无上祕要』卷七第一 a～b、修眞養生品）

j．視過其目、明不居。聽過其耳、精泄漏。愛過其心、神出去。常於欲事、汲汲據、爲利動者、惕惕懼、結連黨友、以自助者、非眞也。

（『雲笈七籤』卷八九第二ａ「諸眞語論」經告、卷九二第二ａ「仙籍語論要記」衆眞語錄）

K．夫非其人而任之則廢、非其事而事之則廢。故代司殺者、必受其咎、代大匠者、必傷其手。有爲者、效情縱欲、快心極意。志賤强求貴、居貧强求富、離本向末、禍殃不救。

L．罪莫大於淫、禍莫大於貪、咎莫大於僭。此三者、禍之車也。小則亡身、大則殘家。

l．罪莫大於淫、禍莫大於貪、咎莫大於惜。此三者、禍之車。小則危身、大則殘家。天下有富貴者三。貴莫大於無罪、樂莫大於無憂、富莫大於知足。知足之爲足、天道遺之祿。不知止足、爲之害及己。失之而憂、得之而喜。夫有排門之禁、必有折關之咎。身死名滅、流歸子孫。事天以德、不以慢於人。

（『无上祕要』卷七第二ａ、修眞養生品）

M．動合天心、靜得地意、無言而不從、謂之善也。善者君子之所本、百行之所長、吉陽之所舍、萬福之所往來。流而不滯、用而不絕、百王所不變異、俗人之所不易。上以順天、下以順人、成萬物、覆載羣生者善也。

（『要修科儀戒律鈔』卷一二第一一ａ～ｂ、過咎緣第六）

N．不識元首、不覩本根。詐天輕地、罔鬼欺神、屬辭變意、抱嫌履疑、謂之不善。不善者、動與天逆、靜與地反、言傷人物、默而害鬼。

（『无上祕要』卷七第三ａ、修眞養生品）

n．不善之人、不識元首、不覩本根。詐天輕地、罔鬼欺神、屬辭變意、抱嫌履疑、謂之不善。不善者、動與天逆、靜與地反、言傷人物、默而害鬼。故分道別德、散朴澆淳、辯言治辭依義託仁、歆物符驗、運以天文、廢眞立僞、務欲傾國、閉患害之路、閉忠正之機。阿主之術、以順國家、權者也。

（『要修科儀戒律鈔』卷一二第一三ｂ～第一四ａ、善功緣第七）

O．夫欺天罔地、輕侮鬼神。專己自是、動非聖人。當時雖善、惡氣歸流、事有邪僞、而象眞也。景煙類雲而雹、不爲之動、故天道不私、人人反行、非天也、而自誤耳。

(『无上祕要』卷七第三a～b、修眞養生品)

P. 貴堅剛强、輕忽喜怒、福善出於門、妖孽入於戶、故舌耳爲患、齒角不定。口舌者、患禍之宮、危亡之府。言語者、大命之所屬、刑禍之所部。言出患入、言失身亡。故聖人當言而懼、發言而憂、常如臨危履冰。

(『无上祕要』卷七第七a～b、修眞養生品)

Q. 夫道德治之於身、則心達志通、重神愛炁、輕物賤名、思慮不惑、血炁和平、肌膚潤澤、面有光瑩、精神專固、身體輕彊、虛實相成、鬢髮潤光、佼好難終。治之於家、則父慈子孝、夫信婦貞、兄宜弟順、九族和親、耕桑時得、福實積殷、六畜繁廣、事業修治、常有餘矣。治之於鄉、則動合中和、睹正綱紀、白黑分明、曲直異理、是非自得、姦邪不起、威嚴尊顯、奉上化下、公如父子、愛敬信向、上下親喜、百姓和集、官无留負、職修名榮、沒身不殆。治之於國、則主明臣忠、朝不隱賢、士不妬功、邪不蔽正、讒不害公、和睦順從、上下无怨、百官皆樂、萬事自然、遠人懷慕、天下向風、國富民實、不伐而彊、宗廟尊顯、社稷永康、陰陽和合、禍亂不生、萬物豐熟、界內大寧、隣家託命、後世繁昌、道德有餘、與天爲常。

(『无上祕要』卷四二第七a～第八a、修學品)

R. 夫水之爲物、柔弱通也。平靜淸和、心無所操、德同天地、澤及萬物。大無不包、小無不入。金石不能障蔽、山陵不能壅塞。其避實歸虛、背高趣下、浩浩蕩蕩、流而不盡、折衝漂石、疾於風矣。廣大无彊、脩遠大道、始於无形、終於江海、昇而爲雲、降而爲雨、上下周流、無不施與、消而復息、生而復死。是故聖人去耳去目、歸志於水、體柔守雌、去高就下、去好就醜、受辱如地、含垢如海、恬澹无心、蕩若无己、變動无常、故能與天地終始。

(『无上祕要』卷六五第四a～b、柔弱品)

S. 道人圖生、蓋不謀名、衣弊履穿、不慕尊榮、胸中純白、意无所傾、志若流水、居處市城、積守无爲、乃能長生。

(『无上祕要』卷八八第六a、長生品)

s. 道人圖生、蓋不謀名、衣弊履穿、不慕尊榮、胸中純白、意無所傾、志若流水、居若空城、積守無爲、乃能長生。

（『要修科儀戒律鈔』巻一二第三b、念道縁第二）

T. 道曰、自然者道之眞也。无爲者道之極也。虛无者德之尊也。惔泊者德之宮也。寂嘿者德之淵也。淸靜者神之鄰、精誠者神之門、中和者事之原。人爲道、能自然者、故道可得而通。能无爲者、故生可得而長。能虛无者、故氣可得而行。行能惔泊者、故志可得而共。能寂嘿者、故聲可得而藏。能淸靜者、故神可得而光。能精誠者、故志可得而從。能中和者、故化可得而同。是故凡人爲道、當以自然而成其名。吾前以道授關令尹生、著道德二篇。將去誡之曰、夫道、自然也。得之者、知其自然、不得之者、不知其所由然。譬猶若識音、不能深曉。人心知之、口不能言。妙哉、道之綿綿。言不盡意、書不盡言。所以爲子書之者、欲使子覺自然、得之後以自成。尹生曰、學自然奈何。

U. 道曰、无取正氣自居、无去邪氣自除、此非禱祠鬼神之道、非欲辟不淸去不正、淸靜請命、而命自延无期、此豈非自然哉。非吾異道之意、非吾獨道也。

（『无上祕要』巻一〇〇第四b～第五b、入自然品）

u. 道無取正氣自居、道無去邪氣自除、此非禱祠鬼神之道也。

（『要修科儀戒律鈔』巻一二第三b、念道縁第二）

V. 道不自然兮、何道焉兮。无欲无爲兮、道之所施兮。虛兮无兮、道安居兮。寂兮嘿兮、道之極兮。澹兮恬兮、德之漸兮。淸兮靜兮、神所宅兮。精兮誠兮、神所榮兮。中兮和兮、神所化兮。

（『无上祕要』巻一〇〇第五b、入自然品）

v. 寂兮默兮、道之極兮惔兮。恬……（以下、原缺）

（經名未詳道經類書　其一〔大淵目〕、〔P. 三六五二〕、二八行目）

W. 以无爲而養其形、以虛无而安其神、以澹泊而存其志、以寂嘿而養其聲、以淸靜而平其心、以精誠而存其志、以中和而存其神。安心遊志、使若大水之自湛深。閑居靜處、使若蛟龍之自蟄藏。懷虛而不虛、泥而不泥、使若南曜之忘虛也。化德存神、使若社稷之保光、立尊神明、使若宗廟之守處。使世不見我、若巨魚之在大水。使人莫我知、若日出之光東。我之无窮、若大道之根。相致譬、若山林大澤之自致禽獸虎狼、若深林廣木之自致飛鳥百蟲、若江湖之自致魚鼈蛟龍、若盛德之自致太平麒麟鳳凰、若清靜潔白之自致玉女芝英、若中和嘉瑞之自致吉祥、若災異惡氣之自致不祥禍殃。

（『无上祕要』巻一〇〇第五b～第六b、入自然品）

1．道曰、改易而爲一者吾號也。言道未始而有、故謂之一。一卽醇粹質眞、無爲雜糅、故謂之一。天得一清、一而無不覆。地得一、則寧而無不載。日月得一、則明而無不照。眞人法則之、渾形而爲一（？）、則無一不能爲神明、知而爲一、則與鬼神共化。視而爲一、則無不見。聽而爲一、則無不聞。心通而爲一、則無不知吾。我也、號名也。人能渾其形、而爲一、卽我之名號也。

（『大道通玄要』巻一、〔P．二四五六〕、八五行目）

2．（妙眞經上）一、道之爲眞兮。道有眞一、眞人所以輕擧虛迹者、使羣物自得玄、得一以生也。天不得一、不能清。地不得一、不能明。人不得一、不能成玄。不得一、不能生。非一、不能承一。非一、不能御羣神制萬物。萬物皆稱焉。人知一、萬事畢、不能知一、道不妄出。

（『大道通玄要』巻一四、貞松堂藏本、九六行目）

3．（妙眞經卷上）道曰、虛而白者、吾宅也。道者質眞無形、無有音聲、非有言也。人欲傳於知、道者借言以通意。虛者天地之動也。白者神明之所居也。天地之初、皆從道來、有氣而未有形、法自然而白、白之中、未有體也。

（『大道通玄要』巻一、〔P．二四五六〕、四二行目）

4．人常失道、非道失人。人常去生、非生去道。故養生者、愼勿失道。爲道者、愼勿失生。使道與生相守、生與道相保、二者不相離、然後乃長久。言長久者、得道之質也。（經云、）生者天之大德也、地之大藥也、人之大福也。道人致之、非命祿也。

（『雲笈七籤』巻九四第一b所收「坐忘論」序）

4．（妙眞經曰、）養生者、愼勿失道、爲道者、愼勿失生。使道與生相守、生與道相保。［挾注］道者、不逆之謂、順則生生不休。故生與道倶相同耳。

（竹中通庵撰『古今養生錄』卷七、情志第一〇～六b）

＊元祿五年（一六九二）刊。

5．（改佛經爲道經者、如妙眞偈云、）假使聲聞衆、其數如恆沙、盡思共度量、不能測道智。（臣笑曰、此乃改法華、佛智爲道智耳。）

（大正藏、五二、『廣弘明集』卷九所收「笑道論」第二九、一五〇頁c）

5．靈寶妙眞經偈云、假使聲聞衆、如稻麻竹葦、遍滿十方刹、盡思共度量、不能測道智。

（大正藏、五二『辯正論』卷八、五四四頁c）

◎道人圖生、蓋不謀名、衣弊履穿、不慕尊榮、胷中純白、意無所傾、志若流水、居若空城、積守無爲、乃能長生。道者一也。人能知一、明如日。不能知一、土中出（？）。道無取正氣自居、道無去邪氣自除、此非禱祠鬼神之道也。握之不盈於手、縱之布溢四海。學生者生、學道者道。如人墮水、知泅者生、不知泅者死。未病者易爲醫、未危之國易爲謀。不好道之人、存念各別。鶉鷃高飛、志在苗禾。鴽鵝高飛、志在陂池。鴻鶴高飛、遊於太淸之域、往來九州、棲息八極、乃得其所也。此二鳥、憂喜不同、其志各異而谷、自謂爲得其所願也。故大水之淵、神龍所居、小魚走出。高山深澤、虎豹所樂、雞狗所惡。故規矩不同、百姓心異。是以爲道者、損聰明、棄智慮、反眞歸樸、遊於太素、輕物傲世、照然不汙。喜怒不嬰於心、利害不棲於意、比（此？）大聖所體行也。

（『要修科儀戒律鈔』卷一二第三b～第四a、念道緣第三）

〔補記　一〕

小論脱稿の後、『雲笈七籤』巻九〇収載「連珠凡六十五首」に、まだ妙眞經佚文の見出し得ることに氣付いた。理・治の改字が見えるため唐代の編と見られるが、「連珠」は一切書名表示をしていないので、當然のことながら、上述の佚文と合致するものしか指摘できない。また「連珠」全編がほぼ共通する思想内容からなるため（西昇經の引文も確認できる）、更に佚文の存する可能性もあるが、確認できないのは何とも殘念である。

以下、該當箇所及び右のどの佚文と合致するかを擧げておく。詳細については、また別の機會に論じてみたい。

巻九〇第九ｂ七行目からＰ、九行目からＢ、第一〇ａ七行目からＩ、一〇行目からl、第一〇ｂ五行目からＩ。

〔補記　二〕

後、さらに道藏第八七五冊、『洞玄靈寶六齋十直聖紀經』第七ａ〜ｂにも、長文の引用のあることに氣付き、また、大淵忍爾 石井昌子編『六朝唐宋の古文獻所引道教典籍目錄・索引』（國書刊行會、一九八八）の出版により、道藏第五七二冊『養性延命錄』巻上第三ｂ、同第七六四冊『道典論』巻四第七ｂ〜八ａ、『太平御覽』巻六六八道部一〇養生第一〇ａにも、引用のあることを知った。

第四編　老子中經の研究

第一章　『老子中經』覺書

はじめに

『老子中經』とは、まず身體中の諸器官にその司神（體内神）を想定する存思法（歴臟法、五臟觀などの内觀法）を中心とし、その體内神に胎息などの服氣法に得た氣を供給することによって形神の合同を保持し、身體の長存を圖ろうとする神仙術を説く書である。

明版「正統道藏」中、太清部に『太上老君中經』二巻として、また『雲笈七籤』巻一八・一九に「老子中經一名珠宮玉暦」として收載される上下二巻が、その現行本であり、共に五五章だてで、各章「第何神仙」とすべてに「神仙」の章題が付く。兩本の先後は未詳であるが、比較すると若干の出入や、一方での挾注が他方では本文として混入していることとがあるにせよ、ひとまずは同系統の傳本であると判斷できる。ここでは、善本と見られる『雲笈七籤』本を用いることとする。

さて『老子中經』の名は、六朝の梁末に成立したという(1)『洞玄靈寶三洞奉道科戒營始』巻四法次儀に「玉歴經一巻、歴藏經一巻、老子中經一巻、老子内解二巻、老子節解二巻」(2)など、同巧異曲と覺しき經典類と共に列擧されているのが、確かな著録であろうか。また唐初の高宗時には存在したと見られる(3)『傳授經戒儀注訣』に次のようにいう。

昔、尹子は初め大字三篇を受く。中經は太清部中に在り。上下兩巻に付す所以なり(4)。

『老子中經』は、『老子道德經』上下二卷が關令尹喜に傳授される際、その中卷として添附されたものとする。ただ『老子道德經』とその注釋類を中心とする道藏三洞四輔分類中、太玄部經典を說く『傳授經戒儀注訣』の經目には本書の名は含まれず、太清部という性格を異にする分類に區別されていたのは、『老子中經』が『老子道德經』とは實際上、思想內容も文體も異なったからであろう。それでも『老子中經』は、名稱からも『老子道德經』の一種奧義書であると設定されていたらしく、それは（いかにも道教において無理のない）『老子道德經』を養生の書とみなす立場からするその樞要の書、卽ち『中經』であったと考えられるようである。[5]

關令尹喜に對して、『老子道德經』二卷以外に、その奧義書の類が老子より傳授されたという傳說は、同じく唐初高宗時に尹文操か、或いはそれに極めて近い人物の作という『太上混元眞錄』にほぼ集約されている。その中で關令尹喜が「氣を食ふこと如何せん」と尋ねたのに對し、老子は、恐らく以下『老子中經』の內容を要約しているのであろう、その方法についてひとしきり說いた後、本書が開示される。卽ち「玉曆中經三篇、五十五章を爲作す。本《も》と上皇藏するの金匱玉曆笥中に在り。今、將に爾に付さん。愼んで妄りに傳ふる勿れ」といい、撰者は續けて「次いで自然經、歷藏經、及び黃庭經を授く」と注記し[6]、これらを一連の書として取り扱っている。これら關係道典のうち、現在まで殘されているのが確認されるのは、『黃庭經』（ここでは『黃庭外景經』を指す）、ここで扱う『老子中經』だけであり、この外、兩書と密接な關係を有する『老子道德經』注の『老子節解』が他の『老子』の注釋類にいくらか引用され、佚文として面影を止めているに過ぎない。

但しこれらに關する專論は少なくはない。殊に『黃庭外景經』に關しては、東晉の王羲之書寫と傳えられる臨本が存在することから、書道史の上から來歷についての詳細な研究が存する[7]。思想內容についても、アンリ・マスペロなどにかなり立ち入った檢討が成されているが[8]、『黃庭外景經』はある目的を持ってか、謎めかした極めて難解な表現をとっていて、後世の注釋を參考しても、各々の立場からする解釋は互いに矛盾することもあって、混亂をかえって深めるばかりであり、具體的に存思法の實情を窺うには、扱いにくい書であると言わざるを得ない。

一方『老子節解』については、佚文として殘存している程度とは言え、本書は神仙思想・道教の立場からする『老子道德經』の注釋であり、逐語的に解釋してゆく形式を採っているから、まだ比較的容易にその思想内容を見て取ることができるかもしれない。しかしこれも、注釋の枠内で手短かに述べてゆくことで、存思法の具體的な樣相や實踐方法にまで言い及ぶものではなく、この點であまり期待できるものではない。『老子節解』はこれまでに二種の輯佚本が提出され、(9) 本書に關する詳細な論考が楠山春樹博士にある。(10) 博士は先の『黃庭經』や『老子中經』を初め、儀禮書に及ぶ關係資料を驅使して、主にその思想的立場を明らかにするが、これら一連のいわば『黃庭經』系の道典の性格について、別にまた次のような見解を明らかにしている。

これらに共通する立場は、まず身中の各器官に有形の神のあることを觀想し、その神を精・氣によって養うべきことをいうにある。また養神のために、とくに益精を重視するが、その方法としては、鼻口を閉ざし舌下の津液を咽下し、體中で服錬して精と化すること（胎息の祕訣）、一方精の居所は上中下の丹田とせられるが、體中に流れる精をそこに還すための還精補腦を說くものである。(11)

その、體内神を觀想することについて最も雄辯であるのが、件の『老子中經』であるといえよう。『老子中經』については、楠山博士に論及のある外、先述のマスペロに既にいくらかの引用、(12) またクリストファー・シッペール博士に手短かな專論と、概說書中での一部内容紹介が存しているが、(13) 成立年代などでまだ殘された問題は多い。

本稿は、『老子中經』の形成期に相當すると思われる東晉以前における初期の存思法の展開について概觀し、次いで『老子中經』の内容について、その特徵的な神々と方法について述べ、最後に成立時期についていくらかの臆測を示す。しかし、いずれも明確な見解を用意し得たとはいえず、その意味で本稿はいささか冗長な研究ノートであるに過ぎないことを初めに御斷りしておきたい。

第一節　存思法の展開

葛洪の『抱朴子』内篇巻一八地眞篇は、當時流行していた種々の存思法の取材から成っている。葛洪はこれらを概して次のようにいう(14)。

吾は之を師より聞けり。云ふらく、道術の諸經に、思存し念作する所、以て惡を却け身を防ぐ可きは、乃ち數千法有り。影を含み形を藏《かく》し、及び形を守りて生ずること無く、九變十二化二十四生する等の如き、身中の諸神を見んことを思ひて内視して之を見せ令むるの法は、勝げて計ふ可からざるも、亦た各々效《ききめ》有るなり。然れども或いは乃ち數千の物《かみ》を思作して以て自ら衞らんとするは、率ね多く煩難にして、以て大いに人意を勞するに足れり。若し一を守るの道を知れば、則ち一切此輩を除棄せん。故に曰く、能く一を知れば則ち萬事畢るものなり、と。

金丹至上の葛洪の立場からすれば、存思法というものは、あくまでも相對的な評價しか與えられていない養生法の一種に過ぎないらしいが、これによれば、西晉頃までに存思法は、もう既に様々なヴァリエィションを生じてきていたことが窺い知れる。では存思法の由來はいったいいつ頃まで遡って考えられるのであろうか。體内神や氣の攝取といったさまざまな屬性など、明確な形成狀況は實際よくわからない。たとえば『黄帝内經』などの古醫書、および道家を始めとする諸子の文獻には「養神」に關する議論が見えていて、存思法の基礎にもこれがあったには違いあるまい。問題は、その神が可視的なものとして捉えられていたかどうかということであり、それらはいずれも具體性を缺く。たとえば兩漢にわたる桓譚の『新論』には、盲目のゆえに自ら「專一內視」して長壽であったという竇公という樂師の話がみえるが、その內視はいかなるものであったろうか。[15] 恐らくはそれと目される最古の例は『漢書』巻二五郊祀志下の、前漢末の谷永の上奏文に見える「化色五倉（＝臟）之術」という記載であろうか。「色を五倉に化するの術」と訓むのであろうか、何か胎息法を思わせるが、その李奇の注に「身中に五色有り。腹中に五倉神有るを思ふ。五色存すれば則ち死せず、五倉存すれば別ち飢えず」といい、一種の五臟觀であると考えられたようである。

體內神の思想は、それではどこから導き出されてくるのであろうか。ここで注目されるのは、讖緯思想の最盛期であった後漢代にまで成立が遡るかは未詳ながら、『龍魚河圖』佚文の記載である。[16]

髮神、名は壽長。耳神、名は嬌女。目神、名は珠殃。鼻神、名は勇盧。齒神、名は丹朱。夜に臥して三たび之を呼べ。患有れば亦た便ち之を呼ぶこと九過、惡鬼自ら却かん。

實はこれはもう『老子中經』の一節と見紛うほどのものであるが、これに恐らくは先立って存したと思われるものに、前漢の董仲舒の遺著と傳えられる『春秋繁露』巻一三の記載があり、「髮は星辰に象るなり。耳目の戾戾は日月に象るなり。鼻口の呼吸は風氣に象るなり。胸中の達知は神明に象るなり。腹胞の實虛は百物に象るなり……」（人副天數第五六）などと見える。體內神の思想は天人の相感を說く、或いは比喩的な發想のもと、それが現實感を伴って了解されるところから派生してきたと豫想することができるであろう。

後漢末、荀悅の『申鑒』巻三俗嫌篇には「導引蓄氣、歷藏內視」の語があり、「皆、養生の聖術に非ざるなり」と評しているが、續けて「臍に鄰すること二寸、之を關と謂ふ。關とは吸氣を關藏する所以にして、以て四體に稟授するなり。……關を以て息するに至れば而ち氣は衍《の》ぶ。故に道者は常に氣を關に致す。是を要術と謂ふ」とあって、これは一種の丹田呼吸法を語るようで、もちろん存思法に觸れるものではないが、明代の注釋者黃省曾が「關」の注に引照しているように、『黃庭外景經』を連想させるものである。

『黃庭經』は、『抱朴子』内篇卷一九假覽篇に著錄が、卷二〇祛惑篇に言及が見られるが、早くても後漢末の成立という『列仙傳』[17]卷下朱璜傳にみえる「老君黃庭經」が言及初例かもしれない。もちろんそれが内容としてどのようなものであったかは不明であり、現行本は王羲之を待たねばならず[18]、從ってその後漢末における存在は確認できないが、『黃庭外景經』冒頭を少しく參考として紹介すれば、「太上閑居して七言を作り、身形及び諸神を解說す。上に黃庭有り、下に關元あり。後に幽闕有り、前に命門あり。廬間に呼吸し、丹田に入る。玉池の清水もて、靈根を灌ぐ。審かに能く之を修めれば、長存す可し。黃庭中の人、朱衣を衣す……」とある。ここに至って存思法もまた、他の養生法と同樣、氣の攝取と無關係ではないことが知られる。それは存思法の當初からの屬性であったのかどうか。『抱朴子』卷二論仙篇に「歷藏數息」、卷一二辯問篇に「數息思神」などと連稱されるように、體内神もまた氣からなり、その氣がまた外界の神と同質であるならば、存思法においても氣を重視するのは當然のことであろう。ちなみに、來歷に問題があるのでここでは論じないが、後漢の順帝時の「太平清領書」[19]に淵源をもつ『太平經』に見える内觀法では、體内神への氣の供給を特に言わないようで、それがごく自然なことであったからかもしれないが、或いはこの方法の古層に屬するものであるかもしれない[20]。

『黃庭外景經』を内容的にも相當に變容を加えた『黃庭内景經』[21]が登場するのは、四世紀半ば以降發生の上清派においてであり、その後の上清經類形成の思想的基盤となってゆく。ただし上清經では、經典の讀誦自體による登仙法を重視し[22]、必ずしも存思のためのテキストとしてのみ使用されたわけではない[23]。葛洪の當時の『黃庭經』（『黃庭外景經』か、もしくはその祖本）にせよ、既にこれを「誦詠」して登仙を圖っていた蔡誕という者のエピソードを『抱朴子』

巻二〇袪惑篇は傳えているし、『列仙傳』巻下所載の朱璜も、「老君黄庭經」を日々三度讀んで病を愈したという。『黄庭經』はもとより「讀誦」するためのテキストであったのであろうか。確かに七言の韻文から成るゆえ、暗誦するには容易であるように作られている。しかし内容としては存思法を傳えているわけで、「讀誦」法による登仙のために作成されたと見るのはやや早急に過ぎる感がある。葛洪は蔡誕の行動を無益なこととして批判するが、『黄庭經』自體については巻一九遐覽篇に著錄するように、必ずしも全否定であるとは言えない。葛洪は、天師道徒が『老子道德經』を「誦」することに批判的であるように（巻八釋滯）、經典の「讀誦」という方法を否定するのである。存思法自體が彼にとっては補助方法に過ぎなかったにせよ、それでも『黄庭經』が當初から必ずしも讀誦のためのものであったとは言えないひとつの手掛りを葛洪の態度から窺い知ることができよう。『黄庭經』とはもと、暗誦し易く作られた口訣であったのではないか。あの難解で判讀を拒絶する文體の背後には、整然と構築された内觀の世界が豫想される。『老子中經』などは、まさにそれに相應しいマニュアルとして考えられてくるのである。

劉宋の中頃、陸修靜の編纂になるという「靈寶經目」(24)所載の靈寶經類の中でも、最古のものという『太上靈寶五符序』三巻は、一部が『抱朴子』以前に遡り得る來歷を持つことから、ほぼ東晉時がその主たる形成時期に當ると考えられる。(25)その意味で本書は、東晉時の神仙思想を窺う貴重な資料といえるが、その巻上に收載されている「食日月精之道」には次のように見える。

中黄道君曰く、天は萬物を生じ、人もて貴と爲す。人、一身形に天地・日月・北斗・璇璣・玉衡・五嶽・四瀆・山川・河海・風伯・雨師・靈星・社稷・麒麟・鳳凰・龍虎・玄武・五穀・桑麻・六畜・牛馬・鳥獸・魚鼈・龜鼉・竹木・百草を包含し、法らざる所無きなり。亦た天子を立て、三公、九卿、二十七大夫、八十一元士を置き、亦た九州、百二十郡、千二百縣、萬八千鄉、三萬六千亭、十八萬堠を布く。亦た宮闕・家宅・門戸・井竈・釜甑・

粳粮・黍稷有り。諸神の飲食す可き者は、人、而《よ》く之を知れば、卽ち長生す可きなり。

これよりすれば、世界に存在するあらゆるものは、人體中にも存在しているようである。人體は、世界という大《マクロ》宇宙《コスモス》に對應する小宇宙《ミクロコスモス》といえる。マスペロが盤古説話をこうした考え方と對比しているのも示唆に富む(26)。次に見る『老子中經』の記載は、まさしくその小宇宙＝身體中の諸神を說くが、そのすべては大宇宙に存在し、地上に祭祀される現實の神々であった可能性がある。この第二二章、第二三章は、『老子中經』巻頭から述べられてきた神々を改めて總說する部分であり、『老子中經』を概括する格好の二章である(27)。

頭髮の神は七人、七星の精なり。神の字は祿之。兩目の神は六人、日月の精なり。左目、字は英明。右目、字は玄光、頭上の神は三人、東王父なり。腦戶の中の神は三人、泥丸君なり。眉間の神は三人、南極老人元光天靈君なり。兩耳の神は四人、陰陽の精なり。字は嬌女。鼻人中の神は一人、名は太一、字は通盧。本、天靈なり。口旁の神は二人、廚宰の守神なり。口中の神は一人、太一君なり。字は丹朱。頤下の神は三人、太陰の神なり。頸外の神は二人、玉女君なり。兩手中の神は二人、太陽の精なり。字は魂陰。項中の神は二人、字は上間なり。肩背の神も二人、少陰少陽の精なり。字は女爵。胷中の神は二人、虎賁の神なり。兩乳の下は日月なり。日月中に太神有り、各々一人、王父母なり。兩腋下の神は二人、魂魄たり。兆の神なり。小腹中の神は二人、玉女なり。兩脞内の神は二人、亦た王女なり。字は陰隱。兩脛の神は二人、金木の神なり。字は隨孔子。兩足の神は二人、太陰の精なり。字は柱天力士。(中略。數行にわたり上文が重複している) 上元の神、字は威成子。中元の神、字は中黃子。下元の神、字は明光子、一に云ふ、字は命光。陰神、字は窮英。(中略。同前) 兩膝の神、字は樞公。兆《なんぢ》、臥して瞑目せんと欲すれば、上より次いで、三たび之を呼べ。竟れば乃ち止《とど》めよ。其れ病痛を有する處は、卽ち九たび其の神を呼びて之を治め令めよ。百病悉く去れば、卽ち神仙爲らん。

（第二二章）

肺の神は八人、大和君なり。名づけて玉眞宮と曰ひ、尙書府なり。其の從官は三千六百人、白き雲氣の車に乘り、白虎に驂駕し、或いは白龍に乘る。心の神は九人、太尉公なり。名づけて絳宮と曰ひ、太始南極老人元光なり。其の從官は三千六百人。赤き雲氣の車に乘り、朱雀をば蓋と爲し、丹虵をば柄と爲す。朱雀に驂駕し、或いは赤龍に乘る。肝神は七人、老子君なり。名づけて明堂宮と曰ひ、蘭臺府なり。其の從官は三千六百人、靑き雲氣の車に乘り、靑龍に驂駕し、或いは白鹿に乘る。膽神は五人、太一道君なり。紫房宮に居り、五彩玄黄の紫蓋、珠玉雲氣の車に乘り、六飛龍に驂駕す。從官は三千六百人。脾の神は五人、玄光玉女なり。子丹の母なり。黄金珠玉の雲氣の車に乘り、鳳凰に驂駕し、或いは黄龍に乘る。從官は三千六百人。眞人子丹は上に在りて、胃管中に臥す。黄の雲氣をば帳と爲し、珠玉をば牀と爲し、黄金玉餌を食い、醴泉・玉液を飲み、太一神丹を服し、玉李・芝草を噉《くら》ふ。存して之を養ふこと九年ならば、眞を成さん。千乘萬騎、上は太上黄道君に謁し、東は王父に謁し、西は王母に謁し、南は老人元光の前に謁さん。眞人は道を得て、天地と合さん。元陽子丹とは吾なり。吾が道成れば乃ち去り、白日昇天し、或いは黄金の雲氣、珠玉の車に乘り、六飛龍に驂駕し、無極の馬に轡《くつわ》し、從官は凡そ萬八千人。天師大神は、萬八千人をして來下して吾が身に著かしめ、合して三萬六千人。故に能く白日昇天するなり。胃の神は十二人。五元の氣は、諫議大夫なり。臍中の神は五人、太一は八人、凡そ十三人。合して二十五人、五行陰陽の神なり。神龜の上、神は三人、玄女虛無道母なり。腎の神は六人、司徒・司空・司命・司錄・司隸校尉・廷尉卿なり。神龜の車に乘り、六鯉魚（一に白魚と云ふ）の、玄白の雲氣の蓋あるに駕す。丹田の神は三人、人の根なり。三は合して德を成し、以て道の數に應ずるなり。三焦の神は六人、左は社、右は稷、風伯雨師、雷電霹靂なり。大腸小腸の神は二人、元梁使者たり。虎賁の神は二人、力士爲り。朱雀闕門に在りて、年を延ばし壽を益して齡を爲し、下りて眞人に侍す。鳳凰閣玄谷の神は五人、大將軍司馬なり。陰神は三人、上將軍なり。萬神の精なり。男子は、字は窮英。女子は、字は丹城。天の神は萬八千人、人の神も萬八千人、都て合して三萬六千人、共に一身を擧げて昇天すれば、卽ち神仙たらん。（第二三章）

さて、以上のように身體は神々に滿ちていて、『老子中經』はあたかも身體の『山海經』のようである。末尾の文によれば、神々の數は一萬八千人といい、これを「天の神」、卽ち大宇宙の神々一萬八千人と冥合させなくてはならない。『老子中經』は冒頭第一章に「上上太一」、第二章に「道君」と、ほぼ頭上から順に神々を解説してゆくが、各の章の構成としてはまず初めに大宇宙におけるそれを、次いで内觀におけるその樣相、名字、服飾、身長などを説き、末尾にその神に對する祝文を載せる。例としてその第一章を示す。

上上太一は道の父なり、天地の先なり。乃ち九天の上、太清の中、八冥の外、細微の内に在り。吾は其の名を知らざるなり。元氣、是れなるのみ。其の神は人頭鳥身にして、狀は雄鷄鳳凰の如く、五色の珠衣は玄黃たり。正に兆《なんぢ》の頭上に在り。兆の身を去ること九尺。常に紫雲の中、華蓋の下に在り。兆に住い、之に見《まみ》えて言ひて曰く、上上太一よ、道君の曾孫、小兆王甲は、志を潔くして道を好む。願はくば長生を得ん。

人體は小宇宙であり、内に萬物の雛形をすべて備えていて、身體がそのまま大宇宙の出先機關であり、キイステイションであるわけで、從って修業者は全身を交信裝置にみたてて、大宇宙への類感を試みる。こうして、本來あるべき大小宇宙の冥合狀態を回復し、大宇宙の永遠性を獲得しようとするのが、『老子中經』の骨子であるといえる。もう一度『抱朴子』卷一八地眞篇から引用しよう。『老子中經』第一章はこの記載とかなり近しい關係にあるといえるであろう。次節では「太一」を手掛りに『老子中經』の世界に立ち入ってゆくこととする。

仙經に曰く、子、長生せんと欲すれば、一を守ること當に明らかなるべし。一を思ひて飢に至らば、一は之に糧を與へん。一を思ひて渴に至らば、一は之に漿を與へん。一に姓字・服色有り。男は長さ九分、女は長さ六分、或いは臍下二寸四分の丹田中に在り、或いは心下絳宮金闕の中丹田に在るなり。或いは人の兩眉の間に在り。却行すること一寸を明堂と爲し、二寸を洞房と爲し、三寸を上丹田と爲すなり。此れ乃ち是れ道家の重んずる所にして、世世、血を歃りて其の姓名を口傳せしのみ、と。

第二節 「太一」の家族と「眞人子丹」

a 南極老人・中極黄老君・太上道君

「太一」は「道」の父であり、「元氣」であり、頭上に在って身體中に住うという（第一章）。しかし「太一」は、ただここに存在するだけではない。上掲第二二章の資料中にも見えていたように鼻孔中の神であったし、口中にも「太一君」と呼ばれる司神がいた。そればかりか第三二章には「十二太一」と見え、第二三章には「太一は八人」とも見える。第一四章には「上太一、中太一、下太一」とあって、「太一」とは畢竟一なのであろうが、身體中に滿ちているのである。第一七章によれば「太一は黄庭（脾）に入り、太倉（胃）に滿ち、赤子を養い、復、太淵（臍）に入り、忽忽として在る所を知らず。復た太一を念ずれば、氣は還りて丹田中に入る」といい、身體中を流動しさえする。身中の「太一」の正體をいちいち明らかにすることはできないが、『老子中經』における中心的な神格はどれも、この「太一」から分化流出しているといってよい。

まず「南極老人元光」が擧げられる。第二五章に「太上の神、字は元光太一君」とあり、これがまた第九章にあっては「南極とは一なり。仙人の首出なり。上上太一なり」と見えている。この「南極老人」とは普通に天體の名であるが（『史記』巻二十七天官書など）、これは身體中では脳の神「泥丸君」であり、「腎根心精の元」なのである（第八章）。

次いで「中極黃老君」の名が注目される。これは「中斗の君」（第一一章）であり、「心中の神、字は光堅、中太一中極君なり。脾中に在りて、主ら兆の身を養ふ。……之を呼びて曰く、中極光堅太一君よ、某甲は眞人神仙黃庭の道を得んと欲し、因りて瞑目黙念す」（第二五章）とあって、これも「太一」のひとりであることがわかる。

上太一（南極）、中太一（中極）が知れたが、最も重要であろうはずの「北極」のそれには「下太一」との呼稱がない。ただ脳、心臓と降ってきて、次いで臍に住む「太一」は位置として「下太一」に相當しよう。臍中に住まう「太一」は、大宇宙の「璇璣」、「北斗君」に對應している（第一三章）。この「太一」はここで「太一北極君」と呼稱されている。この「太一」こそは「上上太一の子」（第二章）、「道君」なのである。第五章に「道君とは一なり。皇天上帝、中極北辰中央星、是れなり」と見え、また第二章に「天皇太帝耀魄寶」[28]と見える。この「道君」は第二章に「無極太上元君」という別名が記されているからには、「元氣」の神的顯現として表象されているのであろうが、「道君」は同じく第二章で「上上太一の子」と云われ、續けて「其の子に非ざるなり。元氣の自ら然るのみ」という。「道君」は「太一」の顯現なのであろう。かくて「太一」は「南極」・「中極」・「北極」に通底していることが知れる。

ところで「道君」は第三九章で「道とは吾なり。上上中極君なり」という。第五章にも「中極北辰中央星」と見えていた。確かに「太一」を介すれば、「道君」は「中極黃老君」ばかりでなく「南極老人」とも一體であると言えるが、「南極老人」との間には右のような關係を示す記述は見當らない。これをどのように考えるべきか。おそらく他の二神に比べ「道君」はより「太一」に近いのであろう。「道君」は「皇天上帝」なのであり、最も樞要な位置にある「太一」なのであろう。

結局、これらの神々は三にして一なのではあるまいか。「太一」自體が神格としていまひとつ不明確であるゆえ、この三神でもって身體の三部分にその支配を具現するのであろう。そのために本源の一元氣である「太一」から神々が分出していると見ておく。

b　東王父と西王母

畫像石や鏡背圖、墓券などでも一對の神仙として登場する東王父と西王母(29)は、身體内でも同樣に見出される。

東王父は靑陽の元氣なり。萬神の先なり。五色珠衣を衣し、三縫を冠す。一に三鋒の冠と云ふ。上に太清雲曜五色有り。東方を治め、下りて蓬萊山に在り。姓は無爲、字は君鮮、一に君解と云ふ。人も亦た之を有す。頭上頂巓に在り。左に王子喬有り、右に赤松子有り。治めて左目中に在り、戯れて頭上に在り。其の精氣は、上りて日と爲り、名づけて伏羲と曰ふ。太清郷東明里にあり。（下略）（第三章）

西王母は太陰の元氣なり。姓は自然、字は君思。下りて崑崙の山、金城九重、雲氣五色、萬丈の巓を治め、上りて北斗華蓋、紫房北辰の下を治む。人も亦た之を有す。人の右目の中に在りては、姓は太陰、名は玄光、字は偃玉。

人、須く王父・王母を得て、之を兩目に護るべし。（中略）

夫れ人の兩乳は、萬神の精氣、陰陽の津汋なり。左乳の下に日有り、右乳の下に月有り。王父・王母の宅なり。上は目中を治め、頭上に戯れ、乳下に止まり、絳宮紫房に宿る。此れ陰陽の氣なり。（第四章）

以上、ほとんど説明を要しないであろうが、東王父、西王母は、兩眼であり兩乳である。彼らは各々陰陽の氣であり、東王父が「靑陽の元氣」、西王母が「太陰の元氣」というからには、彼らも「太一」から分出した子供であろう。

さて、西王母には「眞人子丹」という子がある。第一二章によれば「母は其の右上に在り、抱きて之を養ふ。父は其の左上に在り、教へて之を護る。故に父を陵陽と曰ひ、字は子明。母を太陰と曰ひ、字は玄光玉女」とあって、この子丹は「太倉胃管中に在」るというから、胃の位置から見て左上・右上の兩乳に父母はいるのであろう。母が「太陰」と云い、字を「玄光玉女」というのは、西王母が右目に在るときの呼稱「姓は太陰、名は玄光」（第四章）に對應する。ところが父の「陵陽、字は子明」という呼稱に對應すべき東王父が左目に在るときの姓名は記されていない。それどころかこの「陵陽、字は子明」とは、「道君」のものなのである。第五章に「道君」の身體中における呼稱として「姓は陵陽、字は子明」とあり、更に「其の妻は太陰玄光玉女なり。……太素宮中に在りて、眞人子丹を養ふ」ともいう。また、前節で「道君」との密接な關係を持つとした「中極黃老君」の「皇后は、太陰玄光玉女」（第一一章）とも見えているのである。もうひとりの「南極老人」の妻については、單に「玉女」（第九章）と見えているだけであるが、これも「玄光玉女」西王母である可能性がある。

しかし東王父と西王母は夫婦でなくてはならない。彼らは陰陽の顯現であり、一對のものとして「頭上に戯れ、乳下に止まり、絳宮紫房に宿る」（第四章）からである。實際もそうであったらしいが、『老子中經』においても「東王父」は影が薄い。子の「眞人子丹」に對して「東王父」は、單なる養い親のような存在なのであろうか。そうではないらしく、第二二章に「頭上の神三人、東王父なり」とあったが、「道君」もまた「正に兆の頭上」（第二章）に在るという。また第六章には「吾は上首を爲《をさ》めては王父と作る」という。この「吾」とは、本書『老子中經』をモノローグする神格でもあり、第六章が「老君」を解說する章であることからすれば「老君」のことかとも考えられるが、本書での老子の役割はさほど重要ではない。第六章でも「常に道君に侍して左方に在り」という。しかし、これに續けて「故に吾等九人とは九頭君なり」とあり、先の「吾は上首を爲めては王父と作る」に接續する。ここの文脈は讀解し難いが、この「九頭君」とは「一身九頭、或いは化して九人と爲る」（第二章）という「道君」のことではないか。

となれば、「東王父」はまた「道君」であり、「西王母」の夫であると確認することができるであろう。

この「吾」については次項で觸れるが、或る場合は「道君」（第三九章、他）であり、或る場合は「道の子」（第五章）でもある。これを「西王母」の側から見れば、「西王母」は「道」の妻であり母であることとなる。第一九章には「玄光玉女は、道元氣の母なり」といい、第二三章では「玄女虛無道母」と云い、第二五章ではとうとう「心下の神、字は玄谷、北極君なり、玄光道母なり」とまでいう。

陰陽の「元氣」の表象として、東王父・西王母もまた、「元氣」である「太一」の家族なのである。この雙子の男女の夫婦には「眞人子丹」という赤子がある。この子は「元氣」の直系の子孫なのである。

c　眞人子丹

赤子「眞人子丹」とは、まさしく『老子中經』の神仙説の象徴表現である。第三七章末尾に「老君曰く、萬道衆多なるも、但だ一を存し子丹を念ずるのみの一道なり。……道は此れに畢る」といい、「子丹」の扶養が本書の道法の樞要であることを表明している。

「子丹」の名は『黄庭外景經』の「眞人子丹、吾が前に當り、三關の中は精氣深し」という句に見えるのが初出であろうか。『太上靈寶五符序』巻上收載の「仙人挹服五方諸天氣經」にも「眞人あり、名を子丹と曰ふ。天中に黄庭と號す」と見え、ひとまず東晉代までは辿り得ると言える。「子丹」は別に「元陽子丹」（第一二章、第二三章）とも呼稱される。

さて「子丹」は身體內のどこに住まわっているのであろうか。第五章に「玄光玉女、……太素宮中に在りて、眞人子丹を養ふ。稱稱盛大にして、自ら己が身と等しうするなり。子は能く之を存して、之と語言すれば、即ち子を呼び、上りて道君に謁さん」という。「太素宮」とは明記はないが、第三七章に「太素とは人の始めなり、精なり、脾なり、土なり」とあって、これが脾臓、卽ち黄庭であることが知れる。また、體内の神名が解説される際にしばしば用いられる表現であるが、「太素鄕中元里」という住所があり、そこには「中黄眞人、字は黄裳子」という神があって、「辟穀を主り、人をして神明なら令む」（第一一章）といい、また「胃中神十二人、諫議大夫たり。名を黄裳子と曰ふ」（第二〇章）とあって胃にも出仕する。更に「中央の神、名は黄裳子と曰ひ、號して黄神彭祖と曰ひ、中央黄帝君なり。中太一と幷《なら》んで人命を治度し、善人を愛養し、人常を成就す。黄天眞人に侍す。人も亦た之を有し、常に眞人、名を子丹と曰ふに侍し、神の得る所を給ふ。兆、道を志さんと欲して、常に之を思念すれば、卽ち飢渴せず。長生久視し、上りて眞人と爲り、能く行廚を致し、鬼神社稷を役使せん」（第一五章）ともいい、かの長壽者、彭祖の呼稱なのであり、また「中極黄老君」＝「中太一」に仕えるものであると云う。この「黄裳子」は「眞人子丹」の榮養士なのである。別に、外界の神としてなのであろう、「黄裳子よ、行廚を致せ」（第四七章）と呼びかけられもする。

「黄裳子」の言及初例は『抱朴子』巻一五雜應篇において、辟穀服氣の法がいろいろと紹介される中で、後漢末に曹操（一五五〜二二〇）の幕下にあった甘始という仙者の方法を云う一節に見出される。卽ち「甘始の法、……或いは脾中の神名、黄裳子と名づくを思ふ。但だ口を合わせ、内氣を食すのみ。此れ皆、眞效有り」といい、事實とすれば、脾神「黄裳子」の登場は、後漢末（三世紀頃）にまで遡り得ることとなる。

さて「子丹」は脾から移動し、胃で精氣を服食する。第一一章に「常に兩乳の下に日月有るを思へ。日月中に黄精赤氣有り。絳宮に來入し、復た黄庭に來入す。紫房中の黄精赤氣は、太倉中に塡滿す。赤子は當に胃管中にありて正に南面して坐し、黄精赤氣を飲食す。卽ち飽かば、百病除去し、萬災も干さず。兆、常に之を思存すれば、上りて眞人と爲らん」という。「眞人子丹」の方法とは、このように胎息法を象徴表現するものである。

さて「眞人子丹」を念じ（「元陽子丹は長さ九分」）「己が身と等しから令め」、「之を思うこと九年、雲に乘りて世を去り、上りて道君に謁さん。吾の從官は凡そ三萬六千神。吾が宗族を擧げて、皆、仙道を得、白日昇天せん」（一二章）、「復た太一の氣を念じ、丹田中に還入して止めよ。常に太一を念じよ。玄光道母は眞人子丹、正に吾が身を養ふなり。自ら兆が名なり。之を忘るること勿れ」（第一七章）といい、また「己《おの》が身は元陽、字は子丹爲り」（第一二章）、「元陽子丹とは吾なり」（第二三章）、「玄光玉女よ、我を養へ。眞人子丹は元氣を服食し、醴泉を飲宴（＝嚥）し、北斗中極を以て脾に託す。脾に斗極の精を得れば、乃ち眞人爲らん」（第三六章）、「胃は太倉爲り、太子の府なり、吾の舍なり」、「子丹とは吾なり。吾とは正に己が身なり」（第三七章）などと見える。「吾」とはその身に「道君」の子「子丹」を内包する修業者なのであり、この「子丹」は「道君」の皇太子である。皇太子はやがて天子となるのであろう。修業者は本源の「元氣」から流出した「道君」のさらにまた一分節に過ぎない。我が內なる「道君」に立ち戻り、本源への回歸をめざすべきなのである。道の極まりない生成のさ中で、道は「子丹」を生み、「子丹」は道へと生育してゆくのである。『老子中經』の場合、「子丹」とは、この世界という大宇宙にあって修業する道士自身の、まさにその身體內の小宇宙において修養する己が自身の姿なのであろう。大宇宙に存するものは己れを含め、すべて小宇宙にも存在していなくてはならないという前提があるはずである。かくして人も、本源の「元氣」＝「太一」の家族に參入し、その永遠性を獲得せんとするのである。

第三節　『老子中經』の年代

『老子中經』の成立がいつ頃であったのかについては、まだ定論はない。シッペール博士はそれを、遲くとも三世紀頃と見ているし、[30] 楠山博士は『老子節解』を六朝中期、五世紀頃の成書とした上で、本書をそれに先立つものと豫想している。[31] 内容的に共通する『黃庭外景經』の由來が割合に古く、また『老子中經』を彷彿とさせる記述が『抱朴子』に窺えることなどから考えると、シッペール博士の言う三世紀頃というのも無理ではない。本書が成立し得るだけの條件は既に整っていたと言えなくはないからである。

ここで問題とすべきは、冒頭に掲げた六朝末から唐初に至る著錄で、本書の體裁について「一巻」といい、また「三篇五十五章」といっていることであるが、現行本の二巻五五章だては、いつ頃からのことであるのか、著錄との齟齬は何を意味するのか（現行本は後世の增補を含むようである）、これについては別の機會に論じたいと考えている。ただし『老子中經』の形成時期を窺わせる資料が、實は存在しているのである。それは、先にも紹介した『太上靈寶五符序』所載の「食日月精之道」であり、これは殊にその前半部分が『老子中經』中のいくつかの章と共通していて、その成立についての重要な示唆を提供している。少し長文にわたるが、兩者の對照表を掲げよう。

食日月精之道（『太上靈寶五符序』巻上第一八b～第二六a）	『老子中經』（『雲笈七籤』巻一八第一a～巻一九第二二a）
食日之精、可以長生。常以月一日三日五日七日九日十五日、日初出時、披髮向日、瞑目念心中有小童子、絳衣、文綵五色、耀耀正赤。兩手以摩面、下至心、十二反爲之。日精正赤、黃氣來在目前、入口中、嚥之二九、以手摩	食日之精、可以長生。緣茲上天、上謁道君。其法、常以月一日二日五日七日九日十一日十三日十五日、日初出時、被髮向日、瞑目念心中有一小童子、衣絳衣、文彩五色、灼灼正赤。兩手掌中、亦正赤。以兩手掌摩面、下至心止。十二反爲之。念天日精正赤、黃

送之、呪曰、
日君元陽、與我合德、俱養絳宮中小童子。須臾念、下至丹田中止、令人長生。

食月之精、以養腎根、白髮復黑。
常以夜半、思腎間白氣、周行身中、上至腦戶、下至兩足心。自然之道、易致難行。常以月十五日、向月呪曰、
月君元陰、與我合德、俱養丹田中小童子。因瞑目、自念月、白黃精氣、來在目前、入口中。嚥之三七而止。以手摩送之、下至丹田中止。

中黃道君曰、天生萬物、人爲貴。人一身形、包含天地日月北斗璇璣玉衡五嶽四瀆山川河海風伯雨師靈星社稷麒麟鳳凰龍虎玄武五穀桑麻六畜牛馬鳥獸魚鼈龜鼉竹木百草、無所不法也。亦立天子、置三公九卿二十七大夫八十一元士、亦布九州百二十郡千二百縣、萬八千鄉、三萬六千亭、十八萬堠。亦有宮闕家宅門戶井竈釜甑、

氣來下在目前、在入口中。咽之一九、以手摩送之、拊心呪曰、
景君元陽、與我合德、俱養絳宮中小童子。須臾復念心、下至丹田中止。以手摩送之、以日託心、心得日精、已乃神仙矣。　（第三四章）

食月之精、以養腎根、白髮復黑、齒落更生、已乃得神仙。常以夜半時、思腎間白氣、周行一身中、上至腦戶、下至足心。自然之道、易致難行。常以月十五日、向月祝曰、月君子光、與我合德、養我丹田中小童子。因瞑目念月、自黃精氣、來下在目前、入口中。咽之三七而止。以手摩送之、下至丹田之中。丹田中氣正赤、氣中有一人、長九分、小童子也。　（第三五章）

粳粮黍稷、諸神可飲食者。人而知之、即可長生也。人頭圓象天、足方法地。髮爲星辰、目爲日月、眉爲北斗、耳爲社稷、鼻爲丘山、口爲江河、齒爲玉石。四肢爲四時、五臟法五行、亦爲五帝、亦爲五曹。上爲五星、下爲五嶽、內爲五王、外爲五德、升爲五雲、化爲五龍。五臟者、謂肺心肝脾腎也。六腑者、膽爲肝腑、胃爲脾腑、大腸爲肺腑、小腸爲心腑、膀胱爲腎腑、臍爲都鄉腑、膽爲天子大道君、脾爲皇后貴女。心爲太尉公、左腎爲司徒公、右腎爲司空公。

八卦神、八者、幷臍太一爲九卿。

十二環樓神十二人、脾中諫議大夫十二人、幷三膲神三人、合二十七大夫。四肢神爲八十一元士。上元氣爲冠蓋使者、下元氣爲大鴻臚。上部九變、中部九孔、下部九名、法九州也。三公府、九卿府、二十七大夫府、八十一元士府、合爲百二十府。府內爲五曹、外爲五官、合爲十官、爲千二百縣。中神萬八千爲萬八千鄉。上神三萬六千爲三萬六千亭。亭有五堠爲十八萬堠。又肺爲玉堂宮尚書府、心爲絳宮元陽府、肝爲靑陽宮蘭臺府、

心爲大尉公、左腎爲司徒公、右腎爲司空公。脾爲皇后貴人夫人、膽爲天子大道君。（第三七章）

五城之外、有八吏者。八卦神也。幷太一爲九卿。八卦之外、有十二樓者。十二太子、十二大夫也。幷三焦神、合爲二十七大夫。四支神爲八十一元士。（第一四章）

下元氣爲大鴻臚、中元氣爲八十一元士、上元氣爲高車使者、通神於上皇。

故肺爲玉堂宮、心爲絳宮朱雀闕門、腎爲北極幽闕玄武掖門、脾爲明堂侍中省閤也。（第三七章）

膽爲紫微宮無極府、脾爲中宮太素府、腎爲幽昌宮太和府。

子欲爲道、長生不死、當先存其神、養其根、行其氣、呼其名。

頭髮之神七人、字尋長。項上神三人、東王父。腦戶中神、南極君、字元先。眉間神、天靈君。

兩耳神四人、字嬌女。兩目神六人、字英明。鼻中神、字通盧。

口神、字丹珠。舌神、字丹黃。齒神三十六人、字衞士。喉中神、字虎賁。兩眉神、字爵神。兩手神、字魄陰。

肺神、字鴻鴻。心神、字呴呴。

肝神、字臨臨。

膽神、字獲獲。

胃神、字沮沮。

脾神、字裨裨。

兩腎神、字瀏瀏。

臍中神、字玉靈子。

丹田中神、字藏精。

子欲爲道、當先歷藏皆見其神、乃有信。（第二六章）

頭髮神七人、七星精也。神、字祿之。兩目神六人、日月精也。左目、字英明。右目、字玄光。頭上神三人、東王父也。腦戶中神三人、泥丸君也。眉間神三人、南極老人元光天靈君也。兩耳神四人、陰陽之精也。字嬌女。鼻人中神一人、名太一、字通盧、本天靈也。口旁神二人、廚宰守神也。口中神一人、太一君也。字丹朱。（第二二章）

……凡三日念遍、乃念肺色正白、名曰鴻鴻。七日念心色正赤、名曰呴呴。九日念肝色正青、名曰藍藍。三日念膽色正青、名曰護護。三日念脾色正黃、名曰俾俾。五日念胃色正黃、名曰旦旦。五日念腎色正黑、名曰澍澍。三日念臍中太一色赤人、名曰玉靈子。三日念大腸正白色、名曰胴胴、一作洞洞。七日念小腸色正赤、名曰契契。九日念丹田色正赤、中有赤人、名曰藏精。

大腸神、字沌沌。

小腸神、字梁梁。

陰神、字窮英。

女人神、字丹精。

兩髀神、字陰陰。

兩膝神、字膒公。兩脛神、字隨孔子。兩足神、字柱天力士。

子瞑欲臥、從上三呼之、竟乃止。若體有疾痛處、皆隨痛所、九呼其名、令神治之。正臥瞑目、存其神、所疾立愈。月望朔分至之日夕、皆存神內視、召呼體上神名、使令拘魂制魄。眞人曰、子欲登仙。當召身神。

中黃老君曰、子既知身藏之神名、又當知天地父母赤子之家、五城十二樓。（下略）

（第二六章）

兩胜內神二人、亦玉女也。字陰隱。兩脛神二人、金木神也。字隨孔子。兩足神二人、太陰之精也。字柱天力士。……

兆欲臥瞑目、從上次三呼之、竟乃止。其有病痛處、卽九呼其神、令治之。百病悉去、卽爲神仙矣。

（第二二章）

兆審欲得神仙、當知天地父母赤子處。

（第二一章）


さて「食日月精之道」には、『老子中經』第三四、三五、三七、一四、二六、二二、二一章が對應していた。この順不同が聊か氣になるところであるし、また一致するのが、「食日月精之道」の前半部分に相當するだけであるということからすると、兩者は直接的な關係を持っていたわけではなくて、或いは共通する祖本があったかとも思われる。

しかしながら、この「食日月精之道」は、右に續く文によると、「角里《ろくり》先生」の「口傳の訣」を華子期という人物が文書化したものという。[32] もとより「眞人は之を太淸玄和の府、叢霄の觀に祕す。仙錄に有るに非ざる者は、其の篇を見ず」ともいうものである。この「角里先生」という仙者は、實は『老子中經』第七章で、道君に侍する「天の魂、自然の君」である「大和君」の身體中における名稱として登場する。卽ち「姓は角里先生、字は㴊㴊」というが、この「㴊㴊」は第二六章に「五日、腎色の正しく黑にして、名づけて㴊㴊と曰ふを念へ」とあるに同じであろう。「角里先生」は腎神として、いつしか身體內に收まっていたわけである。參考例として、第一七章の興味深い記載が擧げられよう。「丹田は、名は藏精宮。神の姓は孔、名は丘、字は仲尼なり。之を傳えて師と爲るなり」とあって、この仙法の傳承者とみなされれば小宇宙の神ともなるのである。そればかりか、恐らくは大宇宙において祭祀される者は、小宇宙にも配當されるはずであったろう。ともかく、この「角里先生」が『老子中經』において神格となっていることは、その「食日月精之道」との先後を考える上で、ひとつの手掛りとなろう。この書はまた、『抱朴子』卷一九遐覽篇に著錄の見える「食日月精經」と無關係ではなかろうし、[33] そこには「角里先生長生集」という名も見えている。

また『太上靈寶五符序』卷上には、「仙人挹服五方諸天氣經」という、『老子中經』の一篇と共通の內容を持つもうひとつの資料が見られる。ここで對照はしないが、『老子中經』第二七章は、これを抄出したと考えられるものである。

さて『老子中經』はこのように、存思法を核に、先行する諸道典を襲用しつつ形成されたことが窺えよう。その時期はいつ頃かということが問題なのであるが、實は『抱朴子』卷一九遐覽篇には、たとえば「老君玉曆眞經」とか「玉曆經」とか、或いはそれと覺しき書名も著錄されてはいる。それが『老子中經』の原書であるのかどうかは不明であり、『老子中經』が「食日月精之道」などをいつ襲用したのか、それは『抱朴子』よりも以前なのか以後なのか決め手はない。ただ豫想し得ることは、東晉の『太上靈寶五符序』が、より凝縮された『老子中經』ではなく、先行したであろう二書を収載しているということからすれば、『抱朴子』以後であろう現行本『太上靈寶五符序』の形成以降に『老子中經』は作成されたということであろうか。

ちなみに、劉宋期五世紀中頃には存したという『三天内解經』（道藏、第四七册）に「老子……（尹）喜に上下中經。一卷、五千文二卷、合して三卷を授く」（巻上第四ａ）と見えているが、ここに「中經」と見えるのは、本書の初出例であるかもしれない。『黄庭經』の來歴を考えた場合、その内観法の形成は、或いは三世紀くらいにまで遡り得るとして無理ではないが、しかしながら、『太上靈寶五符序』との關係において見る限り、書としての成立は、やはり五世紀になんなんとする頃と見るのが穏當なところであろう。

おわりに

現行本『老子中經』第五五章は、全文を締めくくる訓誡を述べ、次のように結んでいる。

玄圖に曰く、玉曆五十五章の姓名符信は、本と上皇金匱、玉笈玉笥の中に在りて、之を九重に封ず。兆、之を得しも、愼んで妄りに傳ふる勿れ。子、之を愼め。之に錢を受くる勿れ。其の人を得れば、卽ち之を傳へて、神仙を得しむ可し。吾、時時、自ら此の三篇を案じ行ふ。三篇とは上下中經なり……吾、以て汝に喩す。努力して師を求めよ。

吾、八十一弟を教えて、皆、仙たらしむ。其の十人は民間に布在し、遊遨して穀仙たり。吾、秦項を越え度りて出でざるは、漢の爲《ため》にし、黄世に出合す。吾に見《まみ》ゆれば大吉なり。

末尾の文は、まるで後漢末の太平道による黄巾の亂の際の口號を想起させる。(34) ここで「秦項」とは、秦始皇であり、項羽の時代を指す。「黃世」とは、五行說で漢の火德（赤世）を繼ぐ土德の王朝をいう。漢を承ける土德とはこの場合、三國時代の魏か吳を指すのであろう。實は三世紀成立を言うシッペール博士の根據のひとつに、この記載がある。確かに、江南に成立した『抱朴子』や『太上靈寶五符序』との關係から考えると、『老子中經』は三國吳の時代に出世したと見ることもできなくはない。『太上混元眞錄』によれば『老子中經』は老子より關令尹喜に傳授された經典のひとつであった。これ以外の傳授說話は見當らないが、ここで吳をいうとすれば、たとえばそれはかの葛玄とでも關わりを持たそうとした試みの一端が表われているのかもしれないが、これはもちろん臆測に過ぎない。「黃世」が吳と見られるにせよ、シッペール博士の言うように、それがそのまま『老子中經』の成立年代を示しているとは限るまい。せいぜい、上述のような何らかの傳說の一端を現している程度の記載と、ここでは考えておく。

『老子中經』の形成を知るために、いまひとつ考えなくてはならない問題がある。それは同種の思想背景を持つ『黃庭外景經』が、いったいいつ頃にまでその由來を遡らせて考えることができるのか、ということである。先に述べた存思法を說く『黃庭經』系典籍の起點をここで問題にしたいのであるが、管見としては、あの謎めかした七言韻文『黃庭外景經』にそれが始まるとは思えないのである。この存思法のテキストには何か基となるマニュアルが存在しなかったろうか。『老子中經』はそのマニュアルにこそふさわしい書なのではなかろうか。經文と偈文のような關係にあるとさえ思われるのである。『黃庭外景經』の末尾に「吾が言畢る。妄りに傳ふる勿れ」と云う。これは『抱朴子』內篇においてしきりに强調されているところであるが、神仙術の習得には必ず「明師の口訣」を待たねばならなかった。それは限られた時期に選ばれた弟子にだけ傳授されるのが原則であり、まさしく「妄りに傳え」てはならない祕法であった。成文化すべきものではない口訣は、暗誦し易い韻文の形を採っていた。『抱朴子』卷六微旨篇に「眞人守身鍊形の術」を問われて、葛洪が師の鄭思遠から授けられた口訣が披露されている。

夫始靑之下月與日　兩半同昇合成一（夫れ始靑の下、月と日と、兩半は同じく昇りて合して一と成り、）
出彼玉池入金室　大如彈丸黃如橘（彼の玉池より出でて金室に入る。大なること彈丸の如く、黃なること橘の如し。）
中有嘉味甘如蜜　子能得之謹勿失（中に嘉味有りて、甘きこと蜜の如し。子、能く之を得れば謹んで失ふこと勿れ。）
既往不追身將滅　純白之氣至微密（既往を追はざれ、身、將に滅びん。純白の氣は至つて微密なり。）
昇於幽闕三曲折　中丹煌煌獨無匹（幽闕より昇り、三たび曲折す。中丹は煌煌として獨り匹無し。）
立之命門形不卒　淵乎妙矣難致詰（之を命門に立つれば、形、卒はらざらん。淵たり妙たり、致詰し難し。）

この口訣も『黃庭經』に似た七言の韻文であり、かつ同樣に難解なものである。その人にあらざる者には理解の及ばないようにできているのであろう。口訣はおそらく傳授の際に、師の解說を判わなくては、そのままでは體得することが不可能であったに違いない。『黃庭經』もまた口訣であったのではなかろうか。

先述のように『黃庭經』も、後に上清派(35)で展開を見るように讀誦法による登仙のためのテキストと扱われていた。朱璜も蔡誕もこれをただ諷誦するためだけに用いていたようである。しかし經典の讀誦自體に效用が見出される以前に、單に暗記のために作成されていたのではなかったろうか。恐らくはテキストを目前にひもときながらでは實踐できないであろう存思法の會得のためにであり、それは口訣として傳授されたという次第が豫想される。『黃庭外景經』が、存思法の精髓を祕めた書であることは否定できない。朱璜や蔡誕の行狀は、既にそうした讀誦法のみというヴァリエィションを生んでいた結果と考えられないであろうか。

いずれにせよ、『黃庭外景經』が成立するにはかなり整然とした存思法の體系が既に用意されている必要があろう。とはいえそれを說く『老子中經』の開陳は五世紀頃を待たねばならないようである。しかし、あたかも『老子中經』のような『黃庭外景經』のマニュアルが、先立って存在していなかったろうか。『黃庭外景經』が口訣として傳授されるに際し、師の不出の手控えとして、或いはまた師の方寸の内にそれは祕められていたのかもしれない。本書の形成は、いくらかの重層を考えなくてはならないであろう。

注

（1）吉岡義豊「三洞奉道科戒儀範の研究」（『道教と佛教』第三所收）參照。梁末の五五〇年頃まで遡り得るとする。
（2）道藏、第七六一册、卷四七a。
（3）楠山春樹「河上公注の成立」（『老子傳説の研究』所收）一六六頁、注（17）參照。
（4）道藏、第九八九册、三a。
（5）注（3）前揭論文一六六頁、注（19）參照。楠山博士は「ここに中經とは、道德經についていう上、下經と竝ぶ意味の中ではなくて、おそらくは上下を超えた根本としての意であろう」という。「中經」の語は『鬼谷子』卷下に「中經篇」があり、陶弘景の注に「謂、由中以經外、發於心本、以彌縫於物者也。故曰中經」と見える。
（6）道藏、第六〇四册、一〇b。本書については楠山注（3）前揭書所收「函關における老君と尹喜――太上混元眞錄を中心として」を參照。
（7）中田勇次郎「黄庭經諸本鑑賞記」（『中田勇次郎著作集』卷一所收）。
（8）H・マスペロ『道教』（川勝義雄譯、東洋文庫三二九）、『道教の養性術』（持田季未子譯、アジア文化叢書）。マスペロ博士は博覽廣記にこの內觀法を詳述していて、本稿作成の段階でも大いに參考になった。しかし、博士の當時の道教研究からはやむをえないことであるが、存思法の歷史的な展開について右の二書は多くを語ってくれない。本稿はこの歷史的展開をまず念頭におくことにしたが、この方面の、特に典籍の來歷研究の成果がさほど提出されていないこともあり、未だ容易なことではないようである。『黄庭經』についてはまた、王明「黄庭經考」（中央研究院『歷史語言研究所集刊』二〇上、一九四八年）、石島快隆「黄庭經雜考」（岡本素光博士喜壽記念論集『禪思想とその背景』所收、一九七五年）、麥谷邦夫「『黄庭內景經』試論」（『東洋文化』六二、東京大學東洋文化研究所、一九八一年）などがある。

（9）嚴靈峯編『無求備齋老子集成』初編第一册所收「輯葛玄老子節解」、藤原高男編「輯佚老子古注篇」（『高松工專紀要』一）。

（10）「老子節解考」（注（3）前掲書所收）。

（11）注（3）前掲論文一四四頁。

（12）注（8）前掲書、『道教』三八～三九頁、一四五～一四六頁。

（13）"Le Calendrier de Jade : Note sur le Laozi zhongjing," *Nachrichten der Gesellschaft für Natur und Völkerkunde Ostasien 125*, 1979, pp. 75-80. *Le Corps Taoïste*, L'espace intérieur 25, Fayard, Paris, 1982.
なお、本稿は楠山博士注（10）前掲論文と、右のシッペール博士の著述に負うところが多い。

（14）『抱朴子』のテキストには、王明『抱朴子內篇校釋（增訂本）』（新編諸子集成第一輯、一九八五年）を使用する。

（15）『太平御覽』巻三八三所收佚文、第一〇b。

（16）同右、巻八八一所收『河圖』佚文、第四b。安居香山 中村璋八編『重修 緯書集成』巻六（河圖・洛書）によれば（明德出版社、一九七八）、『龍魚河圖』の佚文に分類される。

（17）澤田瑞穗「『列仙傳』・『神仙傳』解說」（『抱朴子　列仙傳・神仙傳　山海經』所收、五六三頁上段）。

（18）注（7）前掲論文參照。

（19）『後漢書』巻三〇下襄楷傳。吉岡義豐「敦煌本太平經について」（『道教と佛教』第二所收）參照。

（20）たとえば『太平經』巻七二「齋戒思神救死訣第一百九」（王明編『太平經合校』一九七九年版二九一～二九五頁）參照。

（21）本書については注（8）前掲の、王氏、麥谷氏の各論文を參照。本章は特に後者から様々な示唆を得ている。

（22）道藏、第一九三册、陶弘景撰『登眞隱訣』巻下「誦黃庭經法」（一a～五b）を參照。

（23）更に五世紀以降に登場する靈寶經の內、『洞玄靈寶長夜之府九幽玉匱明眞科』（道藏、第一〇五二册、二六左～二七右）には「次發爐」と題して次のような祝文が見える。ここで體內神は、既に所與のものとして儀禮中に組み込まれている。

无上三天玄元始三炁太上道君、召出臣身中、三五功曹、左右官使者、左右捧香、驛龍騎吏、侍香金童、傳言玉女、五帝直符、各三十六人。出。出者嚴裝、關啓土地里域四面眞官。臣、今正爾、焼香行道。願使十方正眞之炁入臣身中。所啓速達、徑御（原文改行）太上无極大道至尊玉皇上帝御前。

(24) Ninji Ofuchi "On Ku Ling-pao ching," *Acta Asiatica* 27, pp. 34-44, 1974, Tokyo. また、小林正美「劉宋における靈寶經の形成」（『東洋文化』六二、一九八二年）參照。

(25) 山田利明「『靈寶五符』の成立とその符瑞約性格」（安居香山編『讖緯思想の綜合的研究』所收、一九八四年）參照。

(26) 注（8）前掲書、『道教』一二六～一二七頁。

(27) 道藏、第七六八冊、北周武帝撰『無上祕要』巻五に引く「洞神經」は、以下の第二二・二三章を手短かにまとめたような内容を持っている。その神名は寫誤と考えられるものを除いては、ほとんど一致しているといえる。洞神經類は『抱朴子』にも著錄の見える「三皇文」（巻一九遐覽篇）を基礎に、六朝期を通じて次第に増大していった道典であるが、今はほとんど失われて、右のような佚文からこれを窺うほかはない。今はこのことを問題にする餘裕がないので指摘するに止めたい。

(28) 「耀魄寶」とは、鄭玄のまとめた「六天説」中の「北辰上帝」である。『禮記正義』巻一六月令季夏「皇天上帝」鄭注。

(29) 内野熊一郎『中國古代金石文における經書讖緯神仙説攷』（汲古書院、一九八七年）、池田溫「中國歷代墓券略考」（『東洋文化研究所紀要』八六、一九八一）たとえば二二五～二二六頁參照。

(30) 注（13）前掲論文七七頁。

(31) 注（3）前掲論文一六六～一六七頁、注（19）。

(32) 道藏、第一八三冊、巻上二二a。角里先生とは『史記』巻五五留侯世家に見える「四皓」のひとりであり、華子期との交渉については『文選』巻二六所收謝靈運の「入華子崗是麻源第三谷一首」に李善注の引く、やはり謝靈運の「山居圖」にその名の見えるのが、『神仙傳』佚文（『雲笈七籤』巻一〇九）を除いては早い例か。

(33) これについては、注（25）前掲論文に既に指摘がある（一七七頁）。

(34) 『後漢書』巻一〇一皇甫嵩傳に「蒼天已死、黄天當立。歳在甲子、天下大吉」と見える。

(35) 上清經の一書に『上清太上帝君九眞中經』二巻（道藏、第一〇四一冊）がある。この書はその性格において『老子中經』

に共通する内容をもっているが、ただし、司神名は異なる。

第五編　天師道の展開

第一章　房祠破壞と道士の原像

はじめに

後漢末の初平元（一九〇）年、曹操は百萬とも傳える靑州の黃巾軍と對峙し、會戰を前にして、彼らから手紙を寄せられ、「昔は濟南に在りて、神壇を毀壞す。其の道は乃ち中黃太乙と同じふす。道を知るが若きに似るも、今は更に迷惑す。漢行は已に盡き、黃家の當に立つべきは、天の大運にして、君の才力の能く存する所に非ざるなり」[1]とあった。曹操は確かに以前、光和の末年に濟南の相であった頃、淫祀を禁斷し、房祠の破壞を實行したことがあった[2]。そのことは、この場合、太平道の教義を言うのであろう「中黃太乙の道」と合致するというのに、どうして我々黃巾と敵對するのか、漢の火德の終焉はもはやどうしようもないというのに、といった內容であるが、曹操のかつての房祠破壞政策が、太平道の教義と合致するというのであろうか。

現行の『太平經』にはたとえば「中古の理（治）は漸く法度を失い、流れて浮華に就き、資財を竭くして送終の具を爲め、祭祀を盛んにし、而して鬼神は益々盛んなりて、民は多く疾疫す。鬼物は祟を爲して、止むる可からず。下古は更に熾んに他鬼を祀りて陰を興し、鬼神に事へて生民を害す」とあり[3]、從來の信仰に對する否定的態度が窺える。太平道も、往時に於いては新興宗教に過ぎず、信者を獲得するためには、從來型の信仰に對して批判的立場で臨み、太平道の側へと圍い込む手法をとったであろう事は當然であろうと考える。

從來、後漢や六朝時代の民間信仰と道教の關係については、宮川尚志博士、あるいはロルフ・A・スタン博士の先行論文があるが、本章は道士の原像というものに焦點を絞り込めば、諸資料がよりよく整理されるのではないかと考える試みである[4]。

ここで言う道士とは、天師道を初めとする道教の職能者を指す。これを先行例から考えるという次第であって、語源の探求を意味しないことを理っておきたい。

第一節　官吏による房祠破壞

曹操に限らず、後漢の房祠破壞には先例があり、道士ではないが、そのような行爲に手を下した人物がある。たとえばそれは第五倫である。

> 會稽の俗は淫祠を多くし、卜筮を好む。民は常に牛を以て神を祭り、百姓の財産はこれを以て困匱す。其の自ら牛肉を食ひて以て祠に薦めざれば、病を發して且に死せんとするに、先づ牛鳴を爲し、前後の郡將も敢て禁ずる莫し。倫は官に到り、所を屬縣に移し、曉らかに百姓に告ぐ。其の巫祝は鬼神に委託して、愚民を詐怖する有らば、皆な案じて之を論ず。妄りに牛を屠る者有らば、吏は輒ち罰を行ふ。民は初め頗る恐懼し、或いは祝詛妄言するも、倫の之を案ずること愈〻急なれば、後、遂に斷絶し、百姓は以て安んず[5]。

第五倫は官吏として淫祠を取り締まっているわけで、基本的には禁令が有ったことが想像され、當り前の仕事をしているに過ぎないにもかかわらず、ここでこのように特筆されていることは、他の官吏には躊躇されるべきふるまいであったのであろう。第五倫の行爲はよく知られていたようで、『風俗通義』[6]にも言及がある。また、かの王充と同

時代であることを考え合わせると、この時代に鬼神祭祀に対する懐疑的な風潮が現れていたことをほのめかす。(7)
あるいは、欒巴の例がある。この人もまた官吏であった。

巴は徐州に使して還り、再び豫章太守に遷る。郡土に山川の鬼怪多く、小人は常に貲産を破りて以て祈禱す。巴は素より道術有りて、能く鬼神を役すれば、乃ち悉く房祠を毀壞し、姦巫を翦理し、是に於いて妖異は自ら消ゆ。百姓は始め頗る懼れを爲し、終に皆な之を安んず。(8)

欒巴は張陵とほぼ同時代で、活動の地域がやや重なることもあって、兩者に交流があったとする意見もあるが、(9)いずれにせよ、舊來の祭祀のあり方に批判的な人々の活動の複數あったことが確認されれば、ここではそれでよい。

また、費長房の話は著名であるが、同じく『後漢書』(10)に掲載されながらも、かなり説話化が加えられており、もちろん内容通りに受け取ることはできないが、後の道士の行爲を先取りするかのような印象を受ける。費長房は、「曾て市の掾」で、これもまた官吏であった。壺公という壺中天に住まう謫仙のもとで仙道修行するが、中途で挫折し、壺公から符をもらって歸宅する。この符は疾病を癒し、鬼神を使役するばかりか、時に懲罰を與える效力を持つ。

遂に能く衆病を醫療し、百鬼を鞭笞し、社公を驅使するに及ぶ。或いは它に在りて坐し、獨り自ら恚怒し、人の其の故を問へば曰く、吾は鬼魅の法を犯す者を責むるのみ、と。

この後、徐南の太守の服を身に着けて、人々を煩わせる魅を一喝して、老鼈の正體を暴き、自殺に追い込むのであるが、この部分は、何らかの民間信仰を彈壓し、その擔い手を死に至らしめたことを語るのであろう。しかし「後に其の符を失ひ、衆鬼の殺す所と爲る」と劇的に傳は閉じる。この、符を使って鬼神を使役するというのは、費長房が文獻上では始めてではなかろうか。あるいはこのような役割を演じるのが道士なのではなかろうか。まるで現在の僵尸モノの映畫の原型をここに見るかのようである。費長房は『搜神記』(巻一五)でも冥界からもたらされた丸薬を見せられて「此れ方相の脳なり」と答え、同じく冥界からの手紙の文字を讀むことができるといった異能者として描かれる。また葛洪も『抱朴子』内篇巻一二遐覽篇に「壺公符二十巻」とあり、巻二の論仙篇にも「近世、壺公は費長房を将ゐて去り、……積むこと數年にして長房は來り歸る」と見える。この費長房と先の欒巴は『神仙傳』にも選ばれ（共に巻五）、同じく説話化に拍車がかかり、費長房もそこでは當然のことながら、死なない。

ちなみに『神仙傳』には、他に巻三劉根・王遠、巻四陰長生、巻五劉憑、巻七樊夫人・葛玄、巻一〇葛越・黄敬・魯女生の九人の傳に鬼神の驅使の例が見られ、それが仙者たるものの一つの條件であったかに畫かれる。

欒巴の例だけを以下に擧げるが、『眞誥』は「欒巴口訣」を傳え、「此れは是れ三天の前軀使者の鬼を捕らふるの法」と言う[11]。あるいは『雲笈七籤』巻八五の欒巴傳ではその「兵解」を告げる[12]。こうした道教文獻で欒巴は先驅者として、仰ぐべき模範として扱われているのは、何故なのであろうか。「三天の前軀使者」というのが、この場合のキイワードであろう。嚴密にいえば、道士とはまだ呼べない者たちが、後の道士の御手本となり、さらには神仙とさえみなされていることに注目せざるを得ない。

第二節　初期天師道經典に見える俗信否定

およそ、新興宗教が登場するには、舊來型の信仰に對する批判があり、それを超克する立場を持して參入するのが常である。そうでなければ信者というものをどこからも獲得できないであろうし、自らの信仰を展開する人的餘地がない。

この場合、天師道はどうであったろうか。たとえば『神仙傳』（巻四）にはもちろん張陵の傳もあり、そこでは鬼神に對してさぞかし大活躍しているものと想像するが、それが意外なことに少しも出てこない。せいぜい弟子の趙昇が修行の段階で、山中で三頭の虎を前に平然としていた、というのが近しい逸話で、「豈に山鬼、汝をして來りて我を試みしむにあらずや」と虎を山鬼と呼んで、かろうじて接點を記すに過ぎない。

しかしながら、太平道の立場は、上記の通り、舊來の信仰との線引きのあることを曹操に告げていた。官吏すら先鋭的な者は信仰の改革を急務と見ていた。獨り天師道にだけそれがなかったのであろうか。新しい信仰の立場を打ち出そうという時、在來信仰に對して無批判ではありえないはずで、そのような思想がなかったとは決して考えられないであろう。

五世紀頃までに形成された天師道の文獻を見れば、むしろ、當時の道士の主な任務が、この鬼神への對策にあったと言って過言でない。たとえば『玄都律文』には、「律に曰く、道士・女官は、皆な民をして私かに鬼神を祠祀し、猪羊を殺し、妖言惑語せしむるを得ず。此の僞事は、皆な道の禁ずる所なれば、若し此の色有れば、皆な須からく律に違う者を斷除すべし。籙上の禁を犯さば、筭一紀を罰するなり」と見える。(13)『老君說一百八十戒』の中にも「第一百十三戒は、佗の神鬼に向かひて禮拜するを得ず」、「第一百十八戒は、鬼神を祠祀して、以て僥倖を求むるを得ず」、「第一百四十四戒は、常に當に正一に廻向すべく、俗事を得ず」とある。(14)道士が新しい信仰の布教を指向しながらも、ともすれば世俗の信仰と妥協しがちな環境のあったことが窺える。道士の存在理由、道士であることの自覺は那邊にあったのであろうか。『女青鬼律』巻一冒頭には、

律に曰く、天地は初めて生じ、元氣は施行し、萬神は氣を布し、醜逆袄邪・不正の鬼有るなく、男は孝、女は貞、君は禮、臣は忠たりて、六合は一の如く、患害有るなし。自後、天皇元年以來、轉た百巧を生じ、大道を信ぜず、五方は逆殺し、疫氣は漸く興り、虎狼萬獸は、氣を受けて長大し、百蟲蛇魅は日と與に滋々甚し。天に六十日有

りて、日々一神有り、神は一日に直するも、日に千鬼有り、飛行して禁止す可からず。大道も禁じず、天師も敕さず、天下に放縱し、凶凶相逐ひ、唯、殺中に任すのみにして、民の死する者は千億たり。太上大道は之を見るに忍びず、二年七月七日の日中時、此の鬼律八卷を下し、天下の鬼神の姓名・吉凶の術を紀して、以て天師張道陵に勅し、鬼神を勅せしむ。妄りに東西南北に轉ずるを得ず。後に道有る男女の生の、吾の祕經を見て、鬼の姓名を知れば、皆な吉なり。萬鬼は干さず、千神は賓《したが》ひ伏して、奉行すること律の如し、と。妄りに其の人に非ざるに傳ふるを得ず。其の人に非ざるに傳ふれば、災は七世に流れん。道を怨み師を咎むる勿れ。姓名の譜を紀して曰く、云々。

と見え、天地開闢以來の鬼神の放縱を正すとして、自らの存在の正當性を歴史的に位置付けようというのである。(15)陸修靜の『陸先生道門科略』は、こうした信仰の歴史的混亂をいわば總括していう。

夫れ大道は虛寂にして、狀貌を絕し、至聖は體行して、之に言教を寄す。太上老君は以へらく、下古の黙に委ね、淳は澆く樸は散じ、三五は統を失ひ、人鬼は錯亂す、と。六天の故氣は、官を稱し號を上げ、百精及び五傷の鬼・敗軍の死將・亂軍の死兵を構合し、男は將軍と稱し、女は夫人と稱し、鬼兵を導從し、軍は行き師は止り、天地を遊放し、擅に威福を行ひ、人に廟舍を責め、人に饗祠を求め、人民を擾亂し、三牲を宰殺し、費は萬を用て計へ、財を傾け產を竭くすも、其の祐を蒙らずして、反て其の患を受け、枉死・橫夭は、稱げて數ふ可からず。太上は其の此くの若きを患ふ、故に天師に正一盟威の道の禁戒律科を授け、萬民に逆順・禍福・功過を檢示し、好惡を知らしめ、二十四治・三十六靖廬・內外道士二千四百人を置き、千二百官章・文萬通を下して、誅符もて廟を伐り、鬼を殺し人を生かす。宇宙を蕩滌し、明らかに三五の天を周り地を匝るを正す。復びは淫邪の鬼有るを得ず。諸の禁心を罷め、治民と淸約し、神は飲食せず、師は錢を受けず、民をして內は慈孝を修め、外は敬讓を行はしむ。時を佐け化を理め、國を助け命を扶く。唯、天子のみ天を祭り、三公は五嶽を祭り、諸侯は山川を祭り、民人は五臘の吉日に先人を祠り、二月八月に社竈を祭る。此れ自り以外は祭る所有るを得ず。[16]

あるいは『三天内解經』は、これに類似しながらも、さらに佛教を含み、老子歴代帝師説を加えるなどして結構を擴大し、道士の位置付けのひとつの到達點を表出するものといえるであろう。彼らは自らの存在意義を歴史の中に組み込もうとするのである。

伏羲・女媧の時に至り、各々姓名を作し、因りて三道を出して、以て天民を教ふ。中國は陽氣純正なれば、無爲大道を奉らしめ、外の胡國八十一城は陰氣强盛なれば、佛道を奉らしめ、禁誡の甚だ嚴しくして、以て陰氣を抑えしむ。楚越は陰陽の氣薄く、清約大道を奉らしむ。此の時、六天の治興り、三道は教へ行い、老子は帝帝に出て國師たり。……（中略）

下古は僭薄にして、妖悪は轉た興り、酌祭の巫鬼は、眞僞は分たず。太上は瑯琊に於いて太平道經を以て干吉・蜀郡李微等に付し、六天を助け、邪氣を檢正せしむも、微等は復た六天の氣をして正さしむ能はず、反て漢の世に至りて、群邪は滋々盛く、六天の氣は勃り、三道は交錯して、癘氣は縱横し、醫巫は滋々彰る。皆な眞を棄て僞に從ひ、絃歌鼓舞し、六畜を烹殺して、邪鬼を酌祭し、天民は夭横し、暴かに狼藉に死す。太上は眞人及び王方平・東方朔をして漢の世を輔助せしめんと欲するも、漢の國を遊觀し、人情を看視せしむも、漢帝は信ぜずして、以て妖惑と爲す。是の故に漢室は衰破し、王莽は治を執る。

……漢安元年壬午の歲、五月一日を以て、老君は蜀郡梁亭山石室中に於いて、道士張道陵と將に崑崙大治に詣りて、新たに太上を出ださんとす。太上は、世人は眞正を畏れずして、邪鬼を畏る、因りて自ら號して新出老君と爲すと謂ふ。卽ち張を拜して太玄都正一平氣三天の師と爲し、張に正一明威の道・新出老君の制を付す。……

（中略）

……永へに三天正法を用ひ、天民を禁固するを得ず。民も妄りに他の鬼神を淫祀するを得ず。鬼をして飲食せしめず、師は錢を受けず。淫に盜みて病を治め疾を療むるを得ず。飲酒・食肉するを得ず。民人は唯、五臘の吉日に家親・宗祖・父母を祠り、二月八月に社竈を祠祀するを聽す。三天正法の諸天眞道に非ざれば、皆な故氣爲り。

（下略）(17)

第三節　受容する者の反應

劉宋の劉義慶の『幽明錄』は、次のような説話を傳える。

新たに死せる鬼有り。形は疲れ痩すること頓かたり。忽として生ける時の友人に見ゑ、死して二十年に及ぶも、肥ゑ健やかたり。相問訊して曰く、卿は那ぞ爾くのごとからん、と。曰く、吾は飢餓して殆と自らは任さず。卿は諸の方便を知る、故に當に法を以て教へらるべし、と。友の鬼の云く、此れ甚だ易きのみ。但だ人の爲に怪を作すのみ。人は必ず大いに怖れ、當に卿に食を與ふべし、と。新鬼は往きて大墟の東頭に入り、一家の佛を奉りて精進する有り。屋の西廂に磨有り、鬼は就きて此の磨を推くこと、人の推法の如し。此の家の主は子弟に語りて曰く、佛は我が家の貧しきを憐み、鬼をして磨を推さしむ、と。乃を麥を輦きて之れに與へ、夕べに至るまで數斛を磨き、疲頓して乃ち去る。遂に友鬼を罵り、卿は那ぞ我を誑かさん、と。又た曰く、但だ復た去り、自ら當に得べきなり、と。復た墟の西頭從り一家に入る。家は道を奉る。門の傍らに碓有り、此の鬼は便ち碓に上ること、人の舂づく狀の如し。此の人言ふらく、昨日は鬼は某甲を助け、今は復た來りて吾を助く。穀を輦きて之れに與ふ。又た婢に簸篩を給ひ、夕に至るまで力めて疲るること甚だしく、鬼に食を與へず。鬼は暮れに歸りて大いに怒りて曰く、吾は卿と婚姻（姻）を爲すを用て、他の比ひに非ざるに欺かること如何。二日に人を助け、一甌の飲食すら得ず、と。友の鬼曰く、卿は自ら偶はざるのみ。此の二家は佛を奉り道に事へ、情として自ら動かし難し。今、去りて百姓の家を覓めて怪を作せば、則ち得ざること無かる可し、と。鬼は復た去り、一家を得。門首に竹竿有り、門從り入り、一群の女子の窗前に共に食らふ有るを見ゆ。庭中に至り、一の白狗有り。便ち抱きて空中を行かしむ。其の家は之を見て大いに驚きて、自來、未だ此の怪有らず、と言ふ。占いて云く、客鬼の食を索む有り、狗を殺し甘果酒飯を庭中に幷べて之を祀る可く、他無きを得可し、と。其の家は師の言の如くし、鬼は果して大いに食を得。此の後も恆に怪を作すは、友の鬼の教へなり(18)。

死んだばかりの鬼が腹を空かせていると、二十年も前に死んだ友人が、同じ鬼でありながら健康そうにしている。わけを訊ねると、人前で怪異を起こしてお供えをせしめろという。そこである家に入ってうすを回すが、この家は佛門に歸依していて、ただ、うちが貧しいのを憐れんで、佛が鬼をつかわして仕事を手傳ってくれるなどと言って何も貰えない。次は別の家に行って、今度はうすを搗くのだけれども、ここは奉道の家で、やはり何も貰えない。最後に佛門でも道門でもない家に行って、犬を宙に飛ばせたところ、この家では師巫に相談し、その結果、やっと食事にありつけたという。

この物語は、劉宋の頃には佛教や道教に歸依すれば、鬼など恐るるにたりないとの意識が形成されていたことをほのめかす。あるいは、僧侶や道士の喧傳したわかりやすい入信の勸めとなったであろうか。ちなみに同じ『幽明錄』所載の安世高の物語も示唆に富む。

安侯世高は、安息國の王子たり。大長者と共に出家し、道を舍衛城に學ぶ。主の稱へざるに値たりて、大長者の子は輒ち恚む。世高は恆に之を呵戒す。周旋すること二十八年、當に廣州に至るべしと云ふ。……（中略）廬山を過ぎり、知識を訪ね、遂に廣州を過ぎり、少年の尙ほ在るに見ゆ。徑ちに其の家に投じ、與に昔事を說き、大いに欣喜すれば、便ち隨ひて會稽に至る。嵇山廟を過ぎり、神を呼び共に語る。廟神は蟒形にして、身は長さ數丈、涙をば出す。世高は之に向ひて語り、蟒は便ち去る。世高も亦た船に還る。一少年の船に上る有り、前に長跪して呪願を受け、因りて遂に見れず。世高曰く、向の少年は卽ち廟の神なり。惡しき形を離るるを得、と。廟の神は卽ち是れ長者の子を宿す。後、廟の祝は臭氣有るを聞き、大蟒の死せるを見ゆ。廟は此れ從り神歇く。(19)

（下略）

既に複稚な輪廻轉生や因緣の物語が本篇の主題なのであるが、安世高は、正體は蟒に過ぎなかった廟の神の魂を解き放ち、廟の祀神を抹消してしまった。蟒の死體を廟の巫祝に發見させているのも、巫祝レベルの信仰形態を貶め、佛教の壓倒的優位性を示すのであろう。

これらの物語は、上記道典の表現が道士の鬼神崇拜を禁ずる決意表明であるとするならば、それを受け止める世間の側の反應の一端を語るものと考えられる。

もちろん、現在に至るまで、鬼神による祟りに囚われ、現世利益を優先する立場は依然として存在し、劉宋期に見られた以上のような意識の高まりは、必ずしも、次代へと強く受け繼がれたわけではない。世間の動向次第で、鬼神の優位は復活し、道佛への信賴感は時として埋沒することもある。思想史や宗教史の陷り易い罠は、とある新傾向が以後、放射狀に世間に擴がっていくかのような印象を抱かせてしまうことであるが、それは一時の頂點を窺わせるに過ぎないこともある。

第四節　前漢末の國家祭祀改革

『漢書』巻二五郊祀志上・下は『史記』巻二八封禪書を繼いで、前漢武帝期以後の國家祭祀を記す。實はその記載は、後漢以降の宗教界を左右する前提となる事跡を傳えている。

「宣帝卽位し、武帝の正統より興り」以下は、武帝の祭祀をさらに擴大したが、「元帝は儒を好み、貢禹・韋玄成・匡衡等は相繼ぎて公卿と爲る。禹は漢家の宗廟の祭祀の、多くして古體に應ぜざるを建言す。上は其の言を是とし、後に韋玄成は丞相と爲り、議して郡國の廟を罷め、太上皇・孝惠帝よりの諸園・寢廟は皆な罷む」と縮小の方向へと向かった。おそらくは、國家祭祀に要する歳出の削減が主な理由と考えられるが、同時に漢初黃老にちなむ人士の最終的な整理でもあったろう。武帝期に始まった祭祀の擴大の後で、本來の祭祀のありようが再考されることとなったわけであるが、そもそも本來の祭祀の規範があったわけではない。統一中國の形成からまだ二百年程度であり、秦始皇帝以來、前漢武帝に至る規範なき試行錯誤は、封禪書に記されている。

ところが、「後に元帝は寢疾し、夢に神靈の諸廟祠を罷むるを譴め、上は遂に此れを復す。後に或いは罷め、或いは復し、哀・平に至るも定まらず」というありさまであった。この後、「上に繼嗣無きを以て、皇太后をして有司に詔して曰く」云々とあるように、祭祀の規模の縮小政策は、その、皇帝に跡繼ぎが生まれぬ祟りなどの意識とのせめぎ合いであった。

「成帝は末年に頗る鬼神を好み、亦た繼嗣無きが故に、上書して祭祀・方術を言ふ者多く、皆な待詔を得て、上林苑中・長安城旁に祠祭し、費用は甚だ多く、然して大いに貴盛する者無し」というように、國家祭祀は經濟的困窮により、混亂を極める。それでも「哀帝卽位して、寢疾あり、博く方術の士を徵し、……盡く前世の常に諸神の祠官の興す所を復す。凡そ七百餘所、一歲三萬七千祠と云ふ」から、すべてはまた復元された。

この間、祭祀を司る者たちは、官吏を罷免され、また官吏となり、また罷免され、また採用されたであろう。官民の祭祀の行き來が、祭祀自體に對する懷疑を刻んだであろうことは疑いない。國家の上下を問わず、信仰のありように動搖が生じたであろう。一方、こうなっては民間に寄託する外はない祭司が、村落の巫祝と雜糅するか、その立場を奪うこともあったろう。官製祭祀の洗練が民間信仰に加味されたこともあったであろう。宗教者が多數、野に放逐された。こうした中から、後の新しい宗教の擔い手が釀成されてくるであろうことは想像に難くない。

民間に種が蒔かれただけではない。官吏に復歸せんとする動きもあったに違いない。たとえば、すでに成帝の時、「齊人の甘忠可は詐りて天官曆包元太平經十二卷を造りて、以て漢家は天地の大終に逢ひ、當に更に命を天より受くべく、天帝は眞人赤精子をして下して我に此の道を敎へしむ、と言ふ。忠可は以て重平の夏賀良・容丘の丁廣世・東郡の郭昌等に敎へ、中壘校尉の劉向は、忠可は鬼神に假りて、上を罔ひ衆を惑はすと奏し、獄に下して治服せしめ、未だ斷ぜざるに病死」するという事件があったが、「哀帝は久しく疾に寢ね、其の有益を幾ひ、遂に賀良等の議に從ふ」こととなった[20]。これなどは、再び官吏への復歸を畫策した勢力による搖さ振りではなかったか。

以上は哀帝の建平元（前六）年のことであるが、同じく四（前三）年「春、大いに旱あり。關東の民は西王母の籌を傳行し、郡國を經歷して、西のかた關に入りて京師に至る。民は又た會聚して西王母を祠り、或いは夜に火を持ちて屋に上り、鼓を擊ちて號呼し、相驚恐す」というのもまた、同樣の反動ではなかったろうか[21]。

前漢最後の平帝はまた「淫祀を禁じ」たという[22]。『後漢書』祭祀志によれば、後漢の光武帝は「二年正月、初めて郊兆を雒陽城南七里に制し、鄗に依る。元始中の故事を采る」（上第七）と見え、「三十二年、……二十五日甲午、禪す。地を梁陰に祭り、高后を以て配し、山川の羣神の從ふこと、元始中北郊の故事の如し」とか「地理の羣神の食に從ふを以て」（中第八）と繰り返し見られるからには、これが後漢の規範となったと見てよかろう。元始年間とは、前漢の平帝の元號である。すなわち「淫祀を禁じ」たことを規範としていたとするなら、先述の第五倫らの行爲は公務であったことになる。

國家祭祀の埒外に投げ出された者たちが、民間に潛行し、後漢の中期以降に天師道・太平道の勢力として世に勃興したであろうちょうどその頃、『後漢書』祭祀志（中第八）にも、そこまでとはまったく異質の記事が出現する。すなわち「桓帝は卽位十八年、神僊の事を好む。延熹八年、初め中常侍をして陳國苦縣に之かしめ老子を祠らしむ」とみえるわけであるが、その一方「（八年）夏四月丁巳、郡國の諸房祀を壞つ」という。[23] 混亂は止まらない。

おわりに

『漢書』巻二五上郊祀志は、神話時代の上古の聖王の、理想の祭祀のありようから説き起こし、「民神は業を異にし、敬して瀆さず、故に神は嘉生を降し、民は物を以て序し、災禍は至らず、求むる所は匱しから」ざる安寧があったとする。しかしながら、「少昊の衰ふるに及び、九黎は德を亂し、民神は雜擾し、物を放る可からず。家は巫史を爲し、享祀に度無く、齊明を瀆して神は蠲らず。嘉生は降らず、禍災は荐りに臻り、其の氣を盡くす莫し」という事態となるに至った。そこで「顓頊は之を受け、乃ち南正の重に命じ天を司りて以て神に屬し、火正の黎に命じ地を司りて以て民に屬す。舊を復して常ならしめ、相瀆す亡し」としたが、「共工氏の九州に覇たりてより、其の子の句龍と曰ふは、能く水土を平らげ、死して社祠と爲る。烈山氏（炎帝）の天下に王たりて其の子の柱と曰ふは、能く百穀を殖え、死して稷祠と爲る。故に郊祀・社稷の、從り來るところは尙し」という。『史記』巻二八封禪書が、まさに封禪を中心とした人の祭禮の歴史を主題に書かれたとするならば、冒頭からここまでの郊祀志は、いま一歩、傳說の側にも歩み寄って、神と人とのありようの歴史、いわば中國宗教史を綴りかけたかに思われる。緯書の影も、ほの見えよう。

上記の道典に見た記述は、直接には後漢から六朝期にかけて流行した、皇甫謐の『帝王世紀』に代表される、いわゆる通史の類に影響されてのそれとも考えるが、淵源を求めるならば、道士たちの宗教史は『漢書』冒頭のあたかも續編にも似る。變奏曲のごとく次々と書き換えられるそれは、西晉のわずかな時期を除けば、統一國家が失われて久しく、かつての規模の國家祭祀は望むべくもないそんな時代に於ける、自らの存在意義の摸索であり、その中國宗教史において連綿と續いて來たとする自らの由緒の主張であった。

道士はしかし、そこで自らの基準とする神々の他を完全に淫祀と設定していた。正しき信仰の在り方を擁護する者、それが道士であるとし、やがて房祠破壞の代表者を自らの先驅者に加えるに至ったという次第なのであろう。(24)

注

（1）『三國志』巻一魂書武帝紀所引『魏書』。
（2）「光和末、黄巾起、拜騎都尉、討潁川賊。遷爲濟南相、國有十餘縣、長吏多阿附貴戚、贓汚狼藉、於是奏免其八。禁斷淫祀、姦宄逃竄、郡界肅然」（『三國志』巻一魏書武帝紀）。
（3）道藏、第七四六～七五五册、「『太平經鈔』丙部巻三第一一ｂ（王明編『太平經合校』五三頁）。
（4）宮川尙志著『六朝史研究』宗教篇（平樂寺書店、一九六四）、Ｒ・Ａ・スタン著・川勝義雄譯「宗教的な組織をもった道教と民間宗教との關係」（酒井忠夫編『道教の總合的研究』所收、國書刊行會、一九七七）。

（5）『後漢書』巻四一同傳。
（6）巻九怪神。
（7）『論衡』巻二五祭意篇に「經傳所載、賢者所紀、尚無鬼神、況不著篇籍。世間淫祀非鬼之祭、信其有神爲禍福矣。好道學仙者、絶穀不食、與人異食、欲爲清潔也。鬼神清潔於仙人、如何與人同食乎」などと見える。
（8）『後漢書』巻五七同傳。
（9）柳存仁「欒巴與張天師」（李豐楙・朱榮貴主編『儀式・廟會與社區—道教・民間信仰與民間文化』所收、中央研究院・中國文哲研究所籌備處、一九九五）。
（10）巻八二下方術傳。
（11）道藏、第六三七～六四〇冊、巻一〇第二三b。
（12）道藏、第六七七～七〇二冊、第一一a～第一二a。
（13）道藏、第七八冊、第二二a。
（14）道藏、第六七七～七〇二冊、巻三九第九a～第一〇b。
（15）道藏、第五六三冊、巻一第一a～b。
（16）道藏、第七六一冊、第一a～b。
（17）道藏、第八七六冊、巻上第三a～第六b。
（18）『太平廣記』巻三二一所收「新鬼」。
（19）同右、巻二九五所收「安世高」。
（20）『漢書』巻七五李尋傳。
（21）『漢書』巻一一哀帝紀。
（22）『漢書』巻一二平帝紀。
（23）『後漢書』巻七桓帝紀。

（24）　小林正美「劉宋期の天師道の「三天」の思想とその形成」（『六朝道教史研究』所收、創文社、一九九〇）。小林博士がここで指摘されたのは、道士による祭祀批判の流れの中で醸成された、いわば知的洗練の形成期であると筆者は理解している。

第二章　杜子恭とその後裔

はじめに

東晉末期の政治的混迷のさなか、孫恩・盧循の亂と稱される特異な事件が勃發した。この事件が、天師道信者を母體とする反亂であったことは、既によく知られていることであり、「(孫) 恩の叔父の泰、字は敬遠は、錢唐の杜子恭に師事す。……子恭は死し、泰は其の術を傳ふ（『晉書』巻一〇〇孫恩傳）との記載から、孫恩の叔父孫泰が、錢塘の杜子恭なる人物に師事していたことが窺われるが、その杜子恭がどういった人物であったのかについては、從來、その名が取り上げられることはあっても、それ以上の考察はなされていなかったのではなかろうか。

道教史に眼をやれば、この亂の餘燼ばかりか、安帝の元興二（四〇三）年末には、桓玄が帝位簒奪を試み、劉裕らと一觸卽發の情勢の中で[1]、上清派の創始者許謐の孫の許黃民は、家傳の「眞經」を携えて杜氏の近郊に避難し、その一部はやがて杜子恭後裔の杜治に委ねられたことが、『眞誥』所收の「眞誥敍祿」によって知られる[2]。いったい、反亂に際して、許黃民はその渦中にあると言ってよいはずの杜治と交渉を持ち、反亂の後も杜治は存續して、劉宋の代に至るも、ことさらにとがめだてされた様子もない。杜治に有力な人脈があったのであろうことは想像に難くないが、孫恩らとは行動をともにせず、無關係に存續して、杜治はもとより、天師道自體が彈壓の對象とならなかったことは注目に値するのではなかろうか。

本稿は、基礎作業として、杜治に關する資料の集成を主眼とし、杜子恭以下の傳記を檢證してゆくこととする。まずは、從來取り上げられることのなかった『洞仙傳』所載の杜昺傳を、かの杜子恭その人を指すものとして檢證するが、本資料の採用により、杜子恭とその後裔はまさに道教の胚胎・形成の時期における、その後への影響力に關して、かなり樞要な立場にあったのではないか、ということを示唆できればと考える。彼らの主張や模索の内に、往時の道教思想形成への反映が見て取れれば幸いである。

第一節　杜子恭の傳記

『雲笈七籤』巻一一〇・一一一は『洞仙傳』から七十七名の傳記を收錄している。(3) ただし、一人當りほんの數行の記載しか見られないものから、本傳のように全編收載と考えられるものまであり、それがいかなる基準によるのかは不明である。本傳を全編收載とみるのは、元の趙道一撰『歷世眞仙體道通鑑』巻二二同傳と終始同文であるからであり、(4) 對校資料としても遜色はない。以下では、その對校の結果を示す。

この『洞仙傳』は、『隋書』巻三三經籍志二の雜傳に「洞仙傳十巻」とあって撰人名を記さない。ところが、『舊唐書』巻四六經籍志上の雜傳には「洞仙傳十巻　見素子撰」と見える。現在までのところ、見素子が誰かなどは未詳であるが、全編の内容から見て『洞仙傳』の成立は遲くとも南齊頃までとの見解を以前に示したことがある。(5)

杜昺、字叔恭、吳國錢塘人也。年七八歲、(a)與時輩北郭戲、(b)有父老召昺曰、此童子有不凡之相、惜吾已老、不及見之。昺早孤、事後母至孝、有聞(c)鄉郡、三禮(d)命仕、不就。嘆曰、(e)方當人鬼殽(f)亂、非正一之氣、無以鎭之。於是師餘杭陳文子、受治爲正一弟子、救治有效、百姓咸附焉。

後夜中有神人降云、我張鎭南也。汝應傳吾道法、故來相授諸祕要方。典[g]陽平治。昺每入靜燒香、能見百姓三五世禍福、說之了然。章書符水、應手卽驗。遠近道俗、歸化如雲、十年之內、操米戶數萬。

晉太傅謝安、時爲吳興太守、見黃白光、以問昺。昺曰、君先世有陰德於物、慶流後嗣、君當位極人臣。

尙書令陸納、世世臨終而竝患侵淫瘡、納時年始出三十、忽得此瘡[h]。昺[i]爲奏章云、令君大厄得過。授納靈飛散方、納服之。云、年可至七十。

大[j]司馬桓溫北伐、問以捷不。昺云、公明年三月專征、當挫其鋒。溫至枋頭[k]、石門不開、水涸粮盡、爲鮮卑所攝。謂弟子桃葉云、恨不從杜先生言、遂至此敗。

符堅未至壽春、車騎將軍謝玄領兵伐堅、問以勝負。昺云、我不可往、往必無功、彼不可來、來必覆敗、是將軍效命之秋也。堅果散敗[l]。

盧竦自稱先生、常從弟子三百餘人、昺以白桓溫、竦協東治老木之精、衒惑百姓。比當逼揬宮闕、然後乃死耳。晉簡文帝[m]咸安中、竦夜半從[n]男女數百人直入宮、稱海西復位、一時間[o]官軍誅勦、溫方嘆[p]伏。

後、桓沖欲引昺息該爲從事、昺辭曰、吾兒孫竝短命、不欲令進仕、至曾[q]玄孫、方得吾德耳[r]。昺曰、吾去世後、當以假吾法以破[s]大道者、亦[t]是小驅除也。與黃巾相似。少時消滅。素書此言、函封付妻馮氏、若有災異、可開示子姪、勤修德自守。

安帝[u]隆安中、瑯琊孫泰以妖惑陷咎、及禍延者衆。昺忽彌日聚集、縱樂無度[v]。敕書吏[w]崇桃生市凶具、令家人[x]作衣衾。云、吾至三月二十六日中當行。體尋小惡、至期、於寢不覺、尸柔氣潔[y]、諸道民弟子爲之立碑。謚曰明師矣[z]。

【校勘記】

(a)通鑑は「年十八」に作る。以下、これに從う。(b)「戲北郭」(c)「名聞」(d)「三辟」(e)「歎曰」(f)「淆亂」(g)底本に「典」無し。通鑑によって補う。(h)通鑑に「此瘡」無し。(i)通鑑に「昺爲」無し。(j)通鑑はこの「大」が「九」に見え、上文と續けて「七十九」と解せられるが、單なる印刷のぶれと判斷する。(k)底本は「坊頭」に作るが、通鑑によって改める。(l)「敗散」(m)底本に「晉簡文帝」無し。通鑑によって補う。(n)通鑑に「從」無し。(o)通鑑に「間」無し。(p)「歎」(q)通鑑に「曾」無し。(r)「吾福爾」(s)「以破」(t)底本は「赤」に作るが、通鑑によって改める。(u)底本に「安帝」無し。(v)「無厭」(w)「使書吏」(x)底本に「人」無し。通鑑によって補う。(y)「氣絶」(z)通鑑に「矣」無し。

杜昺、字は叔恭、呉國錢塘の人なり。年七八歲、時輩と北郭に戲れ、父老の昺を召す有りて曰く、「此の童子に不凡の相有り、吾は已に老ゐたれば、之を見るに及ばざるを惜しむ」、と。昺は早くに孤となるも、後母に事ふること至孝にして、郷郡に聞こゆる有り、三たび禮して仕を命ずるも、就かず。嘆じて曰く、「方に當に人鬼は殽亂し、正一の氣に非ざれば、以て之を鎭むこと無かるべし」、と。是に於いて餘杭の陳文子に師し、治を受けて正一弟子と爲り、治を救ひて效あり。百姓は咸な焉れに附す。

後、夜中に神人の降る有りて云く、「我は張鎭南なり。汝は應に吾が道法を傳ふべし、故に來りて相諸祕要方を授く、陽平治に典れ」、と。昺は每に靜に入りて燒香し、能く百姓の三五世の禍福を見、之を說くこと了然たり。章書符水も、手に應じて卽驗あり。遠近の道俗は、歸化すること雲の如く、十年の內に、米戶を操ること數萬たり。

晉の太傅謝安は、時に呉興の太守爲りて、黃白の光を見て、以て昺に問ふ。昺曰く、「君の先世は陰德を物に有し、慶は後嗣に流れ、君は當に位人臣を極むべし」、と。

尙書令陸納は、世世終はりに臨みて竝びに淫瘡を患侵し、納は時に年は始めて三十を出で、忽として此の瘡を得。昺は爲に奏章して云く、「君の大戹をして過ぐるを得せしむ」、と。納に靈飛散方を授け、納は之を服す。云く、「年七十に至るべし」、と。

大司馬桓溫は北伐せんとし、以て捷きや、不やを問ふ。昺云く、「公は明年三月に專征し、當に其の鋒を挫くべし」、と。溫は枋頭に至り、石門は開かず、水は涸れ粮は盡き、鮮卑の攝る所と爲る。弟子の桃葉に謂ひて云く、「恨むらくは杜先生の言に從はず、遂に此の敗に至る」、と。

符堅の未だ壽春に至らざるに、車騎將軍謝玄は兵を領めて堅を伐たんとし、問ふに勝負を以てす。昺云く、「我は往くべからず、往かば必ず功無く、彼は來るべからず、來らば必ず覆敗す、是れ將軍の効命の秋なり」、と。堅は果して散敗す。

盧竦は自ら先生と稱し、常に弟子を從へること三百餘人、昺は以て桓溫に白し、「竦は協せて東のかた老木の精を治め、百姓を衒惑す。比づ當に宮闕に逼揆すべく、然る後に乃ち死するのみ」、と。咸安中、竦は夜半に男女數百人を從へて直だ宮に入り、海西（公奕）は位に復すと稱するも、一時の間に官軍は誅勦し、溫は方に嘆伏す。

後に、桓沖は昺の息をして引きて該に從事爲るべしと欲するも、昺は辭して曰く、「吾が兒孫は竝びに短命なれば、進仕せしめんと欲せず、曾玄孫に至るは、方に吾が德を得るのみ」、と。昺曰く、「吾の世を去りての後、當に以て吾法を假りて以て大道を破らんとする者あるべくも、亦た是れ小かに驅除せらるなり。黃巾と相似たり。少時に消滅す。此の言を素書し、函封して妻の馮氏に付す、若し災異有らば、子姪に開示すべし、勤みて德を修めて自ら守れ」、と。

隆安中、瑯琊の孫泰は妖惑を以て咎に陷り、禍の延ぶるに及ぶ者は衆し。昺は忽として彌〻日〻聚集し、樂を縱にして度無し。書吏の崇桃生に敕して凶具を市ひ、家人をして衣衾を作らしむ。云く、「吾は三月二十六日中に至らば當に行くべし」、と。體は尋いで小かに悪しく、期に至らば、寢に於て覺ゑず、尸は柔かく氣は潔く、諸の道民・弟子は之が爲に碑を立つ。謚して明師と曰ふ。

ちなみに、『洞仙傳』を讀み解く前に、陳の馬樞撰『道學傳』同傳逸文も參考のために、次に示しておく。陳國符による「道學傳輯佚」に依據する。(6)

ちなみに、姓は同じ杜でも、名が「昺」と「炅」で、似ているようで異なり、字も表記が異なる。それでも傳記の内容には陸納のように、共通する人物とその逸話が見受けられ、名も「炅」(ひかる、ケイ・キヤウ)と「昺」(あきらか、ヘイ・ヒヤウ)は共に「梗」の上聲であることから、共に同一人物を指すとみて差し支えあるまい。思うに正史にすら杜子恭としか記されていなかったことも考えると、當時、實名が發語されることが憚れた尊崇の影響もあったのであろうか。

拙稿では「昺」を選擇しておく。『洞仙傳』の方が『道學傳』より以前の成立と考えられる唯それだけの理由による。

杜炅、字子恭。及壯、識信精勤、宗事正一。少參天師治籙、以之化導、接濟周普。行己清潔、虚心拯物、不求信施。遂立治靜、廣宣救護、莫不立驗也（珠囊卷一救導品引第四。又引第四卷、錄首二句）。

爲人善治病、人間善惡、皆能預覩。上虞龍稚・錢塘斯神、竝爲巫覡、嫉炅道王、常相誘毀。人以告炅、炅曰、非毀正法、尋招冥考。俄而稚妻暴卒、神抱隱疾、竝思過歸誠。炅爲解謝、應時皆愈。神晚更病。炅語曰、汝藏鬼物、故氣崇耳。神卽首謝曰、實藏好衣一箱、登取於治燒之。豁然都差（珠囊巻一救導品引第四巻）。

王羲之有病、請杜炅。炅謂弟子曰、王右軍病不差、何用吾爲。十餘日而卒（珠囊巻一救導品第四巻）。

陸納爲尙書令、時年四十、患瘡。告炅云、奕世短壽、臨終皆此瘡。炅爲奏章、又與靈飛散。謂曰、君戹命已過、可至七十。果如其言也（珠囊巻一救導品兩引第四巻）。


杜炅、字は子恭。壯に及び、信を識りて精勤し、正一に宗事す。少くして天師の治籙に参じ、之を以て化導し、接濟すること周普たり。己を行ふこと淸潔にして、心を虛しふして物を拯ひ、信施を求めず。遂に治に靜を立て、廣く救護を宣べ、驗を立てざる莫きなり。

人の爲に善く病を治め、人間の善惡は、皆な預め覩ゆ。上虞の龍稚・錢塘の斯神は、竝びに巫覡を爲し、炅の道王たるを嫉き、常に相誘毀す。人は以て炅に告げ、炅曰く、「正法を非毀すれば、尋いで冥考を招かん」、と。俄にして稚の妻は暴かに卒し、神は隱疾を抱き、竝びに思過して歸誠す。炅は爲に解謝し、時に應じて皆な愈ゆ。神は晩に更に病む。炅は語りて曰く、「汝は鬼物を藏し、故氣の祟るのみ」、と。神は卽ち首謝して曰く、「實は好き衣一箱を藏す」、と。登り取り治に於いて之を燒く。豁然として都て差ゆ。

王羲之に病有り、杜炅に請ふ。炅は弟子に謂ひて曰く、「王右軍の病は差ゑず、何ぞ用て吾れは爲さん」、と。十餘日にして卒す。

陸納は尙書令爲りて、時に年四十にして、瘡を患ふ。炅に告げて云く、「世を奕ねて壽を短くし、終りに臨みて皆な此の瘡あり」、と。炅は爲に奏章し、又た靈飛散を與ふ。謂ひて曰く、「君の戹命は已に過ぎ、七十に至るべし」、と。果して其の言の如きなり。

第二節　杜子恭の年代

傳中に登場する人物の生沒年から、杜子恭の年代のおおよそを推測しておきたい。まず謝安であるが、彼が上記にいう呉興の太守であったのは、桓溫が北征を企て、弟の謝萬が四十二歳で病沒した穆帝の升平三（三五九）年の直後のことであろう。ちなみに、謝安は孝武帝の太元十（三八五）年八月丁酉に六十六歳で沒している。[7]

次に、陸納は『晉書』巻九孝武帝紀に「（太元）二十（三九五）年春二月、……甲寅、散騎常侍・光祿大夫・開府儀同三司・尙書令陸納卒す」と見えるが、享年七十歳であったとは確認できない。若年の頃、太和三（三六八）年に六十六歳で病沒する王述[8]に見出されたことくらいしか履歴はわからないが、杜子恭との面談は、陸納が『洞仙傳』では三十歳過ぎのようであり、『道學傳』では四十歳の頃とするから、中間の三十五年を逆算しておくとおよそ西暦三六〇年頃となり、謝安の逸話とほぼ同時期となる。

ちなみに、『道學傳』に見えた王羲之の、もはや避けられない死を豫見した逸話も、その沒年は哀帝崩御の直後の興寧三（三六五）年のことであるから、これまた近接した時期と言える。[9]

桓溫の北伐は數度に亙るが、この場合は廢帝海西公奕の時代の太和四（三六九）年の事であろう、『晉書』巻八同紀に「四年夏四月庚戌、大司馬桓溫は衆を帥ゐて慕容暐を伐つ」と見え、「九月……戊子、（桓）溫は枋頭に至る。丙申、糧運の繼かざるを以て、舟を焚きて歸る」という。巻九八の桓溫傳によれば「遂に枋頭に至り、先づ袁眞をして譙梁を伐たしめ、石門を開きて以て通運せんとす。眞は譙梁を討ちて皆な之を平らぐも、而して石門を開く能はず、軍糧は竭盡す。溫は舟を焚きて步退す。東燕より倉垣に出で、陳留を經、井を穿ちて飲み、行くこと七百餘里、……溫の軍は敗績し、死者三萬人」とあり、杜子恭の豫言の内容にほぼ沿う結果を記す。桓溫の沒年は孝武帝の寧興元（三七三）年、享年六十二歳であった。(10)

苻堅の南下とは、孝武帝の太元八（三八三）年八月の、所謂肥水の戰いを指すであろう。『晉書』巻九孝武帝紀同年の記事は「八月苻堅は衆を帥ゐて淮を渡り、……冬十月、……乙亥、諸將は苻堅と肥水に戰ふに及び、大いに之を破る」という。

盧竦の事件は咸安二（三七二）年正月の『晉書』巻八廢帝海西公奕紀に「帝を降し封じて海西縣公と爲す」と見える、桓溫の簒奪への布石に對し、同年十一月「妖賊盧竦は弟子の殿中監許龍をして晨に其の門に到らしめ、太后の密詔と稱し、奉迎興復せんとす」るも、海西公は復位を承知せず、「游擊將軍毛安之等は之を討擒(11)」し、事態は終息した。

桓溫の弟の桓沖が杜子恭の子を從事職に求めたという時期はわからない。後に觸れるが、杜子恭の次世代の名は杜運と目されるが、これが彼を指すのかは不明である。「曾玄孫に至るは方に吾が德を得るのみ」とは、後の杜京產の聲望を語るのであろう。もちろん『洞仙傳』の内容自體、史實を知った後での記述であろうけれども。

あるいは、梁の鍾嶸の『詩品』に「錢唐の杜明師は、夜に東南に人の其の館に來り入るを夢む。是の夕に、卽ち（謝）靈運は會稽に生まる。旬日にして謝玄は亡ぶ。其の家は子孫の得難きを以て、靈運を杜治に送りて之を養はしむ。十五にして方に都に還る。故に客兒と名づく」と見える。肥水の戰いの英雄謝玄の孫、謝靈運が生まれたのは太元十（三八五）年のことであり、幼兒の夭折を避けるべく杜治に預けられ、十五歳で都に歸ったと『詩品』はいう。節目の年齢かもしれないが、杜昺が沒し、孫恩の亂の發生した時期とも重なるから、難を避けたということかもしれない。また、謝玄は太元十三（三八八）年に四十六歳で沒していて、『詩品』の記事とは合わない。(12)

なお、杜昺は「吾の世を去りての後、當に以て吾法を假りて以て大道を破る者あるべくも、亦た是れ小かに驅除せらるなり。黄巾と相似たり。少時に消滅す」と、自らの死の直後に孫恩らの反亂の勃發することと、その推移をいわば豫言する。『晉書』巻一〇安帝紀に、隆安三（三九九）年、「十一月甲寅、妖賊孫恩は會稽を陷れ、内史王凝之は之に死す」という。杜昺の死は、これに先立つ同年の「三月二十六日」ということか。

以上、杜昺傳の記載には、殊に年代として疑問視すべき逸話は見受けられず、むしろ杜昺が、話半分に受け取るにせよ、何がしかの影響力を東晉の有力者にまで及ぼしていたらしこと、四世紀後半のまとまった期間に確かな活動のあったことが確認できるであろう。

第三節　杜子恭の教法

杜昺傳を一讀して、まず注目させられるのは、その入信の決意である。「方に當に人鬼の殽亂し、正一の氣に非ざれば、以て之を鎭むること無かるべし」とは、當時の信仰のあり方への懷疑と、改革の意志を述べる。師事した餘杭の陳文子とは殘念ながら未詳であるが、正一弟子、すなわち天師道徒となり、職能者として一治を任され、治病や豫知に效驗を顯し、やがては數萬戸の信者を傘下に收めるに至る。

この間、夜中に神人が降った。「我は張鎭南なり。汝は應に吾が道法を傳ふべし、故に來りて相諸祕要方を授く、陽平治に典れ」とは、あるいはちょうど同時期に茅山で行われていたような降靈であったか。幻視された張魯の教法というのが、杜治の基礎であった。杜昺は教法改革の正統的權威を張魯に借りたのである。(13) やや時代は下るが、北魏に於いて寇謙之が、太上老君の降臨に逢い、張道陵以來空位の天師を繼ぐという構想と對比し得るものであろう。(14)

さて、「錢塘の人、杜子恭は靈に通じて道術有り、東土の豪家及び京邑の貴望は、竝に之に事へて弟子と爲り」とは、『宋書』巻一〇〇の、撰者沈約の「自序」であるが、杜昺の靈能者ぶりを特徴に擧げる。そもそも「(孫)恩の叔父の泰、字は敬遠は、錢唐の杜子恭に師事す。而るに子恭に祕術有り、嘗て人に就きて瓜刀を借り、其の主の之を求むるに、子恭曰く、當に卽ち相還さんとするのみ、と。既にして刀の主は行きて嘉興に至り、魚の躍りて船中に入る有り、魚を破れば瓜刀を得。其の神效を爲すは往往にして此くの如し。子恭は死し、泰は其の術を傳ふ」(『晉書』巻一〇〇孫恩傳)とは、史書に記されたその方技の一端であるが、このような小手先の術の類のみで多くの信者が獲得できたとは到底考えられない。むしろ、『洞仙傳』に見えた「能く百姓の三五世の禍福を見、之を說くこと了然たり」などという方が、より大きな影響力を發揮したことであろう。

一方で、「昺は每に靜に入りて燒香し」という靜とは、靜室を指し、燒香については着目せざるを得ないが、「章書符水も、手に應じて卽驗あり」とは、いかにも五斗米道らしい教法をも示してもいる。(15)

後漢末の建安二十(二一五)年、漢中を據點に天師道支配地域を展開していた張魯は、曹操に陽平關まで迫られ、降伏を餘儀なくされていた。弟の張衞は抵抗して破れたが、張魯は慰撫を受け入れ、曹操はこれを「鎭南將軍」として、「客禮」を以て待遇したという。(16)この後、天師道教團は、いわば指導部を失い、諸集團は個別に教法を展開して、多面化すると共に、倫理的には凋落していった場合も否めないが、教法の傳播という流動性から考えるならば、地域性との妥協など、指導部のない方が柔軟でありえたかもしれない。しかし、『道學傳』の傳える「上虞の龍稚・錢塘の斯神は、竝びに巫覡を爲し、昊の道王たるを嫉き、常に相誘毀す。人は以て昊に告げ、昊曰く、正法を非毀すれば、尋いで冥考を招かん」などとの逸話は、杜昺の鬼神觀が窺えるようであり、「人鬼殽亂」とはこうした信仰のありようをいうことが理解される。巫祝のからむ、こうした民間信仰に對して彼が批判的立場をとるのは、その天師道入信の端緒からであり、その從前の教法に共鳴しうる原則を見出したからなのであろう。

　さて、杜昺は「吾れの世を去りての後、當に以て吾が法を假りて以て大道を破る者あるべくも、亦た是れ小かに驅除せらるなり」との豫言を述べていたが、彼の信仰の究極に「大道」のあったことが窺えるであろう。

『晉書』卷一〇安帝紀に「(隆安)三(三九九)年、……十一月甲寅、妖賊孫恩は會稽を陷れ、內史王凝之は之に死す」とある。王凝之とは王羲之の次男であって「王氏は世〻張氏の五斗米道に事へ、凝之は彌〻篤し」とも評されたが、彼は「孫恩の會稽を攻むるに、僚佐は之が爲に備ふるを請ふも、凝之は從はず、方に靖室に入りて請禱し、出でて諸將佐に語りて曰く、吾は已に大道に請ひて、鬼兵の相助くるを許されば、賊は自ら破られん、と。既に設備せず、遂に孫恩の害する所と爲る」とある。(17)

　王凝之も同じく「大道」を希求しており、この時期の彼ら天師道の最高神が「大道」であったことが確認できるであろう。

第四節　杜治の後裔

　傳によれば、杜昺は孫恩・盧循の亂の直前に沒した。安帝の隆安三(三九九)年のことであった。以後の杜治はどうなったのであろうか。というのも杜治はその後、圖らずも上清經典の傳授系譜の一翼を擔うこととも なる。

　以下では、『眞誥』卷一九・二〇の「眞誥敍錄」を中心に關連記事を見る。迂遠ではあるが、そのことによって杜氏のその後を辿るだけでなく、彼らの交友關係を探る基礎資料ともなり、同時に、當時の道教經典を擔った具體的な人脈を浮き彫りにする作業ともなろうと考えるからである。なお、文中の括弧內は『眞誥』の陶弘景の自注である。

元興三（四〇四）年、京畿は紛亂し、（許）黄民は乃ち經を奉りて剡に入り、（許）長史（謐）の父（副）は、昔、剡の縣令爲りて、甚だ德惠有り、長史の大兄も、亦た又た剡に在りて居り、是の故に投憩す）、東闔の馬朗の家の供養する所と爲り、朗の同堂弟、名は罕は、共に相周給し、時人は咸な許先生（邁）の得道を知り、又た祖父も亦た名稱有りて、多く宗敬を加ふ。錢塘の杜道鞠（卽ち居士京產の父たり）は、道業富盛にして、數〻相招致し、時に于いて諸人は竝びに未だ經法を尋閱するを知らず、稟奉に止まるのみ（卷一九第一〇a～b）。

東晉の末、桓玄が玄興二（四〇三）年末に安帝を廢し、劉裕らとの衝突がもはや避けられない事態となったその翌年[18]、許謐の孫、黄民は難を避け、玄父許副がかつて縣令であった剡の地に上淸の眞經を携えてやってきた。この地には許謐の兄で、得道者として著名な許邁もかつて居り、許黄民は厚遇を得て、馬朗の家に客となった。時にしばしば錢塘の杜道鞠の招待に與ることとなる。杜昺の孫である。杜運が既に存命ではなかったとすれば、その家長としての代は隨分と短い。

元嘉六（四二九）年、許丞（黄民）は移りて錢塘に歸さんと欲し、乃ち其の先の眞經を一廚子に封じて、且つ馬朗の淨室の中に付し、朗に語りて云く、此の經は竝びに是れ先靈の迹なれば、唯だ我れの自ら來りて取るを須つべく、縱ひ書信有るも、愼みて之を與ふる勿れ、と。乃ち經傳及び雜書十數卷を分持し、自ら隨ひ來りて杜家に至り、數月停まりて疾患し、恐らくは差へざるを慮り、人を遣はして經を取らんとす。朗は旣に書を惜しみ兼ねて先旨を執り、近く親ら教敕を受くれば、豈に敢て輕〻しく付さん、と、遂に信を與へず。我（俄かにして？）許は便ち世を過ぎ、賚す所の者は因りて杜間に留まる。卽ち今の世上の諸經書は、悉く是れなり（巻一九第一三ａ）。

それから二十五年後の、劉宋の元嘉六（四二九）年のこと、許黃民は錢塘の杜治に居所を移そうと、眞經を廚子に封入し、馬朗に、これらは先祖の大切な遺品であり、必ず自分が後で取りに來るから、たとえ手紙が届けられたりしても、渡したりせぬようと言い殘して、經傳や雜書十數巻だけを持って杜家にやってきたが、數ヵ月後に發病し、もう癒えることのないのを悟って、人をやって眞經を取りに行かせた。馬朗は眞經を惜しみ、なおかつ黃民の言葉を斟酌して、最近私に直接預けられた經籍である、どうして輕々しく御渡しできようか、と相手にしない。そのまま許黃民は沒し、自ら携えてきた數十巻だけが、杜家に殘された。今の世上の經書類は、すべてこれに由來する、という。『眞誥』巻二〇所載の「眞胄世譜」によれば、[19]許黃民は享年六十九歲、妻は西陽令の葛萬安の娘であった。陶弘景の注には「萬安は是れ抱朴子第二兄の孫なり」という。

孔璪の賤しき時、杜居士京產は、諸經書を將て剡南墅大墟に往きて住ふ。始めて顧歡・戚景玄・朱僧標等數人と、共に相料視す。顧は先に已に樓間に在りし經を寫し、粗ね眞書を識る。是に於いて分別選出して、凡そ經傳四、五巻、眞唆七、八篇有り、今猶ほ杜家に在り（巻二〇第一ａ）。

朝廷に叛旗を翻した孔璪が錢塘に逃れて來たのは、劉宋の明帝の泰始二（四六六）年のことである。[20]また三十七年の歲月が流れた。杜昺の曾孫となる杜京產は自家の上清經典と共に剡縣に避難し、交際のあった顧歡・戚景玄・朱僧標ら數人と共にそれらを整理した。その原典はいまなお、というからには陶弘景の時代に至るまで、杜家に保存されていた、ということであろうか。この杜京産に至って、杜家では初めて正史に傳が載せられる。

杜京產、字は景齋、吳郡錢唐の人、杜子恭の玄孫なり。祖の運は、劉毅衞軍の參軍爲り、父道鞠は、州從事たり。善く碁を彈ち、世〻五斗米道を傳へて、京產及び栖に至る。京產は少くして恬靜、意を榮宦に閉ざし、頗る文義に涉り、專ら黃老を修む。會稽の孔覬は、淸剛に峻節有り、一たび見ゑて款交を爲す。郡は主簿に召し、州は從事に辟すも、疾と稱して去る。朝請を奉ずるに除せらるも、就かず。同郡の顧歡と契を同じふし、始寧（中）の東山に舍を開きて學を授く。建元（四七九〜八二）中、武陵王曄は會稽爲りて、太祖は儒士劉瓛をして東に入りて曄の爲に講說せしむ。京產は瓛に山舍に至りて書を講ずるを請ひ、資を傾けて供待し、子の栖は躬自ら屣履し、瓛の生徒の爲に食を下し、其の賢を禮すること此くの如し。孔稚珪・周顒・謝瀹は竝に書を致して以て通ふこと殷懃たり。

永明十（四九二）年、稚珪及び光祿大夫陸澄・祠部尚書虞悰・太子右率沈約・司徒右長史長融は表して京產を薦めて曰く、「竊かに吳郡の杜京產を見るに、潔靜もて心と爲し、謙虛もて性と成し、通和は天庭に發し、敏達は自然に表る。學は玄・儒に遍く、博く史・子に通ず。文藝に流連し、道奧に沈吟す。泰始の朝に、冠を掛けて世を辭し、家業に遁捨し、太平に隱る。宇を窮巖に葺き、芝を幽澗に採り、耦耕して自ら足り、薪歌して餘り有り。確爾として羣れず、淡然として欲寡く、麻衣藿食すること、二十餘載。古の志士と雖も、何ぞ以て之に加へん。謂ふに宜しく巾を幽谷に釋き、結組して登朝すれば、則ち嵒谷は懽びを含み、薜蘿も起抃すべし」、と。報ゐず。建武初（四九四）に、員外散騎侍郎に徵さるるも、京產曰く、「莊生は釣を持たば、豈に白璧の回る所と爲らん」、と。疾に辭して就かず。年六十四、永元元（四九九）年に卒す。會稽の孔道徵は、志業を守りて仕へず、京產は之と友として善し。永明中（四八三〜九三）、會稽鍾山に人の蔡を姓とする有り、名を知らず。山中に鼠を養ふこと數十頭、呼び來れば卽ち來り、遣り去けば便ち去く、時に、言語は狂易し之を「謫仙」と謂ふ。終る所を知らず（『南齊書』巻五四高逸傳）。

實はこの傳から初めて、杜昺—杜運—杜道鞠—杜京產—杜栖という杜家五代の系譜を確認することができる。また『眞誥』に見えた顧歡との交友にも言及があり、自らの學舍での講說を依賴し、親子で慇懃に應接した劉瓛とは「儒學は當時に冠たり[21]」とされた學者であって、儒者を重視して自らの學舍に招聘したことは、注目すべきであろう。儒家的倫理との整合性、とまでは言わないが、儒家的教養をも重視する天師道傳家ならば、知識人層の好尙により一層、摺り合わせられる洗練を加味できるであろう。

永明十（四九二）年の孔稚珪らによる推薦表の連名には、當時の錚々たる人物名が竝ぶ。表中の「薪歌」などの語彙から、同じ孔稚珪の「北山移文[22]」を連想させるが、周顒の政界出馬を揶揄するそれとは內容が全く逆であることが可笑しい。同工の手になろうか。ちなみに、南齊高帝が「敕して剡の白石山に於て太平館を立てて之に居らし」めた褚伯玉なる隱者があって、筆者は六朝中期に於ける『太平經』傳承者として着目したことがある[23]。この孔稚珪は「其れに從ひて道法を受け、爲に館の側に於いて碑を立つ」（『南齊書』巻五四高逸傳）という。褚伯玉は「建元元（四七九）年、卒す。年八十六」であった。

また、この孔稚珪の父、靈產には「……隱遁の懷有り、禹井山に於いて館を立て、道に事ふること精篤、吉日に靜屋に於いて四向朝拜し、涕泗滂沲たり。東のかた錢塘北郭を出て過ぐるに、輒ち船中に於いて遙かに杜子恭の墓を拜し、此れ自り都に至るまで、東のかた向ひて坐し、敢て背側せず」（『南齊書』巻四八同傳）と見えるように、杜治を通じての天師道信仰のみならず、杜昺自身を個人崇拜していた實例のあったことを示す。杜治尊崇の廣がりが知られるであろう。

なお、『南史』巻七五隱逸傳上の杜京產傳には、その子の杜栖の傳も附せられている。

> 京產の高祖の子恭以來、子の栖に及ぶまで世〻五斗米道を傳へて替へず。栖、字は孟山、清言を善くし、能く琴を彈く。刺史の齊の豫章王嶷は其の名を聞き、議曹從事に辟し、仍ほ西曹書佐に轉ず。竟陵王子良は數〻禮接を致す。國子祭酒の何胤は禮を掌り、又た栖を重んじて、以て學士と爲し、昏冠儀を掌らしむ。父の老いたるを以て歸養す。栖は肥白長壯たるも、京產の病むに及び、旬日の間に便ち皮骨もて自ら支ふ。京產は亡び、水漿すら口に入らざること七日、晨夜に哭するを罷めず、鹽菜を食はず。祭奠を營買する每に、身自ら看視し、號泣して自ら持せず。朔望節歲に、絕へては復た續け、血を嘔くこと數升たり。時に何胤・謝朏は竝びに東山に隱れ、書を遺りて敦く譬め、誡むに毀滅を以てす。祥禫に至り、暮に夢に其の父を見、慟哭して絕ゆ。初め、胤の兄の點は栖に見ゑ歎じて曰く、「卿の風韻の此くの如くんば、嘉譽を穫ると雖も、年を永らざらん」、と。卒するの時に年三十六、當時に咸な嗟惜す。

杜栖もまた父同樣、往時の名士との交際を形成しつつあったのであろう。しかしながら、父の沒後、「祥禫」つまり服喪明けの直後に急死する。永元元（四九九）年から二十五箇月後なら、南齊最後の中興年間（五〇一～〇二）頃であろう。何胤・謝朏の諫めた「毀滅」なる言葉は、忠實過ぎる服喪の有樣を言う。純粹培養の無垢な後裔を想像するが、天師道を傳承する家柄の次世代が、儒教の禮に死んだ。寒門による文化的洗練の果ての、文化に殉じた次第である。

杜栖の場合、傳の冒頭に見られるように、杜子恭以來の、家の「五斗米道」を傳えたこと以上の功績は見られない。その後嗣を傳は記さず、杜家の天師道は彼で途絶えたか、彼以降に人物を輩出しなかったということであろうか。以後、吳郡錢唐の人としては、杜文謙（『南史』卷七七恩倖傳）や、杜之偉（『陳書』卷三四文學傳）といった名が見受けられるが、天師道の杜氏との關連記載はない。

道教史に意識を移すなら、杜京產の時代は道教諸派の大同團結期の最中であった。京師の陸修靜の三洞構想の後を受けて、四輔が構想されたであろう時期である。杜京產を措いて、當時の天師道の有力者を見出し得るであろうか。その名を殘していないが、杜京產は何らかの役割を果たしたのではあるまいか。

また、『眞誥』に戻ろう。

其の經の二は眞、竝びに眞唆にして、已に還して昭臺に封じ、宋の大明（四五七～六四）の末に、戴法興の兄延興は剡縣と作る有りて、亦た道を好み、吳興の天目山の諸玄秀に及び、竝びに頗る杜經を寫すを得。樓、從弟の道濟、及び法眞・鐘興の女傅光は竝びに樓・鐘間の經を寫すを得、亦た互ひに相通涉し、各〻符を模すと雖も、而して殊に麤略多く、唯だ意を加へて潤色し、滑澤して好を取り、了に復た規矩鋒盛無く、經を寫すも又た浮謬多し（卷二〇第一 a～b注）。

その後も、杜家の上清經典を多くの人々が書寫することがあったが、陶弘景の審美眼からすれば、その多くは採るに足らぬ粗惡なものであったようである。

庚午の歳（四九〇）に至り、隱居は東陽道に入り、諸〻の晩學の者は、漸く效ひて精を爲す。山陰の潘文盛・錢塘の杜高士・義興の蔣弘素・句容の許靈眞は、竝びに是れ能者なるも、時人は今二王の法書を摸するを知るも、永らく眞經を摸するを悟らず。經は正に隱居の手に起こるのみ。亦た必ずしも皆な郭塡を須たず。但だし一筆の畫に就くの勢力は、殆ど眞に異ならず、符に至つては大小と無く、故より宜しく皆な郭塡に應ずるなり（巻二〇第一b注）。

南齊の半ば、いよいよ陶弘景自身が上清經典を取材する時代となった。杜氏の末裔として杜高士と見えるのは、杜京産を言うのであろう。

『眞誥』巻一二には、[24]「桃俊、字翁仲」という前漢時代の仙者の傳があり、その注に「冢は錢唐臨平に在り、墳壇は歴然たり。苗裔は猶ほ鄕に存し、近時も鼓角の響を聞く。故に人は敢て之を侵毀せず、皆な知りて桃司命の冢爲りと呼ぶ。錢唐の杜徵士は事へ、京産は先づ隱居と共に詩詠する有りて、以て斯の德を贊述す」などとも見える。この神仙は、杜治の信仰の範疇にあった地方神であったようである。

道教は、歴代に起ち現れては埋沒する、中國の傳統的宗教のその都度の理想型にも似て、建て前を提示して後に、このような地方神と妥協する。布教のためのやむを得ない側面なのかもしれないが、この許容が、結局は道教という理想型を後退させ、やがて民間信仰の日常へと埋沒させる端緒ともなろう。この許容は杜昺の折込濟みのものなのか、子孫によるものなのか、いまは確認できない。

おわりに

『眞誥』に、杜治の教法に關する若干のコメントがみえる。陶弘景は上清經典中の一部の記述について、預けられていた杜治で書き換えのあったことを指摘する。以下に示すが、杜家の誰の書き換えなのであろうか。

君曰く、道に黄書赤（界？）長生の要有り（長史の書本たり。杜家は此の一行を剪除す）[25]。

君曰く、此れ皆な道の經なり。黄書たり（杜家は此の字を黵易す。經方と爲す）[26]。

これらが、上清派の中のおよそ房中術に關する記事であることは、既に指摘されている[27]。杜治の教法としては、たとえ他の流派の文獻であるにせよ、それが許せなかったのであろう。房中術關連の技法の否定を杜治の教法に加えておかねばならない。

ただし、この種の技法の是非について、杜昺傳には觸れるところはなく、杜治ではいつからこれを排除したのかはわからない。というのも、極めて零細な言及例しかなく、實際上どうであったかも確認できないが、釋玄光の「辯惑論」には、道教の中の、いわゆる男女合氣の術を批難して、「後に孫恩に至りては佚蕩すること滋〻甚だし」との指摘があり[28]、H・マスペロが「孫恩はその信者にこれを行わせている」[29]とするものの、史書にはこうした指摘は全く存在していない。

こうした技法が、マスペロのいうように孫恩の教法の範疇にあったとするならば、それは杜昺以前に淵源する可能性も考えられ、『眞誥』に見える杜氏の拒絶は、孫恩らの反亂の結果に促された教法の變更ともなろうが、現段階では何とも判斷し切れず、あくまで示唆にとどめておくこととする。

東晉の錢塘在住の杜昺が天師道の信仰に志し、多數の勢力を有するに至り、杜治を形成した後、信者の多數が孫恩らによっていわば利用され、國家の存亡を左右したにも拘らず、その後も南齊に至るまで存續し、影響力を及ぼしたであろうことは無視することはできない。有力な一派であったとみて差し支えなかろう。

このような杜治由來の經典などはなかったのであろうか。杜昺に幻視された張魯の教法などを考えると、俄然、張魯に由來するとされる『正一法文天師教戒科經』所收の「大道家令戒[30]」も、杜治に淵源するのかも知れないとの想像が膨らむ。同じく『正一法文天師教戒科經』所收の一篇の「陽平治[31]」などの名稱は刺激的ではなかろうか。また章を改めて論じることとしたい。

注

（1）『晉書』巻一〇安帝紀。
（2）道藏、第六三七－四〇册、巻一九第一〇a～巻二〇第一a。
（3）道藏、第六七七－七〇二册。なお、杜昺の傳は巻一一一第六b～第八b。
（4）道藏、第一三九－四八册、巻二二第一a～第二b。
なお、兩者の對校には、嚴一萍校「洞仙傳」（同編『道教研究資料』第一輯所收、藝文印書館、一九七四）がある。また表點本の『雲笈七籤』（蔣力生校注、華夏出版社、一九九六）の「校勘」も參照。
（5）本書第一編第一章參照。

（6）陳國符著『道藏源流考』（中華書局、一九六三）所收、四六一頁。
（7）『晉書』巻九孝武帝紀・巻七九謝安傳。
（8）『晉書』巻七五王述傳。
（9）森野繁夫・佐藤利行著『王羲之全書翰』（白帝社、一九八七）所収「王羲之年譜」に從う。
（10）『晉書』巻九孝武帝紀・巻九八桓溫傳。
（11）『晉書』巻九孝武帝紀。
（12）『晉書』巻七九謝玄傳。
（13）なお、張鎭南という呼稱は『眞誥』にも見える（巻四第一四b、同注、巻一五第一二a注、巻二〇第一〇a注）。
（14）『魏書』巻一一四釋老志に「(寇)謙之守志嵩嶽、精專不懈、以神瑞二（四一五）年十月乙卯、忽遇大神、乘雲駕龍、導從百靈、仙人玉女、左右侍衞、集止山頂、稱太上老君」とある。
（15）唯、この「燒香」については『三國志』巻四六孫破虜討逆傳に「時道士瑯邪干吉、……立精舍、燒香讀道書、制作符水以治病」と見えるのが先例とすれば、南朝天師道の中の太平道の痕跡をここに見出すことができるであろう。
（16）『三國志』巻八張魯傳。
（17）『晉書』巻八〇王凝之傳。
（18）『晉書』巻一〇安帝紀。
（19）注（2）前掲書、巻二〇第一〇b。
（20）『宋書』巻八四孔覬傳。
（21）『南齊書』巻三九劉瓛傳。
（22）『文選』巻四三所收。
（23）本書第一編第二章參照。
（24）注（2）前掲書、第九a。

（25）注（2）前掲書、巻五第二a。
（26）注（2）前掲書、巻五第二a～b。
（27）この指摘は、小林正美「東晉・劉宋期の天師道」（『六朝道教史研究』所收、創文社、一九九〇）に依る（二〇一～二〇二頁）。
（28）大正藏、五二、『弘明集』巻八所收、四八頁c。
（29）『道教』（東洋文庫三二九、一九七八、平凡社）一八三頁。
（30）道藏、第五六三册、第一二a～第一九b。
以前に、この書の獨語する語り手の主語にブレがあるとして、靈媒の手に成るのではないかと指摘したことがある（"The Evolution of the Way of Celestial Master: Its Early View of Divinities," p.54, f.n.2, *Acta Asiatica*）。
（31）注（29）前掲書、第二〇a～第二一b。

〔補注〕
本稿以前に、同様の資料を扱った論考として、唐長孺「錢塘杜治與三吳天師道的演變」（『唐長孺社會文化史論叢』所收、武漢大學出版社、二〇〇一）のあることを、名古屋大學文學研究科神塚淑子教授より御教示頂いた。唐高祖の父の名が「昺」であった故の諱避もあって、實名が記されなかったことと、盧竦に關する資料が『法苑珠林』巻六九にも見えることを知った。

第三章 「大道家令戒」の形成
――道典結集の萌芽――

はじめに

「大道家令戒」（以下、家令戒と略す）は『正一法文天師教戒科經』中の一篇である。(1) 本書には、三國魏のものと思わせる二つの元號の見えること、語り手が張魯ではないかと想像される文面の盛り込まれていること、複數の古道典名が言及されていることなどから、様々な考察が展開され、從來、殊にその成立年代に關して、各々の立場からする論議がなされてきた。

初めに、後漢末の五斗米道教團のテキストと銘打って、饒宗頤『老子想爾注校箋』（香港大學、一九五六）が公表され、その『老子想爾注』（以下、想爾注と略す）の後漢末成立の眞僞をめぐる議論を發端として、楊聯陞博士は北魏僞撰・三國魏假託説を提唱し、その中で『正一法文天師教戒科經』も初めて言及されるに至った。(2) 一方、陳世驤氏は、饒宗頤氏説を擁護する立場から、特にこの家令戒を三國魏當時の様相を傳えるものとした。(3) 大淵忍爾博士はこれに贊意を示して、詳細な考證をさらに展開し、(4) これを支持する研究者も多い。(5)

楊聯陞博士の北魏僞撰説に關しては、吉岡義豐博士がこれに贊同している。(6) あるいは、湯用彤氏はまた、これらを寇謙之の『雲中音誦新科之誡』の殘卷の一部とみなしてもいる。(7) その後、唐長孺氏が、苻秦から北魏にかけての成書とする見解を表しているが、(8)これも廣義の北魏成立説の範疇に加えて差し支えないであろう。

これら三國魏か、北魏かの成立説に對し、家令戒は「南朝の劉宋の末期に成立」したとして、これらの説とはおおむね別の視點から畫期的な論證を加え、兩説を批判したのが小林正美博士である。(9)博士は、從來さほど文獻批判の施されていなかった六朝中期の南朝天師道の經典を驅使して、殊にその用語例を手掛りとして考察を加えたことは特筆すべき視座であり、博士の論議を抜きにしては、もはや家令戒に關する問題を語ることはできないであろう。

家令戒に言及されている經典の成立年代や教法などから考えると、三國魏成立説には、以前から筆者も疑問を感じていたが、小林博士のとりわけ北魏成立説批判は卓見ともいうべく、劉宋初期の成立とされる『三天内解經』（以下、内解經と略す）との共通性から考えれば、(10)本書が南朝の天師道の動向と密接な關係にあることが首肯される。しかしながら、博士がこの内解經よりも家令戒を後出のものとみなす、その見解には疑問が殘るのである。

また、博士が南朝の天師道のメルクマールとして別に提示した「三天」の思想の展開から考えても、(11)あるいは、本書に言及されていて、思想的にも近しい立場にあるとみられる想爾注の成立年代から考えても、(12)劉宋末成立では、本書の出現の時期とする必然性に缺けはしないか、と思われてならない。

加えて、家令戒がいつ成立したのかというのももちろん重要な問題であるが、實はそれだけに止まらない内容を本書は内包していると考える。本書は、歴代の様々な教法を、自らのそれに接續する先驅的なそれとして肯定的に捉え、最高神である道が人間社會に對して差し伸べた、さまざまな救濟策の展開であるとの認識を示している。すなわち、本書は道士による宗教史敍述の試みの初期的な例と見ることができると考えられるのである。それは、あくまでも道士によって構想された宗教史の創造であり、架空の歴史敍述に過ぎないことはもちろんであるが、道士自身による由緒の探求であったと見ることができるのではなかろうか。

あるいはまた、ここにはさらに重要な問題も含んでいる。歷代の教法が自らの先例であったとみなし、大同團結を吝かとしないとする意識があり、ほぼ劉宋期以降に始まる道教經典の結集、三洞竝びに四輔構想に先行する活動の萌芽的先例、あるいは同種の別構想であったとみることができよう。すなわちそれは、ほかならぬ道士の宗教としての、もちろん往時に於ける、道教的意識の覺醒なのではなかろうか。

本稿では、まず家令戒で言及された諸教法の年代について検討し、次いで本書の立場を考察して、その兩者の交錯した年代、すなわち本書の形成に相應しい時期について言及することとしたい。筆者はその時期を東晉の末期、孫恩・盧循の亂直前ではなかったかと考えている。

第一節　歷代の教法——内解經との對比——

大道者、包囊天地、係養群生、制御萬機者也。無形無像、混混沌沌、自然生百千萬種、非人所能名、自天地以下、皆道所生殺也。道授以微氣、其色有三、玄元始氣、是也。玄靑爲天、始黃爲地、元白爲道也。三氣之中、制上下、爲萬物父母、故爲至尊至神、自天地以下、無不受此氣而生者也。諸長久之物、皆能守道含氣、有精神、乃能呼吸陰陽。

道生天、天生地、地生人、皆三氣而生。三三如九、故人有九孔・九氣。九氣通、則五藏安、五藏安、則六府定、六府定、則神明、神明、則親道。是故人行善守道、愼無失生道、生道無失德。三三者不離、故能與天地變易。易稱、有天地然後有萬物。有萬物然後有男女。有男女然後有夫婦。有夫婦然後有父子。父子者、欲係百世、使種姓不絶耳。

大道は、天地を包囊し、群生を係養し、萬機を制御する者なり。形無く像無く、混混沌沌として、自然に百千萬種を生じ、人の能く名づく所に非ず、天地より以下は、皆な道の生殺するところなり。道は授くるに微氣を以てし、其の色に三有り、玄元始氣は、是れなり。玄青は天爲り、始黄は地爲り、元白は道爲るなり。三氣の中にして、上下を制し、萬物父母爲り、故に至尊至神爲り、天地より以下は、此の氣を受けて生ぜざる者無きなり。諸の長久の物は、皆な能く道を守り氣を含み、精神有りて、乃ち能く陰陽を呼吸す。道は天を生じ、天は地を生じ、地は人を生ずるは、皆な三氣ありて生ず。三三は九の如く、故に人に九孔・九氣有り。九氣通じれば、則ち五藏安んず。五藏の安んずれば、則ち六府は定まり、六府の定まれば、則ち神は明かにして、神の明かなれば、則ち道に親し。是の故に人は善を行ひ道を守り、愼みて生の道を失ふ無く、生の道徳を失ふ無し。三三は離れず、故に能く天地と變易す。易に「天地有りて然る後に萬物有り。萬物有りて然る後に男女有り。男女ありて然る後に夫婦有り。夫婦ありて然る後に父子有り」と稱す。父子は、百世を係けんと欲すれば、種姓をして絶へざらしむのみ（第一二a～b）。

この冒頭の二節は、大道の機能とその自己展開としての生成論を述べる。ほぼ五世紀頃の道典に登場する玄元始三氣説が見えるが、解説は至って素朴である。萬物は道氣を稟受して生じ、人もその例外ではなく、長存のものはよくこれを保つ。人は善行によりこれを失わずにすむという。

内解經は「道源本起出於無先、溟涬鴻濛、無有所因。虚生自然、變化生成。道德丈人者、生於元氣之先、是道中之尊、故爲道德丈人也。因此而有太淸玄元無上三天無極大道、太上老君、太上丈人、天帝君、九老仙都君、九氣丈人等、百千萬重道氣、千二百官君、太淸玉陛下。今世人上章書太淸、正謂此諸天眞也」（巻上第一a～b）との神々の生成が

說かれ、その後に「從此之後、幽冥之中、生乎空洞。空洞之中、生乎太無。太無變化、玄氣元氣始氣三氣、混沌相因、而化生玄妙玉女。玉女生後、混氣凝結、化生老子」（巻上第二b）と、ようやく三氣説が登場する。同じく道の自己分節と解せられるものの、より複雜な生成論を述べるのは、從來の老子説話との接合の必要からであろうか。以下、本節では適宜、内解經との對比を行う。

なお、『易』の序卦傳の引用が見られるが、こうした形での書物の引用自體は道典としては例外的ではなかろうか。道は人の血統の絶えぬことを望むというのである。家令戒の主旨は實にこのことに終始するといってよい。

下古世薄、多愚淺、但愛色之樂。淫於邪僞、以成耳目、淫溢女色、精神勃亂、貪惜貨賂、沴氣發上、自生百病。至於黃帝以來、民多機巧、服牛乘馬、貨賂爲官、稍稍欲薄盡。于五帝、夏商周三代、轉見世利。秦始、五霸更相尅害、有賊、死者萬億、不可勝數、皆由不信其道。道乃世世爲帝王師、而王者不能尊奉、至傾移顚殞之患、臨危濟厄、萬無一存。

下古の世は薄くして、愚淺多く、但だ愛色の樂あるのみ。邪僞に淫りて、以て耳目を成し、女色に淫溢して、精神は勃亂し、貨賂を貪惜して、沴氣は上に發し、自ら百病を生ず。黃帝に至りて以來、民に機巧多く、牛を服し馬に乘り、貨賂して官と爲り、稍稍薄盡せんと欲す。五帝・夏商周三代に、轉た世利を見す。秦の始め、五霸は更に相尅害し、賊有りて、死する者は萬億にして、勝げて數ふべからず。皆な其の道を信ぜざるに由る。道は乃ち世世帝王の師爲るも、而して王者は尊奉する能はざれば、傾移顚殞の患に至り、危に臨み厄を濟るも、萬に一も存する無し（第一二b～第一三a）。

ところが人は欲望に流れて精神を眩ませ、これによって數多くの禍が生ずることとなった。黄帝の頃には既にさかしらをはたらかせ、利を追い求めて、とうとう危うい狀況を招くに至った。道を信じなかったからである。以下、道は樣々な教法を人に啓示することとなる。

そこで道は歷代の帝王の師となって教導に努めたが、その帝王からして師を尊崇することができなかったとは、老子の歷代化現說を踏まえるが[13]、それにしても素氣ない。ここで道と老子とは相卽であって、上記の内解經のような複雜な分節・生成過程は展開されていない。

内解經は歷代化現說についても具體的にその詳細を述べている。ここまでだけでも、内解經はあたかも家令戒の注釋のようで、家令戒が言い放った言說を丁寧に跡付け、以下にしばしば見受けられるが、時には修正や改變を加えているかのようである。「老子帝帝出爲國師、伏羲時號爲鬱華子、祝融時號爲廣壽子、神農時號爲大成子、黄帝時號爲廣成子、顓頊時號爲赤精子、帝嚳時號爲錄圖子、帝堯時再出號務成子、帝舜時號尹壽子、夏禹時號爲眞行子、殷湯時號錫則子、變化無常、或姓李名弘字九陽、或名聃字伯陽、或名中、字伯光、或名重、字子文、或名宅、字伯長、或名元、字伯始、或名顯、字元生、或名德、字伯文、或一日九變、或二十四變、千變萬化、隨世沈浮、不可勝載。……」(卷上第三a〜b)。

道重人命、以周之末世、始出奉道於瑯琊、以授干吉太平之道、起於東方。東方始、欲濟民於塗炭。民往往欲信道、初化氣微、聽得飮食、陰陽化寬、至於父母兄弟、酌祭之神。

道は人命を重んじ、周の末世を以て、始めて奉道を瑯琊に出して、以て干吉に太平之道を授け、東方より起る。東方に始まり、民を塗炭より濟さんと欲す。民は往往にして道を信ぜんと欲するも、初化の氣は微かにして、飮食を得るを聽し、陰陽の化は寬く、父母兄弟・酌祭の神に至る（第一三a～b）。

どういう歴史認識に基づくのか、周の末に干吉に「太平之道」を傳えたとする。これは具體的には後漢の太平道の基となった「太平清領書」、後の『太平經』をいうのであろう。この書は、『後漢書』卷三〇下襄楷傳に「初め、順帝の時、琅邪の宮崇は闕に詣り、其の師の干吉の曲陽泉の上に於て得る所の神書百七十卷、……太平清領書と號すを上す」とあり、干吉もまた後漢の人物であるから、[14]この無理な設定には何らかの理由があってのことと考えなければならない。この書は「後に張角は頗る其の書を有す」（『後漢書』同傳）として、圖らずも反亂に加擔したかのような不幸な前歴をもつ。後文では、後漢末の張角による黃巾の亂に觸れているが、干吉の教法をこれとは無關係に位置付けたい意圖があったのであろうと見ておく。

干吉は『三國志』卷四六吳書孫破虜討逆傳所引の「江表傳」に、「時に道士の琅邪の干吉有り、先づ東方に寓居し、吳會に往來し、精舍を立て、燒香して道書を讀み、符水を制作して以て病を治め、吳會の人は多く之に事ふ」といい、このことが災いしてやがて孫策に處刑されるが、その後も「諸の之に事ふる者は、尙ほ其の死を謂はずして尸解と云ひ、復た祭祀して福を求む」というありさまであったという。江南では、干吉に關する獨自の傳説が形成されていたのかもしれない。「太平清領書」傳承の地盤もここでこそ見出せるであろう。

內解經でもこれは周の末、前漢の前に設定されていて「下古僭薄、妖惡轉與酌祭巫鬼、眞僞不分。太上於瑯琊、以太平道經付干吉・蜀郡李微等、使助六天、檢正邪氣、微等復不能使六天氣正」（卷上第四b）と見え、「酌祭巫鬼」などの語は、家令戒を座右にしての執筆であろうことをほのめかす。

後道氣、當布四海、轉生西關。由以太平不備、悉當須明師口訣・指摘爲符命。道復作五千文、由神仙之要。其禁轉切急、指勅治身。養生之要・神仙之説、付關令尹喜、略至。而世多愚心、復悶悶、死者如崩、萬無有全。

後に道氣は、當に四海に布くべく、轉た西關に生ず。太平の備はらざるを以てに由りて、悉く當に明師の口訣・指摘を須ちて符命と爲すべし。道は復た五千文を作るは、神仙の要に由る。其の禁の轉た切急にして、指敕して身を治めしむ。養生の要・神仙の説は、關令尹喜に付して、略ぼ至る。而して世に愚心多く、復た悶悶として死者は崩るるが如く、萬に全き有る無し（第一三b）。

太平はもたらされず、道は新たな展開を期して西關に現れた。いわゆる老子の出關である。人である指導者、明師を通じて、教えを傳授しようというのであるが、ここでは關令尹喜をいう。五千文『老子道德經』の傳授ばかりか、「養生之要・神仙之説」もほぼ至るというあたりは、續けて開陳されたとする『老子西昇經』（以下、西昇經と略す）や『老子妙眞經』（以下、妙眞經と略す）の傳承も含むのであろうか。(15)

なお、内解經の記載はその時期についての明記があり、「至周幽王時、老子知周祚當衰、被髪佯狂、辭周而去、至關乘靑牛車。與尹喜相遇、授喜上下中經一卷五千文二卷、合三卷。尹喜受此書、其道得成道」（卷上第四a）とあって、西周末幽王時出關とする。なお、ここでは西昇經・妙眞經などには觸れず、五千文の傳授に「中經」を絡ませて述べる。これは『老子中經』を指すと考えられる。(16) 内解經の教判であろうか。

西入胡、授以道法、其禁至重、無陰陽之施、不殺生飲食。胡人不能信道、遂乃變爲眞仙、仙人交與天人、浮遊靑雲之間、故翔弱水之濱。胡人叩頭數萬、貞鏡照天、髠頭剔鬚、願信眞人。於是眞道興焉。非但爲胡、不爲秦。

西のかた胡に入り、授くるに道法を以てし、其の禁は至て重し。陰陽の施無く、殺生せずして飲食す。胡人は道を信ずる能はず、遂に乃ち變じて眞仙と爲り、仙人は天と人と交はり、靑雲の間に浮遊す、故に弱水の濱に翔ぶ。胡人は叩頭すること數萬、貞鏡の天を照らすがごとく、頭を髡り鬚を剔り、眞人を信ずることを願ふ。是に於いて眞道は興る。但だ胡の爲に非ず、秦の爲ならず（第一三b）。

出關の後は化胡である。内解經は「眼見西國胡人、强梁難化、因與尹喜共西入罽賓國、神變彌加、大人化伏胡王、爲作佛經六千四萬言、王擧國皆共奉事」などといい、以下にさらに詳細な記述が續き、いわゆる王浮の化胡經の原像を髣髴とさせるほどで、家令戒のここの記載も注釋的に解說することが可能であろう。[17] ここで、佛教を「眞道」と呼稱し、自らの教法の內にあるものと認識し、價値的な差異をコメントすることがないが、內解經は巻下（第四b）で佛教者を「沙門道人小乘學者」と呼び、自らを「道士大乘學者」と稱して差別化する。

ちなみに內解經では、順番としてはこの後に實は「太平道經」の干吉への傳授が語られるのであるが、內解經もその時期を同じく周の末としたといえよう。それでも、關令尹喜への五千文傳授と化胡の事跡が「太平道經」に先んじ、老子傳說としてはそれが通例で、家令戒のこの順序は異例といえる。確立以前の試行錯誤かもしれない。[18]

なお、ここにいう秦は、前漢の先に位置するので、明らかに嬴秦を指すと考えられるが、同じ『正一法文天師教戒科經』所收の「天師敎」（第一九b～第二〇a）では「走氣八極周復還、觀視百姓・夷・胡・秦、不見人種但尸民」などという別の表現を見せていて、明らかにここの嬴秦とは異なる用例と考えられる。南朝から見た五胡十六國の中で、東晉から劉宋にかけての南朝が直に境界を接していたのは主に苻秦なり姚秦であったことを考えると、「天師敎」の成立年代のおおよそも想像できよう。北朝成立の根據となるとは考えられないが、『正一法文天師教戒科經』でいう秦が、すべて嬴秦のみを指すとは限らないであろう[19]。

秦人不得眞道、五覇世衰、赤漢承天、道佐代亂、出黄石之書、以授張良。道亦形變、誰能識眞。漢世既定、末嗣縱橫、民人趣利、强弱忿爭、道傷、民命一去難還。

秦人は眞道を得ず、五覇の世は衰へ、赤漢は天を承け、道は佐けて亂に代はり、黄石の書を出だして、以て張良に授く。道は亦た形變し、誰か能く眞を識らん。漢の世は既に定まるも、末嗣は縱橫にして、民人は利に趣き、强弱は忿爭して、道は民の命の一たび去れば還り難きを傷む（第一三b～第一四a）。

「秦人は眞道を得ず」以下は、始皇帝の時に釋利防なる沙門らが、秦に佛教を傳えたとする傳説[20]を踏まえての記載か。時代は前漢に差し掛かるが、張良と黄石公の書にしか言及しない。

これに比べると内解經は、いま少しエポックを加味していて、「太上遣眞人及王方平・東方朔、欲輔助漢世、使遊觀漢國、看視人情、漢帝不信、以爲妖惑、是故漢室衰破、王莽執治」（巻上第四b～第五b）などと見え、後漢の明帝の求法傳説まで紹介がある。その後はいよいよ張道陵の登場となるわけであるが、内解經は「劉氏漢帝、乃是龍精之子、大聖遺體、應傳二十四君、四百餘年、帝胤難絕」（巻上第五a）というなど、劉氏を讃え、一連の宗教史の敍述が「正一盟威之道」傳授で完結したその後文にも、「劉氏之胤、有道之體、……宋帝劉氏、是漢之苗胄、恆使與道結緣、宋國有道多矣。漢時已有前謨學士、不可不勤之哉」（巻上第九a～b）などと、まさしく劉宋朝に阿るかの姿勢が見られるが、家令戒にはそれは見られない。

この他、後文では歴代の教法に書き足すかたちで、「（漢）文帝時、老子降於河之上、因號爲河上公、文帝命駕、往問道焉。老子授以道德五千言上下篇而去」（巻上第八a）と『老子河上公注』の存在をほのめかしているが、家令戒に河上公の構想は見られない。また、さらには『漢武故事』の内容が記され、西王母や上元夫人、また再び東方朔の名が登場するが（巻上第八a〜b）、家令戒には見えない。敍述途中には名の見えなかった張良も「張良玄孫張陵」（巻上第八b）と言及されていて、後文はそこまでの敍述に於ける、ことに漢代部分の取りこぼしを補うかのようであり、あたかも家令戒の敍述に準據して記載してきたことに飽き足らず、補遺を加えたかの感がある。後文の著述には時間差があるのかもしれないが、このことからも、家令戒の後で内解經が書かれたとの印象は否めない。

故使天授氣治民、曰新出老君、言、鬼者何。人但畏鬼、不信道。故老君授與張道陵爲天師、至尊至神、而乃爲人之師。汝曹輩、足可知之、爲尊於天地也。而故悶悶、日一日、月一月、歳一歳、貪縱口腹、放恣耳目、不信道。死者萬數、可不痛哉。道以漢安元年五月一日、於蜀郡臨邛縣渠停赤石城、造出正一明威之道、與天地券、要立二十四治、分布玄元始氣治民。汝曹輩、復不知道之根本、眞僞所出、但競貪高世、更相貴賤。

故に天をして氣を授けて民を治めしめ、新出老君と曰ふ。言へらく、「鬼とは何ぞや。人は但だ鬼を畏るのみにして、道を信ぜず」。故に老君は張道陵に授與して天師と爲し、至尊至神にして、乃ち人の師と爲す。汝ら曹輩は、之を知るべきに足る、爲に天地より尊ぶなり。而れども故より悶悶とし、日一日、月一月、歳一歳、口腹に貪縱し、耳目を放恣して、道を信ぜざれば、死者は萬もて數ふ、痛まざるべけんや。道は漢安元（一四二）年五月一日を以て、蜀郡臨邛縣渠停赤石城に於て、正一明威の道を造出し、天地と券り、要めて二十四治を立て、玄元始の氣を分布して民を治む。汝ら曹輩は、復た道の根本、眞僞の出づる所を知らず、但だ高きを世に競ひ貪るのみにして、更に相貴賤あり（第一四a〜b）。

家令戒が歴史をたどって敍述する教法史はここまでである。いよいよ張道陵への傳授の時となるが、家令戒はここで、「新出老君」なる名號を唐突に登場させる。(21)

内解經ではさらに詳しく「以漢安元年壬午歲五月一日、老君於蜀郡渠亭山石室中、與道士張道陵將詣崑崙山大治新出太上。太上謂世人不畏眞正、而畏邪鬼、因自號爲新出老君」（卷上第五b～第六a）といい、老君が張道陵を連れて崑崙山に至り、自ら意匠を新たにしたというのであろうか、「新出老君」と號して再登場する。從前の教法との格段の差別化を企圖するのであろう。ここでも家令戒に似て「太上は世人は眞正を畏れずして、邪鬼を畏ると謂ふ」と言わしめている。いずれにせよ、表現はより詳細であり、「卽拜張爲太玄都正一平氣三天之師、付張正一明威之道・新出老君之制、罷廢六天三道、時事平正三天洗除浮華、納朴還眞、承受太上眞經制科律、積一十六年、到永壽三年、歲在丁酉、與漢帝朝臣、以白馬血爲盟、丹書鐵券爲信、與天地水三官太歲將軍共約、永用三天正法。不得禁固天民、民不妄淫祀他鬼神。……制作化條章文萬通付子孫、傳世爲國師、法事悉定、人鬼安帖。張遂白日昇天、親受天師之任也。天師之子張衡・孫張魯夫婦、倶尸解昇天、故有三師幷夫人自從三師昇度之後」（卷上第六a～第六b）という。

内解經には、新出の三天の教法をより宣揚せんがため、舊來の六天の教法なるものを示して、これを批判の對象とする。善神の三天と惡鬼の六天との對比の圖式である。家令戒には三天の語は見えるが、六天への言及はない。別の箇所にも「至今三天恚怒」（第一六a）とあるが、やはり三天のみにとどまる。このことは、この記載が、まだ三天の思想が充分に熟していたとはいえない時期のものであることをほのめかす。このことは、小林博士の「三天を尊尚する考えは既に東晉末期の天師道にもはっきりと見られるが、六天を惡鬼として排斥する考えはこの頃の天師道にはまだ希薄であった(22)」という、その見解に合致するはずである。

なお、上記の内解經引文の中に「傳へて世〻國師と爲り」とあって、ここでの表現としては唐突の感があるが、家令戒の後文に「魏氏は天を承けて驅除し、歴は其れをして然らしめ、載は河洛に在りて、象を懸け天に垂る。是れ吾は天に順ひ時を奉り、國師を以て命ぜられ、武帝は天下を行り、死者を坑に塡む」（第一七b～第一八a）とある、その表現があっての「國師」なのではあるまいか。

違道叛德、欲隨人意、人意樂亂、使張角黄巾作亂。汝曹知角何人。自是以來、死者爲幾千萬人。邪道使末嗣分氣、治民漢中四十餘年、道禁眞正之元、神仙之説、道所施行。

道に違ひ德に叛き、人の意に隨はんと欲し、人の意は亂を樂しみ、張角の黄巾をして亂を作さしむ。汝曹は角の何人なるかを知らん。是れ自り以來、死者は幾千萬人爲り。邪道は末嗣をして氣を分たしめ、民を漢中に治むること四十餘年、道禁は眞正の元、神仙の説、道の施行する所なり（第一四b）。

しかし張道陵以下、天師道の布教は、かの黄巾の亂によって阻害されたとはいわないが、結果的には漢中盆地のみに據らざるを得なくなってしまった。この張角について、内解經は觸れるところがない。

筆者はこの家令戒と内解經の間に、黄巾の亂に匹敵する事件の介在のあったであろうことが想像されてならない。劉宋初成立の内解經に先立つ時期の反亂といえば、孫恩・盧循の亂である。反亂前夜に於ける家令戒の戒めと、天師道が當事者の一端に通じていたことによる、事後に於ける内解經の沈默なのではあるまいか。

第二節　示された經典――想爾・妙眞・黃庭――

さて、以上が家令戒の教法史の認識であり、以下からは經典名が擧がるが、それがいつどのようなかたちで展開されたかについては言及しない。それでも、これらが家令戒の說かれた教團の堅持する主要經典であったことは確かであろう。ここからは、教團の現狀を敍述し始めると言ってよい。

何以想爾□□□□妙眞・三靈七言、復不眞正、而故謂道欺人。哀哉、可傷。至義國、殞顚流移、死者以萬爲數、傷人心志。自從流徙以來、分布天下。道乃往往救汝曹之命、或決氣相語、或有故臣、今相端正、而復不信、甚可哀哉。欲朝當先暮、欲太平當先亂。

何ぞ想爾□□□□妙眞・三靈七言を以て、復た眞正ならずとせん。而して故に道は人を欺くと謂ふ。哀しきかな、傷むべし。義國に至り、殞顚して流移し、死者は萬を以て數へ、人の心志を傷ふ。流徙して自從り以來、天下に分布す。道は乃ち往往にして汝曹の命を救はんと、或は決氣して相語り、或は故臣有り、相端正せしめんとするも、而して復た信ぜず、甚だ哀れむべきかな。朝ならんと欲して當に先づ暮るるべく、太平ならんと欲して當に先づ亂るべし（第一四b～第一五a）。

原文は「想爾」の後に四字文の空白があって改行されており、このような脫落をも考慮に入れた表記自體の是非からそもそも問われるべきであろう。家令戒では他でも改行箇所があって（第一七a）、改行自體に無理はないが、それでも、ここで改行するならば他にも改行すべき箇所が生じてくるようで、それも不自然といえば不自然であるため、判斷停止の意味も込めて、先學の措置に從っておくこととする(23)。

さて、「想爾」・「妙眞」・「三靈七言」とは、それぞれ想爾注、妙眞經、『黄庭經』（以下、黄庭經と略す）を指すと考えられる。後文では「妙眞は、自《もとよ》り吾の作る所、黄庭の三靈七言は、皆な本經を訓諭し、道德の光華爲り。道は形を指して之に名づくるを欲せず。賢者は一を見て萬を知ること、譬ふるに音を識る者の如し」（第一六ａ）といい、妙眞經と黄庭經は『老子道德經』から派生の關連經典とみなされていたようである(24)。とはいえ、現在に傳わるこれら經典の内容は、それぞれ教法を異にしていることは諸先學の指摘する通りであり、家令戒の當時から、信者に混亂を與えていたのであろう。してみると、上述の教法史は、各書の教法の差が、傳授の年代差にあることを説いてもよさそうであるが、そうした言及は見られない。

想爾注の成立については、この家令戒同樣、諸先學によって、樣々な立場からなる考察がなされてきた。筆者はまだその成立に關する明確な見通しを抱いているわけではないが、その後漢末成立説にも、北魏成立説にも首肯できず、現在までのところ小林博士の提唱された南朝天師道作成説に共感を覺えるが、それでもその劉宋末成立説には、違和感を抱くものである。小林博士にはあるいは、想爾注の名の言及が、吉岡義豐博士によれば(25)、五世紀後半、南齊初め頃までの成立という『洞眞太上太霄琅書』(26)が初出であることに拘りがあるのであろうか。以下には、その疑問點を擧げながら考察を進めることとする。

まず、最初にして最大の疑問かもしれないが、想爾注に見られる神格としての道と老子の一體化を、小林博士は比較的新しい傾向とみなすことである。博士によれば、道が「一個の神格として教えを説いたり、道戒を授けたり、賞罰を與えたり、換言すれば、「道」がさまざまな行爲をなす神格として現れる用法は、東晉初め頃までの古道典には見えない。……この用法が現われ始めるのは、東晉中期以後の道典においてである」[27]とされ、その最古層の例として『女青鬼律』を擧げ、そこで道は老君とは別の、より上位の神格として扱われていることを指摘する。なるほど、劉宋初の内解經では「道源本起出於無先、溟涬鴻濛、無有所因。虚生自然、變化生成。道德丈人者、生於元氣之先、是道中之尊、故爲道德丈人也。因此而有太清玄元無上三天無極大道、太上老君、太上丈人、天帝君、九老仙都君、九氣丈人等、百千萬重道氣、千二百官君、太清玉陛下」というように、道は生成論的に様々な神々を派生させるに至る。とすれば、むしろ一般的には、道と一體化した老子という單純な形態は、より原初的なものとして、神々が機能分岐する以前の觀念と推測する方がむしろ自然なのではなかろうか。

博士も言及するように、西晉の永興元（三〇四）年建立とされる[28]王阜の「聖母碑」[29]に「老子者道也。乃生於無形之先、起於太初之前、行於太素之元、浮遊六虚、出入幽冥、觀混合之未別、窺清濁之未分」云々とあるのを例に引いて、「ここの道はあくまでも道德經にいう理法としての道であって神格化されているわけではない」、という。[30]しかしながら、「老子を神格化して超人間的・超自然的存在として考え、その意味で老子が「道」と一體であり、「道」そのものであると述べる」（同前）というのであれば、ここまで來れば次の段階では、老子の神格を付與された道は容易に道君へと展開を遂げるのではなかろうか。複雜な神統系に至る前に、である。

次に博士が「東晉末・劉宋初よりも後[31]」の用語とする「道眞」であるが、六朝時代の「道眞」の語の一般的な使用例を調べてみようと、たとえば手近の『文選』索引を見ると、卷一四所收の班固「幽通賦」（第一九b、中華書局本、一九七七）、卷一五所收の張衡「思玄賦」（第六a）、卷四三所收の劉歆「移書讓太常博士」（第二五a）の三例が擧げられる。となれば、『文選』に於ける「道眞」の用語例は、前漢末から後漢初にかけての短期間に過ぎなくなり、僅か三例であるからには、これだけで何かを言うことはできず、より廣範圍の用語例を採取しない限りは「道眞」の語を何かの判斷材料として用いることはできないが、假にこれだけで判斷するなら、むしろ想爾注の後漢代成立の有力な根據となってしまう。ちなみに、東晉中期頃までの成立と思われる西昇經（第七章）には「道眞」の語が見え、必ずしも「東晉末・劉宋初めより後の時代」とは限定できない。

それから、道德經第二四章に當る想爾注に「天の正法は祭餟禱祠に在らざるなり。道は故より祭餟禱祠を禁じて之に重罰を與ふ」(32)とあって、私的な鬼神祭祀を禁じる教説が見られることについて、博士は劉宋期の天師道の一般的傾向、いわゆる「三天」の思想からこれを解釋するが(33)、想爾注には「三天」の語はまだ現れず、また私的祭祀の禁止は、それこそ天師道に代表される道教の出現理由自體であろうことについては、本章第一節で考察した。あるいは東晉中期頃に、孫泰らの師であった杜昺が「方當人鬼殺亂、非正一之氣、無以鎭之」と發意して「正一弟子」となったこと、あるいは、巫覡を爲して杜昺を誹謗する者たちに對し、「非毀正法、尋招冥考」と述べたとの記事などを第二節で見てきたように、こうした鬪爭は「三天」の思想が理論化される以前から既に存在していたと見てよい。

以上、劉宋といわず、想爾注の成立をそれ以前とみても差し支えないのではないかと考えてみると、東晉の中期から後半の頃を想定することも可能ではなかろうか。このほか博士は「太上老君」の語について分析し、「房中術」・「體内神」批判の樣相を檢討するが、いずれもその時代が劉宋に下らなければならない積極的な理由はないと考えられる。

なお、道德經第一八章に當る想爾注に「眞道は藏れ、邪文出づ。世間常僞伎の道教を稱するは、皆な大僞なり」(34)という「道教」の語であるが、これは資料中の「眞道」と同じく一般名詞であって、まだ固有名詞ではなかろう。顧歡が『夷夏論』で佛教と對比させた相對としての道教（『南齊書』巻五四同傳）とは異なると判斷する。

さて、妙眞經の成書年代については、先に東晉末頃を設定できるのではないか、と推測したが[35]、妙眞經は東晉中期頃までの成立と思われる西昇經の冒頭三章を踏襲して述作されていて（同右）、兩者の內容は極めて密接な關係にあり、その成立年代は西昇經成立以降とした。

ただ、妙眞經には「妙眞偈」、あるいは「靈寶妙眞偈」などと稱されるものが付隨し、筆者はこれを妙眞經本文とは異質のものとして區別したが、後に小林正美博士の指摘によれば、その內容は鳩摩羅什譯の『妙法蓮華經』（以下、法華經と略す）巻第一方便品第二の偈頌を明らかに踏まえて書かれてあり、そうすれば、その成書は羅什譯法華經成立の東晉の弘始八（四〇六）年以降となり、これを根據に博士は妙眞經とその偈の成立を同時と見た上で、妙眞經の成書年代をもこれ以降とするのであるが[36]、果たしてどうか。

妙眞偈は、妙眞經自體の內容とはおよそかけ離れ、同時期に形成されたとはとても考えられない。妙眞經は西昇經と竝んで、往時においては珍しいほど老莊色の顯著な道典であり、別章の輯佚例を見ていただければ明らかなように、妙眞偈とは趣を全く異にしている。小林博士も引用したように謝鎭之が「重與顧道士書」[37]で「道家の經籍は、簡陋にして多く穿鑿を生ず。靈寶・妙眞の如きに至りては、法華を採撮し、制用すること尤も拙し」というその「拙」さとは、まさにこうしたことを指していうのではあるまいか。靈寶經典の場合は經典の構成自體からして、また妙眞經の場合は、本文とその偈の表現があまりに異質で、しかもその偈の內容の剽竊ぶりがあまりにも明白であったからであろう。謝鎭之の書の成書は、博士に由れば劉宋末の泰始六（四七〇）年頃というが、偈の作成は、この頃までに妙眞經を活用しようとする立場から附せられた、本來は無關係の増補であったと思われる。テキストは一種類とは限らない。妙眞經自體の成立は、法華經の翻譯年代とは關わりのない、西昇經成立の東晉中期以降というのもその上限として考えられることを指摘しておく。

ここでいう黄庭經とは、一般に老君所說とする『黃庭外景經』と考えるのが妥當であろうと思われる。というのも『黃庭內景經』は道君所說であって、ここで他の老子經類と鼎立させるには相應しくない。黃庭經は王羲之の摸本が傳わり、後漢の成立とされる『列仙傳』卷下の朱璜傳に「老君黃庭經」と見え、『抱朴子』內篇の卷一九・二〇にもその名の見える古道典であるから、東晉中期には存在していたと考えられる。小林博士は「二種の『黃庭經』のうち、「大道家令戒」でいう『黃庭經』は內景經のようである。「大道家令戒」には「黃庭三靈七言、皆訓喻本經、爲道德之光華。」（一六a）とあり、『黃庭經』が三靈の七言より成っているというが、これに相當するものは內景經である。內景經は全體が七言で統一されており、文中に「三靈」なる語が見える。ところが外景經は王羲之本では最初の四句は四言で構成されていて、全體が七言で統一されてはいない。また「三奇靈」なる語は外景經にも、內景經にも見えるが、「三靈」は內景經にのみ存して外景經にはない」という理由から、ここでいう黃庭經は內景經であるとする。[38]しかしながら、導入部の四句だけが七言ではないというだけで、外景經ではないと判斷するのは、いささか強引ではなかろうか。殘りは末尾まで延々と七言なのである。しかも、當時に王羲之本しか存在しなかったとはいえないであろう。あるいは、「三奇靈」の語が兩者に見え、「三靈」が內景經にしか見えないとしても、逆ならともかく、「三奇靈」も意味はただ形容詞が付いただけの「三靈」のことであり、特筆すべき用語例とも思えない。[39]

ちなみに、家令戒自體の用語例についてであるが、「後世種民」（第一五a、第一八b）の語は、果して用語例として成り立ち得るのであろうか、との疑問がある。「種民」とはもとより、その屬性として後世がついてまわるものなのではなかろうか。小林博士は『眞誥』を引用して「上清派の人々の唱えた終末論は直ちに他の道流にも波及し、東晉中頃過ぎには天師道教徒も葛氏道の道士も終末論を説いており」(40)というように、終末論とそれに伴う「種民」の語の上限を東晉中期の上清派の啓示に求める。筆者はいまその見解に従い、「種民」の語の上限が東晉中期にあるものとみておく。

家令戒には、劉宋末成立にしては、三洞に言及することがまるでない。三洞といわず、靈寶經類などの名もまったく見えない。上記の家令戒所載の古道典は、やがて四輔經典の樞要な位置につき、本書の構想は、あるいは、やがて始まる四輔分類構想の草案とも成り得たかとも想像するが、それにしても家令戒は、劉宋期の道教の動向に關してあまりにも無關心なのではなかろうか。

第三節　家令戒という傳授——「歴代道書出世、頗多扶乩降筆」——

家令戒の語り手は誰だったのであろうか。というのも、冒頭に生成論を説き、『易』を引用したりしたのは、道士の手になるかと思われたが、「妙眞、自吾所作、黄庭三靈七言、皆訓諭本經、爲道德之光華」(第一六a)と語る「吾」とは、道か老子か。或いは「魏氏は天を承けて驅除し、歴は其をして然らしめ、載は河洛に在りて、象を懸け天に垂る。是れ吾は天に順ひ時を奉り、國師を以て命ぜられ、武帝は天下を行り、死者を坑に塡む。既に吾が國の光を得、赤子も傷はず。身は金を重ね紫を累ね、壽を得て亡より遐くして、七子五侯も、國の光と爲る。將相掾屬たりて、侯封せらるるも少なからず、銀銅も數千たり。父は死し子は係ぎ、弟は亡ぶも兄は榮へ、聖恩に沐浴す。汝輩は豈に德を誌り眞の從りて來る所を知るや。昔日に門を開き、之に善を爲すことを教ふるも、而して反て相聽かず。今從り吾は世を避けて、汝を以て魏に付し、道治を清政せん」（第一七b～第一八a）と語るのは、まるで張魯のようである。このように、テキストの中で主語が變化するのは何故であろうか。しかも語り手は、「吾は晨夜に四海の内を周流し、八極の外に行き、君をして仁、臣をして忠、父をして慈、子をして孝、夫をして信、婦をして貞、兄をして敬、弟をして順、天下をして安靜ならしめんと欲す」（第一五b）と、今もなお信者を見守るというのである。また、上記の歴史的教法以外についても、「汝曹は善を學びて根本を夫（失？）ひ、經言を承けず、邪邪は相ひ教へ、僞に就きて眞を棄つ。吾は昔、皆な短紙に錄し、雜説邪文は悉く之を消さしむ。祭酒に狀無く、故に挾みて深く藏せしめ、今におけるも常に存し、今世の末學の人をして浮説を好尚し、僞を指して眞と名づく」（第一六a～b）というように、人々の信仰のありように干渉し續けているという。

「太和五年自從り以來、諸職は各各自ら置き、置くに復た吾が氣・眞氣に由らずして、領神の選擧するあり、或いは決氣に聽き、信をば人の影夢に內れ、或は奏る所を以て」云々（第一七a）とは、はたしてこのように讀んでよいのか難解な箇所ではあるが、何らかの通信を、たとえば人の「影夢」を介して「今」も傳えることもあるという。[41]

この場合、「吾氣」とは「眞氣」であり、結局、道氣なのであろう。語り手は、神々を選ぶ、人の切實に耳を傾ける（もしくは教團の領氣職・領決職らに意思を傳える？）、人の「影（景？）夢」、ゆめうつつの中に音信を傳える、あるいは上奏されるのを聞く、というのであろうか、別の箇所でも「道は乃ち往往にして汝曹の命を救はんと、相決氣して語り」（第一五a）などという表現が見えた。家令戒というのも、神託による啓示というものではなかったか。[42]

もちろん本書に限らず、道教經典の形成一般には佛典のような原典はなく、それは、現象的には道士の受けた靈感や啓示によると言わざるを得ないが、上記の記載はそうした受容のありようを顯著に傳えるのではあるまいか。

歴代に道による教法の傳授のあったことを、家令戒は述べてきた。家令戒はその後の、歴代の傳授を踏襲した、正當性ある今の教法を述べるのであり、むしろ、いまこそ耳を傾けて貰わなければならず、過去は「今」以後を語る權威付けのために述べられていたとも考えられる。

それでは、家令戒はその「今」、何のために語られるのであろうか。この「今」という語を家令戒全體から拾い集めるのも面白いであろうが、たとえば、「諸職の男女の官は、昔の拜署する所も、今に在りては幾と無し。太和五（二三一）年自從り以來、諸職は各各自ら置き、置くに復た吾氣眞氣に由らず」（第一七a）とか、「今世の末學の人をして浮說を好尙し、僞を指して眞と名づく。此れ皆な天禁を犯し、必ず當に中傷すべく、終に福を致さざるなり。但だ汝を勞するのみ」（第一六b）といって、信者の中でも指導的立場に位置すると思しき者たちが、中樞部の指導に從わずに組織を亂していることを批難しているが、これだけであれば、組織運營に際してなら、いつでもどこでもいつかは生じるであろう普遍的弛緩であって、「今」に突き付けられた危機ではない。

訴えるべきは、むしろかつて五斗米道教團が曹操の軍門に下り、張魯以下がその支配下に治められた際に生じたであろう様々な軋轢とその克服という歷史上の經驗に則って、信者に自制を促すことにあったのではなかろうか。もちろん、それが、教團内に殘されていた何らかの傳承に基くのか、或いは、おそらくそのようであったであろうと再現され、語り手によって虛構された先例であったのかはわからない。

昔漢嗣末世、豪傑縱橫、强弱相陵、人民詭黠、男女輕淫、政不能濟、家不相禁、抄盜城市、怨枉小人、更相僕役、蠶食萬民。民怨思亂、逆氣干天、故令五星失度、彗孛上掃、火星失輔、强臣分爭、群姦相將、百有餘年。魏氏承天驅除、歷使其然、載在河雒、懸象垂天。是吾順天奉時、以國師命、武帝行天下、死者塡坑。既得吾國之光、赤子不傷。身重金累紫、得壽遐亡、七子五侯、爲國之光。將相掾屬侯封不少、銀銅數千。父死子係、弟亡兄榮、沐

浴聖恩。汝輩豈誌徳知眞所從來乎。昔日開門、教之爲善、而反不相聽。從今吾避世、以汝付魏、淸政道治。千里獨行、虎狼伏匿、臥不閉門。姦臣小豎、不知天命逆順、强爲妖妄、造者輒凶及于子孫。汝輩豈知其原阿耶。昔、漢嗣の末世に、豪傑は縱横し、强弱相陵ぎ、人民は詭黠たりて、男女は輕淫たり。政は濟す能はず、家は相ひ禁ぜず、城市を抄盜し、小人を怨枉し、更に相僕役し、萬民を蠶食す。民は怨みて亂を思ひ、逆氣は天を干す、故に五星をして度を失はしめ、彗孛は上に掃き、火星は輔を失い、强臣は分れて爭ひ、群姦は相將ゐて、百有餘年たり。魏氏は天を承けて驅除し、歴は其をして然らしめ、載は河洛に在りて、象を懸け天に垂る。是れ吾は天に順ひ時を奉り、國師を以て命ぜられ、武帝は天下を行り、死者を坑に塡む。既に吾が國の光を得、赤子も傷はず。身は金を重ね紫を累ね、壽は遐亡を得、七子五侯も、國の光と爲る。將相掾屬に侯封ぜられんとすること少なからず、銀銅も數千たり。父は死し子は係ぎ、弟は亡ぶも兄は榮へ、聖恩に沐浴す。汝輩は豈に德を誌り眞の從りて來る所を知るや。昔日に門を開き、之に善を爲すことを教ふるも、而して反て相聽かず。今從り吾は世を避けて、汝を以て魏に付し、道治を淸政せん。千里獨り行き、虎狼の伏匿して、臥して門を閉ざさず。姦臣小豎は、天命の逆順を知らず、强ひて妖妄を爲し、造る者は輒ち凶は子孫に及ぶ。汝輩は豈に其の原を知るや（第一七b～第一八a）。

家令戒は「吾は昔、勤勤として憂ひ、汝曹の命を濟ひ、太平を見せしめんと欲せしのみ。而るに復た太平を求めんや」（第一七b）といって、もちろん世の安寧を願うが、それはかつて後漢末の動亂に、曹操という政治的權力者によって小康が遂げられたのであって、決して五斗米道の指導者張魯によってではなかった。むしろ、その傘下に入って助力し、教團の存續の危機を乘り切ったではないか、というのである。「汝曹は（張）角の何人なるかを知らん」（第一四b）とは、反體制的立場をとろうとする者たちへの警句ではなかったか。この部分の主張は、だから政治的立場を志向しない、世俗の權力に對抗しないというのが、もとより教團の立場であったと言いたいがための回想のようである。

家令戒はこれを「君をして仁、臣をして忠、父をして慈、子をして孝、夫をして信、婦をして貞、兄をして敬、弟をして順、天下をして安靜ならしめんと欲す」とか、「臣は忠・子は孝・夫は信・婦は貞・兄は敬・弟は順にして」とか、「戶戶自ら相化するに忠孝を以てし、父は慈・子は孝・夫は信・婦は貞・兄は敬・弟は順にして」というように、儒家的というほどのこともない通俗的倫理で、再三にわたって自重を呼びかける。或いは「汝は須からく天の爲に考せらるべからず、須からく官法を輕易すべからざるなり」などというのは、國家權力からの逸脱を戒めていると言ってよいであろう。

自今正元二年正月七日已去、其能壯事守善、能如要言、臣忠・子孝・夫信・婦貞・兄敬・弟順、內無二心。便可爲善、得種民矣。種民難中、亦當助其力、若好生樂道、無老壯、端心正意、助國扶命、善惡、神明具自知之。不可復爲妄想。或以邪僞之人言、言我知道、以道教人。

今、正元二年正月七日自り已去、其の能く事を壯にして善を守り、能く要言の如くし、臣は忠・子は孝・夫は信・婦は貞・兄は敬・弟は順にして、內に二心無ければ、便ち善を爲して、種民たるを得べし。種民は中り難く、亦た當に其の力を助くべく、若し生を好み道を樂しみ、老壯と無く、心を端し意を正し、國を助け命を扶くれば、善惡は、神明は具さに自ら之を知る。復びは妄想を爲すべからず。或は邪僞の人を以て言ふことあらば、我は道を知る、道を以て人に教ふと言へ（第一六b～第一七a）。

この正元二（二五五）年は三國魏の高貴鄕公髦時代の元號であり、後文に見える太和五（二三一）年という明帝期のそれと竝んで（第一七ａ）、本書の三國魏成立說の根據のひとつともなっている。これらの年次には何か特筆すべき事情があったのであろうか。上述のように、教團內部の傳承など、我々の與り知れぬ意味合いが込められているのかもしれない。

四十年の長きにわたって、漢中を據點として獨立した天師道集團が、張魯に至って曹操に降ったのは建安二十（二一五）年のことであり（『三國志』魏書卷八張魯傳）、その張魯の沒年は翌年（二一六）の事であったという[43]。要するに、張魯は後漢末に沒した。上記の語り手はあたかも張魯であるかのようであるが、張魯は魏を知らない[44]。

ちなみに、この正元二年は「司馬景王は許昌に薨じ、二月丁巳、衞將軍司馬文王を以て大將軍・錄尙書事と爲」（『三國志』卷四魏書三少帝紀第四）した、晉朝にとっては初代武帝の父、司馬昭が實權を掌握した、いわば畫期的な年である。そうして「今、正元二（二五五）年正月七日自り已去、其の能く事を壯にして善を守り、能く要言の如くし、臣は忠・子は孝・夫は信・婦は貞・兄は敬・弟は順にして、內に二心無ければ、便ち善を爲して、種民たるを得べし。種民は中り難く、亦た當に其の力を助くべく、若し生を好み道を樂しみ、老壯と無く心を端し意を正し、國を助け命を扶くれば、善惡は、神明は具さに自ら之を知る」というのは、あたかも信者たちがこの年を期に改めて善行に勵み、「意を正して國を助」くべく、氣分を一新した年であったかのようなことをいう[45]。

本書が東晉末までに形成されたとするならば、上記の文言は現司馬政權を意識した阿りの表出と見て取れるのではなかろうか。かの「汝を以て魏に付し」（第一八ａ）などというのも、司馬晉にとっての曹魏とは、自らの正統性の根源ともいうべく、斷代にあらざる斷代と意識されていたのではあるまいか。

語り手は、現今の難局を乘り切るための先例、立ち返るべき規範を國家權力に從屬したその當初に求めた。もちろん、漢中での歴史的經緯ではそのまま模範とはならない。むしろ、降伏後の曹操政權下での張魯や信者たちがどう處したかという物語の方が、現今の事情に適合すると考えられたのであろう。

筆者は家令戒のこうした表現から、これが語られるに最も相應しい時期を東晉末の孫恩・盧循の亂前夜に求める。結果的には多くの天師道信者が加擔し、その後、壞滅的打擊を蒙ると豫測された事件直前の、これを未然に宥めようとする組織の長の、信者に對する說得のありさまが本書に表れているように思われるのである。語り手は「影夢」に、張魯の登場をさえ要請しなければならなかった(46)。

爲道、當治身養生求福耳。而教人以縱己、縱己則人見其迹、伐身之斧利矣。伐身之斧利、則福去而禍來。可不愼歟。可不畏歟。天地所以長久者、以其無爲。無爲者、無不爲也。但使人不見其有迹、乃能爲奇耳。俗人輩、汝曹狀可笑也。纔有小善、欲使人知之、纔有粉米之異、欲使人賢之、此皆非道之益、已皆犯禁矣。今傳吾教令新故民、皆明吾心、勿相負也。

道を爲すとは、當に身を治め生を養ひて福を求むべきのみ。而して人に教ふるに己を縱にするを以てし、己を縱にすれば則ち人は其の迹を見、身を伐るの斧利たり。身を伐るの斧利たれば、則ち福は去りて禍は來る。愼まざるべけんや。畏れざるべけんや。天地の長久たる所以の者は、其の無爲を以てす。無爲なる者は、爲さざる無きなり。但だ人をして其の迹有るを見ざらしめば、乃ち能く奇を爲すのみ。俗人の輩は、汝曹の狀をば笑う可きなり。纔かに小善有りて、人をして之を知らしめんと欲し、纔かに粉米の異有りて、人をして之を賢とせしめんと欲するは、此れ皆な道の益に非ず、已に皆な禁を犯す。今、吾が教へを傳へて新故の民をして皆な吾が心を明らかにせしめんとす、相負ふこと勿りきなり（第一九a〜b）。

以上は家令戒末尾である。『老子道德經』第七章、第三七章、第二七章などを踏まえて「爲道」を説く。爲すべきことは、反亂に加擔することではなく、おまえたちは「當に身を治め生を養ひて福を求むべ」く生まれてきたのであるから、生き延びよ、という。だからこそ、初めに『易』を引いたのであろう。この場合の「無爲」とは、なんとも意味深長な言葉ではあるまいか(47)。

おわりに

東晉の中期頃であろうか、杜昺という天師道の指導者に張魯が降った。「夜中に神人の降る有りて云く、我は張鎭南なり。汝は應に吾が道法を傳ふべし、故に來たりて相諸祕要方を授く、陽平治に典れ」と告げたという(48)。孫恩・盧循の亂前夜、杜昺は「吾の世を去りての後、當に以て吾の法を假りて大道を破る者あるべくも、亦た是れ小かに驅除せらるなり。黄巾と相似たり。少時に消滅す。此の言を素書し、函封して妻の馮氏に付す、若し災異有らば、子姪に開示すべし、勤みて德を修めて自ら守れ(49)」と告げたという。亂を前に杜昺は沒し、その不在は孫恩の叔父孫泰による教團の掌握を容易にしたこととともなったであろう。それでも、杜氏の治は亂の後も存續し、咎めの及ぶことがなかったのは、こうした周公旦の如き周到さの御蔭であったかもしれないし、この家令戒も或いは杜治の申し開きに功を奏したかもしれない。

その以前、家令戒がこの杜治の往時を語っているとするならば、杜治は隨分と多様な教法を保持していたということになる。そもそも杜治は、「錢塘の人、杜子恭は靈に通じて道術有り、東土及び京邑の貴望は、竝びに之に事へて弟子と爲」（『宋書』巻一百）ったといい、「能く百姓の三五世の禍福を見、之を説くこと了然たり。章書符水も、手に應じて卽驗あり。遠近の道俗は、歸化すること雲の如く、十年の内に、米戶を操ること數萬たり(50)」というありさまであったというからには、杜昺という有能な道士個人の魅力によって勃興した集團であったようで、天師道といっても、上部に強制力のある立場があったわけでもなく、その多様な教法とは、寄せ集められた信者たちのそれぞれに由來するかと想像されるが、杜昺はそれらを許容していたというところなのであろう。これら教法の多様さは同時に、信者の社會的階層の範圍の廣さを反映していよう。それゆえ、いったん組織に分裂の危機が訪れると、むしろかつての寛容さが矛盾となってしまった。

この矛盾の解消に採られた論法が、歴代の諸教法とする時間差に求められたわけであるが、およそ經典間の教法の格差に關しては、「賢者は一を見て萬を知」る（第一七ａ）などという、わかる人にはわかるといった表現でしかなく、說得が可能であったどうか、いささか疑問であるが、それでもすべての教法は道から、或いは老子から投げかけられた共通のものとする主張の窺えることには着目せざるを得ない。これこそが、往時の道教の立場の萌芽であり、道教經典結集の端緒であると言えるであろう。やがてはこれが、三洞四輔結集運動に連結するのか、或いは模索に終始した類似の現象であったのかは定かではないが、たとえ、一時しのぎの論法から發せられたのであるとしても、畫期的な着想であったと言えるのではなかろうか。

本書がいくらか流布していたであろうことは、筆者の推測が正しければ、劉宋初に内解經がこれを下敷きに著述されたであろうことで明らかとなるであろう。もっとも、家令戒が劉宋期に入って、すぐさま經典となったとも思えない。というのは、この一篇だけでは少しも經典らしくなく、しかも反亂が終息すれば役割が終わったも同然であるからである。

いったい、『正一法文天師教戒科經』がいつ今の體裁となったのであろうか。所載の各篇の一篇ずつは、この家令戒同様、東晉末までの成立の可能性も大いにあり得ると考えられるが、一纏めの經典として仕上げられたのは、後世になってからなのではないかと思われる。内解經は軌道修正しながらも、『正一法文天師教戒科經』の内、家令戒しか見ていないらしいことも窺われるのであるが、家令戒出現のいきさつなどの既に忘れられ始めた年代、曾孫の杜京產あたりが傳家の文獻を整理して、やっと表舞台に出現させたということではなかったろうか。

中央で邁進されている三洞結集運動にも大いに關心のあったことであろう。家令戒の主張や杜治の古道典類が四輔結集の材となることがなかったであろうか。それは筆者の憶測ではあるけれども、本書の劉宋末成立説にも何らかの理由があるとすれば、こうしたことなのではなかろうか[51]。

注

(1) 道藏、第五六三冊。

(2) 「老君音誦誡經校釋」(『歷史語言研究所集刊』二八上、一九五六)。

(3) 「『想爾』老子道經敦煌殘卷論證」(『清華學報』新一―二、一九五七)。

(4) 「老子想爾注の成立」(『岡山史學』一九、一九六七、後、『初期の道教』(創文社、一九九一)所收、また同書所收の「續老子想爾注の成立」をはじめ、同書所收の關連論文には隨所に言及が見られる。

(5) R.A.Stein, "Religious Taoism and Popular Religion from the Second to Seventh Centuries," *Facets of Taoism*, 1969. A・ザイデル「漢代における老子の神化について」(『道教研究』第三、一九六八)、Stephen R.Bokenkamp, "Commands and Admonitions for the Families of the Great Dao," *Early Daoist Scriptures*; pp.149-164. University

of California Press, Berkeley, Los Angeles, London, 1997.

（6）「道教種民思想の政治的性格」（『道教と佛教』第三所收、二四七頁、國書刊行會、一九七六）。

（7）「康復雜記四則」所收「雲中音誦新科之誡」（一九六二。後、湯用彤論著集之三『湯用彤學術論文集』所收、中華書局、一九八三）三一一頁以下。

（8）「魏晉期間北方天師道的傳播」（『魏晉南北朝史論拾遺』中華書局出版、一九八三）。

（9）「大道家令戒」（同著『六朝道教史研究』所收、創文社、一九九〇）三三八頁。

（10）道藏、第八七六册。本經については、注（2）前掲論文、また注（9）前掲書所收「東晉・劉宋期の天師道」二一五頁注（36）參照。

（11）注（9）前掲書所收「劉宋期の天師道の「三天」の思想とその形成」。

（12）同右、「『老子想爾注』」。

（13）楠山春樹「歴代化現説考」（『老子傳説の研究』所收、創文社、一九七九）參照。また、本書、第Ⅱ章第一節「老子の行方」八九～九〇頁參照。

（14）本書、第一編第一章參照。

（15）本書、第三編參照。

（16）本書、第四編參照。

（17）本書、第二編參照。

（18）本書、第一編第三章「「老君説一百八十戒序」の成立について」七五～七六頁參照。

（19）注（8）前掲唐論文、二二六頁以下、注（9）前掲小林論文、三四一頁參照。

なお、『三洞珠囊』卷七「二十四職品」所引の『玄都職治律』第九に「領決職」なるものが見え、その職能を「主鬼氣男女、被氣傳語、領決教分別秦夷胡戎氏羌眞僞」とする（第一九ａ）。陳國符は『玄都職治律』を北朝のものとみるが（『道藏源流考』卷下所收、附錄四「南北朝天師道考長編」三五〇～三五一頁。中華書局、一九六三）、この場合は、多民族雜居の中で表現された記述であろう。
(20) たとえば、隋費長房撰『歴代三寶紀』巻一（大正藏巻四九所収）一二三頁參照。
(21) この「新出」、もしくは「新出老君」の語については、大淵忍爾「中國における民族的宗教の成立」（注（4）前掲書所收）參照。
(22) 「劉宋期の天師道の「三天」の思想とその形成」（注（9）前掲小林書所收）五〇七頁參照。
(23) 大淵注（4）前掲論文、二六八頁參照。あるいは饒宗頤「老子想爾注續論」（福井康順博士頌壽記念『東洋文化論集』所收、早稲田大學出版部、一九六九）一一六六頁。後、同著『老子想爾注校證』所收（上海古籍出版社、一九九一）、一二七頁など。
(24) ちなみに、引文末尾の「譬如識音者」との表現は、西昇經に「譬如知音者」（第一章）、妙眞經に「譬猶若識音」（本書第三編第四章、「輯佚稿」のT）などと見える。
(25) 「老子河上公本と道教」（酒井忠夫編『道教の總合的研究』所收、國書刊行會、一九七七）、三一七頁。
(26) 道藏、第一〇三四～一〇三五冊。
(27) 注（9）前掲論文、一九九頁。あるいは同「劉宋期の天師道の思想」（『東洋の思想と宗教』一五、一九九八）三〇頁。
(28) 大淵博士によれば、「永興元年は十二月に改元されたもので、新暦では三〇五年に入るようである」とのことである。「五斗米道の教法について」（注（4）前掲書所收、三五九頁）注（6）參照。
(29) 楠山春樹「王阜の聖母碑」『老子傳說の研究』（三二四頁、創文社、一九七九）參照。
(30) 注（9）前掲書、三二〇頁、注（13）。
(31) 同右、三〇四頁。
(32) 饒宗頤『老子想爾注校箋』（香港大學、一九五六）、三一頁。
(33) 注（22）前掲論文參照。
(34) 注（32）前掲書、二二頁。
(35) 本書第三編第四章參照。

(36) 注(9)前掲論文、三四八頁。なお、博士は拙稿に言及していない。
(37) 『弘明集』巻六所收(大正藏、五二)、四二頁c。
(38) 三五一～三五二頁。
(39) 家令戒の語り手にとって、兩者とも既知の經典であったとしたらどうであろう。その可能性もなくはないわけで、記憶に賴っての言及であるなら、用語の出入などは容易に生じるであろう
なお、黃庭經の成立については、麥谷邦夫「『黃庭內景經』試論」(『東洋文化』六二、一九八二)參照。
(40) 注(9)前掲論文、三三八頁。
(41) スティーブン・R・ボーケンキャンプ博士はこの部分を「かつて太和五年以來、教區の役職は、各自任命されてきた。彼らの選拔と昇進とはもはや吾の氣から、もしくは神々の統制者である眞氣から發せられはしない。その代わり、おまえたちの妻たちによって感知された夢や影の中に信義を委ねることで、氣を貫いて聞こえてくる聲に從うことがあるやもしれないし、また、おまえたちが請願を捧げることがあるかもしれない」と英譯し(和譯はもちろん筆者)、筆者の解釋とは異なる。そのように、讀めるであろうか。たとえば、「內」を入れるの意の動詞とみたが、彼は「內人」と熟して「妻」の意に解している。三張の夫人(內解經巻上第六b)が念頭にあったか。“The Commands and Admonitions for the Families of the Great Dao,” *Early Daoist Scriptures*; pp.177-178.
また、ボーケンキャンプ博士も指摘するように、この「領神」という語は解し難い。陳國符は(注(19)前掲書)、『三洞珠囊』巻七所引の『玄都職治律』第九を引いているが、その中にたとえば「領神職」、「領氣職」、「領決職」などの名が見え、この場合參考すべきであろう(三四九～三五〇頁)。畏友、丸山宏氏の教示による。

なお、このうちの「領決職」の職能は「主鬼氣男女、被氣傳語、領決教分、別秦夷胡戎狄氏羌眞僞」とあり、冥界からの通信傳達と異言語の解釋を共々擔うのというのは、非常に興味深い。
(42) 本節の副題は、陳國符の注(19)前掲書の表現による(一〇三頁)。ただし、今日的言葉では「扶乩」となるのかもしれないが、巫祝のおつげとの混亂を避ける意味で、敢えて「啓示」という語を使用しておく。巫祝は神話的象徴をないまぜに語

るが、家令戒にはそれがなく、混亂がなくもないが、論理的に語ろうとする意志があると言える。

なお、楊聯陞博士が饒宗頤博士に宛てた書簡（一九六九、五、一六付）が『老子想爾注校證』（上海古籍出版社、一九九一）に附載され、この中で楊博士が胡適からの書簡（一九五七、四、二〇付）を引用し、その家令戒の主語に關する胡適の案語を紹介していて、「或他人僞託的」というに注して「今補按、卽所謂降神扶乩之類、其他宗教多有類似之事」という。ただ、これ以上の展開も、饒氏の見解も明らかにされていないのは殘念である。

（43）『眞誥』巻四第一四b（道藏、第六三七册）に「從張鎭南之夜解也」と見えるのに注して、「按張係師爲鎭南將軍、建安二十一年亡」と見える。

（44）曹操は建安十八（二一三）年、「夏五月丙申、曹操は自ら立ちて魏公と爲り、九錫を加ふ」（『後漢書』巻九獻帝傳）といい、二十一（二一六）年には「曹操は自ら進みて魏王と號す」というからには、張魯の言葉に魏とあっても構わないかもしれないが、曹操が武帝と稱されるのは、曹操沒後の三國魏の黄初元年のこと「考武王曰武皇帝」（『三國志』巻二文帝紀）であるから、張魯には知る由もない。高貴鄕公曹髦の正元元（二五五）年は、その沒後四十年に垂んとするのであるが、語り手はそうした歷史的經緯を知らなかったか、或いはこの際、どうでもよかったのかもしれない。

（45）一方の、「太和五（二三一）年自從り以來、諸職は各各自ら置き、置くに復た由らず」という年がどのような年であったのかは、窺うすべもないが、假にこれを東晉の太和五（三七〇）年と見るとどうであろうか。『晉書』巻八海西公紀に「九月、……廣漢の妖賊李弘は益州の妖賊李金根と衆を聚めて反し、弘は自ら聖王と稱し、衆は萬餘人、梓潼の太守の周虓は之を討平す」と見える。家令戒の同時代といえるであろう。江南の天師道との直接の關係はないのであろうが、不滿分子を浮き足立たせるくらいの動搖は與えたかも知れない。或いは咸安二（三七二）年に、「十一月、妖賊盧悚は弟子の殿中監の許龍をして晨に其の門に到らしめ、太后の密詔と稱して、奉迎興復せんとす。帝は初め之に從はんと欲すれども、保母の諫を納れて止む」とあり、孝武帝紀に「滬擊將軍の毛安之等は之を討擒す」と見える事件が勃發しているが、この盧悚とは『洞仙傳』の杜昺傳に「盧悚自稱先生、常從弟子三百餘人、昺以白桓溫、悚協東治老木之精、衒惑百姓、比當逼挨宮闕、然後乃死耳」云々（道藏、第六七七～七〇二册、『雲笈七籤』巻一一一第八a）とあり、何らかの宗教的勢力の指導者であり、しかも杜昺の敵視する存在であったことが窺える。

　太和の年號についてはもちろん單なる臆見に過ぎないが、杜治の周邊も穩やかではなく、やがて生起する反亂に飲み込まれる可能性はつとにあったと見てよいであろう。

(46) 注(45)前掲書、『洞仙傳』(『雲笈七籤』卷一一一第六b～第八b所收)。

(47) 末尾の「負」とは、傳統的應報觀に基く觀念であるが、『太平經』に固有の用語である。本書附編第二章「業報と注連の間」、或いは「『太平經』――平安を冀求する在野からの提言――」(増尾伸一郎・丸山宏編『道教の經典を讀む』四一～四五頁、大修館書店、二〇〇一)參照。

(48)『洞仙傳』(『雲笈七籤』卷一一一第六b～第八b所收)同傳。

(49) 同右。

(50) 同右。

(51) 杜昺以降の杜治の動向については、本章第二節參照。
　なお、家令戒と想爾注との關係については、今後の課題としたいが、「祭酒は病を治め、病の來るも復た差ゑ、既に差ゆるも復た病めば、此れ惡人爲たりて、復びは之を醫治する勿れ」(第一八a～第一八b)とか、或いは「比(此の?)年從り以來、四方に疾病ありて、群凶を掃除し、但だ惡人を殺すのみ。其れ道を守り善を樂しむは、天は自ら之を護ること赤子の如し。危に臨みて度脱すること、舌の齒を避くるが如し。汝曹は豈に復た之を知るや」(第一八b)などと言う口吻は、想爾注第一七章注の「惡人の爲に善を說き、化せずして甫ひに之を笑う者は、此れ卽ち蒭苟の徒なるのみ、人に非ざるなり。これを欺悔すべく、與に語ること勿りきなり」との野卑なものの言い方にそっくりで、指導者の社會的階層が窺えるようである。杜治の教法の基盤にこの想爾注があり、これに覆い被さるかたちで、後に他の教法が追加されたのではなかろうか。後考を俟つ。

附編　六朝道教經典をめぐる諸問題

第一章　「敦煌本」と「道藏本」の差異について
——古「靈寶經」を中心として——

はじめに——敦煌本の特異點——

「靈寶經」は、道教というものの性格を最も顯著に表している經典であり、六朝中期に於けるその傳播が、やがては道教經典全體を結集させ、道教という共通認識を導きだす運動を引き起こすに至らせたことは、既に指摘されているとおりである(1)。

ここで、その「靈寶經」の敦煌本の性格という主題を扱う。何故「靈寶經」かといえば、ともかくは紙幅の制約上、單行の論文としては扱い難いほどの敦煌道典の中で、まずはある程度まとまった分量のある「靈寶經」に限定して考察してみようと思うからである。しかし、それでもまだ多過ぎるので、道教思想史上でもとりわけ重要度の高い、六朝成立の所謂「古靈寶經」に限定して取り上げることとしたい(2)。

以前から、既に敦煌本には道藏本に比べて佛教的用語が多く盛り込まれているという事實が指摘されていた(3)。このことは、從來含まれていたはずのものが、道藏本では何らかの理由で削除されたものか、逆に何等かの理由で、敦煌本に附け加えられたものなのか、そのどちらかなのであろうが、後で加えられたとする場合を考えると、敦煌の特殊性、地域性を考慮にいれなくてはならないわけであるが、果してそうなのであろうか。

また、從來、問題にされることはあっても大して顧慮されてきていない重要な資料がある。敦煌本の中で道教經典の中の佛教語を削除して道教用語に書き換えが爲されたと考えられるものが存在しているのである。(4)もし佛教用語の多用が「靈寶經」に本來的なものであったとすれば、「靈寶經」形成の重大な資料といって過言ではないであろう。

從來、この問題について、言及はされても論議がなされたことがあったろうか。この間題の解決を抜きにしては「靈寶經」形成の時代、さらには道教という意識の發生の状況を語ることはできないのではなかろうか。卽ち道教はどこまで佛教を學んでいたか、道教はどれほど佛教を念頭に置いていたのか、實は敦煌本「靈寶經」はそうしたことを雄辯に語る資料群として重要性を持つと考えられるのである。

ここでは敦煌本と道藏本の差異について、古「靈寶經類」を中心に考察し、この作業を通して元本はいずれかをまずは考えてみたい。筆者は佛教語を多く含む敦煌本こそ、成立當時の「靈寶經」の面影を傳えるものであるとの結論を抱いている。そのことは後に觸れるが、吉岡義豐博士がかつて指摘した見解に贊同するものであるものの、結果的に、佛教語を多く含む道教經典がオリジナルであるとすると、これまであまり重現されてこなかった問題が生起し、道教の形成の根幹に關わる、避けて通れない核心部分に迫らざるを得ないのではないかとさえ考えられてくる。道教は往時、今よりも相當に佛教に共感を持っていたとするならば、これは從來のそれとはかなり見解を異にすることであろう。

それに伴い、とりわけ唐初の佛教護教書に引用された道教經典の字句は從來、半信半疑で捉えられてきていたが、本稿ではこれをかなり肯定的に見て取れるとの認識で論を進めることとなる。すべての事例がそうであるわけではないが、せめて傍證に足る資料であることを、始めに指摘しておくこととしたい。

第一節　先學の見解

それではまず、道藏本と敦煌本とはいったいどちらがオリジナルに近いのか、可能性としてはひとまず次の三つの場合が考えられるであろう。すなわち、イ、佛教用語を元本から含んでいた、ロ、形成の段階に於いて添加された、ハ、敦煌という地方での特殊な寫本、であるが、まず、ロの場合は考えにくいのではないかと思われる。そのような歷史的經緯はこれまでに確認されていないし、たとえば陸修靜という「靈寶經」の編集者と覺しき人物がこのように校訂したというなら可能性は有り得るけれども、それはもうほとんど限りなくイに近い出來事なのであって考察の對象には入らない。(5) 逆にハの場合はロの地域的な事例のひとつと考えられるけれども、敦煌の道教という地域的特性の有無を考えなくてはならない。

既に敦煌の道教の特性を問題として取り上げた宮川尙志博士や金岡照光博士は、その地域性には否定的な見解を示している。兩博士とも敦煌に關する道教の情報を網羅するものの、結果的に、宮川博士は「とにかく敦煌文書の意義を除いたら敦煌その地の道教には大した意味がなさそうである」といい、(6) さらに「唐以前のこの地域の宗教事情、新しい宗教の傾向の胎動を探そうと試みた小篇は無用の贅疣にすぎない」とまで言う。(7) 一方、金岡博士も「道經寫本を仔細に檢討するとき、敦煌人士の手によって作り出されたと思われる創作經典はほとんどない。すべて中原及び中國各地で成立した道經の異寫本と見られる。その意味では道教は敦煌の獨自のものを產み出していたとはいい難い。本篇が「敦煌と道教」と題し、「敦煌の道教」と題さぬ所以である」とする。(8)

では、敦煌本自體に關する從來の研究は如何なる見解を示しているのであろうか。まず、吉岡義豐博士は「道藏本と敦煌本とを對校すると、佛教用語に關する部分が敦煌本はそのままだし、道藏本は意識的に修正されている、と見られる。卽ち敦煌本は、この經典の作製された原本のすがたを、そのまま保存しているものであり、道藏本は佛教語に關する點だけを改修したものであると言える。かりにその逆であるとすると、敦煌本は餘程特殊な環境で行われた、と見なくてはなるまい。が、今は常識的に考えて敦煌本を古體を有するものと考えておく」とし、(9) 石井昌子氏もこれを踏襲しつつ、「道藏本が（佛教用語を含む）鈔本（敦煌本）を意識的に修正している」として、(10)「これらのことを明確に示しているところに、敦煌道經の道教研究史上における意義があるのではあるまいか」という積極的な立場を表明している。(11) 大淵忍爾博士も同様に「（敦煌）鈔本には佛教に關する語が多く、それが道藏本では道教的或はその他の言葉に改められ、或は削除されている場合の多いのが注目される」というが、(12) それ以上の、道教形成の根幹にも關わるこの問題に、もう少し踏み込んだ言及がないのが殘念に思われる。

ところが以上の見解とは逆に尾崎正治氏は、要約すれば、敦煌本は道藏本に比べると佛教用語の多い特殊な體裁を持つ、最大の根據は『無上祕要』引文であり、ここには佛教用語がまず見えず道藏本と同内容といってよい、從って敦煌本こそが、特殊なテキストなのではないか、との疑義を出している。(13) この見解に筆者は從えないが、尾崎論文は、敦煌本の問題ばかりでなく、佛教護教書に引用された道典などの關係資料を博引傍證し、更に佛教用語と道教自體の關係に問題を擴大して論じている點で極めて有意義である。

しかし、先にも解れたように、敦煌という地方的な條件を考えるべきなのかどうか。敦煌の道教經典というのは、まず、極めて「中央的」なものであると言えるのではないか。一行十七字で整然と書かれているのがほとんどであるその典型的な諸子文獻寫本としての性格をここで「中央的」と呼ぶわけで、敦煌で道教經典は佛典の抄寫のための反古紙として殘存していた向きがある。むしろ佛教經典の用紙となっていたからこそ殘存したとも言えるのであって、その意味では「地方的」な特殊性を織り込むことができるとすれば、それはむしろ佛教經典の方であり、裏面となった道教經典に「中央的」性格が保存されたということもできるのではないか、敦煌本に殘存する佛教用語について敦煌という地方を考慮するのはあまり意味がないのではなかろうか、と思われるのである。「中央的」とは、それが敦煌で筆寫されたものであったとしても、それが敦煌という「地方的」な性格をとどめてはいない場合、これを「中央的」と言う。從って、この場合とりあえず、それがどこで書かれたものかを、改めてここで問題にする必要はないと考えるものである。(14)

第二節　相違を持つ記載と引用例

さて「靈寶經」に限定してもまだ、全ての事例を逐次取り上げることは、紙幅の關係上不可能であり、既にある大淵博士の業績を參照して頂くとして、ここでは問題點を顯著に示す資料を重點的に取り上げることとしたい。

a　スタイン一九〇六の場合

實はこの資料、『太上洞玄靈寶眞一勸戒法輪妙經』は、本來、佛教用語が用いられていたその箇所を削り取り、道教的な言葉に書換えがなされたと考えられる非常に重要な價値を持った寫本である。(15) 早稲田大學で東洋文庫將來のマイクロフィルムから紙焼きしたスタイン本を實見したが、大淵博士の『敦煌道經』圖錄篇の方が、鮮明度の點で格段に優れているので、これを直接的な資料とする。(16)

〔敦煌本〕

道言、此三篇偈頌、出元始之先、无數之劫。道成天地、功濟萬物。其說微妙、弘廣无極、皆授高仙大聖、十方至眞、已得仙（佛）①道、不授中仙。（中略）

自從无數劫來學、已成眞人高仙、自然十方道（佛）②者、莫不從業行所致、制身定志、坐禪思微、擧動行止、念作轉神、已得高仙也、其思其微、其念甚廣、弘普无量、行備入定、剋得神仙也、子當懃行、必合道心也。（中略）

若見觀會（佛圖？）③、思念无量、普履法門、身與我神、得道无爲。若見沙門④、思念无量、普得出身、身與我神、同得仙（佛）⑤眞。若見道士、思念无量、普棄榮累、身與我神、早得飛仙。（中略）

道言、无量妙通轉神入定經頌、皆治道行念一切、形與神同、普入至眞、虛皇太上大道君所受、高上大聖、十方至眞、已得仙（佛）⑥道、皆脩行此法。（下略）

〔道藏本〕

道言、此三篇偈頌、出元始之先、無數之劫。道成天地、功濟萬物。其說微妙、弘廣無極、皆授高仙大聖、十方至眞、已得仙道①、不授中仙。[17]（下略）

自從無數劫來、積學已成眞人高仙、自然十方道②者、莫不從業行所致、制心定志、坐念思微、擧動行止、念作轉神、以得高仙也、其思甚微、其念甚廣、弘普無量、行備入定、剋得神仙也、子當勤行、必合道心也。（中略）

若見靈壇③、思念無量、普履法門、身與我神、得道無爲。若見童子④、思念無量、普得出身、身與我神、同得道⑤眞。

若見道士、思念無量、普棄榮累、身與我神、早得飛仙。（中略）

道言、無量妙通轉神入定經頌、皆治道行、思念一言、形與神同、普入至眞、虛皇太上大道君所受、高上大聖、十方至眞、已得仙道⑥、皆修行此法。[18]（下略）

さて、いささか長文にわたったが、①から⑥までの閒に、先ずは書き換えた痕跡があることが注意される。まず①は「佛」を「仙」に、②は「佛」を「道」に、③は「佛圖?」を「觀會」に、ひとつとんで⑤には「佛」を「仙」へと、⑥も同じく「佛」を「仙」へと書換えが見受けられる。これを道藏本と比べてみると③の「觀會」が「靈壇」となっているのと、⑤の「佛眞」が「仙眞」とあるのが、道藏本で「道眞」となっているのを除けば、書き換えた後の言葉とほぼ一致している。

思うに、敦煌本でこれらの書き換えられた言葉の部分だけが太い字になっているのは、實物を見ない以上はきっと確認はできないであろうが、元の文字を削りとって、紙面のやや毛羽立った狀態の上に書き込んだ爲に、にじんで太くなっていると想像される。

以上のように佛教語を削って道教語に書き換えたと判斷するが、それを裏付けるのが④の箇所、「沙門」という言葉が見えることで、道藏本ではこれが「童子」という言葉に變わっている。「沙門」だから「道士」にすればよいと思うが、同じ文體で來て、すぐ後が「道士」であるから、そうはいかなかったのであろう。ここで參考されるのが、法琳の『破邪論』巻上の記載である。

道士法輪經言、若見沙門④、思念無量、願早出身、以習佛眞⑤。又云、若見佛圖⑥、思念無量、當願一切普入法門[19]。

ここに引用されている文面では「沙門」、さらに「佛眞」になっていて、道教語に書き換えられる前の敦煌本の記載と一致する。しかも先の③の「佛圖」が、『破邪論』の「又云」以下の引用で確かに「佛圖」とあったことさえ確認できるのである。相違點を表にして次頁に示しておく[20]。

この表から何が判明するであろうか。書き換え前の敦煌本と『破邪論』の引用は大體一致していると見てよいこと、また、書き換え後の敦煌本と道藏本の記載はほぼ相當ると言ってよいこと、以上の二點が確認できるであろう。

してみると、佛教護教書が佛教的として引用した道典の記載は、決して捏造ではなかったという可能性がここで俄然浮上してくるであろう。

敦煌本 書換前	敦煌本 書換後	道藏本	破邪論
① 佛道	仙道	仙道	
② 十方佛	十方道	十方道	
③ 佛圖?	觀會?	靈壇	佛圖
④ 沙門		童子	沙門
⑤ 佛眞	仙眞	道眞	佛眞
⑥ 佛道	仙道	仙道	

b　『無上祕要』の問題

尾崎氏が、敦煌本を特殊なものと判斷した根據には『無上祕要』の問題がある。このことについては、ABCと三例擧げてみよう。唯、『無上祕要』に引用されている資料に限定したため、三例しか出すことができなかった。三番目に佛教護教書を擧げたが、これはACの二例しか相當る資料がなかった。最後にまた對照表を出して置くこととする。

ちなみにここに擧げた敦煌本は、先の場合とは違って書き換えはないどころか、明確に佛教語を載せている。

A

〔敦煌本〕

若見沙門尼、當願一切明解法度、得道如佛。

若見栖山道士、當願一切悉見法門、速得升仙。（中略）

若見靜寺、當願一切功德巍〻、天人得志。[21]

〔無上祕要〕

若見異學、當願一切明解教本、得道如神。
若見栖山道士、當願一切悉見道門、速得昇仙。（中略）
若見靜觀、當願一切功德巍巍、天人得志(22)。

〔佛教護教書〕

太上清淨消魔寶眞安志智慧本願大戒上品經四十九願云、若見沙門尼、當願一切明解法度、得道如佛(23)。

〔道藏本〕

若見法師、當願一切明解法度、得道無爲。
若見栖山道士、當願一切悉見法門、速得昇仙。（中略）
若見靜觀、當願一切功德巍巍、天人得志(24)。

B

〔敦煌本〕

道言、吾法輪妙經、從无鞅數中來、有如恆沙之劫、不足爲譬、天地成敗、非可勝數。（中略）是經如湯谷之淵、爲臣海之源、无不歸宗、猶如須彌之高(25)。

〔無上祕要〕

道言、吾法輪妙經、從无數劫來、有如塵沙歷劫、不足爲譬、天地成敗、非可勝數。（中略）是經如湯谷之淵、爲巨海之源、无不歸宗、猶如須彌之高(26)。

〔道藏本〕

道言、吾法輪妙經、從無鞅數中來、如洹沙之劫、不足爲譬、天地成敗、非可稱數。（中略）是經如湯谷之淵、爲巨海之源、無不歸宗、猶如崑崙之高。(27)

C

〔敦煌本〕

老子曰、太上靈寶、先天地如生、從本无鞅數劫、先十方之佛、皆始於靈寶也。子服五符、衆佛人區區、靈寶在東、爲香林刹、其佛名入精進菩薩、字敬首。(28)

〔無上祕要〕

老子曰、太上靈寶、常先天地始生、從本无數劫來、混沌自然、道眞者也。在道爲道本、在法爲法先、十方神人、皆始於靈寶。(29)

〔佛教護教書〕

元陽經云、太上靈寶、從無央數劫來、在道爲道本、在佛爲佛先、十方之佛、皆始於靈寶也。東方香林刹土、其佛名入精進菩薩、號敬首。(30)

〔道藏本〕

君曰、太上靈寶、常先天地而生、從本無鞅老劫來、混沌自然、道眞者也。在道爲道本、在之爲教先、十方之教、皆始靈寶也。子服五符、通眞人區區、靈寶在東方、爲香林館、其眞人一入精進、字敬首。(31)

この場合も先の例と同じように、敦煌本と佛教護教書とが、見事なくらい對應している。そして注目すべきは、意外にも殆ど一致しないのが、『無上祕要』と道藏本なのである。唯、表の三例目の「靜觀」とあるのが同じであるだけである。二番目の「如佛」などを見ると『無上祕要』は「如神」、道藏本は「無爲」である。これはもとの文に「如」という字を使った熟語があったことを『無上祕要』は暴露してしまってさえいるのではないか。同じ事が言えるのが、五番目の「須彌山」が道藏本では「崑崙山」に變わっているのに、『無上祕要』は「須彌山」のままであり、これも『無上祕要』の當時までの「靈寶經」に、もとより「須彌」とあったことを逆に物語るのではないか。他にも「十方之佛」など、道藏本では「十方之教」となっていて、「之」字のある方がオリジナルであって、「十方神人」とした『無上祕要』が特異な書き換えを施している例であることが明白なのではあるまいか。とにかく、いずれの場合もオリジナルは敦煌本の形態であったことを豫想させる。

さて、ではどうして『無上祕要』はこうした體裁をとっているのであろうか。先ず『無上祕要』ができた北周の武帝の時代というものを考えてみたい。廢佛に至る過程で、『二教論』や『笑道論』など、ここでの『破邪論』などの先駆けとなる護教書が提出され、道教經典の中の佛教語をあげつらうことが行われるようになり始めた頃で、『無上祕要』の編者たちはそのあたりをかなり神經を注いだのではないか。しかし新たに道藏を起こすわけではなく、『無上祕要』という類書を作る際に、ともあれ『無上祕要』のためにのみ間に合わせの書き換えを行ったのではないか、そのため現行道藏本に『無上祕要』の書き換え例が活かされていないのであろうと想像される。

敦煌本	無上祕要	佛教護教書	道藏本
沙門尼	異學	沙門尼	法師
如佛	如神	如佛	無爲
靜寺	靜觀		靜觀
恆沙之劫	塵沙歷劫		恆沙之劫
須彌	須彌		崑崙
	在法	在佛	在教
十方之佛	十方神人	十方之佛	十方之教
香林刹		香林刹土	香林館
佛		佛	眞人
入精進菩薩		入精進菩薩	一入精進

道藏本のようになるには、やはり一切經としての道藏を新たに編纂する大がかりな機會に一齊に、それこそ上記の圖のような正誤表の如きものを作成し、回覽して今のような體裁に換えていったのではなかろうか。

c　『要修科儀戒律鈔』の場合

さて以上とはいささか趣を異にする例が『要修科儀戒律鈔』の引用に見られる。(32)

若見信心小學、當願一切明解法度、得道成仙。若見棲山道士、當願一切悉見道門、速得昇進。

さてこの引用例は、見られるように、前節のAに引いた道藏本の各々「法師」「無爲」の語と合致しないし、『無上祕要』とも異なる。『要修科儀戒律鈔』は唐代の成立であろうと考えられているが、素性の今ひとつ明確でない類書で、筆者は以前に「老君說一百八十戒序」引文について調査した際、これのみ系統の違う異質なテキストが引かれていることを確認したことがある。(33)

例えばaで解れたように、急遽書き換えられたものであるとしても、引文が現行道藏本に連なる文獻ではなく、『無上祕要』と同樣、何等かの事情で個別に書き換えられたのかもしれないし、或いはまた、本書が「中央」から遠い地方の成立であることを語るのかも知れない。本書について、まだ何等包括的なことは言えない。過度期に於いて成立し、後に佛教語の部分が別箇に書き換えられたものと考えておく。(34)

d　ペリオ二四五四の場合

〔P．二四五四〕は『太上洞玄靈寶仙人請問本行因緣衆聖難經』といい、(35) 道藏本『太上洞玄靈寶本行因緣經』に一致する記載が見られる。(36) この兩者を比較してみると、以上で考察してきた、もとあった佛教語が道藏本では書き換えられたのではないかという推測を覆す可能性のある例のあることがわかる。

〔敦煌本〕

是時三侍臣、同皆發願、後生作道士。我爲隱士、其道微、竺法開、鄭思遠、張泰等、普皆願爲道士、普志升仙度世、斷絶王務。死徑升天堂、衣食天廚。我後生爲隱士。開、微、張、鄭等、亦同爲道士、倶入山、學道求仙。吾後爲諸人作師、志大乘行。

〔道藏本〕

是時三侍臣、同發願、後生作道士。我爲隱士、釋道微、竺法蘭、願爲沙門、鄭思遠、張泰爲道士、普志昇仙度世、絶王務。死逕昇天堂、衣食天廚。我後生爲隱士。蘭、微爲沙門、張、鄭爲道士、倶入學道求仙。吾後爲諸人作師、志大乘行。

かの『四十二章經』の傳說的な翻譯者のひとり「竺法蘭」らは發願して「沙門」とならんとした、と道藏本でいうのに對し、敦煌本では「竺法開」などと名を變え(?)、しかも「鄭思遠、張泰」らと共に道士とならんと願ったといい、ここまで見てきた資料とは全く逆の例であることが見て取れるのである。道藏本の方が佛教的なのである。たとえばこれを、過度期において起こり得るであろう行き過ぎた例外と、一旦は説明できるが、本書については『破邪論』巻上に引用が見えていて、

仙人請問衆聖難經云、葛仙公告弟子曰、吾昔與釋道微、竺法開、張太、鄭思遠等四人同時發願、道微、法開等二人願爲沙門、張太、鄭思遠願爲道士。

という。[37] この記載は、必ずしも一致するとは言えないが、「沙門」の語が見えるように、内容としては道藏本に近い。しかし、ここでも佛教護教書が有力な手がかりとなってくれるのではないか。すなわち、原本はこの場合、道藏本な

のではないか。道藏本はある時期に一齊に、しかも組織的に書き換えられたのではないか、というのが本稿の推論であるが、この資料の場合、むしろ改訂版が何故か「中央」から消え去って敦煌にのみ殘り、逆に原本の方が、現行の道藏に流入したというような事情を考えることができるのではなかろうか。例外と見える例も、上記までの考察をかえって裏付ける資料であるのかも知れない。

第三節　「靈寶經」の佛教理解の一端

古「靈寶經」中の一書、『上清太極隱注玉經寶訣』に次のようにいう。(38)

仙公曰、老子西化胡、教外國讀經時、多是大梵天音也。適道士所好者耳。(39)

老子は佛となった、あるいは弟子の關令尹喜が佛となったという化胡説のもと、老子の徒である道士にとって、佛説は老君説であり、佛典も道教の財産であるはずであった。もとより、佛教と正面切って相對するために、道教は登場してきたわけではないであろう。

「靈寶經」が學んだ佛教思想の中で最も特徴的なものとは何であろうか。筆者は「輪轉不滅」の思想と呼ぶべきものではないかと考えている。(40)たとえば、

生身受度、劫劫長存、隨劫輪轉、與天齊年、永度三徒五苦八難、超凌三界、逍遙上清。(41)

によれば、この身のままに、劫に従って轉生輪廻し、天と年を等しくし、しかもそれは「三途五苦八難」を超越した存在となるという。

徳可伏御地祇、束縛魔靈、但却死而已。不能更生。(42)

假に地祇や魔靈を屈服させる能力を得たとしても、ただ死から逃れられるだけであって、さらに生きるということはできない、という。

　皆得見此文、佩之得免大災、爲聖君種民、皆白日昇天、上朝玄都上宮。功德未備、卽得尸解、轉輪成仙。隨運沈浮、與眞結緣(43)。

この「赤書五篇眞文」を手にするものは、功德がまだ充分に備わっていなくとも、とりあえず尸解することはでき、輪廻轉生を經る內にやがて神仙となり、いつかは眞人の世界と機緣をもつであろう、とする。

佛教の主題が輪廻轉生からの脫出であるとすれば、「靈寶經」ではこれをいわば積極的に受け止めて、永遠に輪廻轉生し續けていくことを不老長生のひとつの方途として位置づけていく。道教の立場からすれば輪廻轉生は不老長生の可能性の枠を廣げる方便となったのであろう。一回切りの中國的死生觀からすれば福音である。興味深いのが次の資料で、

　根絕三惡之道、令入三善道。一者不老、二者不病、三者不死。……頌曰、……故我損身施、志超生死岸、混然旣無待、永保億齡歡(44)。

というように、生老病死の生を除く老病死が三惡道とされているところなど、いかにも道教の面目躍如たる換骨脫體である。しかし、

　身生奇彩、手回定光、躍影太空、登度三界、永出生死、飛昇上宮(45)。

また、

　夫爲父母、兄弟姊妹、夫妻君臣、師保朋友、皆前世所念願、爲因緣、展轉相生也。莫不有對者哉。故曰、倚伏難窮矣。唯學仙道士、當兼忘因緣、絕滅生死、同歸乎玄、以入妙門。能如是者、始可與言學道之夫也(46)。

などの資料で、「永へに生死を出で」とか、「生死を絶滅し」という表現を見ると、佛教の解脱、涅槃といったものへの理解が先の資料よりは一歩踏み込んでいるかと思われるが、先秦道家的なそれとしての思想理解であるとすれば、やはりまだ傳統思想の死生觀の枠内から脱却してはいないのかも知れない。死生を一にするという『莊子』内篇の「反覆終始して、端倪を知らず、茫然として、塵垢の外に彷徨し、無爲の業に逍遙す」（大宗師篇）あたりの語と對比すると、外來文化受容のメカニズムがほの見えてくるように思われる。

エリック・チュルヒャー博士がかつて、道藏中の「靈寶經」など六朝中期までに成立したとおぼしき道教經典中の佛教用語を列擧し、(47)これらを概括して「たとえば『法華經』のような大部な佛典ひとつあれば、充分に補い得る用語例」であるとし、なお「ほとんど表層的使用例に過ぎない」としながらも、(48)一方で道教の佛教理解は大乘佛教のそれが顯著であるとして、とりわけ「十方」の觀念に着目して、中國の傳統思想における四方八方といった水平的なアスペクトではなく、八方に上下を加えた立體的な宇宙觀が、佛教的な世界觀を導入させる要因となったとする。(49)

「靈寶經」を一見しただけで、そこに強烈な佛教の影響というものを感じるであろう。初期において道教が直接に佛教を批判することはまずなく、むしろ好意的ですらあったという指摘が從來なされていて、(50)筆者も對抗意識よりも、極めて折衷的情緒の方がより先行していたのではないかと考えるものである。上述のチュルヒャー博士の指摘した佛教用語にしても、思想的な流用と見るよりはエキゾティシズムをそそるきらびやかな言葉に過ぎなかったのかも知れない。「輪轉不滅」の思想よりもそうした情緒的、感覺的側面の方がより强かったのではないかと感じられる。たとえば、『元始無量度人上品妙經』に「衆眞侍坐、元始天尊玄坐空浮五色師子之上」(51)とあるように、元始天尊は浮遊する五色の（中國には存在しない）獅子に「玄（懸）座」するというのは、何の爲なのであろう。『太上靈寶諸天内音自然玉字』などは次のようにいう。

玄明恭華天中、有自然之音八字曰、梵形落空九靈推前。天眞皇人曰、其八字、飛玄自然之書、字方一丈、文彩煥曜、洞明八方。元始下教、使撰其字、解其音、合成恭華天中大梵隱語无量之音。以付道君、使教恭華天中、宿有仙名者、度應得道人也。

上眞梵元始　形化觀妙音　落景隨運迴　空中讚瓊林

九玄導明首　靈童生朽心　推元拔夜領　前魂飛霄吟

天眞皇人曰、……「梵形」者元始天尊也。開龍漢之劫、登赤明之運、號曰元始。上皇開運、號元始丈人、隨世化生、故以一神。「落空」者、元始空中而出、旣有天地日月三光、而知空中有眞文也。「靈」者、九華眞人治於南上宮、中主九幽之下、宿對死魂。「推前」者、推筭生死功德、人有善功、三官列言。「九靈」、卽命主錄筭其功名、拔出九幽七祖之魂魂。(52)

「梵形落空九靈推前」という「自然之音八字」が三十六天の内の玄明恭華天中に下されたという。元始天尊はこれを天眞皇人に解説させるとする。まるで西域諸語原典から漢譯佛典を作成するかのようであり、わざわざ難解な言葉をあみ出してきて、これを漢語で解説するという形式をとるのは、僧侶たちのあの無盡藏とも思われる聖地からの原典の陸續たる流入の神祕性の恩惠を羨んでのことではなかったろうか。

思想面ばかりの考察では、このあたりの狀況を理解することはできないように思われる。外來文化の受容において、單なる異國趣味的な情緒が先行するという點、昨今もあまり變わりはないのではなかろうか。

おわりに

上記の『太上靈寶諸天内音自然玉字』という資料について、『笑道論』巻上がこれを引いて次のようにいう。

案諸天内音八字文曰、梵形落空九重推前、天眞皇人解曰、梵形者、元始天尊於龍漢之世號也、至赤明年、號觀音矣(53)。

先に掲げた道藏本では、赤明の劫の號は「元始」とあり、『笑道論』のいうように「觀音」とはなっていない。しかし道藏資料の中開部分の韻文、頌に「形は化す觀妙音」などという、隨分と思わせぶりな句が見え、『笑道論』の引用が、實はもとの句であったのではないかと想像させる。

『破邪論』巻上に、「(化胡經)又曰、佛生何以晩、泥洹一何早。不見釋迦文、心中常懊惱」とある。その細注に「舊本皆言、我生何以晩、佛滅一何早」という。この「舊本」というのは氣になる表現である。續いて、「靈寶消魔安志經云、道以齋爲先、勤行當作佛、故設大法橋、普度諸人物」とある、その「佛」の部分にも細注があって「新本竝改云、勤行登金闕」といい、今度は「新本」という言葉を使う(54)。ここは末尾の語の「物」と韻を踏むとするなら、本當は「闕」ではなく「佛」でなくてはならないであろう。

『破邪論』の著者法琳の時代から注釋者である弟子の陳子良の時代の閒に、すなわち、ほぼ太宗から高宗の時代に、新しい道藏本の改訂が着手され始めていたことを、この資料は語るのではなかろうか。

參考されるのが『老子西昇經』の場合である。この書の冒頭近くの句に「善入泥洹」とあると『破邪論』で法琳は指摘しているが(55)、高宗から武則天頃の玄嶷は『甄正論』で(56)、現行道藏本と同じ「善入無爲」と何事もなかったのように引用していて、[57]「泥洹」のことには何ら言及することがない。書き換えられたのはやはり同じ時期と考えられるのである。

「道藏尊經歴代綱目」によれば、[58]唐高宗時の道士尹文操による、七千三百巻を数える『玉緯經目藏經』という目錄があったという。[59]また、その高宗のものではないかと大淵博士が擬定した「一切道經序」〔S. 一五一三〕が敦煌資料中に見られる。[60]ちょうどこの時期に道藏の編纂があったと推測されるのである。上述のように、道教側で組織的に改訂を行おうとすれば、やはり新たに道藏を起こす際に於いてしかない。先に掲げた對照表のようなものを、筆寫の際に回覽したのであろうか。この高宗時の道藏編纂は、唐初の激しい佛道論爭の餘塵さめやらぬ頃に行われていることに注目する必要がある。改訂の機會として最もふさわしい時期である。

してみると、あの〔S. 一九〇六〕という、書き換えた痕跡を殘した資料はいったい何だったのであろうか。隋代の寫本といい、古い佛教語をとどめた「舊本」がしかも、敦煌に何故か殘っていた。元の所有者であったろう道士は、「新本」を參考にしながら、相違する語句を改めた。紙價のせいか、信心のゆえか、捨て去ることはできずにいたのであろう。彼は何を思いながら、書き換えたのであろうか。けしからぬ誤寫であると憤っていたであろうか。

注

（1）福井康順「靈寶經の研究」（『東洋思想史研究』所收、一九六〇）、OFUCHI Ninji, "On Ku Lingbao ching," *Acta Asiatica 27*, Bulletin of the Institute of Eastern Culture, 1974)、小林正美「劉宋における靈寶經の形成」（『東洋文化』六二、一九八二）、同「靈寶赤書五篇眞文の思想と成立」（『東方宗教』六〇、一九八二）、Stephen Bokenkamp, "Sources of Lingpao Scriptures," Mélanges Chinois et Bouddhiques vol. XXI, *Tantric and Taoist Studies*, in Honour of

R.A.Stein, 1983 等。

（2）注（1）前掲大淵論文參照。〔P．二八六一〕〔P．二二五六〕の宋文明撰『通門論』巻下に附載された「靈寶經目」が紹介されている。また、同『敦煌道經』目錄篇（一九七八）には、これをもとにした三種の「靈寶經目」對照表がある（三六五頁）。更に小林正美『六朝道教史研究』（一九九〇）には、それらが現在傳わる道藏本・敦煌本のどれに相當するか示した「靈寶經の分類表」が附戴されている（一八三～一八五頁）。

（3）大淵忍爾『敦煌道經』目錄篇（第一篇「靈寶經類」）。以下、大淵目と略稱する。

（4）〔S．一九〇六〕、「太上洞玄靈寶眞一勸戒法輪妙經」など。大淵目、四六～五二頁參照。

（5）その場合は、陸修靜を「靈寶經」の製作者のひとりとして考えるべきであろう。

（6）宮川尙志「唐以前の河西における宗教・思想的狀況」（講座敦煌四『敦煌と中國道教』所收、三一一頁、一九八三）。

（7）同右、三二三頁。

（8）金岡照光「敦煌と道教」（『道教』三、道教の傳播所收、一七五頁、一九八三）。

（9）吉岡義豐「六朝における道藏の形成」（『道教經典史論』所收、一二頁、一九五五）。

（10）「靈寶經類」（講座敦煌四『敦煌と中國道教』所收、一九八三）一六五頁。

（11）同右、一七一頁。

（12）大淵目、八頁上。また五二頁上にもこの問題に關わる言及があり、「訂正は七世紀前半に行われたものと考えられ、佛教に對する對立意識の次第に明確化されて行く姿（勿論具體的には敦煌という邊地でのことであろうが）を推知せしめる歴史的材料ともなろう」と言うが、括弧の中の言葉「敦煌という邊地でのこと」とは直接的な書き換えのことを指すのであろうか。道藏の全面的な改訂が結局は行われて、佛教用語を多く含む舊版は、それこそ敦煌のような「邊地」にしか殘存しなかったのであろうから、括弧内の言葉はまるでそれが敦煌で起こった特殊な出來事であるかのような誤解を與えかねないであろう。

（13）尾崎正治「六朝古道經に關する一考察——六朝末～初唐における佛道論爭の一問題」（『集刊東洋學』三七、一九七六）。

（14）以上の敦煌本についての認識は筆者がまだ大學院の學生であった頃、福井文雅博士の御紹介で、初めて故金岡照光博士に御會いした際にぶしつけにも、いきなり「敦煌本道教經典というのは敦煌獨自のものですか」と輕々しく質問したところ、ほとんどたしなめるように御教示戴いたものである。筆者のいう「中央的」「地方的」という語は、その時に金岡博士が使われた言葉で、あるいは博士は、その場の便宜的な言葉として用いられたのかもしれないが、明解な用語なので筆者は以來、この言葉を使わさせて戴いている。

(15) 大淵忍爾『敦煌道經』圖錄篇所收、六〇〜六三頁。以下、大淵圖と略稱する。

(16) 同右書の問題箇所を御覽戴きたい。尾崎注(13)論文上梓の頃には、まだ大淵圖は出版されていなかった。結論が異なるのは、思うに、基づいた寫眞の鮮明度に因るであろう。

(17) 『太上玄一眞人說三途五苦勸戒經』(道藏、第二〇二冊)。

(18) 『太上玄一眞人說妙通轉神入定經』(道藏、第一七七冊)。
なお、大淵博士によれば、『太上玄一眞人說勸誡法輪妙經』(道藏、第一七七冊)、注(17)に前掲の『太上玄一眞人說三途五苦勸戒經』とこの『太上玄一眞人說妙通轉神入定經』の三書がもと『太上洞玄靈寶眞一勸誡法輪經』を一書として形成していたという(大淵目、五二頁上)。

(19) 大正藏、五二、四七七頁b。

(20) こうした例は大淵目ばかりでなく、注(9)〜(13)に擧げた諸先學が對照表を掲げて指摘している。吉岡前掲書、一二〜一五頁、石井前掲論文、一六六〜一六七頁、尾崎前掲論文附載《資料篇》一一六〜一二四頁參照。

(21) 〔P.二四六八〕、『太上消魔寶眞安志智慧本願大戒上品』(大淵圖所收、七九頁下)。

(22) 卷七四第九a〜b(道藏、第七六八〜七七九冊)。

(23) 大正藏、五二、『破邪論』卷上、四七七頁c。

(24) 『太上洞玄靈寶智慧本願大戒上品經』第五a〜b(道藏、第一七七冊)。

(25) 〔S.一九〇六〕、『太上洞玄靈寶眞一勸誡法輪經』(大淵圖所收、六二頁下)。

(26) 卷三一第六b。

(27)『太上玄一眞人説妙通轉神入定經』第六b～第七a（道藏、第一七七册）。
(28)〔P．二四四〇〕、『靈寶眞一五稱符經』（大淵圖所收、一八頁上下）。
(29)巻三一第二a。
(30)大正藏、五二、『辯正論』巻第八、五四四頁b～c。
(31)『太上無極大道自然眞一五稱符上經』巻下第五a～b（道藏、第三五二册）。
(32)巻五第一〇a～b（道藏、第二〇四～二〇七册）。
本書について、唐初には成立していたと言及したのは、吉岡博士（注（9）前掲書、三四四頁）が最初であろうか。
(33)本書に収める「老君説一百八十戒序」の成立について」參照。
(34)加えてまた、『道典論』（道藏、第七六四册）という成立年代のいまひとつ明確ではない、しかしおそらくは六朝末にあったと考えても不思議ではない道教類書があるが、その『道典論』の敦煌本〔S．三五四七〕に引用された「上清經」にも道藏本には見られない佛教語が見え、尾崎氏が既に指摘している（注（13）前掲尾崎論文、一二四頁）。
(35)大淵圖所收、九一頁上下。
(36)第五a～b（道藏、第七五八册）。また『洞玄靈寶玉京山步虛經』第一〇a～b（道藏、第一〇五九册）、『太上太極太虛眞人演太上靈寶威儀洞玄眞一自然經訣』巻上〔擬、P．二四五二、L．九〇～九四〕にも同じ内容が見える。
(37)大正藏、五二、四七七頁c。
(38)注（2）前掲小林書附載「靈寶經の分類表」（一八四～一八五頁）參照。
(39)道藏、第一九四册、第七a～b。
(40)この語は、注（18）前掲書第一aに「夫輪轉不滅、得還生人中」と見える。
(41)道藏、第二八～二九册、『元始無量度人上品妙經』四註本、巻二第三八b～第四一a。
(42)同右、巻一第二一a。
(43)『元始五老赤書玉篇眞文天書經』巻中第一七b（道藏、第二六册）。

(44)『太上靈寶天地運度自然妙經』第三a～b（道藏、第一六五冊）。
(45)『太上導引三光九變妙經』第一b（道藏、第二八冊）。
(46)『太上洞玄靈寶智慧本願大戒上品經』第四a（道藏、第一七七冊）。
(47) Erik Zuercher, "Buddhist Influence on Early Taoism: A Survey of Scriptural Evidence," *T'oung Pao*, vol. LXVI. 1-3, 1980, pp.113-118.
(48) *ibid.*, p.116.
(49) *ibid.*, p.124.
(50) 尾崎注（13）前揭論文、一〇六～一〇八頁。
(51) 四註本、卷一第六a～b。
(52) 卷三第一八b～第一九a（道藏、第四九冊）。
(53) 大正藏、五二、『廣弘明集』卷九所收、一四六頁b。
(54) 大正藏、五二、四七七頁c。
(55) 同右、四七七頁c。
(56) 同右、五六四頁c。
(57) 卷一第一a（道藏、第四四九冊）。本書第三編第三章「佛道論爭に於ける『老子西昇經』」參照。
(58)『道藏闕經目錄』卷下所收、第二三a（道藏、第一〇五六冊）。
(59) 吉岡注（9）前揭書、九四頁參照。
(60) 大淵圖六四七頁、大淵目三一六頁上。

第二章　業報と注連の間
——親の因果は子に報いるか——

はじめに

『顏氏家訓』巻一六歸心篇に(1)「善惡の行は、禍福の歸する所、九流百氏は、皆な此の論に同ず。豈に獨り釋典のみ虛妄と爲さんや。項橐・顏回の短折、原憲・伯夷の凍餒、盜跖・莊蹻の福壽、齊景・桓魋の富强は、若しこれを先業より引き、冀ふに後生を以てすれば、更に通ずると爲すのみ」といい、運命の理不盡の解決を佛教の業報說に求めているようで、「今、人に貧賤疾苦あるは、前世に功業を修めざる怨尤にあらざる莫し。此を以て論ずれば、安んぞこれが爲に地を作らざるべけんや。夫れ子孫有るも、自づから是れ天地間の一蒼生たるのみ。何ぞ身の事に預からん」というように、善惡の業とは「一蒼生」、個人が擔うのであることを理解していたかのようである。

にもかかわらず、顏之推は「殺を好むの人は、死に臨みて報驗あり、子孫に殃禍あり、其の數甚だ多し。悉くは錄する能はざるのみ。且く數條を末に示さん」というように「子孫殃禍」をいい、次のような例を擧げる。

江陵の劉氏は、鱓羹を賣るを以て業と爲す。後一兒を生むに、頭は是れ鱓にして、頸自り以下は、方に人爲るのみ。

鱓を捌き賣ってきた者の子が鱓の頭で生まれてきた。個人が主體であるはずの業がその子に報いたのだという。いったい先の佛教理解とこの現實認識との落差は如何なる理由によるものなのであろうか。

もちろん、こうした認識はひとり顔之推ばかりでなく、相前後する時代の小説類にもしばしば見受けられるものであり、『法苑珠林』や『太平廣記』巻一一九以下の報應類などに散見し、類例は枚擧に暇ない。もちろん、個人ではなく「家」を主體として考える極めて中國的變容であって、かの『易』坤卦文言傳の「積善の家に必ず餘慶有り、積不善の家に必ず餘殃有り」の延長上で曲解された認識であると言ってしまえばそれまでであるが、事ここに至る變容過程こそが問題と考える。

應報觀の展開を諸資料に探る作業は、既に先學に様々な研究があるが、(2)中國傳統思想、竝びに道教に見受けられる應報觀との對比については、まだ考察が徹底されていないとの感を抱く。佛教を意識しつつ展開された道教の應報觀の變遷の中にこそ、業報説を中國人がどのように把握し、認識するに至ったかを見て取れるのではなかろうかと考えるものである。

第一節　傳統的應報觀

六朝時代の知識人の佛教理解の到達點をはかる資料として東晉の郗超の「奉法要」があり、業報説について次のようにいう。(3)

古人云く、兵家の興るは三世を過ぎず、と。陳平も亦た云く、我は陰謀多く、子孫は昌んならざらん、と。引きて以て教へと爲せば、誠に以て弘むること有るに足らん。然るに齊楚は遺嗣を累葉に享け、顏冉は報を後昆に顯かにすること靡し。既已に之を事驗に著せり。理を推して後明かにするを俟たざるなり。且つ鯀殛せられども禹興り、盻鮒形を異にす。四罪は百代の通典に及ばざれども、哲王の御世は猶ほ淫濫無きがごとし。況や自然の玄應の情を以てせざる者をや。而るに罪福をして錯り受けしめ、善惡の章かなる無きは、其の理を誣ふるや、固より亦た深し。且つ秦の收孥の刑を制するも、猶ほ犯す者を以て主と爲し、主の其の罰に嬰りて、然る後に責は其の餘に及ぶ。若し釁の身に當らずして殃は親屬に延き、茲を以て法を制すれば、豈に唯だ聖典の容れざる所のみならんや。固より亦た申・韓の必ず去る所ならん。是を以て『泥洹經』に云く、「父不善を作すとも、子は代りて受けず、子不善を作すとも、父も亦た受けず。善は自ら福を獲、惡は自ら殃を受く」と。至れるかな、斯の言、心に允し理に應ず。

まず業報とは個人にかかるものであり、家にかかるのではないことを主張し、顏之推の場合と同様、古典中に人々の禍福と善惡の關係の理不盡さを類例を擧げて論じ、『泥洹經』を引いて纏めとする。冒頭の「兵家の興るは三世を過ぎず」といった應報觀が一般的で、佛教の三世應報說をこのような認識の延長上で捉えがちであった傾向に對する指摘なのであろう、そうした在來の觀念を利用すれば、佛教傳道の役に立つであろうが、それは誤解でしょう、と郗超は皮肉のようにいう。

郗超に先立つ東晉の孫綽の『喩道論』に「古今禍福の證を歷觀すれば、皆な由緣有りて、籍に載ること昭然たり、豈に掩ふ可けんや。何となれば陰謀の門、子孫昌へず、三世の將、道家は明らかに忌む(4)」と見え、佛教擁護の論にこの觀念が援用されているのをみれば、まさに三世應報の思想の理解が、こうした在來思想を手掛りとしていたことがわかる。

慧遠は後に「三報論(5)」で更に詳細に述べ、

經說に、業に三報有り。一に現報と曰ひ、二に生報と曰ひ、三に後報と曰ふ。現報とは、善惡の此身に始まり、此の身に卽して受く。生報とは、來生に便ち受く。後報とは、或いは二生三生百生千生を經て、然る後に乃ち受く。之を受くるに主無く、必ず心に由る。心に定司無く、事に感じて應じ、應ずるに遲速有り。故に報に先後有り。先後に異なると雖も、咸な遇ふ所に隨ひて對を爲す。對に強弱有り。故に輕重同じからず。斯れ乃ち自然の賞罰、三報の大略なり。

という。三報とは、すぐさまこの身にふりかかる現報、來世にかかる生報、來世より先の何世後かは不明の、いつかはかかる後報という三種をいう。とりわけ最後の後報という明瞭ならざる教説は、信者たちの、現實の善惡の生きざまと禍福の關係、運命の理不盡さ、天道の是非に關する疑問の多樣性に答えるものであったろう。

既に東晉時代に中國人によるこうした理解が示されており、常識的には、後世漸次一般に波及していくであろうと考えられようが、しかし業報の理解に至るには、一般信者の想像力が先の「三世を過ぎず」式の範疇をなかなか乘り越えられない、そんな現實のあったであろうことが窺い知れる。

さて、郗超がその冒頭に引く前者は『後漢書』卷四九耿介傳の論に「三世爲將、道家所忌」というに近く、注に『史記』卷五六陳丞相世家を引いて「夫將三代必敗、以其殺伐多也。其後受其祥」とある。後者はまさにその『史記』卷五六陳丞相世家に基づくもので、「始陳平曰、我多陰謀、是道家之所禁、吾世卽廢、亦已矣。終不能復起、以吾多陰禍也」と見える。亡靈が生者に祟る、という用例は『左傳』などに散見するが、こと中國に限られた觀念ではない。むしろ、先の『易』の「責善餘慶」と同質の觀念として、凡そ軍事などに關わる家柄は三代榮えることはないと「家」を持ち出すところや「三代」の三という數觀念に中國的特色を覺える。さらに佛教の「三世」との觀念連合の可能性も豫想されるであろう。

『後漢書』卷三〇下襄楷傳に所載の、襄楷が桓帝へ上奏したその文中に「臣聞くならく、無罪を殺し、賢者を誅すれば、禍は三世に及ぶ」とあり、また注に黄石公の『三略』を引いて「賢を傷ふ者は、殃、三世に及び、賢を蔽ふ者は、身、其の害に當り、賢に達（現行本は進）する者は、福、子孫に流れ、賢を疾む者は、名、全からず」と見える。佛教に關連して述べているわけではなく、桓帝の刑罰が酷薄に過ぎることを諫めてのことであるが、上奏文はこの後に佛教に觸れ、化胡説に觸れる、中國佛教史上、傳來初期の様相を語る著名な資料であり、何らかの繫がりを匂わせる。

そして彼にはもう一つの目的、かの原始道教教團のひとつである太平道の根本教典でもある『太平清領書』の上書があった。この書の面影を傳えるとされる現行本『太平經』の中に、研究史の初期から取り上げられてきた「承負」の説が見えている。(6)

第二節　道教の應報説

既に先學によって論及されている『太平經』の「承負」の説について、紹介しておこう。『太平經鈔』乙部、解承負訣には、次のように見える。

凡そ人の行ひに、或いは力めて善を行ひ、反て常に惡を得ること有り、或いは力めて惡を行ひ、反て善を得ること有り、因りて自ら賢者爲りと言ふは非なり。力めて善を行ひ反て惡を得るとは、是れ先人の過を承負し、災を前後に流して積み來りて此の人を害するなり。其の惡を行ひ反て善を得るとは、是れ先人の深く大功を積畜すること有りて、來り流れて此の人に及ぶなり。能く大功を行ひて萬萬之を倍し、先人に餘殃有りと雖も、此の人に及ぶ能はざるなり（二二頁）。(7)

善を爲して、結果惡を得る、或いはその逆がある、何故かと言えば、それは先人の功過を「承負」しているから、という。

あるいは『太平經』巻三九解師策書訣第五〇にも、このようにいう。

承とは前爲り、負とは後爲り。承とは、迺ち先人は本と天心を承けて行ひ、小小か之を失ふ、自らは知らず、日を用て積むこと久しく、相聚まりて多と爲り、今後の生人の反つて無辜なるも、其の過讁を蒙り、連傳して其の災を被るを謂う、故に前は承爲り、後は負爲るなり。負とは、災を流すも亦た一人の治に由らず、比び連りて平らかならず、前後更に相負ふ、故に之を名づけて負と爲す。負とは、迺ち先人の後生に負ふ者なり。病も更に相承負するなり、災害未だ當に善く絶つ能はざるを言うなり。絶つ者は復た起る。吾は敬しみて此の書を天より受け、此の道は能く都て之を絶つなり（七〇頁）。

天心を持っていた先人の行いに罪はなかったが、次第にその天心は失われていって、罪の要因が蓄積され、やがて今の無辜の者に降り掛かる。災異もまた一人の帝王の失政が招くのではなく、承負に因るという。天師は此の書を天より受け、これに基づいて承負を斷絶しようというのである。

この思想は『太平經』の諸處に散見し、最近の神塚淑子氏の研究によれば[8]、承負の說は『太平經』の思想の一部なのではなく、理念の根幹に關わるものであり、このような個々人の罪の蓄積が、やがては社會全體への災異に及び、「天地開闢以來の、帝王人民の承負」（巻三七、五四頁）がいまや「後生の者は遂に其の流災を得ること尤も劇し」（巻四八、一五一頁）くなっていて、これを斷絶せんがための書として『太平經』は、この混亂の時を生き延び、「太平之氣」を招來し促進せんことをいう。氏は漢代の災異思想でこれを說明していて、佛教を語らないが、筆者は承負說が五個々人の罪から說き起されているところに、因果說の氣配を感じるものである。或いは「天壤無窮」の在來思想が五德の循環に基づく災異思想によって搖らいでいるとき、劫の思想を耳にし、或いは同時に業報の説を聞いたならば、世界は終末しても循環するのだという思想を、中國的に表現するならば、承負説が出來上がるのではなかろうか。互いに關係のない中國在來思想を糾合させるインパクトとして佛教を考えてしまうのである。

襄楷は原始道教の教典を携えて朝廷にやってきて、災異を語り、「三世必敗」を語り、佛教を語った。この種の知識人の間近に傳來初期の佛教はあったのである。

承負の語は、他の道典には繼承されず、獨特の用語であるが、類説は枚擧に暇ない。紙幅の關係上、主だった文獻だけを紹介しておく。たとえば『抱朴子』内篇巻六微旨篇に次のように云う。

若し乃ち善を憎み殺を好まば、……事の輕重に隨ひて、司命は其の算紀を奪ひ、算盡きれば則ち死す。但し惡心有りて惡迹なくんば算を奪ひ、若し惡事ありて人を損はば紀を奪ひ、若し算紀未だ盡きずして自ら死すれば、皆な殃は子孫に及ぶなり。諸の人の財物を横奪すれば、或いは其の妻子家口を計りて以て當に之に塡てんとして、以て死喪を致し、但だ卽至のあらざるのみ。……故に道家は、枉げて人を殺さば、是れ兵刃を以て更に相殺す。

筆者はここに家に固着された中國的應報觀の典型例を見る。こうした想念については、やがて東晉の太和初（三六六）年に爲された許謐父子らが仙界と交わした冥界通信を蒐集した『眞誥』に多出する。たとえば、

郗回の父は、無辜に人を戮すこと數百口、其の財寶を取り、殃考は深重、惋（謂應作怨字）主は恆に天曹に訟訴し、早く已に對を申ぶ。回は法として應に門を滅すべくも、但し其の德を修むること既に重く、一身は免脱せらるも、子孫は豈に全きを得んや。回は當に其の天年を保つべくも、但し仙道の事、之を去ること遠し。

（『眞誥』巻八第五ｂ）

郗回の父、すなわち郗鑒は、罪のない大勢の人を殺して、彼らの財産を我がものとしたため、その罪は深甚であり、

怨みを抱く亡靈たちが天曹に訴え出ていて、つとに應報を申し述べている。しかし、その子の郗回について、法としては族滅に値するものの、彼自身の德によって應報を免れるが、どうして子孫は全きを得られようか。回は天壽を全うするが、ただし神仙の道からはもはやほど遠い、と云う。惡因を爲したのは郗鑒であり、犧牲者の靈は報對を子に求めようと云う。仲立ちするのは、人間世界の倫理を冥界で管理する天曹たちであり、子の郗回にその惡果が振り向けられるところであったが、郗回の德によりこれは避けられる。しかし報いはさらにその次の世代に向けられるというのである。この郗鑒とは、かの東晉初の重臣で北方から數萬人の難民を引き連れ、無援のまま三年間流浪して、江南に辿り着いたあの郗鑒であろうか。息子の郗回とは郗愔、字は方回のことであろうか。『晉書』巻六七同傳によれば、姉の夫である王羲之らと共に「絕穀」し、「黃老之術」を修めていたという。さらにその息子が郗超であり、郗超の傳に「愔は天師道に事ふるも、而して超は佛を奉る」と見える。ちなみにこの後、太元二（三七七）年に郗超は、確かに父親に先立って沒している。

さて『眞誥』ではこうした事態を「鬼注」、「墓注」、「冢注」などと呼び[9]、上章儀禮を行うことによってその解消を願う[10]。

こうした觀念はこの時代に突然發生したとは考え難く、天師道に由來するとも推測できるが、およそ宗教者とは思えない葛洪が『抱朴子』においていわば常識であるかのように子孫への祟りを普通に述べていることからすると、特異なものであったとは考えられない。茫漠たる善惡と禍福の理不盡さを說明し得る論理として、それらはかねてより展開してきたはずである。それは佛教の應報觀とは直接的には無關係であろうが、「家」という前提から思想的に拔け切れない傳統的、保守的な人士に希求され、表面化してきたものと考えられる。

『老子想爾注』の第二九章に相當する注に「兵を以て事を定むるに、傷殺の度に應ぜざれば、其の殃禍は反て人身及び子孫に還らん」と見える。「三世」とは云わないが、殺戮の度が過ぎた兵家は子孫に報いが及ぶと云う。これなどは道家の傳統を如實に繼承するものなのであろう。

第三節　業報説の道教の受容例

『眞誥』のお告げの後、五世紀頃から、初期のいわゆる古靈寶經類が登場する。その中には、長生の方便として「輪轉不滅」説、輪廻轉生して不滅という佛教の輪廻説が取り入れられていたことを既に指摘したことがある。(11)輪廻説は業報説の基本であり、輪廻説を導入した以上、應報觀も從來通りでは時に齟齬を感じるようになってきたのであろう。古靈寶經類の中でも、他に類例を見ないほど、業報の事について濃密に語る一書がある。それは『太上洞玄靈寶三元品戒功德輕重經』であり、末尾の一節は、(12)上記道教の「鬼注」などの説の是非を、昨今流行の業報説との乖離について問うものであり、往時の應報觀の動搖をそのまま傳えるものといって過言ではない。道教の業報に對する戸惑いと、その受容を生々しく語る資料と言ってよいであろう。

道君稽首して敢て天尊に問ふ、功德の輕重、拔度の階級、高下の次第、何れを先と爲さん。先世に重責を負ひ、一身に止まると爲し、流れて子孫に及ぶと爲し、己が身の惡を行へば、身は自ら報對を受くと爲し、上つては先亡を誤つと爲す。……經傳に或いは云く、先身惡を行へば、殃は子孫に流る、と。或いは云く、己が身の罪重ければ、上りて先亡を誤る、と。或いは云く、善惡に各〻、緣對有り、生死罪福、各〻、命根有り、と。此くの如きの報應は、善惡緣對すれば、則ち各〻、一身に歸すれば、應に復た延誤の言に有るべからず。又た云く、功德もて先世の謫魂を拔度するに非ざる自りは、由りて則ち解脱する無し、と。功德の既に建つれば、則ち生死は開泰し、若し各〻、緣對有りて、惡を行ふの者は、死すれば則ち長く萬劫に淪み、長く幽夜に縶がれ、何に緣りて復た此の大功を建てて、以て自ら拔贖するを得ん。若し子孫の功を建て、上して亡者の爲にすれば、則ち延誤と理として復た異なる無し。愚情淺狹にして、未だ了かにする能はざる所なり。

道君が天尊に尋ねた、或いは過去世に業を負い、それが今生のこの一身に止まると云い、或いは報いは流れて子孫に及ぶと言い、或いは自分が惡事をなせば、自身が應報を受けると云い、或いは遡っては亡き祖先を過たせると云います。經傳にも、祖先が惡を爲せば、殃禍は子孫に流れると云い、或る書にはおのれの犯した罪禍が重ければ、遡って亡き祖先を過たせると云い、或る書には善惡には各々、緣對があり、生死罪福には、人それぞれの命根があると云っていますが、善惡の應報は各個人に歸するものとするならば、こうした「延誤」の說と對應しません。また、功德によらずして先世の謫魂を拔度、解脫させる方法はないと云いますが、功德が成就したあかつきには、生死のことはおさまり、善惡の緣對があるなら、惡事をはたらいた者は、死後に、長らく萬劫に淪み、長らく幽夜に繫がれているから、どうして大功を建てて、自分で拔贖することができましょうか。若し子孫が功を建て、これを遡らせて亡者の救濟ができるとすれば、それは「延誤」の原則と同じことになってしまいます。このふたつの說が私にはつまびらかではないのです、と云う。これに對する天尊の答は次の通り。

是に於いて天尊歡喜して答へて曰く……、天地運轉すること、車の輪の如く、人の生滅は、影の形に隨ふが如く、故に終はり難きなり。氣氣相續き、種種緣を生じ、善惡禍福、各〻命根有るは、天に非ず地に非ず、亦た又た人にも非ず、正に心に由る。心とは則ち神なり。形は我の有に非ざるなり。我の生を得る所以は、虛無自然の中從り來り、因緣ありて寄胎し、化を受けて生るるなり。我は胎を父母に受くるも、亦た我の始生の父母に非ざるなり。我の眞の父母は此に在らざるなり。父母の愛重く、尊高無上なるも、今生む所の父母は、是れ我の寄附因緣して、育養の恩を稟受す、故に禮を以て報いて父母と稱爲す。故に我の形を受くるも、亦た我の形に非ざるなり。之に寄せて屋宅と爲し、之に因りて營室と爲し、以て我を舍すなり。之に附して以て形と爲し、之に示すに有無を以てす。故に得道の者は、復た形有ること無きなり。我に身無きに及びては、我に何の患ひ有らん。患ひ有る所以は、我に身有るが爲なるのみ耳。身有れば則ち百患生じ、身無ければ則ち自然に入り、立ろに行ひの道に合すれば、則ち身神一なり。身神竝びに一なれば、則ち眞身と爲り、始生の父母に歸りて道を成すなり。復た患ひ無きなり。終に死せざるなり。縱使ひ滅度すれば、則ち神往きて形灰ならざるなり。終に身は其の本に歸し、相去らざるなり。身百惡を犯せば、罪竟はりて死し、名づけて死と曰ふなり。死すれば則ち滅壞し、寄胎の父母に歸り、罪緣未だ盡きざれば、眞父母に歸るを得ざるなり。神は塗役に充てられ、形は灰塵と成り、灰塵飛化して、爽と成るなり。魂神解脱すれば、則ち爽と混合す、故に魂爽變化して、合して一と成るなり。而して更に生くるを得、還りて人と爲るなり。形神相隨ひて、終に相世を去らざるなり。此の如く善惡は、身に各々、對有り、豈に先亡及び後の子孫を咎める可けんや。龍漢の前、赤明に逮び至るの舊文に、生死は各々、一身に由り、亦た上延せず、亦た下流せず、罪福一に止まり、各々、身を以てす。赤明以後、上皇に逮び及ぶに當りて、人心破壞し、男女純ならず、嫉害し爭競し、更に相殘傷し、心自ら固からず。上は祖父を引き、下は子孫を引き、以て證誓と爲し、質として神明に告ぐるも、竟ひに自ら信ぜず、負きて誓言に違ひ、三官の結簿を致し、身は鬼官に沒し、上は先亡を誤り、下は子孫に流れ、殃逮有るを致し、大小相牽きて、終天解く無く、禍は一宗に及ぶ。

天尊は道教流の輪廻轉生説を延々と語る。

『老子』第一三章の「及吾無身、吾有何患」を用いて、現世の寄胎の父母から受けた身を超えて、始生の眞父母、すなわち虚無自然へと回歸を云う。そうして、龍漢の劫以前より赤明の劫に至るまでは、生死や罪福はそれぞれ各個人が擔い、先祖や子孫に及ぶ説はなかった。上皇の劫に及び、人心が劣悪となり、「延誤」の説を（先の「鬼注」などのことをここではそう呼んでいる）、人々が言い始めて神明への道德的證誓としたが、言い出しておきながら信じることをせず、反つて禍は宗族全體に及んだとして、ある種の方便の如きものとして、業報説より格下とみなす。

大慈の道は、人を度するをば先と爲す。功に非ざれば賞されず、德に非ざれば遷らず、信に非ざれば度せず、行に非ざれば仙ならざるなり。夫れ功德を建つるとは、一に天地の爲、一に三光の爲、一に帝主の爲、一に兆民の爲、一に祖世の爲、一に家門の爲、一に衆生の爲、一に己が身の爲なり。經に云く、夫れ身を度さんと欲すれば、當に先づ人を度すべし、衆人度するを得ざれば、終に我が身を度さず、と。大慈は廣遠にして、惠みは無窮に逮び、天人の仰ぐ所、況んや七祖父母に在りてをや。罪福相加へざる可くも、功德に至りては、故より因緣の恩有れば、精誠自責すれば、天爲に迴度し、志を一にするの感は、人神同じく開く、況んや寄胎して氣を稟けて生まれ、其の育養を受けて生成せる者に於いてをや。慈愛既に濃く、豈に爲に重ねて功德を建てて、以て相度を開き、報を窮魂に施さざる可けんや。龍漢自り以來、赤明に至り、道を得し者、及び福中に見在し、門戸清貴にして、善緣の來り生ずるは、功を積み德を累ぬるに非ざる莫し。動は諸天を感ぜしめて、以て交報を致し、九幽長夜に及び、宿責の身の、解脱を得たる者、功德に非ざる莫し。

すなわち、功德を建てるのは己のためばかりではない、自分が救われたければ、まず人を救い、衆人が救われないのなら、自分も救われない、況や七祖父母においてをやである、功德は諸天を感動させ、應報は九幽長夜に及ぶのだ、と云う。追善供養が業報説と矛盾しないのだということを、天を介在させることによって大乘的に解決させようと云うのである。

さてこの『太上洞玄靈寶三元品戒功德輕重經』は、宋文明が陸修靜の『三洞經書目錄』に依據して作製した「靈寶經目[13]」で「三元戒品一卷。出。卷目云太上洞玄靈寶三元品誡」と見える古靈寶經の一書である。この「出（もしくは已出）」とは、「猶ほ天宮に隱」されているという「未出」教典に對する言葉で、『三洞經書目錄』は劉宋の泰始七（四七一）年に「敕に因」って上書されたものであり、この時點までには陸修靜の手元に存在していたことが確認される[14]。

しかし、陳の馬樞撰『道學傳』佚文に陸修靜の傳に次のような逸話が記されている[15]。

> （陸先生）廬山瀑布山に隱れて道を修む。宋明帝道教を弘めんと思ひ、廣く名德を求む。先生の風を悅び、招引せしむ。太（泰）始三（四六七）年三月、乃ち江州刺史王景宗に詔し、禮を以て敦く勸め、發遣して都に下らしむ。……（先生）初め九江に至り、九江王、道佛の得失同異を問う。先生答ふらく、佛に在りては留秦と爲し、道に在りては玉皇と爲す、斯れ亦た途を殊にして致を一にするのみ、と。王公善しと稱ふ。都に至り、主書計林子に敕し宣旨して後堂に住まはしむ。……天子乃ち司徒建安王・尙書令袁粲に命じて廣讌の禮を設け、招賢の座を置き、盛んに朝彥を延べ、廣く時英を集め、莊嚴佛寺に會す。時に玄言之士は、河注を飛辯し、碩學の沙門は、抗論鋒出し、李釋を掎角し、競ひて相詰難す。先生は理を標し辭を約め、紛を解き銳を挫く。王公嗟抃し、遐邇悅服す。……旬日の間、又た請ひて華林延賢の館に會す。帝親ら臨幸し、王公畢く集ふ。……王公又た問ふらく、都て道家の二世を說くを聞かず、と。先生答ふらく、經に云く、吾誰の子なるかを知らず、帝の先に象たり、と。既已に先有れば、居然として後有らん。既に先後あれば、居然として中有らん。莊子に云く、方に生じ方に死す、と。此れ竝びに三世を明らかにす。但だ言約にして理玄なれば、世未だ悟る能はざるのみ、と。朝廷之に要めて以て榮へんと欲するも、先生眇然として顧ず。宋帝乃ち北郊に於いて崇虛館を築きて以て之に禮す。……道教の興、斯に於いて盛んと爲るなり。

上記の資料は陳の時代のものであるが、泰始三（四六七）年の年號の明記や明帝（在位四六五～七二）、袁粲（四二〇

〜七二）を初めとする實在の人物（王景宗とは王景文のことか？）の登場が信憑性を持たせるようで、莊嚴寺で明帝や百官を前に王公から受けた問いとその答えに現實味を覺える。とすれば、陸修靜が佛教と道教を『易』繫辭傳の言葉によって、歸を一にするものとみなしていたこと、また、殊に「二世」（三世の誤寫か、それとも道教は現世を説くのみで過去と未來の「二世」は説かないのか、との「二世」か）の問いに『老子』第四章と『莊子』齊物論篇の一節を引いて答えている點が問題である。

『三洞經書目錄』の上書は、劉宋の泰始七（四七一）年であり、上記對論の四年後である。盛んに三世を説き、佛教思想を注入して新たに形成された靈寶經典を陸修靜は蒐集していたまさにその頃である。どうして靈寶經を持ち出して來ないのであろうか。

まだ世に出現させるに時期早尙と考えたのか、當時、上記「三元品戒」の記載はまだなく、後世の道士が加筆したからなのか、さらに陸修靜が上記の經驗のさなか、業報説の有力さに壓倒され、その道教への導入の必要性を痛感して、この四年の間に末尾に加筆したのではないかとも考えられる。

「三元品戒」の記載は、その末尾の當該部分の一部が北周の『無上祕要』に引用されているから(16)、それまでに完備していたことはわかる。しかしながら、陸修靜が都で僧侶を含む當時一流の人士と對論したことは、新知識を獲得する絶好の機會ではなかったか。對論があって始めて對比の論が有り得る。顏之推の場合でわかるように、異文化とは時代が下るにつれて暫時、理解され普及してゆくのではなく、文化的唱導者によって劇的に理解され受容されてゆくものではなかろうか。

なお、この「三元品戒」の末尾には、道教經典一般には珍しくない紋切型の表現、とはいえ、この場合、相應しくない文言で締めくくられている。この天尊の教説を「輕んじて之を泄らせば、禍は滅族に至る」と言う。

いったい今まで何について延々と說いてきたというのであろうか。この落差こそ、業報說が書き手にとってあまり實感の伴わない、さりとて佛教を意識しながら、何とかこれを包攝しようという目的意識先行のもとに著述された事情を暴露するのではなかろうか。顏之推に於ける落差と、これとは等しい。書いたのが陸修靜その人である可能性を捨て切れぬ所以である。多分、そうではないであろうが。

おわりに

『顏氏家訓』巻六風操篇に「偏傍の書に、死に歸殺有り。子孫逃竄して、敢て家に在る莫し。瓦に畫き符を書し、諸を厭勝と作す。喪出の日、門前に火を然し、戶外に灰を列し、祓ひて家鬼を送り、章して注連を斷つ」と云う。俗書に、葬儀の後、歸宅の際に上章して「注連」を斷つ習俗が見えると云う。王利器撰『顏氏家訓集解』は後漢の劉熙撰『釋名』釋疾病に「注病とは、一人死して、一人復た得、氣相灌注するなり」とあるのを引いて「卽ち今の傳染病」と言う。體質の似る宗族が同居していれば、傳染病が蔓延した際、死者は一人では濟まないこともあろう。この「注連」の觀念もそうしたあたりから習俗化していたのであろう。そしてこれは、かの「鬼注」などの觀念と同じことの別の表現である。親の因果が子に報いるのが、この觀念であった。

顏之推はしかし、この習俗を「凡そ此くの如き比は、情有るに近からず、乃ち儒雅の罪人にして、彈議の當に加ふべき所なり」と斥ける。生來、儒教的知識人であり、經驗則から淸談を空疎なものとみなし、形而上學的な玄學を嗜まない士大夫が、それでも外來宗教の佛教に歸依するときの立場をこの價值觀から窺うことができる。ひとり顏之推ばかりでなかったところに中國的理解の標準を窺わせる。

注

（1）顔之推及び『顔氏家訓』については、宇都宮清吉「顔氏家訓歸心篇覺書」（『中國古代中世史研究』所收）、勝村哲也「顔氏家訓歸心篇と寃魂志をめぐって」（『東洋史研究』二六―三）、吉川忠夫「顔之推論」（『六朝精神史研究』所收）、同「六朝隋唐における宗教の風景」（『中國史學』二）、同「中國六朝時代における宗教の問題」（『思想』一九九四―四）、小南一郎「顔之推「寃魂志」をめぐって」（『東方學』六五）等參照。

（2）山崎宏「六朝隋唐時代の應報信仰」（『史林』四〇―六）、秋月觀暎「三元思想の形成について――道教の應報思想」（『東方學』二二）、同「六朝道教における應報説の發展――教理展開追跡の一試論」（『弘前大學人文社會』三三、史學篇Ⅴ）、中嶋隆藏「中國における佛教受容の前提」（『六朝思想の研究』所收）、同「道教における因縁説受容の一側面」（『荒木教授退休記念中國哲學史研究論集』所收）。

（3）大正藏、五二、八七頁b。

（4）大正藏、五二、一六頁c。

（5）大正藏、五二、三四頁b。

（6）湯用彤「讀太平經書所見」（『國學季刊』五―一）、大淵忍爾「太平經の思想について」（『東洋學報』二八―四）。

（7）頁數はすべて王明編『太平經合校』（中華書局、一九六〇）。

（8）神塚淑子「『太平經』の承負と太平の理論について」（『名古屋大學教養部紀要』三二）。

（9）道藏、第六三七～六四〇册、卷七第一六b、卷一〇第一四b。

（10）丸山宏「正一道教の上章儀禮について――「冢訟章」を中心として――」（『東方宗教』六八）、都築晶子「六朝時代における個人と「家」――六朝道教經典を通して――」（『名古屋大學東洋史研究報告』一四）參照。

（11）附編第一章參照。

（12）道藏、第二〇二册、第三二a～第三五b。

（13）敦煌文書、〔P．二八六一―二、二二五六〕。

（14）大淵忍爾 "On Ku Ling-pao-ching," *Acta Asiatica* 27、小林正美「靈寶經の形成」（『六朝道教史研究』所收）參照。

（15）陳國符『道學傳輯佚』（『道藏源流考』附錄七、四六六～四六八頁）。

（16）道藏、第七六八～七七九册、『無上祕要』卷三四第八b。

第三章　所謂「茅山派道教」に關する諸問題

はじめに

茅山とは南京郊外、南東に位置する小さな山系の總稱である。「己」の字のように灣曲した形をしているため句曲山とも呼ばれた(1)。前漢の末に茅盈なる仙者がその二弟と共に昇仙し、仙界より司命者としてこの山に赴任したので、これを茅山と名付けるという(2)。さてこの茅司命を含む上清天の眞仙たちが、この地茅山に別宅を有した許謐・許翽《かい》父子及び「神命之交(3)」を許謐と結んでいたという楊羲に降ったのは、東晉哀帝の興寧二（三六四）年のことであった(4)。この時に眞人より傳授された、乃至は認可された道書及び符籙が最古層の上清經典である。そうして、その上清經の教法を至上のものとして尊奉する立場の道士を普通、山名に因んで「茅山派」（或いは「茅山道」）と呼んでいる。

この「茅山派」という語を、道教の一系譜を指示する名稱として學術用語化したのは、吉岡義豐博士であったかと思われる(5)。博士は唐代「貞元乙酉歳」（八〇五）に廬山白鹿洞の李渤によって編纂された『眞系(6)』所載の、楊許以來の上清經を傳えた正統派と稱する道士たちを「茅山道」の系譜と設定した。そうしてこれに名の見える陸修靜及び陶弘景を擧げて、江南道教はこの間に大成されたとして重視する(7)。また宮川尙志博士は更に、陶弘景の流れを酌む王遠知が隋唐革命に際して高祖李淵・太宗李世民父子と積極的に關わったことにより、唐代道教に於いてこの「茅山派」は、主流派としての位置を占めるに至ったとする(8)。

『眞系』所載の道士は件の楊許から始まり、幾人かを歴て陸修靜、孫遊嶽、陶弘景、王遠知、潘師正、司馬承禎と續き、李含光に終わっている。また悠か後世に至るが、元の天歴元（一三二八）年に撰述された『茅山志』巻一〇～一二所載の「上清品」には、(9)先の『眞系』の系譜を含め、元朝に至るまでの歴代四十五名の道士の傳記が掲げられており、『眞系』には未だ見られなかった「第何代宗師」なる呼稱が冠せられている。從ってこの間には、茅山を據點とした何らかの系統意識、宗派觀念のそこに生じていたであろうこと、或いは「茅山派」と呼び得る系譜が歴史的にもいつしか存在していたであろうことが豫想される。また『眞系』の場合でも、この系譜を正統派的道統とみなす何らかの意識が李渤にあったであろうし、先行する諸資料と比較するに『眞系』には明白な潤色がみてとれることからも、(10)宗派觀念の萌芽がそこにはほの見えるようである。しかしそれがいつ頃發生したものかなどについてはまた別の問題となるので、ここでは論及せずにおく。

ここで問題にしたいのは、吉岡博士に於いて「茅山派」の概念は必ずしも嚴密には規定されず、しかもそれ以後もこの設定にほとんど異論を挾まれることなく、概説書に至るまで曖昧なまま踏襲されてきていると思われることである。ここで先學の見解を網羅することはできないが、この「茅山派」を先述の如く上清經典を至上の道書として尊奉する道士たち、卽ち上清派と見る立場から、更に進んでは廣く江南道教の主導者たち、ほとんどもう道教それ自體の形成者とみなす立場まで、かなりその見解に不明瞭な幅が生じているようで、これが道教研究に際して、何か無用の混亂を齎しているように思われるのである。

いったい「茅山派」なる系譜は、如何なる概念のもとに成立するのであろうか。この疑問を主眼として、ここでは特に言及されることの多い六朝隋唐期のそれについて、多分に問題提起の形式で考察してみたい。

第一節　陶弘景以前

『眞系』には傳授者の系譜が述べられていても、實は上清經の教法についてはほとんど觸れる所がない。それは「茅山派」について論じられる際にもあまり檢討されることがなかったように思われる。これを窺うには陶弘景撰の『眞誥』及び『登眞隱訣』が最も信頼し得る資料となろう。後節に述べるように、彼は楊許への上清の啓示そのままを復元しようと努めたのであり、當時梁代通行の上清經典ですら後出の「洞玄靈寶經」の影響下に「損益」を受けたものが混在しているとして全面的には信用していないし[12]、兩書に付せられた挾注を見るに、彼の極めて學問的な手續きを踏まえた議論や、資料に對する嚴格な態度を窺い知ることができるからである[13]。

その「茅山派」の教法とは、端的に經典の讀誦と內觀法であると言えるが、その位置付けのためにここで少々、六朝道教史を振り返っておく必要があろうかと思う。

上清經の出現以前の狀況を伺うには『抱朴子』內篇が格好の資料を提供する。これには「守一」等の內觀法、金液神丹を中心とした服藥、房中術等の技術的な諸仙法が雜然と紹介されており、そのほぼ半世紀を歷た四世紀中期に件の上清の啓示が爲されたわけであるが、江南の諸道術に對してそれは、序列付けや整理、加上による謂わば宗教改革を企圖したと言えよう。上清の教法は從來のそれに經典（殊に『黃庭內景經』・『大洞眞經』等）の讀誦を付け加えた[14]。擬似科學的發想に對する呪術の復權である。上清というのも、それ以前の太清という仙界への加上なのであろう。しかしこれにやや遲れて、五世紀頃からは靈寶經類が續々と形成され始める[15]。靈寶經は『抱朴子』以前に遡る古い來歷を有した『靈寶五符』の傳統を繼ぎながらも、上清派の最高神、道君に新たに元始天尊を加えた上で、從來の祕教的な性格の强い神仙說を、この頃までに一代勢力に成長していた佛教の樣々な要素、枠組みを攝取してその中に昇華し、上淸派では未だ整備されていなかった儀禮と戒律を用意して、謂わば開かれた道教として登場してくるのである。[16]五世紀半ばに至って、上淸經、靈寶經、そして先の『靈寶五符』と同樣の來歷を有する三皇經が、陸修靜によって道教の三洞經典として整備される。續いて梁代頃までには、これに加えて太玄・大平・太淸・正一の四輔經典が提唱された。陸修靜を繼いで崇虛館に講說した孟智周[17]によると見られる。[18]三洞四輔經典の成立こそは佛教經典に對する道教經典の誕生であった。こうした運動の中での道士たちの自信は、陸修靜の間近にあった顧歡の『夷夏論』に窺える。[19]「道教」の語が現在我々が使用している意味內容でここに初出するの[20]も偶然ではなかろう。

さて、陶弘景は以上の流れを承ける時代に位置している。陸修靜を終生慕ったと言われる孫遊嶽に師事し、茅山は華陽館、やがては許氏の故宅朱陽館に住まう。茅山が彼の活動の中心となり、多くの編著を成してゆくのであるが、陶弘景はしかし、その中で三洞四輔について言及することがない。それどころか彼は靈寶經を否定してさえいるのである。[21]このことは既に先學の指摘する所であるが、[22]問題はそれが陶弘景個人の好惡に止るものではなく、ここで扱う「茅山派」、更には道教史全體に影響を及ぼす重要性を有すると考えられることなのである。

第二節　陶弘景の周邊

一言で言って陶弘景は、楊許に於ける上淸の啓示にのみ拘泥した。例えば靈寶經は會稽山にて太極眞人徐來勒より葛玄に傳授されたというが、[23]陶弘景はこれを認めない。彼が信じたのは楊許への上淸の啓示これのみと言って過言ではない。もっとも陶弘景が葛玄の超越的な扱われ方を否定するには理由がある。『眞誥』の中で許謐等が葛玄の所在、仙界での彼の地位について、眞人に御伺いを立てている一節がある。(24) これに對する御告げは、葛玄は天上にはいない、彼は單に不死を得たに過ぎないという。(25) 陶弘景自身もこれに倣い、その『呉太極左仙公葛公碑』に於いても、その表題に見合うだけの評價は與えていない。(26) 葛玄がとりわけ高い地位を與えられるのは靈寶經に於いてからであり、實はここでも陶弘景の靈寶經に對する冷淡な態度が關わりを持ってくるのである。

　靈寶經には成立の直後から『法華經』を剽竊したものとの評が浴びせられていた。(27) こうした評に對し顧歡は、さにあらず『法華經』こそ「我ら」が靈寶經を妄改したものと駁論したらしく、(28) 現在からすれば逆に剽竊説を裏付けるかのような印象を與えている。陶弘景は『夷夏論』をめぐる様々な論爭から時代的には後れるが、孫遊嶽を介して陸修靜の周邊には人的にも近しい關係にあったし、靈寶經成立の事情についても何か聞き知るところがあったかも知れない。彼はまた自ら記しているように、上清經、『莊子』内篇と竝んで『法華經』を愛讀したことも重視すべきであろう。(29) 彼は『夷夏論』以來、教線の前衛ではしばしば激しい佛道論爭が爲されていたさ中に、當時の士大夫同樣、佛道二教を竝修しているのである。(30) 從來、こうした陶弘景の嗜好について言及されてきているにも拘らず、所謂道教學の大成者であり陸修靜以來の正統派とされていることとそれがどう關わっているのかについて明確な論議が爲されていないのではないか。この陶弘景の靈寶經に對する態度は後に、唐代に至り佛道論爭が再燃した際に、佛教側の玄嶷の『甄正論』でも引證され、(31) これに道教側ではどのように應酬したか知る由もないが、この際、陶弘景の道教史における特殊性、或いはその功罪の罪の方についても論じてみる必要があるはずである。彼には『眞誥』や『登眞隱訣』等の道教史に殘る輝かしい業績は存する。しかしながらその素材となっているのは上清經の教法であり、楊許への啓示の復元に盡力し、これをのみ尊奉するが故にこの兩書を編纂したのであり、彼は道教という枠組みに囚れることなく、自らの好尙を貫いたと考えざるを得ない。

従來、陶弘景の衣鉢を繼いだ者として、王遠知の存在が注目されてきた。ところがこの王遠知が果たして本當に陶弘景の弟子であったかどうかについては夙に疑問視されており、(32)筆者も別に論じたことがある。(33)陶弘景側の信頼し得る傳記資料に彼は登場してこないし、陶弘景の最期を看取ったのも別の道士であったらしい。(34)王遠知の用いた教法については、彼の著述が全くといってよい程殘っておらず、明かにすることができないのであるが、唐太宗の文德皇后に元始天尊像を贈っていること、(35)弟子の王軌に靈寶經をも講じていること、(36)陸羽には「洞神之言」を授けたということ、(37)同じく弟子の潘師正の著作に靈寶經類が何の抵抗もなく盛んに引用されているといったことから考えるに、王遠知は陶弘景のようには上清經にのみ拘泥することなく、三洞四輔經典全般を活用する正統派的な道士であったことが窺えるのである。王遠知にはいま一人の師、臧矜のあったことがここで着目されるが、これについては次節で述べる。(38)教法について、次の潘師正は上述の如くであり、その弟子の司馬承禎についても同じことが言える。(39)次代の李含光は、楊許の眞跡の茅山に於いて失われてしまったことを嘆き、これを再編すべく朝廷をも動かし、陶弘景以後「茅山派」の中では初めて茅山に據點を置いた道士であった。さりとて李含光にしても、陶弘景の忠實な祖述者であったのかどうか。彼にも「葛玄纂集」とされる『太上慈悲道場消災九幽懺』十卷序という著述が存しているのである。(40)

彼ら王遠知以降の「茅山派」道士については、まださほど研究成果が出されているわけではない。唯、各々かなり個性の強い道士であったらしく、逸話も豐富に殘されているが、見たところ、陶弘景のように上清の教法をのみ尊奉した道士というのは他に見出せないのではないか。「茅山派」という以上は具體的に、少なくとも陶弘景に倣い、その思想を教法に引き繼ぐ道士でなければならないのではないか。實質上、或いは「茅山派」は陶弘景に始まり陶弘景に終わったと言うべきなのか。

第三節　道典を結集する主流派

南朝の裔、陳が隋に併呑された後、建康から褚揉という道士が長安の玄都觀にやってきたと『續高僧傳』に云う[41]。この褚揉とは他の資料で諸糅、或いは諸揉と記されてあるのと同一人であろう[42]。その諸糅は王遠知のいま一人の師臧矜（宗道先生、玄靖法師）と竝んでしばしば同一資料中に言及されており、生沒推定年代から見て、恐らくは臧矜の弟子と考えられる。玄都觀は北周時に『无上祕要』の編纂された通道觀の後身で、隋代には『玄門大義』なる教理書が作成されている。この書は失われて僅かな斷片しか殘されていないが、『道教義樞』十卷はその忠實な抄出本と見られている[43]。ここに記された教理はほとんど江南道教のそれと言って過言ではなく、孟法師（孟智周と推測される）、玄靖法師（臧矜）等[44]、陸修靜の後を承け三洞四輔經典を整備していった道士たちの業績が引用されている。これに諸糅の名は見えないが、それは彼がこの書の編纂に參加していた故と推測されている[45]。また、唐代の佛道論爭に際して著された法琳の『辯正論』にも、例えば「陸簡寂・藏矜・顧歡・諸揉・孟智周等[46]」等と隨所に見え、佛教側からすれば彼等が攻擊を加えておくべき最も代表的な道士であったことが想像される。このことは同時に、彼等こそが道教それ自體の整備に盡力した道士たちであったことを裏付けるであろう。

こうした疑問を發するのは愚問であるかもしれないが、果して『登眞隱訣』と『道教義樞』とでは、どちらが道教史において正統的な書と言えようか。答えは既に明白であろう。というのも前者はあくまで上清の教法のみを集大成したものに過ぎないのであり、後者は道教史上でも最も高度な教理を掲示していようし、そこに採用された枠組みは、恐らく後世も長く教法の規範となったであろうからである。

諸糅の同門でもあった王遠知、その弟子たち、或いはまたその弟子たちは『登眞隱訣』をどのように取り扱ったであろうか。靈寶經の流行以來、殊に隋唐以降道教は次第に儀禮化してゆき、六朝貴族の好尚の影を色濃く留め、祕教的色彩の強い上清經がこれに徐々に壓倒されてゆく時期にあって、恐らくは尊奉はしても、あくまで三洞四輔洞眞部、上清經の教理書とみなして、その價値は相對化されていたのではなかったか。

おわりに

このように見てくると、系譜にせよ教法にせよ、いったい「茅山派」を成り立たせる條件とは何かとの問いは、明確な手掛りを失ってしまって、今度は李渤は何に基づいて「眞系」を撰述したのかという疑問が起きてくる。ここでそれを問う餘裕はないが、司馬承禎や李含光あたりからは自らは陶弘景の門流であるという意識を持ち始めていたらしいこと、(47)とはいえ彼等が楊許の教法に必ずしも忠實であったとは思われないことなどから判斷するに、彼らが陶弘景を思慕したのはその處世の在り方に對してであったのではないかと考えられる。王遠知以降『眞系』所載の道士たちは、いずれも國師と稱されるに至ったらしいが、かの「山中宰相(48)」陶隱居という在り方こそ、隱逸者としての彼等の憧れであったのではなかったろうか。もちろんこれは一つの臆測に過ぎず、『眞系』の成立事情については、更に考察を重ねてゆかねばならない。

ここでは特に言及されることの多い『眞系』所載の道士を中心に見てきたが、「茅山派」という稱謂が單なる假稱に過ぎないとしても、或いはこれを上清派と言い換えたにしても、その稱謂を滿たす內實が伴ってこないとなると、いったいこの虛構に我々はどのように對處すればよいのか。『茅山志』所載「上清品」のように、概ね茅山に據點を置いていた道士たちの系譜であるなら、また別の考え方も可能であるが、唐代中期までは必ずしもそうではなかった(49)。いま「茅山派」とは誰を指すかとなれば、開祖の楊許及び陶弘景(50)であり、後は道教史に散在する上清經を奉じた幾らかの道士ということになろう。もちろん「茅山派」＝上清經傳授者という學術用語は、限定付きで可能であろう。しかしながら吉岡博士以來採用されてきた所謂「茅山派」という漠然たる枠組みは、最早通用しなくなってきているのではないか、と考えられるのである。

以上、かなり大膽に推測を重ね、場合によっては甚だしい誤解もあろうが、問題提起のつもりで考察した次第である。問題は複雜に入り組んでいて、解決すべき事柄は多い。大方の叱正を乞う。

注

（1）道藏、第六三九册、『眞誥』卷一一第一b。
（2）道藏、第六九八册、『雲笈七籤』卷一〇四第一〇b～第二〇a。
（3）注（1）前揭書卷二〇第一一b。
（4）同右、卷二〇第一二a。
（5）『道教の實態』（一九四一、興亞宗教協會）六四～七一頁。
（6）注（2）前揭書卷五所收。
（7）『道教――永生への願い――』（一九七〇、淡交社）一〇〇～一〇一頁。
（8）「唐朝の創業と茅山派道教」（『六朝史研究』宗教篇、一九六四、平樂寺書店）。
（9）道藏、第一五四～一五五册。
（10）陳國符『道藏源流考』三二～六一頁に資料の檢討が爲されてある。これによれば例えば王遠知なら江旻撰「唐國師昇眞先生王法主眞人立觀碑」（道藏、第一五六册、『茅山志』巻二二第一a～第一〇b）、潘師正は王適撰（司馬承禎書）「潘尊師碣」（『金石萃編』巻六二第二六b～三二a）、司馬承禎は衛憑撰「唐王屋山中巖台正一先生廟碣」（『全唐文』巻三〇六第六a～第一〇a）、李含光は顏眞卿撰「有唐茅山玄靜先生廣陵李君碑銘」（『全唐文』巻三四〇第三b～第七b）を根本資料としなければならない。陸修靜及び陶弘景についてはそれぞれ大淵忍爾「陸修靜の傳記」（『道教史の研究』、一九六四、岡山大學共濟會書籍部、二六〇～二六三頁）、麥谷邦夫「陶弘景年譜考略」（上・下）（『東方宗教』四七・四八、一九七六）という專論があるので、そちらを參照されたい。

（11）　I・ロビネ氏はこの「茅山派」は混亂を招くとして「上清派」（la secte du Shangqing）を使用する。（*La Révélation du Shangqing dans l'Histoire du Taoïsme*, Tome Premier, Avant-propos, p. XI, 1984, Paris.）

（12）　注（1）前掲書巻一九第一一b～第一三b。

（13）　例えば同右巻八第一四aを參照。

（14）　同右巻五第一一b。また、同書巻一九第一〇b～第一一aに紹介されている孔熙先・孔休先の逸話は示唆に富む。

（15）　小林正美「劉宋における靈寶經の形成」（『東洋文化』六二、一九八二）、同「靈寶赤書五篇眞文の思想と成立」（『東方宗教』六〇、一九八二）。

（16）　道教史に於いて佛教は缺かせない素材で在り續けたが、新しい動きを見せる時の道教は、常に當時に於ける宗教の統合を試み、宗教的情操の決定版であろうとした。靈寶經はその典型例と言えよう。

（17）　道藏、第七六五册、『上清道類事相』巻一第九b～第一〇a、『道學傳』佚文參照。

（18）　福井康順「道藏論」（『道教の基礎的研究』、一九五二、理想社）一六四頁。

（19）　顧歡は陶弘景に先立ち、楊許に降った眞人たちの言葉を纏めた「眞迹」（或いは「道迹」）なる書を編纂している。注（1）前掲書巻一九第七b參照。

（20）　小林正美「三教交涉における「教」の觀念」（吉岡義豐博士還曆記念『道教研究論集』所收、一九七七、國書刊行會）二五四頁。酒井忠夫・福井文雅「道教とは何か」（『道教』一所收、一九八三、平河出版社）一四頁參照。

（21）注（1）前揭書卷一三第一a挾注。また同書卷一一第一三b及び第一五a～b挾注には、茅山の別嶺で催される靈寶齋を冷ややかに見下ろす陶弘景の姿が窺える。但し陶弘景は『靈寶五符』だけは由緒正しいものとして認めていたようである。
（22）福井康順「靈寶經の研究」（『東洋思想史研究』）一一～一二頁。
（23）道藏、第七六二册、『道教義樞』卷二第六a～b。
（24）注（1）前揭書卷一一第二〇b。
（25）同右卷一二第三a～b、及びその挾注。
（26）『全梁文』卷四七第七b～第八a。
（27）「重與顧道士書」（大正藏、五二、『弘明集』卷六所收）四二頁c。
（28）『笑道論』（大正藏、五二、『廣弘明集』卷九所收）一五〇頁c。
（29）注（1）前揭書卷一九第一b。
（30）『梁書』卷五一本傳に、阿育王塔を前に五大戒を受けたことを載せていること等。
（31）卷下、大正藏、五二、五六九頁a。
（32）陳國符『道藏源流考』四八頁、また宮内淳平「道士王遠知について」（『社會文化史學』一四、一九七七）。
（33）「王遠知傳に於ける二、三の問題」（道教文化研究會第一三回定例會にて口頭發表。一九八五、九、二一）本稿は、この發表の後半部分をもとにしている。
（34）注（18）前揭書二二七頁。
（35）江旻撰「唐國師昇眞先生王法主眞人立觀碑」（『茅山志』卷二二第九a）。
（36）王玄宗撰「桐柏眞人茅山華陽王先生碑銘幷序」（『茅山志』卷二二第三a）。
（37）江旻撰「唐國師昇眞先生王法主眞人立觀碑」（『茅山志』卷二二第九b）。
（38）道藏、第七六二册、『道門經法相承次序』三卷參照。
（39）道藏、第一六一册、『太上昇玄消災護命妙經頌序』一卷參照。

(40) 道藏、第一二九七册。

(41) 卷九「隋京師大興善道場釋僧粲傳」第一四（大正藏、五一）五〇〇頁c。

(42) 『辯正論』卷六（大正藏、五二）五二五頁cには「諸操」、五三六頁では「諸揉」とあり、杜光庭撰『道德眞經廣聖義』序（道藏、第四四〇册）第三aでは「諸揉」と表記する。

(43) 吉岡義豐「初唐における道佛論爭の一資料「道教義樞」の研究」（『道教と佛教』第一）三二〇頁。

(44) 臧矜の傳記は不明であるが、斷片的な言及は頗る多い。様々に呼び倣わされているが、臧（藏）矜（競）、字は宗道、號は玄靖（靜）法師であったらしい。彼が三洞に言及している例は、張萬福撰『洞玄靈寶道士受三洞經誡法籙擇日曆』（道藏、第九九〇册）第六aに見える。

(45) 砂山稔「道教重玄派表微——隋・初唐における道教の一系譜——」（『集刊東洋學』四三、一九八〇）四一頁。

(46) 卷六（大正藏、五二）五三六頁c。

(47) 注（10）前掲の衞憑撰の碑文の冒頭を參照。

(48) 『南史』卷七六本傳。

(49) 遷都と共に道士も移動するのであり、茅山は活動し難い場所にもなった。

(50) 陶弘景は、例えば孫思邈のような立場の人士と對比されるべきではなかろうか。

〔附記〕

唐代の道教、乃至は「茅山派」に關しては、最近、小林正美博士の「上清經籙の傳授の系譜の成立について」（『早稲田大學大學院文學研究科紀要』四七－一、二〇〇二）、同「唐代の道教教團と天師道」（『東洋の思想と宗教』二〇、二〇〇三）という、より詳細な研究が發表されている。

後記

本書は、筆者の既發表論文の集積を中心に、これに整合性を付與するであろう書き下ろしを加えて構成された、道教の道教たる性格を明確にする六朝中期以降の經典結集運動、三洞四輔分類形成までの、その胚胎期をもっぱら扱った。初めにその初出一覽を擧げておく。

第一編　太平經の研究

六朝時代に於ける干吉傳の變遷（日本道教學會『東方宗教』六五、一九八五）

再出本『太平經』について（道教文化研究會編『道教文化への展望』所收、平河出版社、一九九四）

「老君説一百八十戒序」の成立について（早稻田大學東洋哲學會『東洋の思想と宗教』二、一九八五）

第二編　老子化胡經の研究

老子の行方（福井文雅編『東洋學の新視點』所收、五曜書房、二〇〇三）

『老子化胡經』と『清淨法行經』（牧田諦亮監・落合俊典編、七寺古逸經典研究叢書第二巻『中國撰述經典』（其之二）所收、大東出版社、一九九六）

『老子化胡經』の説かれた場所（宮澤正順博士古希記念論文集刊行會編『宮澤正順博士古稀記念 東洋——比較文化論集——』所收、青史

出版、二〇〇四）
佛道論爭に於ける諸問題（【講座　道教】第四巻　福井文雅・山田利明・前田繁樹編『道教と中國思想』所收、雄山閣出版、二〇〇〇）

第三編　老子西昇經の研究
『老子西昇經』のテキストについて（『山村女子短期大學紀要』創刊號、一九八九）
『老子西昇經』の思想と成立について（『日本中國學會報』四二、一九九〇）
佛道論爭に於ける老子西昇經（『東方宗教』七五、一九九〇）
『老子妙眞經』小考（早稻田大學大學院文學研究科『文學研究科紀要』別册一四、哲學・史學編、一九八七）

第四編　老子中經の研究
『老子中經』覺書（坂出祥伸編『中國古代養生思想の總合的研究』所收、平河出版社、一九八八）

第五編　天師道の展開
房祠破壞と道士の原像（『東洋の思想と宗教』二〇、二〇〇三）
杜子恭とその後裔（『東方宗教』一〇二、二〇〇三）
「大道家令戒」の形成（書き下ろし）

附編　六朝道教經典をめぐる諸問題
敦煌本と道藏本の差異について（『東方宗教』八四、一九九四）
業報と注連の間（『日本中國學會創立五十年記念論文集』所收、汲古書院、一九九八）
所謂「茅山派道教」に關する諸問題（東大中國學會『中國―社會と文化』二、一九八七）

筆者の處女論文は、冒頭の「六朝時代に於ける干吉傳の變遷」である。今にして思えば、その際に扱った文獻群の考證がその他の研究の端緒となり、成立年代考察の基礎となった。今回、關連論文を中心に纏め上げるに當って、各文獻の年代認識にほとんど變化のないことに驚いたのは、ひょっとすると自分は頑迷固陋であったかという反省と、その頃は自分としては最も冴えていた年齢であったのであろうか、という思いである。本書は、最後に「大道家令戒」の年代設定に確信を得て後、纏め上げることができた。そうして、この「大道家令戒」の考察こそが、實は筆者の初期道教という纏まりについて、樞要となる資料であったことを確認する作業であったように思われる。但し、完成度という點については、納得できるものではなく、書き殘したことや、表現し切れていないことがあり、初出の時にはいずれ、著書として纏め上げる際に完成させるとして、假のものに過ぎないと割り切っていたのであったが、いざそうなったにもかかわらず、完成度は上げられなかった。ベンチャー企業の見本市のようで、發展性は何とか見て取れるが、完成度はまちまちで、商談も覺束ないといったところであろうか。決定版にはまだ程遠い。殊に第二編は序説に終始し、研究の名に値しない。化胡經佚文の輯成を次の作業とすることで、これを補いたいと考えている。

大學入學直後に、宗教研究の面白さを教えて下さったのは、往時の名物教授であられた仁戸田六三郎先生であった。そのまま宗教學の方面に進んだなら西洋哲學の専攻であったろうが、仁戸田先生は私に東洋學を勸められた。先生の退職後に宗教學を講じられた堀越知巳教授は、一學生の相談に誠に懇切に應じて下さった。今にして思えば、鬱陶しい學生であったことであろうが、宗教研究の基礎を與えて下さったことに於いて、これほどの恩師はない。半信半疑のまま東洋哲學專攻に進み、續いて厄介がらせたのは、福井文雅教授であり、楠山春樹（現名譽）教授であった。今にして思えば、赤面の至りである。福井先生には卒業論文、楠山先生には修士論文の指導を仰ぎ、申し譯なくも以後、兩先生には私の生涯の師となって頂いた次第である。

思えば、中國思想の基本的枠組みがほぼ定まった漢代の、それも道家に關するものを卒業論文で書こうと漠然と考え、黄老思想のその後という着想を得た。後漢代の太平道に『太平淸領書』という根本經典があって、現在も一部が殘存して『太平經』と呼ばれ、王明という中華人民共和國の學者によって評點本が出版されてさえいたことを知り、臺灣でリプリントされたその『太平經合校』を入手した時點から、筆者の研究史は始まる。ところが、無邪氣でいられたのはそこまでで、關連論文を涉獵するにつれ、福井康順博士の『道教の基礎的研究』にたどり着き、『太平經』の來歷にはかなり問題のあることに氣付かされた。氣付かされたというよりは、引用された資料が筆者の聞いたこともない文獻ばかりで、とてもではないが學生の扱える問題ではないことを思い知らされたという方が正しい。しかも博士のそれは僞作説なのであった。

まずは道教の歷史の概略から着手し、他の經典一般の來歷研究も參考することとなって、たとえば吉岡義豐博士や大淵忍爾博士、陳國符氏の名を知ることとなる。さらにはかの福井康順博士が早稻田大學の名譽教授であり、日頃、講義を拜聽している楠山教授や福井教授といった方々も斯學に論文を出されている氣鋭の論者であることを知るに至り、早稻田大學は道教研究の理想的な環境であることを悟った。ちょうどその頃、小林正美先生が着任されたというのも、今にして思えば、一研究機關としては空前絶後の顔ぶれではなかったろうか。道教研究を志し、しかも時期を同じくしたほんの數人だけが、この環境を享受できたことを考えると、決して身贔屓ではなく、筆者がいかに幸運な大學院時代を送ることができたかを理解して頂けるであろう。

やがて、楠山先生が日本道教學會會長に選出され、その理事會が早稲田大學で開催されるようになると、斯學で著名な諸先生方に直接御會いすることもあり、筆者の幸いはさらに續く。また、當時助手であった石井公成駒澤短期大學教授が道教學會幹事となり、筆者も副手として御手傳いする立場となったが、石井氏からは、發想の多様性・柔軟性という點で強烈な影響を受けたことを記しておきたい。その後、筆者自身が助手となり、『東方宗教』の編集を引繼ぎ、この時に始まる「道教關係著書論文目錄」の雛形を定める作業を行ったことも、道教の枠組みを考える上で大いに役立ったことは確かである。

福井文雅先生は、常識の流動性、固定觀念の危險性、偏見や先入觀の排除という、學の柔軟性を教えて下さった。再三、國際會議に連れていって頂いたことの影響力は量り知れない。學問のみならず、文化のありようを考えるに充分であった。一方、楠山先生は、書誌學に始まり、論文の書き方に至るまでの、堅實さの那邊にあるかを教えて下さった正に中國學の師であり、文獻の扱い方を丁寧に教えて頂いた。筆者の學的立場は、從って兩先生の學問の先になければならないはずであるが、そんな難しいことが筆者ごときにこなせるはずもなく、不肖の弟子であることは否めない。

先輩として、小林正美教授の存在も忘れることはできない。本書では楯突いているところもあるが、筆者が院生の頃、學問にタブーがあってはならないとか、色んな意見があってよいはずだと終始勵まして下さった。いま一人、土田健次郎教授は、專門は異なるものの、たとえば書籍の扱い方といった些事から、論文の書き方に至るまで、本當に御世話になったものであり、今だにあいかわらず御迷惑をお掛けしている次第である。

當時、關東一圓を中心とする大學院生による、道教の勉强會を持とうとの動きがあり、二ヶ月に一度ほど、當初は十數人からであったろうか、道教文化研究會という定例會を各所屬大學の持ち回りで立ち上げることとなった。これには、思想、文學、歴史を問わず、様々な分野の若手研究者が集い、互いに有意義な情報を交換し合える機會を得たこともまた幸いであったし、專門領域以外への視野を與えてくれた。加えて、たとえば東洋大學で開催された際に、圖らずも金岡照光教授がわざわざ參加して下さり、筆者などは、敦煌文獻の扱いについて直接、懇切な御教示を様々に頂戴する機會の得られたこともまた、幸運以外のなにものでもなかった。

母校の副手、助手を經て、最初の教員經驗をさせていただいたのは、平成元（一九八九）年に埼玉縣に開學した山村女子短期大學國際文化科であった。この短大の開設準備委員として奔走されていた、當時、大正大學教授であった大先輩、今枝二郎先生の御紹介による。この國際文化科への就職は、私の視野を否が應でも廣げてくれた。加えて、限られた時間の中ではあったが、編集實行委員のひとりとして「吉岡義豐著作集」原案作成の御手傳いをさせて頂けたことも幸運であったと言えよう。

また、道教の現狀に對する實態調査に御誘い下さったのは、當時、東京大學東洋文化研究所の蜂屋邦夫（現大東文化大學）教授であった。この三ヶ月にわたる調査旅行の體驗の、以後の筆者の見識に與えた影響力の大きさは計り知れない。夢のような經驗であった。

その後、我が家に普通では考えられない不幸が生じた。兩親が、ほぼ時を同じくして沒したのである。一人っ子の筆者は兩親の經營していた纖維製品卸賣會社を否應なしに繼がなければならなくなってしまい、二年程、なかば單身赴任となって三重縣と勤務先の埼玉縣とを毎週往復することとなった。

そんなさ中に非常勤職にと聲をかけて下さったのが、皇學館大學の野村茂夫教授であった。筆者は短大の專任職を辞して、三重縣に歸ることとした。家族の團欒が欲しかったことも確かではあるが、すべてを一からやり直したかったからである。同時に三重大學の非常勤職が決まったことなど、不幸中の幸いであったというほかはないが、なんだか、「塞翁が馬」を地でいくようで、道家の實習活動が始まるかのように思われた。

ともかく地道にと思っていたら、一九九九年、オーストラリア國立大學のベンジャミン・ペニイ氏の招聘で、柳存仁教授を記念する國際會議「道教の歴史」に參加することとなった。また、二〇〇一年には、香港中文大學のフランシスクス・ベルエレン氏の招聘で、「初期天師道の經典」と題する國際會議に參加した。この際には、かの饒宗頤教授に面會する機會を得た。こんな時期にこんな幸せな研究機會が訪れるであろうか。

やがて、二〇〇三年は、博士論文を提出すべく、やる氣滿々で正月を迎えたものである。もう春先にも完成するはずと意氣揚々であった。というのも、正月の三日であったか、夢に張魯が登場し、筆者が杜子恭の資料を長年にわたって活用していないことを難詰したのである。もちろん、筆者が諸資料を整理し切れずにいた混亂のさなか、睡眠中に張魯という象徴的人物の姿をとって筆者自身がそれらを整理したものと自覺する。しかし、かつて信心深い者が、筆者と同様の體驗をしたなら、果たしてどのような感慨を抱いたであろうか。張魯が顯現して、その直接の啓示を得たと確信したかも知れない。筆者の如き、それこそ變に人文科學を齧った現代人の感想などはそれこそ思い上がりで、本當は張魯が教えてくれたと考える方がより謙虚なのかもしれない。これまでも論文執筆の途中で、結論に難澁した際、夢の中で何故だか「太平眞君」などが出現して、論旨の行く末を指し示してくれたりと、煮詰まれば必ずそんな夢を見たものであった。實は仙界の庇護を受けているのではないかと周圍に語ったものである。

そんな春先に、筆者は大病を得た。詳しいことはわからないが、醫師が内因性と言うからには、飲酒喫煙によるのではなく、ストレス性であろうか。三重大學附屬病院に轉院となり、改めての診斷の結果は、入院ではなく、週に一度の通院加療となった。

我が人生は波亂萬丈にも、あまりに度が過ぎるのではないか。色んなことが起こり過ぎるのである。いったんは、これからどうすればよいのか、あれこれ考えてみたが、考えるほどに物事に對する遣り甲斐というものが失せるばかりで、いよいよ、學問の世界ともさよならするのかと感じた。筆者も莊子の死生觀や、その「縣解」という言葉の意味を知っているつもりではある。

これに先んじ、『東方宗教』に年初に執筆した論文の一部を投稿する約束があって、編集擔當の東京成德大學助教授の畏友、增尾伸一郎氏と電話で話す機會があり、醫師から聞かされた病の重さを告げることとなった。筆者に彼は、論文を纏めて本にすることを勸めてくれた。世に問うべきではないかと言うのである。何が生きる意欲になるかといって、これ以上のことはない。筆者の書いてきたものは書籍とするに値すると言ってくれたのである。病のさ中でそう言い切ってくれたことが、どれほど筆者の救いとなったか。存在價値こそ、生きる理由である。

七月には、日本道教學會關西理事會の翌日、增尾氏は筑波大學助教授の丸山宏氏共々、わざわざ自宅にまで見舞いに來てくれた。彼ら二人に早稻田大學助教授の森由利亞氏を加えて、筆者の原稿を校正してくれることとなったのである（さらに森氏とともに、石合香氏（元早稻田大學大學院生）、酒井規史氏（早稻田大學大學院生）、松下道信氏（東京大學大學院生）、三田村圭子氏（明海大學講師）が分擔して再校を見て下さったと聞く）。後に茨城大學助教授の二階堂善弘氏が索引作成に携わってくれることとなり、執筆者よりも協力者の方が、皆、優秀な研究者というプロジェクトとなるに至った。みんな若い頃からの道教文化研究會の仲間たちである。出版に際しては、日本道教學會會長堀池信夫筑波大學教授の御推挽と、多くの知友の力添えを得ることとなった。筆者は感激してやまない。雲散霧消の寸前、拙稿に存在意義を認めてくれたことほど生きる意欲を與えてくれたものはない。

三重大學附屬病院第三内科の田口修醫師は、筆者の症狀を的確に把握し、最善の治療を施して下さった。筆者の病狀は劇的に回復し、わずか數ヶ月で九割以上の治癒を得られたのである。本書の執筆繼續が可能となったのも、田口醫師の御盡力の賜物である。

治癒力とは、藥品の御蔭であるのか、それとも知人の友情によるのか、それはわからない。相乘效果といえば雙方に對して失禮であろうが、筆者の實存からはそう表現するほかはない。病の實情を告げられたとき、筆者は自身の死よりも、生き樣の埋もれてしまうこと、無意味な生の烙印の恐怖をまず實感した。そうした恐怖を取り拂ってくれたのが增尾氏らであった。このことを筆者は生涯忘れないし、こうしたことこそが今生の喜びであると自覺する。筆者が生きて、このような仲間に出會えたことこそ、生まれてきたことの喜びと言わずにおれようか。

末筆ながら、嚴しい出版事情の中で本書の刊行を御快諾下さった汲古書院の石坂叡志社長と、萬般に亙り細心の御配慮を頂いた三井久人氏、竝びに本書の編集と校正に御骨折り戴いた小林詔子氏に感謝したい。藥物治療のせいだけではなく、加齢による集中力の缺如を十全に補って下さったのは、彼女の御蔭であり、そのかたがかつて金岡先生の學生であったというのも、まさしく機縁であり、その出會いもまた、筆者の幸運というほかはない。

平成十五年十二月

於 洞津雜言堂

前田繁樹

著者略歴

前田　繁樹（まえだ　しげき）

昭和31（1956）年、三重縣に生まれる。
早稻田大學第一文學部東洋哲學專攻卒業、同大學院文學研究科東洋哲學專修修士課程、同博士課程單位取得中途退學。同時間制副手、同第一・第二文學部助手を經て、山村女子短期大學國際文化科專任講師、助教授。後に、㈱前田商店代表取締役。東京大學東洋文化研究所、名古屋大學情報文化學部非常勤講師等を經て、現在、皇學館大學文學部、三重大學教育學部非常勤講師。

共譯に、山田利明・田中文雄編『道教の歴史と文化』（雄山閣出版、1998）、南京中醫藥大學編著、石田秀實・白杉悦雄監譯『黃帝内經靈樞』上・下（東洋學術出版社、1999、2000）。共著に、道教文化研究會編『道教文化への展望』（平河出版社、1994）、福井文雅・山田利明・前田繁樹編『道教と中國思想』（雄山閣出版、2000）、增尾伸一郎・丸山宏編『道教の經典を讀む』（大修館書店、2001）などがある。

〔現住所〕〒514-0042　三重縣津市新町1-2-55

初期道教經典の形成

平成十六年五月二十六日　發行

著　者　前　田　繁　樹
發行者　石　坂　叡　志
整版印刷　富　士　リ　プ　ロ
發行所　汲　古　書　院

〒102-0072 東京都千代田區飯田橋二-五-四
電　話　〇三（三二六五）九七六四
FAX　〇三（三二二二）一八四五

ISBN4 - 7629 - 2691 - 4　C3014

書名索引

ア行

カ行

サ行

タ行

ナ行

ハ行

マ行

ヤ行

ラ行

人名・神名索引

ア行

カ行

サ行

タ行

ナ行

ハ行

マ行

ヤ行

ラ行

事 項 索 引

ア行

カ行

サ行

タ行

ナ行

ハ行

マ行

ヤ行

ラ行